Hermann Schreiber
FLORENZ

Hermann Schreiber

FLORENZ

Eine Stadt und ihre Menschen

Casimir Katz Verlag

Die Deutsche Bibliothek – CIP Einheitsaufnahme

Schreiber, Hermann:
Florenz: Eine Stadt und ihre Menschen / Hermann Schreiber
Gernsbach: Katz, 2004
ISBN 3-925825-85-1

Umschlaggestaltung: Jörg Schumacher, Casimir Katz Verlag
Druck: fgb · freiburger graphische betriebe, Freiburg
ISBN 3-925825-85-1

INHALT

ERSTES BUCH: EIN FLUSS; EINE BRÜCKE

ZWEITES BUCH: DER RUHM

DRITTES BUCH: HAUPTSTADT, HERZOGSTADT, RESIDENZ

Erstes Buch
EIN FLUSS, EINE BRÜCKE

ZWEI HÜGEL UND EIN FLUSS

Eine Stadt zu gründen galt lange Zeit als eine heilige Handlung, und eine gewisse Weihe birgt dieser Akt wohl noch heute. Von dem Mann, der aus Fiesole aufbrach, um am Ufer des Arno die Stadt Florenz zu gründen, wissen wir nur, daß er ein etruskischer Magnat, ein mit priesterlichen Würden ausgestatteter einflußreicher Mann war, ein Lauchme, wie die Etrusker diese Männer nannten, von denen stets zwölf gemeinsam über einen Stadtstaat herrschten.

Die Römer machten aus dem schwierigen Wort, von dem auch wir nicht wissen, wie es ausgesprochen wurde, das wohlklingende Lucumo. Aber es bleibt eine unpersönliche Bezeichnung, es kennzeichnet Position und Macht, nicht den einzelnen, so daß wir im Fall von Florenz nicht wie bei Sankt Petersburg oder auch München einen namentlich bekannten Stadtgründer anführen können. Die schützende Sattellage von Fiesole zwischen zwei Hügeln und die mächtigen Mauern hatten die Etruskerstadt durch Jahrhunderte blühen lassen, aber als sich der etruskische Handel immer deutlicher nach Norden und über die Alpen ausdehnte, als der Seeverkehr an der tyrrhenischen Küste zunahm, da wurden die uralten Mauern zu einem beengenden Ring: Die Handelsstraße verlief im Tal, und der Fluß Arno schloß die neue Siedlung zu Füßen der Hügel an das Meer an, auf dem die Etrusker ihre Schiffe fahren ließen, das Meer, über das sie wohl gekommen waren.

Über den heutigen Rivalitäten zwischen Rom und Mailand wird immer mehr vergessen, daß die Mitbewerberin um die Krone der ersten Stadt Italiens jahrhundertelang Florenz hieß – in jenen Jahrhunderten, da das langgestreckte Stiefelland Italien in seinem südlichen Teil normannische und spanische Herren hatte, in seinem Norden aber noch eng an das Heilige Römische Reich gebunden war. Damals, und nicht nur damals, bildeten die

Toskana, Umbrien und der Kirchenstaat eine Art italienischen Herzraum mit dem geistlichen Zentrum Rom und der weltlichen Fürsten- und Handelsmacht Florenz.

Es gibt Gegensätze, die einander ergänzen. Sie werden in der vorrömischen Vielfalt der italischen Stämme sichtbar und so deutlich, als hätten tatsächlich die Götter jene Mischung zubereitet, aus der die Tiberstadt bald ihre Vormacht schöpfen wird. Nur ein Volk erhebt sich, als die Römer noch Bauern sind, schon weit über die anderen: die Etrusker zwischen Arno und Tiber, von den Griechen Tyrsenoi genannt, von den Römern Tusci oder Etrusci; sich selbst aber nennen sie Rasenna oder Rasna. Fiesole, damals Faesulae genannt, ist keine der ganz großen, der besonders mächtigen Etruskerstädte, aber sie hat ihren besonderen Ruhm: Die Lucumonen von Fiesole sind die großen Meister in der Kunst des Wettermachens und des Blitzedeutens, sie sind die Fulguratoren und bleiben als solche berühmt bis in die Tage, da Hannibal von oben her in den italienischen Stiefel hineinschlüpft und die Stämme vor sich hertreibt bis zum Schlachtfeld von Cannae.

Der Militärmacht Rom, der Stadt der Gesetzgeber und der schöpferischen Organisatoren, stellen die geheimnisvollen Etruskerstädte nicht nur die Priesterpropheten der Lucumonenkaste entgegen, sondern auch Frauen, die wahrsagen, Krankheiten heilen und von Himmel wie Erde mehr zu wissen scheinen als selbst die frühen Theoretiker der kommenden Weltmacht Rom. Eine Sage, die wie alle Sagen gewiß eine Paraphrase versunkener Wirklichkeiten ist, stellt neben einen Namenlosen aus dem griechischen Korinth eine Etruskerin aus der Nekropolenstadt Tarquinia, eine Frau aus alter Familie, eingeweiht in die geheimsten Traditionen der Orakel und der Zukunftschau. Sie heißt Tanaquil.

In Tanaquil, der Etruskerin aus der Toskana, der Seherin und Blitzedeuterin, sieht Johann Jakob Bachofen (1815–87), der heute vergessene Verfasser des einst epochemachenden Buches Mutterrecht und Urreligion, den Beweis für eine mutterrechtli-

che Ordnung und mutterrechtliche Tradition bei den Etruskern, ähnlich wie bei den ältesten Kelten und einigen anderen Völkern der Alten Welt. Wir besitzen verschiedene Berichte römischer Historiker, daß die vormarschierenden Legionen in Germanien, in Britannien und andernorts auf zauberkundige Frauen, auf Priesterinnen und Seherinnen trafen, und Bachofen hat eben in Tanaquil, ähnlich wie andere in der punischen Göttin Tanis, einen späten Hinweis auf mutterrechtliche Frühformen der mittelmeerischen Kulturen erblicken wollen.

Wie so manche faszinierende Theorie ist auch sie heute widerlegt, soweit Widerlegungen in jenem mythischen Halbdunkel eben möglich sind. Die uralte Bergfestung der Blitzedeuter über dem Arno und die etruskischen Priesterinnen auf toskanischem Boden behalten für uns dennoch den Charakter eines ergänzenden weiblichen Prinzips, das in Konkurrenz tritt zu der Männerstadt am Tiber, wo alles entwickelt wird, was die Männermacht für Jahrtausende zementieren soll: das Zivil- und das Strafrecht, die Gesetze der Ehe, die Verfassung, die Verwaltung, die Militärhierarchie.

Tanaquil hat unter ernsthaften Forschern wie unter spekulativen Denkern keine Gnade gefunden, und da der Römer Livius über sie schrieb, erscheint sie uns im harten Licht einer patriarchalischen Ordnung zwar nicht entzaubert, aber entmachtet. Vielleicht ist es ein versöhnlicher Gedanke, daß die Blitzedeuterstadt Fiesole, von der aus Florentia gegründet wurde, damit das städtische Symbol vergessener Magie und Weiblichkeit bewahren konnte, der Arno gegen den Tiber, Florenz gegen Rom.

Trotz allem, was die Stadt Florenz in den seither vergangenen 2200 Jahren erlebte, läßt sich sagen, daß sie mutig an ihrem Platz geblieben ist. Aus dem Verlauf der uralten Handelsstraße von Arezzo nach Fiesole und der Lage einer im Mittelalter noch erkennbaren Arnobrücke ist zu erschließen, daß jener Lucumo das heilige Gespann aus einem weißen Stier und einer weißen Kuh vor dem Pflug durch eine Uferlandschaft führte, die heute im inneren Stadtgebiet von Florenz liegt, zwischen dem rechten Arnoufer, dem Borgo Pinti, dem Piazzale Donatello und der Porta alla Croce.

Doch schon bei den Worten »am rechten Arnoufer« zaudere ich, denn dieser heute hinter dem Tiber zurückbleibende Fluß war damals der mächtigste auf der Halbinsel Italien. Er kam zwar wie heute aus dem Etruskischen Apennin, aber das Casentinotal war noch waldreich und hatte ergiebige Niederschläge, und der Arno führte Wasser genug, um sich, kaum daß er die Ebene erreicht hatte, in drei Arme zu teilen und Inseln zu bilden, eine imposante und wilde Wasserlandschaft, in der die Anlage eines Flußhafens für Stadt und Festung Fiesole selbstverständlich und notwendig war. Darum ist es auch wenig glaubhaft, daß die Begründung eines solchen Hafens erst nach 217 vor Christus erfolgt sein sollte, als sich die etruskische Macht bereits deutlich ihrem Ende zuneigte. Es handelt sich dabei zudem um einen ex-silentio-Schluß, was immer bedenklich ist: Hannibal und das punische Heer nämlich zogen, nach ihren Siegen in Norditalien, im Frühjahr des Jahres 217 unter unsäglichen Mühen durch die ausgedehnte Sumpflandschaft des Arno in Richtung auf den Trasimenischen See, die Stätte des nächsten Sieges. Der unregulierte Fluß mit seinen Auen und Sümpfen stellte Hannibal vor Schwierigkeiten, die mit jenen des Alpenübergangs vergleichbar waren; die ausführlichen Berichte darüber erwähnen jedoch einen städtischen Hafen am Arno nicht.

Sieht man sich die Stelle bei Livius (XXII, 2) genauer an, so ergibt sich, daß Hannibal absichtlich die verkehrsmäßig gut erschlossene Zone Arezzo-Fiesole vermied, denn das Gerücht hatte ihm zugetragen, daß der Konsul Flaminius mit dem römischen Heer bereits in Arretium (Arezzo) eingetroffen sei. Straßen und Brücken waren also nicht frei, der Übergang über den Arno mußte stromabwärts von Fiesole und, wie man annehmen darf, von Ur-Florenz erfolgen. Es war dies nach Livius »der nähere Weg durch die Sümpfe, wo in diesen Tagen der Fluß Arno stärker als gewöhnlich ausgetreten war«. Er spricht dann von jähen und tiefen Schlünden der Stromflut und von Schlammfeldern, in denen die Truppen nicht nur Mühe hatten, die Fahnen vor dem Versinken zu bewahren, sondern in denen sich auch in vier Tagen und drei Nächten kein trockenes Plätzchen finden ließ. In der alles durchdringenden Feuchtigkeit verlor Hannibal das bereits angegriffene Auge, obwohl er sich von seinem Elefanten kaum noch auf den Boden wagte. Da Livius ortskundige Führer erwähnt, die Hannibals Truppen in dieses Sumpfdesaster brachten, möchte man an eine absichtsvolle Irreführung glauben; denn wenn Hannibal nun auch die Römer umgangen und damit von ihren Nachschublinien abgeschnitten hatte, so daß er auf Arezzo und Fiesole zuschwenken konnte, so hatte er doch nach dem Zeugnis des Livius außerordentlich schwere Verluste an Mannschaften und Tragtieren erlitten, und die Armee war entkräftet. Um ihre Moral zu heben, gestattete Hannibal den Truppen ausgedehnte Plünderungen, vermochte Flaminius jedoch erst am Trasimenischen See durch eine Überraschungsaktion zum Kampf zu stellen, in die Enge zu treiben und vernichtend zu schlagen.

Es ist also keineswegs so, daß ein existentes Florenz hätte auffallen müssen. Ausgedehnte Überschwemmungen im Arnotal hielten Hannibals Truppen vier Tage und drei Nächte auf. Bis auf die Vorhut aus Libyern und Iberern, die noch festen Untergrund vorgefunden hatten, hatten alle Soldaten größte Entbehrungen zu ertragen; unter den keltischen Hilfsvölkern gab es Todesfälle wegen Überanstrengung. Im Bemühen, diese Schwierigkeiten besonders lebhaft darzustellen, wetteifern die römischen Historiker miteinander, vielleicht um darzulegen, daß mit dieser kühnen Route niemand rechnen konnte. Dabei blieb Florenz, damals allenfalls als Flußhafen von Fiesole vorhanden, unbemerkt. Sicher ist auf jeden Fall: Wir haben es mit einer späten Geburt zu tun, denn schon 396 vor Christus hatten die Römer die Etruskerstadt Veii niedergeworfen, Florentia war gegründet worden, um unterzugehen. Manche ihrer berühmteren Schwestern bedeckten hundert Hektar wie Vulci oder gar hundertfünfzig wie Caere, von anderen kennen wir die Stadtpläne, etwa von Marzabotto südwestlich von Bologna. All dies ist von Florentia unbekannt. Florentia blieb zweifellos im Schatten des in seiner Hochlage leichter zu verteidigenden großen Fiesole.

Dann, nach einem trügerischen Frieden, wie er auf die Punischen Kriege folgte, spaltete der Höhenflug des Diktators Sulla, der sich gern Imperator nennen ließ, Italien, und die Etruskerstädte am Arno wurden von Sulla furchtbar gezüchtigt. Zu arm, um Kontributionen zu bezahlen wie die großen Städte, erlitt Florentia das grausamste Schicksal, das die Antike für unterworfene Städte kannte: die Gesamtkonfiskation, das heißt, Leben und Eigentum der Bürger gehörten fortan dem Sieger.

Im Rückblick auf jene Küsten des Lichts, die uns heute so gastlich erscheinen, in Erinnerung an den Glanz der antiken Kultur vergessen wir nur zu oft die Grausamkeit antiker Kriegsführung, die zur Versklavung und Fortführung der Unterworfenen durch den Sieger führte und damit zu einem Austausch der Bevölkerungen, in Griechenland bei vielen Städten, im Römerreich für ganze Landstriche und Volksstämme. Florentia, die Stadt am Arno, hatte nicht wie Fiesole oder wie das wehrhaft widerstehende Volterra Mauern, an die es sich klammern konnte. Während Volterra nach zwei Jahren Belagerung einen Vertrag erreichte, der freien Abzug gestattete, verlor Florentia alles und wurde, sofern es überhaupt als Siedlung bestehenblieb, Kolonialland von Veteranen aus der Armee des Sulla, ein Schicksal nicht besser als das vieler besiegter Städte in Feindesland.

Vier Jahre darauf, 78 vor Christus, starb Sulla auf seinem Landgut, und eineinhalb Jahrzehnte später war es einer der blutgierigsten und bedenkenlosesten Anhänger Sullas, der Patriziersproß Catilina, der sich auf das gemaßregelte und geknechtete Fiesole stützte und von Etrurien aus seinen Kampf gegen die römische Republik und Cicero führte. Die Enterbten vom Arno mögen neue Hoffnungen geschöpft und alte Wut befriedigt haben, aber bei Pistoria im Jahr 62 vor Christus ging unter Catilina alles zugrunde, was Fiesole und Florentia noch an wehrhaften Männern und stolzen Familien gehabt hatten. Nun erst war es wirklich zu Ende: Statt wie so viele etruskische Gemeinden friedlich unter ein mildes Joch zu schlüpfen und den Bauern vom Tiber etruskische Kunst und Kultur beizubringen, hatte man am Arno zweimal die falsche Partei ergriffen und den Untergang herbeigezwungen.

Es läßt sich denken, daß die heute so berühmte Stadt am Arno sich einen nicht minder berühmten Gründer beizumessen wünschte, vor allem, da das zerstörerische Genie eines Sulla und der Verschwörer Catilina genug des negativen Odiums über Florenz ausgegossen hatten; und dieser Stadtgründer sollte darum kein Geringerer sein als Gajus Julius Cäsar (100–44 v. Chr.), Patrizier wie die beiden anderen, aber aus ihren Schicksalen vorsichtig geworden. Die Legende, die Cäsar mit Florenz verbindet, hat den Vorzug, sich auf ein Gesetz stützen zu können, denn nun, nach der Verschwörung, gibt es wieder Gesetze, und nichts Römisches ist uns sicherer überliefert als eben die Gesetze.

Cäsar hatte sich während der Umtriebe des Catilina vorsichtig im Hintergrund gehalten, hatte in Spanien in einem hohen Amt Vermögen genug angesammelt, um seine römischen Schulden bezahlen zu können, und tat sich 60 vor Christus mit dem aus Asien zurückgekehrten Pompejus und dem reichen Römer Crassus zu jenem ersten Triumvirat zusammen, das uns im Schulunterricht nachhaltig genug eingehämmert wurde. Ein Jahr darauf, also 59 vor Christus, erging jenes Ackergesetz, das zwanzigtausend bedürftigen Römern Landbesitz brachte, ein umfassendes Gesetz, das auch alle Gründungen von Siedlungen jener Jahre mit einschloß. Florentia ersteht neu auf altem Boden, nun aber als römische Kolonie im Etruskerland und ein wenig nach Westen verschoben, vor allem aber verkleinert. Die Etruskerstadt hatte etwa 1250 Meter im Durchmesser aufzuweisen, die Neugründung nur fünfhundert Meter. Und sie war keine Stadt im üblichen Sinn, sondern ein Römerkastell zum Schutz von Brücke und Straße, eine strategische und verkehrspolitische Gründung, die man wohl wegen der Reste der früheren Siedlung ein wenig versetzen mußte, denn für die militärischen Anlagen hatten die Römer unverrückbare Grundsätze. Sie ließen keinen Kompromiß zu, wie ihn das Hineinbauen in einen Stadtrest erzwungen hätte.

Und doch hatte man zweifellos die eine oder andere im Ufergrund versunkene Mauer angetroffen, war auf Pfähle und Fundamente gestoßen. Das hat sich erst vor etwa hundert Jahren erwiesen, als es im Mittelpunkt des neuen Florenz, in der Zone rund um den Dom, zu Grabungen und Umbauten gekommen war. Sie hatten Gräber mit Bestattungen aus dem achten und siebenten vorchristlichen Jahrhundert zutage gefördert, Gräber italischen und frühetruskischen Typs, aus denen freilich nur auf eine Schiffersiedlung geschlossen werden kann, nicht auf eine ummauerte, gefestigte Stadt. Diese fernen, in den volkstümlichen Überlieferungen jedoch erhaltenen Zusammenhänge mögen dazu geführt haben, daß man die Arnostadt als ein Geschöpf des Flusses ansah, Florentia also gleichsam als Fluentia. Machiavelli zitiert eine seither vielbesprochene Plinius-Stelle als erster: »Fluentini praefluenti Arno appositi« – am Arnofluß wohnen die Fluentiner.

Der Arnoübergang und die auf ihn zuführende Straße sind uns bestens bekannt, da bestehen keine Unsicherheiten mehr: Die Brücke lag an der Stelle des heutigen Ponte Vecchio, damals jedoch nicht in der Stadt, sondern vor ihrem Südtor, denn wegen der noch häufigen Arnohochfluten blieb zwischen Stadttor und Flußufer damals ein Streifen von etwa hundert Metern frei. Die Straße trug den Namen Via Cassia, war also eine der römischen Staatsstraßen, die einen namentlich bekannten Bauherrn haben, und damit wäre alles in bester Ordnung, hätte es nicht zeitweise zu viele und zeitweise dann wieder gar keine Träger dieses nicht ganz seltenen Namens gegeben. Nach einer scharfsinnigen Beweisführung, die wir hier nicht nachvollziehen müssen, haben die Spezialforscher Radke und Hinrichs das Jahr 154 vor Christus als besonders wahrscheinlich ermittelt, in dem Quintus Cassius Longinus Konsul war.

Die Via Cassia ist mit etwa 125 Kilometern eine der kürzesten und darum wohl auch eine der am wenigsten berühmten Römerstraßen, aber wer das Wunderwerk des altrömischen Straßennetzes studiert hat, weiß, daß es darauf nicht ankommt: Die Via Appia war noch kürzer in ihrem ältesten, berühmtesten Teil, und mit welchen Gefühlen erfüllt sie uns bis heute!

Die Via Publica mit dem Namen des sonst nicht sonderlich berühmten Konsuls begann auf dem Forum Cassi in Rom und nahm ihren Weg über Sutrium und Volsinii nach Clusium, in das heutige Chiusi, eine der an Traditionen und Legenden reichsten Städte Etruriens. Sie soll mit Tarquinius Priscus im Bunde gewesen sein, womit wir wieder bei der geheimnisvollen Tanaquil wären, und hatte in Porsenna einen König, der im Jahr 507 Rom eroberte. Im weiteren Verlauf nach Nordwesten ließ die Straße den Trasimenischen See rechts, also östlich, liegen und erreichte

Florentia. Auf dem rechten Arnoufer durchschnitt sie die Stadt auf der Linie der heutigen Via Faenza, schmal und gerade auf die frühere Festung Fortezza da Basso zuführend (die erst im sechzehnten Jahrhundert an dieser Stelle errichtet wurde).

Aus Florenz hinaus nach Norden strebend, passierte die Via Cassia den Ort mit dem späteren Namen Ponte a Rifreddi, wohl eine Brücke über den Terzollebach, und gab den Stationen Quinto und Sesto ihren Namen nach den Meilensteinen, von Florenz aus gezählt. Die Straße endete, wo auch die Verschwörung des Catilina ihr Ende fand, in Pistora oder Pistoria, heute Pistoia. Pauly/Wissowa nennen den Ort unbedeutend und sagen, er liege »an der Straße von Florentia nach Luca«, Ammianus Marcellinus erwähnt ein oppidum pistoriense, also eine Festung, und das Schlachtfeld, auf dem die Katilinarier zu Paaren getrieben wurden, hieß ager pistoriense. Das heißt alles zusammengenommen wohl, daß diese Landschaft nordwestlich von Florenz zunächst wenig Bedeutung hatte, es sagt aber auch, daß die Via Cassia bald von Florentia über Pistoria weiter verlängert wurde, nach Lucca, früher Luca, eine Kolonie der Latiner auf Boden, den Pisa zur Verfügung gestellt hatte.

Damit ist Florenz in das große Spinnennetz eingebunden, mit dem die Römer nach und nach ganz Europa überziehen werden, vom Hadrianswall in Schottland bis nach Ägypten, von den Atlantikküsten Spaniens bis zur Bernsteinküste der alten Pruzzen. Es ist kein gewaltigeres System denkbar, um ein einzelnes Gemeinwesen in eine große Gemeinschaft einzubeziehen. Der Ponte Vecchio, den jeder kennt, der Florenz kennt, wird nun die Welt nach Florentia bringen, die einzigartige und geheimnisvolle Welt der Römerstraßen, in der jede Begegnung möglich ist, mögen auch die Straße in erster Linie für den militärischen Verkehr und die Verwaltung mit ihren Geschäftsreisen bestimmt sein.

Denn nach zahllosen bekannten und unbekannten Völkern, die dahinziehen und wandern und neue Heimatländer suchen, sind die Römer das erste Volk, das bewußt reist, das in der Ferne ankommen und auch wieder heimkehren will. Florenz sieht sie nun alle, die Herren und Damen aus Rom mit Reittieren, Sänften, Gepäckkarren und Gefolge. Dazu das sich nächtlicherweile dahinstehlende namenlose Volk der Straße, irgendwo entwurzelt durch Kriege und römische Eroberungen, aber auch davongelaufene Soldaten, hoffnungsfroh die Ferne suchende Huren, Gesindel und Gelehrte, ein Sammelsurium von Menschen, das in seiner Gesamtheit die Provinzialität am Arno aufbricht und aus der Kolonialstadt verächtlicher Vergangenheit die Etappe am Arno macht, den Rastplatz zwischen Rom und Ligurien, auf den ein wenig römischer Glanz fällt und in dem bald ein Hauch ligurischen Fernwehs zu verspüren sein wird, ein Duft über den Sümpfen des Arno, eine Ahnung künftiger Größe.

DAS RÖMISCHE FLORENZ

Florentia war als Name wohlklingender als das heutige kurze Firenze, und daß wir im Deutschen Florenz sagen, bewahrt mehr von dem Zauber der Arnostadt, erinnert an den vollen Wohlklang des altlateinischen Namens. Dennoch müssen wir uns klarmachen, daß im schnell wachsenden Römerreich sehr viele Städte eine ungleich größere Bedeutung hatten als Florenz. Man muß, um das zu beweisen, nicht nur Athen oder Alexandria heranziehen, die bekannten Rivalen der Tibermetropole; auch Antiochia, Massilia und manche andere der Pflanzstädte rund um das Mittelmeer hatten im Römerreich eine ungleich wichtigere Position als Florentia, das sich zunächst damit begnügen mußte, Arretium und Faesulae und wohl auch Clusium und Luca ausgestochen zu haben. Italien ist nicht mehr ein Konglomerat von Siegern und Besiegten, von Römern und Bundesgenossen, sondern es hat sich als Mutterland eines Weltreichs konsolidiert, und die Bürger dieser Reichsmitte blicken gelegentlich mit Verachtung, auf jeden Fall aber aus hoheitsvoller Distanz auf die Unterworfenen hinab, die fortan vor allem die Verpflichtung haben, die italienischen Städte, die Menschen der zentralen Halbinsel reich zu machen.

Solange das funktioniert, solange die Kräfte der Legionen ausreichen, die Eroberungen zu bewahren und zu verwalten, wächst der Wohlstand auch in Florenz, und die Stadt selbst beweist dies mit Straßen, Plätzen und Gebäuden durch einen Zeitraum von etwa zweihundert Jahren. Angesichts der katastrophalen Überschwemmungen, die auch das moderne Florenz noch erlebte, versteht man, daß die erste Sorge der Stadtväter der Absicherung der Neugründung gegen das Wasser von den Bergen gelten mußte. Zwar war das gute Trinkwasser durchaus willkommen, das ein Aquädukt vom Monte Morello herab in die Stadt leitete; aber die vielen Wasserläufe, die dem Arno zustrebten und sich im Frühjahr wegen der Schneeschmelze, aber auch nach heftigen Sommergewittern in reißende Ströme verwandelten, sie waren mit den Möglichkeiten der damaligen Technik nicht zu regulieren, man konnte allenfalls versuchen, diese Wasserläufe ab- und umzuleiten, solange sie noch unbedeutende Gewässer waren.

Da nicht wenige Gemeinden im Vorfeld des Apennin ähnliche Probleme hatten, kam es unter Tiberius zu einer Senatsdebatte über solche Umleitungsprojekte, und es tauchte der Plan auf, den kleinen Fluß Clanis, heute Chiana genannt, aus seinem gewohnten Lauf in Richtung auf den Tiber abzudrängen und in den Arno münden zu lassen. »Man hörte Gesandtschaften der Munizipien und Kolonien darüber«, berichtet Tacitus in den Annalen (I,79): »Die Florentiner baten, man möchte doch den Clanis nicht aus seinem gewohnten Bett drängen und in den Arno leiten; das würde für sie verhängnisvoll werden ... Die Natur habe, indem sie den Flüssen ihre Mündung, ihren Lauf, ihren Anfang so gut wie ihr Ende angewiesen habe, aufs beste für das Wohl der Sterblichen gesorgt.«

Das liest sich sehr modern und wurde doch vor beinahe zweitausend Jahren geschrieben, und die Florentiner gehen mit dieser aus der Geschichte des Kaisers Tiberius nicht mehr zu tilgenden Bitte als die frühen Beschützer jener italienischen Landesnatur ein, die heute so vielfach gefährdet, ja an manchen Stellen wohl kaum noch zu retten ist. Und sie wissen sich in diesem Bemühen, anders als ihre heutigen Nachfahren, mit den Göttern einig: »Man müsse doch auch«, referiert Tacitus, »auf den religiösen Glauben der Italiker Rücksicht nehmen, die den heimatlichen Flüssen Heiligtümer, Haine und Altäre gestiftet hätten. Ja der Tiber selbst (!) sei gewiß nicht einverstanden damit, daß er seiner Zuflüsse beraubt werden und in minderer Herrlichkeit dahinströmen solle.«

Die Flüsse waren also noch Lebewesen, ja mehr: sie waren, ihren wichtigen Funktionen entsprechend, heilig, unantastbar, Göttern nahe und anvertraut, wenn wir auch vom Arnus nicht eine ganze Ahnengötter- und Familiengeschichte besitzen wie im Falle des Tiberflusses, dessen Schutzgott alljährlich am 8. Dezember besonders gefeiert wurde. Die von der christlichen Staatsreligion Jahrhunderte später unter Strafe gestellte Einrichtung, die Durchseelung der Natur mit großen und kleinen Halb- und Ganz-Gottheiten, war für die Florentiner noch natürlicher und wichtiger als für die Bewohner anderer Städte, weil der unregulierte Arnus-Arno sich im Lauf der Jahrtausende ja tatsächlich als Schicksalsstrom erweisen sollte. Ob die religiösen Bedenken, die Scheu vor so tiefen Eingriffen in die Landesnatur den Ausschlag gaben oder technisches Unvermögen, Tacitus selbst wußte es nicht, als er berichtete: »Die Bitten (der Abordnungen) oder die Schwierigkeit der Anlagen oder auch die religiösen Bedenken gewannen den Sieg; man einigte sich auf Cn. Pisos Antrag dahin, daß nichts geändert werde.«

Dennoch gab es der Veränderungen in Florenz nun mehr als genug. Die Via Cassia hatte mitten durch die Stadtanlage geführt, mit jener zweckdienlichen Rücksichtslosigkeit, wie sie noch bis in unser Jahrhundert militärisch wichtigen Bauwerken und Anlagen eigen blieb. Und sie war schließlich auch ein Jahrtausendwerk, diese Landstraße eines beinahe unbekannten Konsuls, denn noch im elften Jahrhundert zogen Kaufleute, Mönche und Wanderer über das alte, holprige, aber dauerhafte Pflaster der Via Cassia nach Florenz und aus der Stadt wieder hinaus. Allerdings übertraf der Warenverkehr auf dem Arno die Summe der Wagen- und Karrenladungen auf den Straßen bei weitem, so launisch der Fluß auch war mit seinen wechselnden Wasserständen.

Dieser wachsenden Bedeutung der Flußschiffahrt entsprach auch ein engerer Zusammenschluß der Arnostädte Florenz und Pisa, das damit in gewissem Sinn das Erbe von Fiesole antrat. Die Bequemlichkeit des Wasserweges gestattete die Verteilung von Werkstätten und Lagerhäusern an der ganzen Flußstrecke zwischen Florenz und Pisa, womit der engere Stadtbereich von Florenz entlastet werden konnte. Dennoch blieb die Via Cassia eine stark befahrene Hauptader, was wir daraus schließen können, daß sie etwa dreihundert Jahre nach ihrer Erbauung in umfassenden Arbeiten ausgebessert und an manchen Stellen auch neu trassiert werden mußte. Die Gelder dafür hatte Kaiser Hadrian (Lebenszeit 76–138) bewilligt, der größte Reisende unter den Kaisern, dem man den besten Überblick über das damals blühende Weltreich zuschreiben muß. Wenn er Florentia begünstigte und die Verkehrsverhältnisse der Stadt verbesserte, so hatte er zweifellos ihre Bedeutung und ihre Zukunftschance erkannt.

Dennoch darf man nicht verkennen, daß Florenz auch im zweiten nachchristlichen Jahrhundert, auf dem Höhepunkt der römischen Kaisermacht, noch eine unter vielen aufblühenden Provinzstädten ist. Ihr Name hat noch keine Aura, die Römer verbinden keine spezifischen Vorstellungen mit ihr, und für ihren Ausbau gelten die allgemeinen Grundsätze, daß die wichtigeren Provinzialstädte im Prinzip verkleinerte oder auch vergrößerte Abbilder der Metropole am Tiber sein sollten. Florenz bekommt also, vermutlich in der Phase zwischen Hadrian und Diokletian, nun eine Reihe jener Bauten, die nach dem Weltverständnis des Reichsrömers ein Munizipium besitzen muß, um jenen Patriotismus zu entwickeln und zu binden, den Ludwig Friedländer »eine der besten Seiten des römischen Städtelebens« nennt und der griechischen Städterivalität und oft mörderischen Eifersucht auf das Nachbargemeinwesen gegenüberstellt.

Man vermag es heute nicht mehr zu sagen, ob es bewußte und zielgerichtete Überlegungen waren, die überall in dem riesigen Reich Zentren entstehen ließen, in denen bauliche Akzente aus der Tiberstadt wiederkehrten. Daß die Zusammengehörigkeit dadurch gestärkt wurde, daß all diese Provinzbewohner sich nun ein wenig als Stadtrömer fühlen durften (und es, als Beamte oder Offiziere, vielleicht auch einmal gewesen waren), das erklärt uns die erstaunliche Überlebenskraft auch kleiner Kolonialstädte über die Stürme der Völkerwanderung hinweg, von Narbonne oder Nîmes bis in die Alpenregion und hinein nach Pannonien.

Selbst heilige Stätten, wie das römische Kapitol mit den Tempeln des Jupiter, der Juno und der Minerva, kehren in Kolonialstädten wieder, und es sind gar nicht so wenige: Nîmes in Gallien, Köln, auf italienischem Boden Verona, Cagliari und – Florenz! (Außerhalb Europas kam zum Beispiel das nordafrikanische Lambaesis zu dieser Ehre). Das Capitolium von Florenz beweist uns: Die einstige Etruskerstadt am südlichen Anfang und Ende der transalpinen Handelswege hatte besondere Bedeutung gewonnen, als Kaiser Diokletian in hartnäckigen Kämpfen in der Lechniederung und am Inn die natürliche Grenze wieder festigen konnte, wie sie der Donaustrom quer durch das südliche Deutschland zog. Auf eine besondere Beziehung der Stadt zu diesem tatkräftigen und erfolgreichen Herrscher deutet jedenfalls ein Denkmal hin, das die Florentiner ihm vor dem Südtor der Stadt, also nahe dem heutigen Ponte Vecchio, errichteten, als Dank für eine entscheidende Aufwertung der Straßen- und Schiffersiedlung durch ihre Erhebung zum Verwaltungszentrum für Umbrien und Etrurien.

Die Verwaltungsenthusiasten des Römerreiches hatten damit freie Hand in Florentia; ein Statthalterpalast wurde errichtet, Vorstädte außerhalb der Mauern nahmen das kleine Gefolge der Bürokratie, die Händler, Handwerker und dienenden Schichten auf, und da so viele Menschen aus der Umgebung nun geschäftlich oder wegen der Behörden nach Florentia kommen mußten, lag es nahe, ihnen hier auch die übliche Unterhaltung anzubieten, nämlich eine Arena. Das antike Florenz hatte für den großen Bau mit einem Umfang von etwa 350 Metern nur an seinem östlichen Rand Platz, und steht man heute auf der Piazza Peruzzi, einer der stillsten Zonen der florentinischen Innenstadt, dann ahnt man nichts mehr vom Toben der zwanzigtausend Besucher dieses Amphitheaters, in dem die damals übliche Massenunterhaltung mit Tierhetzen und Gladiatorenkämpfen geboten wurde. Theater im engeren Sinn, also jenes Typs, wie wir ihn wunderschön noch in Orange vor uns sehen, gab es im Bereich des heutigen Palazzo Vecchio und, in eindrucksvoller Hügellage, in Fiesole. Diese Theater, bei denen der Bühnenwand nur ein Halbrund steil ansteigender Sitzreihen gegenüberlag, brauchten weniger Platz und hatten auch weniger Besucher, weil sie der gehobenen Unterhaltung gewidmet waren. Das heißt allerdings nicht, daß dort nur geschritten und rezitiert wurde und daß allabendlich Tragödien gegeben wurden: Manche der in der Kaiserzeit besonders häufig gespielten Komödien oder Farcen waren nicht sonderlich anständig und bezogen ihre Wirkung aus eindeutigen Anspielungen, und von den besonders beliebten Pantomimen, von denen schließlich auch des Lateinischen unkundige Besucher der Römerstädte etwas hatten, sagt Friedländer: »In schlüpfrigen Szenen, welche die eigentliche Würze dieses Schauspiels waren, verband sich die verführerische Anmut der Darstellung oft mit einer Üppigkeit und Schamlosigkeit, der das Äußerste für erlaubt galt«, Umstände, die uns unter anderen der große Satiriker Juvenal geschildert hat.

Immerhin, Arena und Theater sind unstreitig die Anfänge jenes künstlerischen und geistigen Lebens, dem Florenz bis heute seine Sonderstellung nicht nur in Italien, sondern auch in der Welt verdankt. Im Gefolge der Mimen, Pantomimen und des reiselustigen Publikums bahnte sich ein Austausch innerhalb des ganzen Römerreiches an, der vielleicht nachhaltiger als der Fernhandel Verbindungen, geistige Bande zur Metropole am Tiber, aber auch zu anderen Provinzzentren schuf, die später Bedeutung erlangten. Auch Mailand, auch Split wurden durch Diokletian aufgewertet, Dazien, das heutige Rumänien, wurde wieder an das Reich gebunden, Entwicklungen, die Florenz aus der einseitigen Südausrichtung herauslösten und zu den Einflüssen aus Rom und aus den Kernzonen des italischen Landes neue, fremde und andersartige Beziehungen und Einwirkungen gesellten. Noch war Florenz keine wirkliche Metropole, aber es hatte nun neben Pisa zweifellos noch eine zweite Pforte zum Meer, nämlich über Umbrien hinweg an die Adria und jenseits dieses schmalen Meeres weiter in den Osten.

Dieser Osten war es, der die große Völkerwanderung auslöste, die nach unruhigen Zeiten und Begegnungen mit germanischen Wanderstämmen schließlich eine nicht mehr zu beherrschende Dynamik in die bis dahin langsamen, zähen und vereinzelten Völkerbewegungen in Europa brachte. Der große Hunneneinbruch, über den Nordrand des Schwarzen Meeres nach Rumänien und die Nordzonen des Balkans geführt, vertrieb die aus dem Ostseeraum zugewanderten und inzwischen seßhaft gewordenen Goten aus ihren weitgehend mit römischer Billigung besiedelten neuen Wohngebieten. Die losen Gotenreiche, wie sie dem Römerreich vorgelagert waren, wurden blitzschnell zerschlagen, die ostgermanischen Stämme teilten sich: Einige überschritten die Grenzen ins Römerreich und wurden dort in die große Abwehrfront eingegliedert, andere kehrten zu den alten Lebensformen räuberischen Wanderns zurück und wurden zu Verbündeten der Hunnen. Aber auch von den Hunnen, die ja einen losen Verband gleichgestimmter, aber sehr unterschiedlicher Nomadenvölker nach Europa hineinführten, spalteten sich Gruppen ab, die als Söldner im Dienst Roms besser lebten und mehr Beute machten als unter ihren angestammten Heerkönigen.

Soviel mußte gesagt werden, um zu erklären, daß die große Gefahr für das mitten in Italien liegende Florenz nicht vom Himmel fiel: Der große Wanderzug des Radagaisus näherte sich, zu Beginn des Jahres 406 aus Pannonien heranrückend, den toskanischen Städten. Unter Diokletian wäre ein so tiefes Eindringen barbarischer Verbände ausgeschlossen gewesen, aber das nunmehr geteilte Römische Reich hatte weder in Byzanz noch in Rom starke Herrscherpersönlichkeiten aufzuweisen, die der Weltstunde gewachsen gewesen wären. Die oströmischen Kaiser herrschten, durch die Meerengen gesichert, im reichen Byzanz, das seit 330 Konstantinopel hieß, die weströmischen Kaiser hatten sich in Ravenna zwischen Sümpfe und Kanäle zurückgezogen. In beiden Reichsteilen waren die höchsten militärischen

Kommandostellen mit nichtrömischen Kriegern besetzt, mit Alanen, Goten, Gepiden und Vandalen.

Radagaisus hätte einige Jahre vorher oder auch einige Jahre später die Scharen, die sich ihm anvertraut hatten, vermutlich bis Rom führen und die Ewige Stadt plündern können. Als er Florenz erreichte und die Stadt zu belagern begann, hatte die Macht im nahen Ravenna jedoch der Vandale Stilicho, eine der glanzvollsten Erscheinungen dieser großen Wende, Schwiegervater des Kaisers, Heerführer von großer Begabung und Sieger, ja grausamer Vernichter früherer Angreifer auf das römische Westreich.

Stilicho hatte Radagaisus lange gewähren lassen, weil in der norditalienischen Tiefebene eine Vernichtungsschlacht schwierig gewesen wäre und weil er seine Legionen erst zusammenholen mußte. Es scheint, daß dies zum Teil auf dem Seeweg geschah, denn das Entsatzheer, das sich auf Florenz zubewegte, kam von Pisa her den Arno aufwärts. Stilicho war vorsichtig, denn ihm lagen beunruhigende Berichte vor: Radagaisus sollte 400 000 Menschen anführen; dabei waren natürlich Frauen und Kinder, aber mit hunderttausend kampftüchtigen Männern war doch zu rechnen, ganz abgesehen von Frauen und Knaben, die in der Not gewiß ebenfalls zu den Waffen griffen. Und Radagaisus selbst war weder ein Christ noch überhaupt zivilisiert zu nennen, so daß man seine Aktionen hätte berechnen oder mit ihm verhandeln können. Er opferte täglich seinen alten Germanengöttern, er war ein Fürst aus den Finsternissen nördlich des Donaustroms, ein Mann, der nichts zu verlieren hatte, ein Mann aber auch, den niemand kannte und den Stilicho für seine Politik niemals in diesem Sinn brauchen würde wie etwa seine tapfere hunnische Leibgarde.

Als Stilichos Späher meldeten, die Fremden lagerten im Arnotal bei Florenz, gab er den Befehl zum Angriff. Radagaisus, der bis dahin so gut wie keinen Widerstand hatte brechen müssen, scheint völlig überrascht worden zu sein, vor allem wohl von der großen Zahl der Angreifer und ihrer guten Ordnung. Das war etwas anderes als die Scharmützel auf dem Anmarsch, wenn sich das eine oder andere Gemeinwesen ein paar Tage lang zur Wehr gesetzt hatte. Hier kamen Legionen, von denen man in Pannonien nicht viele gesehen hatte, durch ein Flußtal herangezogen, das nicht viele Fluchtwege offenließ, und als auch noch die Bewohner der Stadt Florentia über die Arnobrücken Ausfälle wagten und die Belagerer auf Stilicho zutrieben, da erklommen die Scharen des Radagaisus verzweifelt die Hügel von Fiesole. Von den idyllischen Hängen der alten Etruskerstadt aus mußten Frauen und Kinder mit ansehen, wie ihre Männer und Söhne in der Arnoebene eingekreist und Gruppe für Gruppe niedergemacht wurden. Nur 12 000 der besten gotischen Kämpfer, die sich geschlossen und standhaft gegen Stilichos Hunnen gewehrt hatten, nahmen schließlich das Angebot an, als Söldner unter dem Sieger weiterzukämpfen, wo immer dies sein würde. Die Hunnen aber, unter Attilas Großvater Uldin für Stilicho kämpfend, verfolgten gnadenlos, was sich in den Seitentälern zu retten hoffte.

Über den Ablauf dieser großen Vernichtungsschlacht gibt es einander widersprechende Berichte, vor allem hinsichtlich der Zahlen der beteiligten Kämpfer und der betroffenen Nichtkombattanten. Stilicho war kein Heerführer von archaischer Grausamkeit, aber er hatte schon oft viel Blut fließen lassen. Darum muß man wohl annehmen, daß Männer nur dann am Leben blieben, wenn sie sich unter sein Kommando, seine Aufsicht begaben. Frauen und Kinder kamen nach der seit Jahrhunderten geltenden Sitte auf die Sklavenmärkte des ganzen großen Reiches, und sie waren so viele, daß die Preise für Sklaven ins Bodenlose sanken, ein wirtschaftliches Faktum, das kaum erfunden sein kann und Rückschlüsse auf das Ausmaß dieses Sieges gestattet – aber auch auf die Bedrohung von Florenz. Radagaisus selbst wurde am 23. August 406, angeblich nach einem Fluchtversuch, hingerichtet.

Altertum und frühes Mittelalter sind in Florenz nicht sonderlich reich an Ereignissen. Darum verweilt die Phantasie der Florentiner mit entschuldbarer Beharrlichkeit bei der düsteren Erscheinung des gewalttätigen Heiden Radagaisus und seinem Untergang im Arnotal. Obwohl sich auch große Mengen von Beute blitzschnell auflösen, wenn eine Armee über sie herfällt, hält sich doch die Sage, daß Agabita, die Hauptfrau des Ostgoten Radagaisus, noch Zeit gefunden habe, zumindest seinen persönlichen Anteil an der Beute aus dem norditalienischen Raubzug zu vergraben. Die Nachricht darüber findet sich aber in einem Werk über die Geschichte von Fiesole, das erst 1681 entstand, und der Verfasser, der offenbar seither verschüttete Quellen nutzen konnte, scheint selbst schon nicht mehr allzu fest an den vergrabenen Schatz geglaubt zu haben.

Zwei Jahre nach Radagaisus starb auch Stilicho, weil er einer Zusage freien Geleits durch eine mißgünstige Hofkamarilla mehr geglaubt hatte als seiner hunnischen Leibwache, die bereit gewesen war, um ihn geschart einen Fluchtweg aus dem undankbaren Land zu erkämpfen. Stilichos kaiserlicher Schwiegersohn Honorius, nacheinander mit zwei Stilicho-Töchtern verheiratet, deren er keine zu entjungfern vermochte, hatte immerhin Kraft genug, den Über-Schwiegervater meucheln zu lassen. Damit war das weströmische Reich schutzlos, und die Gotenheere unter Alarich zogen durch ganz Italien bis nach Rom, dessen Fall im August 410, beinahe auf den Tag genau zwei Jahre nach Stilichos Tod, das Ende einer Ära bezeichnete.

Um Florenz stand es zu diesem Zeitpunkt schon nicht mehr zum besten. Zwar war die Stadt groß, an den Arno herangerückt, mit zwanzigtausend Einwohnern eine bedeutende Etappe an der Via Cassia, der Hauptverkehrsader des inneren Italien und erst recht der Toskana. Aber die hohen Gemeindeämter, die einst Ruhm und Vermögen bedeutet hatten, wurden angesichts der wachsenden Schwierigkeiten als Last empfunden. Man ruinierte sich als Amtsträger, mußte Verantwortung für Dinge übernehmen, die man nicht mehr zu steuern vermochte, und da nicht mehr viele Bürger bereit waren, sich um solche Würden zu bemühen, waren es nicht die Besten, die sich den Aufgaben unterzogen.

Geht es einer Gemeinschaft und ihren Bürgern schlecht, so gedeiht der Weizen der Wundertäter, der Prediger, der Sektengründer und anderer Scharlatane. Wo Verkehrswege einander kreuzen, da bleibt Gesindel aus aller Welt hängen, und schon im zweiten Jahrhundert, also dem des großen Kaisers Hadrian, gibt es Anzeichen für orientalische Kulte in Florenz, nicht nur mit Händlern eingeströmt, sondern auch mit heimkehrenden Legionären. Auch erste Christengruppen scheinen nicht aus Rom, sondern über das Meer aus Palästina eingewandert zu sein, auf dem klassischen Weg der Apostel, und sich arnoaufwärts oder quer über die Halbinsel auf Florenz zubewegt zu haben. Das ehrwürdige Nachschlagewerk Religion in Geschichte und Gegenwart nimmt erste christliche Zentren in Florenz schon im ersten Jahrhundert an, das Artemis-Lexikon des Mittelalters nimmt das zweite Jahrhundert an, und Davidsohn sieht gar einen Zusammenhang mit den etruskischen Blitzedeutern von Faesulae, die für Fiesole eine Tradition tieferen Wissens und prophetischen Ahnens begründeten – eine Aura des Prophetentums, die Eremiten anzog, so daß sich die Hänge über Florenz und ihre Höhlen mit mehr oder weniger heiligen Männern und Frauen bevölkerten.

Ein erster christlicher Friedhof lag südlich des Ponte Vecchio, also auf dem linken, damals kaum verbauten Arnoufer, dort, wo sich heute die herrlichen Boboli-Gärten zwischen dem Forte di Belvedere und dem Palazzo Pitti ein wenig eingeengt präsentieren. Die Apostel der Arnostadt treten uns gleich im Halbdutzend entgegen, und es soll Petrus selbst gewesen sein, der Frontinus und Paulinus um das Jahr 56 nach Etrurien entsandte. Frontinus ist denn auch der erste, üblicherweise halb legendäre Bischof der Arnostadt. Davidsohn übergeht ihn streng wissenschaftlich mit Schweigen; wir dürfen hier immerhin anführen, daß Frontinus einen ernsten Konkurrenten in dem heiligen Romulus hat, von Petrus nach Fiesole entsandt und von Fiesole aus zum Erwecker der Stadt Florenz geworden. Der aus Florenz stammende große Kirchenhistoriker Fernando Ughelli, ein Zisterzienser (1595–1670), versuchte in seinem zehnbändigen Werk Italia sacra beide Überlieferungen zu vereinen und setzte Frontinus als ersten Bischof von Florenz ein, Romulus aber als seinen Nachfolger. Da Romulus den Märtyrertod unter Diokletian erlitt, kennen wir somit für das dritte Jahrhundert bereits zwei Bischöfe. Damit scheint der Ansatz von Luzzatti (im Artemis-Lexikon) berechtigt. Florenz war seit dem zweiten Dezennium des dritten Jahrhunderts christliches Bistum. Die oft behauptete unmittelbare Verbindung zu Petrus, dem Apostelfürsten in Rom, ist damit freilich in das Reich der Legende verwiesen.

In der Christenverfolgung des Kaisers Decius, also zwischen 249 und 251, starb ein Mann den Märtyrertod, dessen Name uns bis heute auf dem schönsten Hügel von Florenz gegenwärtig ist: Sankt Minias, Soldat und Christ. Er wurde dort hingerichtet, wo in späteren Zeiten die Kirche der heiligen Candida erbaut wurde. »Ughelli setzt aber hinzu, der Heilige habe sein Haupt an das Ufer des Arno getragen, sei hinübergeschwommen und habe es auf dem nahe gelegenen Hügel, wo später die Kirche San Miniato al Monte erbaut wurde, niedergelegt« (Stadtler/Ginal). Ist auch das Schicksal der Reliquien strittig zwischen Florenz und Metz, so ist doch das Martyrium des Legionärs Minias gut bezeugt: Er wurde als Feind der Götter enthauptet.

Minias ist ein griechischer Name, und daß er römischer Soldat, ja vermutlich sogar Offizier war und als Ritter dargestellt wird, gibt jenen Traditionen Wahrscheinlichkeit, die das Christentum aus dem Osten nach Florenz kommen sehen. Die Legende, Minias sei ein armenischer Prinz gewesen, entstand aus dem alten Wissen von einem christlichen Land jenseits des Schwarzen Meeres, wird aber auch in der kirchlichen Literatur nicht mehr aufrechterhalten. Als mit dem Ostgoten Radagaisus noch einmal das Heidentum nach Florenz griff, gab es auf dem Hügel über dem Arno, der damals Monte Fiorentino hieß, bereits eine einfache Kapelle, die dem heiligen Minias geweiht war. Im

Jahr 1018 ließ Erzbischof Ildebrando sie durch eine große Kirche ersetzen.

Im vierten Jahrhundert kam dann die bedeutendste Persönlichkeit des italienischen Christentums jener Zeit nach Florenz, nämlich der bis heute vielfach gegenwärtige Mailänder Bischof Ambrosius, 339 in Trier als Sohn des Präfekten von Gallien geboren, 397 in Mailand gestorben. Ambrosius war, ohne Priester zu sein, von der Mailänder Bevölkerung zum Bischof gewählt worden, weil ihm alle Lager vertrauten; was er für Mailand und die Kirche tat, als Kirchenlehrer und Organisator, als Diplomat und kreativer Geist auf vielen Gebieten, das ist in seinem Fall besser bekannt als bei vielen seiner Zeitgenossen. Wenig beachtet aber wurde seine Flucht nach Florenz nach seinem Zerwürfnis mit dem Usurpator Eugenius Flavius, einem Christen, der sich jedoch aus politischen Gründen auf die heidnischen Senatoren von Rom stützte. Nur noch vier Jahre von seinem Lebensende entfernt, mußte Ambrosius sich auf die Straßen des Reiches begeben und traf bei Faenza auf einen Boten aus Florenz, der ihm Asyl in der Arnostadt anbot. Ambrosius traf im März 393 in Florenz ein und blieb hier etwa eineinhalb Jahre, denn sein Gegner Eugenius wurde erst am 5. September 394 nach einer verlorenen Schlacht getötet. Der Ort dieser Schlacht, ein Flüßchen bei Aquileja, war von Florenz wie von Mailand etwa gleich weit entfernt.

Ambrosius sei, wie seine Viten berichten, aus dem florentinischen Exil erholt und gestärkt hervorgegangen, obwohl er am Arno keineswegs untätig gewesen war. In der alten Blitzedeuter-Landschaft wimmelte es nämlich noch von heidnischen Geistern und Unwesen, harmlosen aus der römischen Götterhalbwelt und schwerer zu erfassenden aus dem etruskischen Urgrund. Bischof Ambrosius war sich nicht zu gut, in Florenz selbst Geister auszutreiben, ja er hat sogar in Florenz einen Toten erweckt …

Wie es bei dieser Erweckung vor sich ging, ob es sich um täuschende Starre handelte oder einen Komazustand, den Ambrosius beendete, braucht uns nicht zu beschäftigen. Daß jener Knabe aber einen griechischen Name führte wie Minias und daß in der christlichen Liturgie der florentinischen Kirchen bis ins elfte Jahrhundert noch griechische Texte gesprochen wurden, das stützt die Theorie einer Christengemeinde, die im wesentlichen aus Griechen bestand, wohlhabenden Kaufleuten dieses seit jeher besonders aktiven Händlervolkes. Sie hätten damit nicht nur das Christentum an den Arno gebracht, sondern jene merkantilen Traditionen begründet, denen das spätere Florenz Blüte und Bedeutung verdankte.

Diese Kaufleute waren vermutlich weniger als die Ackerbürger am Arno von der gewaltsamen Landreform betroffen, die Odoaker dem ganzen Italien auferlegte. 476 bis 493 herrschte dieser begabte und energische Usurpator über Italien, kein Mann aus dem Nichts wie so mancher andere Emporkömmling des Jahrhunderts, sondern Sohn des Edeco, des kundigen und souveränen Außenministers an der Seite Attilas, und einer Skirenprinzessin, also ein Mischling aus germanischem Adel und Hunnenblut. Er war seit den Querelen an Attilas Tafelrunde verfeindet mit Orestes, dem Sekretär und Heermeister des Hunnenkönigs, der seinen Sohn Romulus auf dem italienischen Thron installiert hatte, aber nach der Niederlage bei Placentia am 28. August 476 erschlagen wurde.

Der Sieger Odoaker stand in einem bis heute nicht völlig geklärten Vertrauensverhältnis zu dem heiligen Severin, der das fünfte Jahrhundert mit seinen eindrucksvollen Aktivitäten ebenso erfüllt wie Ambrosius von Mailand das vierte. Severin bespricht nicht nur mit Odoaker dessen politische Zukunft, er bleibt auch dem geschlagenen Clan des Orestes eng verbunden, und es ist die Witwe des Orestes, die zum Andenken des Heiligen aus dem Hunnenvermögen des einstigen Heermeisters ein Kloster stiften und seine Biographie schreiben lassen wird, was man für einen Feind doch kaum tun würde.

Odoaker hatte offensichtlich die diplomatischen Gaben seines Vaters geerbt. Obwohl Arianer, verstand er sich, wie gesagt, mit Severin sehr gut, aber auch mit anderen Würdenträgern der katholischen Kirche wie Bischof Epiphanius von Pavia, der ähnlich wie einst Ambrosius bemüht war, das Los der Bevölkerung unter den Eroberern zu erleichtern. Die Hauptschwierigkeit der neuen Situation bestand nämlich darin, Odoakers Soldaten, die ihn auf den Schild gehoben hatten, Besitz und Auskommen zu verschaffen. Daß linear Land zugeteilt wurde, das der ansässigen Bevölkerung in einem festen Verhältnis weggenommen wurde, wird heute bezweifelt; rein organisatorisch wäre dies ein sehr aufwendiger und von zahllosen örtlichen Komplikationen belasteter Vorgang gewesen. Eher wurden die Goten und ihre Verbündeten, insgesamt ja eine gegenüber den Römern nicht sonderlich große Zahl, wohl als Zwangseinquartierte über Italien verteilt. Dort, wo dieser Vorgang zu besonderen Härten geführt hatte, ließ Odoaker Entschädigungen bezahlen, denn daß er zwei Drittel des gesamten Steueraufkommens erhielt, während den Unterworfenen nur ein Drittel blieb, um die Verwaltung und das öffentliche Leben aufrechtzuerhalten, das gilt nach wie vor.

Der Soldatenkönig Odoaker war im einzelnen also ein umgänglicher Mann, er hatte auch Freunde unter den Senatoren zu Rom, und er durfte hoffen, sich mit dem als Konkurrenten aus Ostrom (Konstantinopel) auftretenden Theoderich über Italien zu einigen – nur hatte Theoderich am Bosporus sehr effektive Methoden erlernt, die Verhandlungen überflüssig machten: Als Odoaker am 15. März 493 zu einem Gespräch mit Theoderich zusammentraf, ließ dieser ihn mit der gleichen Kälte und Grausamkeit umbringen, ganz so, wie einst Honorius an Stilicho gehandelt hatte.

Damit war auf einen Arianer ein anderer gefolgt, und wenn man nach den herrlichen Bauten von Ravenna urteilt, so bedeutete dem Theoderich dieser Glaube, diese Spielart des Christentums, mehr als dem flexiblen Odoaker. Insgesamt aber waren die Arianer, sieht man vom nordafrikanischen Vandalenreich ab, wesentlich toleranter als die Katholiken, und es ist bedauerlich, daß der Vernichtungseifer katholischer Kleriker uns so wenig vom arianischen Geistesgut, den Kirchenliedern und den Dichteranthologien übriggelassen hat.

Florenz als eine Handels- und Händlerstadt war offensichtlich auf diese Toleranz angewiesen, und sie erstreckte sich nicht nur auf die religiöse, sondern auch auf die ethnische Vielfalt des damaligen städtischen Lebens. Ein Text des Ambrosius aus seiner florentinischen Exilszeit bezieht sich auf ein jüdisches Mädchen, das zum Christentum übergetreten war. Grabsteinfunde zeigen uns die Anwesenheit syrischer Kaufleute am Arno. Das heißt: Die großen Händlernationen des Altertums, die Griechen, die Juden und die Syrer, gaben sich im toleranten spätrömischen Reich ein Stelldichein, und es ist nicht auszuschließen, daß neben dem katholischen Bischof am Arno ein arianischer Oberhirte amtierte oder daß in der langen Reihe früher Bischöfe der eine oder andere Arianer auftrat. Ein indirektes Eingeständnis dieses Umstandes findet sich im Florenz-Artikel von Herders Kirchenlexikon, in dem nicht nur von großen Lücken in der Bischofsliste die Rede ist, sondern auch der bedenkliche Satz steht: »Jedenfalls ist das heutige Florenz langobardischen Ursprungs« – die Langobarden aber waren Arianer! Auch die nach dem Tod des heiligen Severin von der Donaugrenze nach Süden zurückgeführten romanisierten Stadtbevölkerungen waren – wie die Vita Severini ausweist – zu einem gut Teil arianischen Glaubens und verteilten sich, als der Schutz des einflußreichen Heiligen mit seinem Tod endete, im heutigen Venetien und in der Toskana.

Immerhin hatte Florenz unter Odoaker und danach unter Theoderich in unruhigen Zeitläuften ein vergleichsweise ungetrübtes Stadtleben und nutzte seine wirtschaftliche Kraft zur Befestigung des Gemeinwesens, wenn die Stadtmauern um Florenz auch niemals die gewaltige Abwehrkraft erlangten, wie man sie noch im sechsten Jahrhundert den aus etruskischer Zeit stammenden Befestigungen von Fiesole nachsagte. Die politisch komplizierte Konstruktion eines italienischen Königreichs unter der kaiserlichen Oberhoheit des Herrschers am Bosporus wirkte sich für die Bevölkerung zunächst nicht nachteilig aus; die Querelen, die Theoderich einen gewissen Ärger bereiteten, blieben meistens auf Rom beschränkt, und ernste Veränderungen zum Schlechten kündigten sich erst an, als nach dem Tod des großen Theoderich und seines Nachfolgers Athalarich der unwürdige Theodahad, Sohn der Amalafrida und Neffe Theoderichs, als letzter Amaler den italienischen Thron bestieg, Mitherrscher neben Theoderichs Tochter Amalaswintha und als Graf von Tuszien Herr über ausgedehnte Ländereien rund um Florenz. Von letzten Sprossen ruhmreicher Geschlechter ist oft nicht viel Gutes zu sagen, und die Historiker trösten uns Deutsche gern mit dem Bemerken, dieser Theodahad sei völlig romanisiert, also eigentlich kein Gote mehr gewesen.

Da unser großer Felix Dahn kaum noch gelesen wird, muß hier kurz erzählt werden, daß Theodahad, geldgierig und allen Ausschweifungen ergeben, die Schattenexistenz neben seiner Base schon nach wenigen Monaten nicht mehr ertragen zu können meinte, Amalaswintha auf einer Insel im Bolsenasee gefangensetzen und schließlich ermorden ließ, als sie ein Bad nahm. Das geschah am 30. April des Jahres 535, und als die Kunde von dieser Untat nach Konstantinopel drang, nahm Kaiser Justinian sie zum Anlaß für einen Versuch, Italien wieder unter unmittelbare Herrschaft zu bringen.

Die neueste Geschichtsschreibung bringt Retuschen an diesem altbekannten Hergang an: Justinian sei ein korrekter Vertragspartner gewesen, solange in Italien alles seine Ordnung gehabt habe, und Amalaswinthas Tod habe für ihn keinen Vorwand bedeutet einzugreifen, sondern einen echten Kriegsgrund gegen ein vor seinen Augen ins Chaos versinkende Land (Herwig Wolfram). Amalaswintha habe sich durch ihre harte Herrschaft im Namen ihres Sohnes unter einflußreichen Goten selbst jene Feinde geschaffen, die das Mordkomplott vom Bolsenasee schmiedeten; Theodahad habe diese Familien nicht daran hindern können, sich für Amalaswinthas Hinrichtung zu rächen (Wirth).

Für die Stadt Florenz und ihre Geschichte sind diese Überlegungen nicht mehr als Nuancen, und daß die nun heranziehenden Soldaten Justinians am Arno willkommen gewesen wären, ist mehr als zweifelhaft. Die ganze Toskana litt nämlich in diesen Jahren unter Nöten, die auch ohne Krieg schlimm genug waren. Theodahad und seine Geldgier, die ihm auferlegten Wiedergutmachungen an geschädigte Grundbesitzer, dies alles hatte rund um Florenz viel Unsicherheit geschaffen. Die Felder wurden nur halbherzig bestellt, und als noch große Trockenheit dazukam, ergab sich eine Lage, wie sie Italien vorher und nachher kaum ähnlich erlebt haben mag.

»Auf diese Weise litten aus gleichem Grunde die Tuszier Hunger. So wie sie in den Bergen wohnten, mahlten sie Eicheln wie Getreide und verzehrten das hieraus gebackene Brot. Die meisten Menschen wurden natürlich von verschiedenen Krankheiten hinweggerafft, so daß nur noch wenige am Leben blieben. In Picenum sollen mindestens fünfzigtausend römische Bauern verhungert sein, weit mehr noch in den vom Ionischen Meer abgelegenen Landstrichen. Aufgrund eigener Beobachtungen will ich nun schildern, welches Aussehen die Leute bekamen und wie der Tod eintrat: Alle magerten ab und verloren die frische Gesichtsfarbe; dann, wie schon die Alten feststellten, schrumpfte das Fleisch, dem es an Nahrung fehlte, zusammen, während die im Übermaß vorhandene Galle sich über den ganzen Körper hin verbreitete und ihm gewissermaßen ihre eigene Farbe gab. Bei weiterer Verschlimmerung verloren die Menschen jede Spur von Feuchtigkeit, und die gänzlich ausgetrocknete Haut sah wie Leder aus. Man konnte meinen, sie sei an den Knochen festgewachsen. Die Leute selbst wechselten von Grau in Schwarz und glichen völlig abgebrannten Fackeln. Immer lag in ihrem Gesicht etwas Erregtes und verriet ihr Blick wilde Raserei. Die einen starben nun an Nahrungsmangel, die anderen an plötzlicher Übersättigung. Gab man ihnen nämlich, wenn die natürliche innere Körperwärme gänzlich erloschen war, bis zur Sättigung und nicht wie neugeborenen Kindern nur nach und nach zu essen, so konnten sie die Speisen nicht mehr verdauen und starben noch viel rascher dahin. Quälender Hunger führte in einzelnen Fällen sogar zur Menschenfresserei.«

Der Augenzeuge dieser ausgedehnten Hungersnot ist der unschätzbare Prokopius aus Cäsarea in Palästina, Geheimschreiber des Feldherrn Belisar, Berichterstatter über die byzantinischen Kriege gegen Perser, Vandalen und Goten und Verfasser jener schlicht Anecdota überschriebenen Skandalgeschichten, die Justinian und Theodora bis heute auch im Bewußtsein eines größeren Publikums gehalten haben. Prokopius berichtet im Anschluß an diese Zustandsschilderung aus der Toskana von einem Dorf in den Bergen westlich von Rimini. Dort waren alle Einwohner gestorben oder abgewandert bis auf zwei Frauen, so daß Fremde, die durch den Ort kamen, bei diesen beiden um Quartier bitten mußten. Es wurde auch stets gewährt, denn die Frauen erschlugen nacheinander siebzehn Durchreisende im Schlaf und aßen sie auf, ehe der achtzehnte, aus dem Schlaf aufschreckend, die Lage erkannte und die beiden Megären tötete (Prokopius II,20).

Dort, wo Prokopius aus eigener Anschauung berichtet, stimmen auch die Zahlen. Darum wissen wir, daß bei den nun anhebenden Kämpfen um Fiesole und Florenz nur kleine Kontingente zum Einsatz kamen, daß sich die Truppenstärken Belisars nach Hunderten, nicht nach Tausenden bemaßen, weil die an der Adriaküste gelandeten Verbände insgesamt nur viertausend Mann stark waren. Von Mailand berichtet Prokopius offensichtlich nur vom Hörensagen, daß die Stadt, damals wie heute die beinahe gleich große Rivalin Roms, 539 von Goten und Burgundern erobert wurde, wobei die römische Besatzung ungekränkt abziehen durfte, während 300 000 Einwohner – eine zweifellos übertriebene Zahl – getötet wurden. Alle Mädchen und jungen Frauen seien den Burgundern als Lohn für ihre Bundesgenossenhilfe überlassen und als Sklavinnen weggeführt worden.

Um solche Menschenmassen ging es im Arnotal nicht, als Goten und kaiserliche Truppen aus Konstantinopel einander in Fiesole und Florenz gegenüberlagen. Die Etruskermauern machten aus Fiesole eine noch immer starke Festung, Florenz hingegen wechselte mehrmals den Besitzer, bald waren die Truppen Justinians in der Stadt, bald belagerten sie den wichtigen Hafen am Arno. Schließlich gewannen die Goten unter dem nicht nur mutigen, sondern auch umsichtigen Heerkönig Totila so eindeutig die Oberhand, daß die kurz Griechen genannten Truppen Justinians (für den Söldner aller Rassen kämpften) schließlich in panischer Angst talaufwärts flohen, den Apennin überstiegen und erst an der Adria zur Ruhe kamen, wo die Schiffe warteten und sie den Goten endgültig entrinnen konnten. Jene, die nicht fliehen konnten, warfen sich unter einem Hauptmann namens Justin in die Stadt Florenz, ohne daß die Goten sich mit seiner Belagerung aufhielten.

Daraus kann man auf gewisse Befestigungen auch rund um die Talstadt Florenz schließen, und die Kämpfe, die uns Prokopius schildert, haben auch Bodenfunde hinterlassen, aber eben nicht in großem Umfang, weil die beteiligten Truppen wenig zahlreich waren. Bauern stießen bei Feldarbeiten auf Anzeichen einer Schlacht: Menschen- und Pferdeknochen, Waffen, Münzen, aber wann die Besatzung aus Florenz abzog oder sich ergab, wissen wir nicht. Dreizehn Jahre später, im Jahr 552, ist die Arnostadt wie ihre ganze Umgebung wieder fest in den Händen der Goten.

Florenz erscheint uns in dieser Phase der römisch-gotischen Auseinandersetzung als Objekt. Während einzelne Städte sich in ganz Italien mit ihren griechischen Besatzungen gegen den siegreichen Totila behaupten, wechselt Florenz immer wieder den Besitzer, und wenn eine Armee, und sei sie noch so klein, durch das Arnotal zieht, sehen die Stadtväter keine andere Möglichkeit, als dem Befehlshaber eine Delegation entgegenzuschicken, die um Milde und Schonung bittet.

Das Schicksal der Goten erfüllte sich, als Belisar endlich seine Ablösung erreicht hatte, als einer seiner Nachfolger im Kommando die Goten in einer Seeschlacht vor Ancona besiegt hatte und dem strahlenden jungen Gotenkönig Totila in dem kalten Rechner Narses der Mann des skrupellosen Erfolgsdenkens gegenübergestellt wurde. Wer heute von Fano nach Foligno durchs umbrische Land fährt, passiert zwischen Gubbio und Gualdo Tadino den Schlachtort, der bald nach dem alten Iguvium, bald nach Taginae benannt wird, den Ort, wo die siegessicheren und unbedachten Goten zu Tausenden einem Fernkampf mit Pfeil und Bogen erlagen, weil die Hilfstruppen des Narses, Hunnen und Isaurier, in dieser Technik wohl bewandert waren.

Es hilft uns nichts mehr, daß Gregorovius dem nach der Schlacht an seinen Verwundungen verstorbenen Totila Kränze flicht und ihn über den reichlich bedenkenlosen Theoderich stellt; die Chance eines gotischen Italien war verspielt, das Wort gotisch bedeutete fortan für die Italiener beinahe soviel wie barbarisch, rauh, ungesittet, und die zu Hilfe gerufenen 75 000 Frankenkrieger hatten schon darum nicht nennenswert in die Kämpfe eingegriffen, weil ihnen nicht die Goten am Herzen lagen, sondern die leichte Beute in den Etappen der großen Auseinandersetzung.

Als der siegreiche Narses den fränkischen Streifscharen bedeutete, daß ihre Zeit vorbei sei, machten sie sich zum Teil nach Norden davon, andere jedoch wollten noch nicht aufgeben, sondern tummelten sich im Rücken der zusammengewürfelten oströmischen Armee, von der sie offenbar keine besonders hohe Meinung hatten. Anders läßt es sich kaum erklären, daß ein Hauptmann des Narses namens Stephanus mit zweihundert illyrischen Reitern durch das ganze Arnotal hindurch von fränkischen Streifscharen beunruhigt wurde: Er sollte die Verbindung zwischen dem vor Lucca liegenden Narses und Ravenna herstellen, aber selbst diese lebenswichtige Nachrichten- und Nachschublinie war aufs äußerste gefährdet und nur bei entsprechendem militärischem Einsatz überhaupt zu benutzen. Die Franken waren also, trotz der byzantinischen Siege, weitgehend Herren der Landschaft, wenn auch ihre Streifscharen die Armee des Narses selbst nicht gefährdeten, sondern nur das flache Land heimsuchten: Die nach den Worten des Agathias »bestgerüsteten« zweihundert Reiter des Stephanus »konnten aber nur unter großer Mühe und Wachsamkeit den Marsch ausführen … So marschierten die Römer meist bei Nacht, dicht geschlossen und sich vor allem gegen rückwärts sichernd … Sie hörten die Jammerrufe der Bauern, das Brüllen der fortgetriebenen Rinder und den krachenden Sturz gefällter Bäume und kamen, während solch drohender Lärm sie von allen Seiten umtönte, nur mit Mühe ins Heerlager« (Agathias, griechischer Geschichtsschreiber aus Myrina, der die Darstellung des Prokopius bis zum Jahr 558 fortsetzt).

Agathias ist gegen Prokopius im Nachteil: er hat Italien nie betreten, er ist ein dichtender Jurist und Stubengelehrter, aber er versteht es, Berichte zu verwerten und zu schildern, und darum beschäftigt uns seine Mitteilung von den gefällten Bäumen. Brennholz läßt sich leichter gewinnen als dadurch, daß man ganze Bäume umschneidet; sollten die Straßen gegen die Narses-Armee verbarrikadiert werden? Verschanzten sich die Räuberscharen der Franken nachtsüber gegen die Wut der ausgeplünderten und drangsalierten Bauern?

Fest steht: die Franken blieben lange, und hätte nicht eine furchtbare Seuche vor allem unter jenen Franken gewütet, die in der norditalienischen Tiefebene plünderten, wäre Narses wohl nicht so schnell dieser Landplage Herr geworden. Aber als die Berichte aus der Poebene kamen, erkannte der gute Rechner, daß die Raubscharen in der Toskana nun keinen Zuzug aus dem Norden mehr erhalten würden und leicht abzuschneiden sein mußten. Die Truppen des Narses strömten durch die Täler in einer weiten Umfassungsbewegung nach Süden, gleichsam von oben in den Stiefel hinein und trieben die Franken, die durch ihre Beute beschwert waren, vor sich her bis an den Volturno, den Fluß, der die große Ebene am Golf von Gaeta, nördlich von Neapel teilt. Hier gab es kein Entrinnen, keine Schluchten, keine Höhlen, und die Armee des Narses vernichtete den ganzen Rest der fränkischen Reitertruppen, angeblich noch immer dreißigtausend Mann stark.

Damit kehrte eine gewisse Ruhe im Land ein, denn wenn auch die byzantinischen Steuereinnehmer seit vielen Jahren gefürchtet, ja verhaßt waren, so schlachteten sie doch die Kühe nicht, die sie melken wollten, und die zaghaft wiederaufblühende Landwirtschaft erholte sich schneller als der Handel. Die Bauern kamen wieder nach Florenz und nach Pisa mit den Feldfrüchten, man hatte immerhin aus wildwachsendem Getreide noch eher Brot backen können als aus dem Eichelmehl der schlimmsten Zeit, und die griechischen, syrischen und jüdischen Kaufleute von Florenz arrangierten sich mit den neuen und doch alten Herren leichter als mit den schnell wechselnden, nur auf Erpressung sinnenden Stadtkommandanten der Goten oder Franken.

Dies alles geschah nicht nur mit Billigung des Narses, sondern vermutlich weitgehend auf seine Veranlassung. Er war ein Mensch aus der Großstadt, ein Mann von Kultur. Zufriedene Einwohner sind leichter zu beherrschen als verängstigte, hungrige oder gar verzweifelte Bevölkerungen, und so war es dieser trotz hohen Alters tatkräftige Eunuch, der nach seinen Erfolgen als Feldherr sich auch als fähiger Gouverneur des zurückeroberten italienischen Landes erwies.

Wieviel unser Florenz von solch urbanistischer Fürsorge hatte, wieweit die Stadt von der Umsicht eines Narses zu profitieren vermochte, ist bis heute unklar geblieben, weil Florenz eben zu unbedeutend war, um gesondert erwähnt zu werden. Die düsterste diesbezügliche Theorie finden wir in der bei verschiedenen Autoren auftauchenden und von anderen unbesehen übernommenen Behauptung, Totila habe Florenz zerstört. Nun ist es nicht so ganz einfach, eine Stadt zu zerstören, vor allem, wenn sie eine große Anzahl römischer Bauwerke aufweist, wenn sie durch Jahrhunderte von der Erfahrung römischer Baumeister geprägt worden war. Daß die Goten kein schweres Belagerungsgerät mit sich führten, geht aus der Tatsache hervor, daß sich auch kleine griechische Besatzungen lange und erfolgreich gegen die Goten oder auch die Franken wehren konnten und daß die abgebrochenen Belagerungen damals häufiger waren als die erfolgreichen. Selbst sehr begehrenswerte Städte wie Rom, die von Goten oder Vandalen wochenlang systematisch leergeplündert wurden, nahmen an den Bauwerken keinen nennenswerten Schaden. Der Untergang des antiken Florenz durch die Goten des Totila ist darum mehr als zweifelhaft.

Wahrscheinlicher ist hingegen, daß die Stadt nach den aufeinanderfolgenden Eroberungen durch Griechen, Goten und Franken keine sonderliche Abwehrkraft mehr besaß, daß sie zudem durch die Plünderungen unwohnlich geworden und nach Straßenkämpfen verwahrlost, ja verseucht gewesen sein könnte. Solche Beispiele kennen wir, Geisterstädte, deren Bewohner in andere, sichere Orte oder in die Berge, die Wälder geflohen sind, Städte, in deren leeren Gebäuden, Straßen und Gewölben sich noch ein paar Gruppen von Kindern oder alten Leuten herumtreiben, während die wehrhafte Bevölkerung, die arbeitsfähigen Männer mit ihren Familien abgewandert sind. Solche Städte waren Spalato (Split), Salzburg, Aguntum, Augst und viele andere, und da es keine arbeitswillige Dauerbevölkerung mehr gab, kam es vor der eigentlichen Wiederbesiedlung zur improvisierten Nutzung vorhandener Großkomplexe. Dafür ist das Amphitheater von Nemausus (Nîmes) das bekannteste Beispiel, das römische Marcellus-Theater das sinnfälligste, weil es die alten Mischformen noch deutlich zeigt.

In Florenz haben sich ähnliche Aufschlüsse nur punktuell ergeben, denn die antike Stadt ist nicht, wie in Rom, durch ein unterirdisches Bauvorhaben wie die U-Bahn weiträumig aufgeschnitten worden, auch hätten sich radikale Sondierungen und Freilegungen in Florenz zu einem besonderen Risiko entwickelt, weil das Zentrum der Römerstadt unter wertvollsten Bauwerken des heutigen Florenz lag, unter dem Dom und dem Baptisterium. Nur für die Arena hat sich als wahrscheinlich ergeben, daß dieser für mittelalterliche Verhältnisse geradezu riesige Bau schon sehr bald wieder bewohnt wurde, natürlich in einer den neuen Gegebenheiten angepaßten Form. Die in das große Oval eingefügten Kleinbauten haben den Mauern der Arena nach und nach Stein um Stein weggenommen. Das makellose Oval, wie es noch der Stadtplan von 1210 westlich der Porta San Simonis zeigt, ist nur noch vom Hubschrauber aus erkennbar, wenn man über der Piazza Peruzzi kreist, die selbst für einen Platz merkwürdig länglich gestaltet ist und sich in den Bogenführungen der Via Bentaccordi und der Via Torta fortsetzt. Das Oval ist nicht mehr vollständig, weil die neuen Trassen von Hauptverkehrsstraßen wie der Via dei Benci und der Via Giuseppe Verdi es im Osten abschneiden.

Nicht so deutlich, ja geradezu verborgen liegt der Platz, an dem sich das Theater, die Schauspielbühne, erhob. Zum Unterschied von der Arena hatte es noch innerhalb der Stadtmauern der Römerstadt Raum gefunden, so daß es im Mittelalter an den Stadtgraben stieß, der hier, an der Porta Aurea, überbrückt war; den flachen, ja beinahe eleganten Bogen des Stadtgrabens zeichnen noch heute die Viae Castellani und dei Leoni nach. Immerhin vermag man, an der Rückwand des Palazzo Vecchio in der Via de' Gondi verweilend, sich zu sagen, daß man auf dem Boden des einstigen Theaters stehe.

Weniger fest gegründet, aber farbiger sind die Legenden, die uns ein paar Schritt weiter begegnen, nämlich rund um das achteckige Baptisterium, von dem hier nur im Hinblick auf seinen Untergrund die Rede sein kann, denn dieser birgt mit mindestens drei Bauschichten mehr Aufschlüsse als jede andere Zone im Zentrum der Arnostadt.

Als im Hochmittelalter die ersten Erwägungen über Gründung und früheste Geschichte von Florenz zu Papier gebracht wurden, waren Traditionen noch lebendig, von denen uns heute nicht nur die Jahrtausende trennen, sondern auch ein völlig verändertes Erscheinungsbild der Stadt. Der Chronist des zwölften, dreizehnten und vierzehnten Jahrhunderts sah sich in einer Stadt, die hinsichtlich der Abmessungen und der Einteilung dem antiken Florenz auf verblüffende Weise entsprach, und das hielt natürlich auch die Geschichten am Leben, die an die eine oder andere Straßenecke, an diesen oder jenen Platz gebunden erschienen, um die alten Steine zum Reden zu bringen. Und weil die Geschichte von Florenz ja nicht mehr mit der stummen Villanovakultur beginnt, die erst in unseren Tagen entdeckt wurde, sondern mit dem Sieg der Römer über das etruskische Fiesole, war nach der Legende der Siegestempel für den Kriegsgott Mars auch das erste und heiligste Gebäude von Florenz. Ihn unter dem Dom zu plazieren verbot nicht nur die Ehrfurcht, sondern auch der Grundriß dieser Kirche, die Kreuzform, aber natürlich auch das Wissen der Ortsansässigen um die erste Kirche der heiligen Reparata aus dem vierten Jahrhundert und die auf sie folgende karolingische Kirche, auch wenn sich die Beweise für diese dem Dom vorangehenden Gotteshäuser erst bei den Ausgrabungen von 1965 fanden: In der Legendenzeit des Mittelalters brauchte man noch keine archäologischen Beweise, da waren die Traditionen lebendig genug.

Diese Traditionen, die Erinnerung an einen Tempel des Kriegsgottes, entzündeten sich immer wieder an der ungewöhnlichen Form des Baptisteriums, an dem achteckigen Grundriß, an dem populär gesprochen unchristlichen Gesamtbild des Bauwerks. Unter diesem seltsamen Bau sollten sich in gehöriger Tiefe die Mauern jenes Tempels finden, den die Römer rund um eine Reiterstatue errichtet hatten. Als der Tempelbau zu einem Gotteshaus wurde, habe man den Kriegsgott natürlich aus ihm entfernt, und die Reiterstatue (eine an sich untypische Darstellung des Mars) habe ihren Platz auf dem Ponte Vecchio gefunden. Sie muß dort lange und zornig auf Rache gesonnen haben, denn erst tausend Jahre nach der Christianisierung von Florenz, im Jahr 1333, riß die fürchterliche Hochflut des Arno das Standbild dort fort, eine Novemberflut, nicht ein Frühjahrshochwasser, wie es Hannibal so sehr zu schaffen gemacht hatte.

Gleichsam verewigt wurde diese Gründungssage durch Giorgio Vasari, der sie in einem Deckengemälde des Palazzo Vecchio darstellt. In der Mitte des antiken Florenz, so wie Vasari es sich vorstellt, ist ganz deutlich der Marstempel zu erkennen, aus dem das Reiterstandbild herausragt, und er gleicht dem Baptisterium aufs Haar, obwohl es erst in karolingischen Zeiten in einer ersten Vorform entstand. Aber bei Legenden nimmt man es mit den Jahreszahlen nicht so genau. Vasari plaziert auch noch den Priesterkönig der Etrusker ins Bild, der mit dem traditionellen Gespann die Umgrenzungsfurchen in den Boden am Arno zieht. Seltsamerweise fehlt Julius Cäsar, dafür aber treten Oktavian und Antonius auf, zunächst Freunde, dann Widersacher, die aber eines gemein haben – daß sie nämlich den Boden der kleinen Ufersiedlung Florentia ganz gewiß nie betreten haben.

Unsere unehrerbietige Gegenwart hat natürlich nach dem Marstempel geforscht, und da man im Stadtkern von Florenz auf Römermauern trifft, wo immer man ihn aufgräbt, ging es nur noch darum, herauszufinden, ob es Tempelmauern waren, und dies ist bis heute nicht entschieden, weil die aufgefundenen hübschen Mosaiken ein wenig zu weltlich für einen Tempel wirken, die Anlage andererseits aber zu kleinräumig ist, vergleicht man sie mit anderen Thermenbauten. Man versteht, daß die Florentiner sich nach Gewißheit sehnen: Steht das allerheiligste Zentrum ihrer Stadt auf früheren Thermenbauten, auf Tempelresten oder auf den profanen Resten eines Einkehrgasthauses, wie es die Arnostadt im vieldurchzogenen Flußtal ganz bestimmt seit frühesten Zeiten besaß?

Es wird wohl bei der salomonischen Lösung bleiben, daß hier verschiedene Bauschichten nicht säuberlich voneinander getrennt wurden, sondern sich ineinandergeschoben haben, wie es vor allem beinahe überall dort der Fall ist, wo Zerstörungen oder Überschwemmungen in die normale Entwicklung eines Gemeinwesens eingreifen. In solchen Zeiten mußte man improvisieren, mußte Mosaikböden mit Ziegelsteinen ausflicken und Bautrümmer, ja selbst Säulen dazu verwenden, den großen Hauptabfluß der Stadt, die cloaca maxima, wiederherzustellen. Dies alles ist keine Schande, im Gegenteil. Wir sehen eine Stadt Florentia vor uns, die nach den Plünderungen und den Kämpfen, nach der Ermordung vieler Bürger und sogar des Bischofs, nach Hungersnot und Verarmung mit dem wirtschaftete, was vorhanden war, mit sehr viel römischem Mauerwerk und einem Restchen altrömischer Architektenweisheit. Es muß tapfere Stadtväter gegeben haben, die unverdrossen in diesem Sinn wirkten, und neben oder über ihnen die christlichen Bischöfe, denn Mauritius, den die Soldaten des Totila erschlugen, soll schon der siebente Oberhirte der Stadt gewesen sein. Sein Tag ist der 28. Juni, und da derlei sich oft erstaunlich wahrheitsgetreu erhält, war er tatsächlich sein Todestag, nur das Jahr ist zwischen 545 und 550 strittig.

Die Beisetzung des Märtyrerleichnams erfolgte in der Kirche der heiligen Reparata, die an der Stelle des heutigen Domes lag. Ist die Legende von der Meerfahrt der toten Märtyrerin aus Cäsarea nach Pisa, in einem morschen Kahn ohne Besatzung, auch den Bollandisten eine so phantastische Annahme, daß sie in die Acta Sanctorum keinen Eingang fand, so gilt es doch heute als sicher, daß die Heilige aus dem Arnotal selbst stammte und ihr die zum Teil grausigen, zum Teil erhebenden Schicksale zwischen Cäsarea und Pisa nur zum höheren Ruhm nachträglich angedichtet wurden. »Die Reparata-Kirche befand sich zu Florenz bereits im vierten Jahrhundert, denn der heilige Bischof Andreas übertrug in dieselbe den Leib seines Vorgängers, des heiligen Zenobius. Es scheint also, daß diese Heilige in Florenz selbst gelebt und gelitten hat ... Sie wird abgebildet mit Krone, Buch und Fahne; öfter auch mit Buch und Palme. Außerdem sieht man ihre Folterleiden und ihre Enthauptung, wobei aus dem Munde der Sterbenden eine weiße Taube zum Himmel emporfliegt« (Stadler/Ginal V,75).

Man darf in diesen Vorgängen, die zweifellos ein Körnchen Wahrheit enthalten, das Ende des antiken Florenz erblicken, den Untergang der Florentia, wie Cäsar die Stadt innerhalb ihrer Ackergrenzen gemeint hatte und wie sie bis zu dem Augenblick lebte, als sich die letzte Ordnung Italiens auflöste. Die ersten Aufbrüche der Germanenstämme aus dem Hungerland Schweden, nach schlechten Ernten und nach der Verschlechterung der Böden, das läßt sich als ein Jahrtausendvorgang vorchristlicher Zeiten noch begreifen, und daß die Hunnen das von solchen Wanderstämmen erfüllte Europa fünfhundert Jahre später neuerlich in Bewegung versetzten, das hat auch seine Logik. Aber wer meldete den Langobarden, nachdem sie jahrhundertelang an der Unterelbe gesessen und ihre Bärte hatten wachsen lassen, das Interregnum im Süden? Bald nach dem Tod des heiligen Severin brachen sie auf, als immerhin ein erstes großes Vakuum an der Donau sich auftat, dort, wo Mark Aurel im Jahr 167, also viele

Menschenalter zuvor, die herandrängenden Markomannen geschlagen hatte. »Kurz nach dem Beginn des sechsten Jahrhunderts ist die Präsenz der Langobarden in einem Gebiet belegt, das von Mähren zum heutigen Westungarn reichte und sich bis zur Mitte des sechsten Jahrhunderts nach Süden ausdehnte« (G. Tabacco).

Sie hatten also eine Beobachterposition inne, als die Herren des begehrten italienischen Landes, die Byzantiner und die Goten, einander die Köpfe einschlugen. Sie warteten an der Donau, bis es einigermaßen ruhig war, und als das Landvolk zwischen Po und Tiber gerade aufgeatmet hatte und glaubte, der Schrecken sei wieder einmal überstanden, da wälzte sich abermals ein ganzes Volk über die Alpenpässe nach Süden und aus Pannonien nach Südwesten, auf das schutzlose Italien zu. Es waren nicht mehr die heidnischen Langbärte, die an der Unterelbe jahrhundertelang so gut wie keine Fortschritte in Zivilisation und Kultur gemacht hatten. Es waren Germanen, die als ungebetene Gäste an der Donau mit romanisierten Bevölkerungen in Berührung gekommen waren, die für Justinian gekämpft hatten, den Kaiser, dem alle Söldner recht waren, und sie hatten kurz vor ihrem großen Einmarsch in Italien sogar so etwas wie einen wirklich großen König hervorgebracht, nämlich den Lethingen Wacho.

Wacho war der Neffe eines Königs namens Tato, der die Heruler besiegt und damit den Weg nach Südosten frei gemacht hatte. Als diese bedeutende Leistung vollbracht war, fand Wacho offenbar, der Onkel habe nun lange genug regiert, ließ ihn ermorden und begann seine dreißigjährige, sehr umsichtige Herrschaft über die Langobarden (um 510–540) ganz offensichtlich nach dem Vorbild größerer Germanenfürsten wie etwa des Vandalen Geiserich, der in Nordafrika ein eindrucksvolles, von Tanger bis Ägypten reichendes Herrschaftsgebiet aufgebaut hatte. Wacho setzte seine Töchter in bewußter Heiratspolitik dazu ein, sich gegen die kampftüchtigen Franken im Westen und die seit

Attilas Tod sehr unruhigen Gepiden abzusichern, und nahm sogar Verbindung zu Ostrom auf. In einigen nicht sehr aufwendigen Kriegszügen für die in der Intrige besser als in den Feldschlachten bewanderten Diplomaten am Bosporus erwarben sich Wachos Truppen und Offiziere Kenntnisse der römischen Kriegskunst und Heeresorganisation und waren bestens vorbereitet, als nach dem Ende der Gotenherrschaft in Italien ein Machtvakuum eintrat, aus dem nur einzelne von den Griechen gehaltene feste Städte wie Inseln herausragten.

Vielleicht wäre für die Toskana alles, was nun kam, ein wenig glimpflicher verlaufen, hätte König Wacho den großen Italienzug noch selbst führen können. Aber er starb um 540, das alte Königsgeschlecht der Lethingen erlosch, weil starke Herrscher ja nur ausnahmsweise tüchtige Nachfolger heranziehen, und mit Audoin und dessen hochbegabtem Sohn Alboin kam der adelige Clan der Gausen an die Macht. Schon im September 569 hatte Alboin das starke und reiche Aquileja erobert, ein Zentrum für den Verkehr und die zivilisatorischen Verbindungslinien aus dem adriatischen Raum in die Alpen; nicht anders erging es Cividale, Treviso, Verona und Vicenza. Pavia wehrte sich standhaft, womit in gewissem Sinn auch der Weg in die Toskana verbarrikadiert war, da sich große Wanderzüge quer über den Apennin ja nicht durchführen ließen. Auch Mantua hielt sich in seiner zentralen Position, so daß die Langobarden, hätten sie die Küsten Toskanas erobern wollen, zu einer weiten Schwenkung nach Westen genötigt gewesen wären. In Nordwestitalien aber, vor allem in Ligurien, wütete die Beulenpest, ohne daß sich die Dauer und das Zentrum der Verseuchung heute noch genau ermitteln ließen.

Es ist abermals ein großer Übergang, nur daß diesmal die alten Autoritäten keine sonderliche Rolle mehr spielen: Kaiser Justinian ist 565 gestorben, Narses seit 567 Privatmann, in Byzanz seines Kommandos entsetzt (plötzlich erinnert man sich, daß der große Feldherr ein Eunuch ist, und drohte ihm an, daß er bei seiner Rückkehr Haremsbeamter werde und den Damen des Kaisers die Wolle für die Handarbeiten zuteilen müsse). Es scheint, daß er noch bis 574 gelebt hat, also in die Langobardenzeit hinein, indes hat die Forschung sich von der Überlieferung distanziert, Narses habe aus Rache und wegen des Undanks, dem er sich nach dem Tod seines Kaisers ausgesetzt sah, die Langobarden nach Italien gerufen.

Sowohl die Heiratspolitik des Wacho als auch die Verhandlungen und Aktionen seiner Nachfolger aus dem Gausengeschlecht setzen eine gutfunktionierende Organisation zumindest im Herrschaftsbereich und innerhalb der obersten Kommandostellen voraus. Darum ist es schwer zu begreifen, daß das oberste Italien nun abermals Jahre der Unordnung, der Rechtlosigkeit und der Isolierung aller Zentren kennenlernte. Die Gründe dafür mögen militärischer Natur gewesen sein: Alboin verlor vor den genannten Festungen viel Zeit und vermochte wichtige Seestädte wie Savona oder Genua überhaupt nicht zu erobern; auch in den Alpen hielten sich gotische und byzantinische Kleinfestungen in beherrschenden, schwer einzunehmenden Lagen. Ein anderer Grund für die Dauer des Interregnums war zweifellos die Tatsache, daß Alboin, als er die Chance eines Italienzuges erkannte, Verbündete an sich zog, die nicht mit gleicher Treue und Ausdauer kämpften wie seine Langobarden, nämlich zwanzigtausend Sachsen und Völker aus den zerschlagenen Reichen auf dem Balkan, also Gepidenreste, Bulgaren, sarmatische Splitterstämme und Raubscharen aus Pannonien.

Während die Langobarden Arianer waren wie Goten und Vandalen, muß man annehmen, daß ihre Bundesgenossen dem germanischen Heidentum anhingen oder barbarischen Kulten; jedenfalls waren sie allesamt dem katholischen Christentum der toskanischen Bauern gegenüber gleichgültig eingestellt, ohne besondere Feindseligkeit. Der gemeinsame Feind von Siegern und Unterworfenen waren die ausgedehnten Seuchen, wie sie sich nach Jahren kriegerischer Verwirrungen und ohne öffentliche Ordnung immer wieder einstellen, Seuchen, unter denen auch der Tierbestand litt, der sich nach den Raubzügen der Franken eben wieder zu erholen begonnen hatte.

Die Düsternis dieses Zeitraums in der sonst so freundlich-fruchtbaren Landschaft rund um Siena, Fiesole, Florenz und Pisa vermag man sich kaum auszumalen; Tausende mögen damals verzweifelt abgewandert sein.

Deutsche und andere Historiker unserer Zeit haben den Langobarden diese Phase des Faustrechts und der Ordnungslosigkeit sehr verübelt und daraus geschlossen, die Langobarden hätten zur antiken Stadtkultur – die beträchtliche Ordnungshilfen anbot – kein Verhältnis gehabt, ja überhaupt zur Vergangenheit Italiens. Die Folge davon war eine durch ganze Historikergenerationen immer wieder festzustellende Mißachtung und Unterschätzung dieses letzten in der großen Wanderung auftretenden germanischen Stammes. Und da die Langobarden das historische Unglück hatten, zu den Gegnern des großen Kaisers Karl zu gehören, hatten sie sich überhaupt und endgültig um die Sympathien der deutschen Lesebuch-Autoren gebracht.

Nur ein Teil der Ursachen, die uns eine langobardisch-blühende Stadt Florenz vorenthalten haben, ist heute noch greifbar, etwa die Ermordung des großen Königs Alboin 572, die Ermordung seines begabten Nachfolgers Clef nur zwei Jahre später, das Zurückbleiben von Alboins Neffen Gisulf in Friaul, wo ein kräftig geordnetes, langlebiges Herzogtum entstand. Auch die Organisation der Langobarden in Wanderverbänden erschwerte die Umstellung auf Garnisonen, der Übergang von der Bewegung auf die Seßhaftigkeit hatte zunächst den weitgehenden Ausfall von Kommunikation zur Folge, wobei dieses »zunächst« unter damaligen Verhältnissen eben Jahre währte.

Schwerer zu erfassen als diese deutlichen Fakten sind die rechtlichen und die religiösen Probleme. Als die Langobarden aus Pannonien nach Norditalien und weiter nach Süden vordrangen, hatten sie bereits ein Rechtssystem, aber es war germanisch und enthielt, trotz der arianisch-christlichen Religion des Volkes, heidnische Elemente wie die Blutrache, ihre Ablösung durch Wergeld und die weitgehende Rechtlosigkeit der Frau. Ein seßhaftes Eroberervolk mit festen Siedlungszentren brauchte ein wesentlich höher entwickeltes Recht vor allem für den nun anhebenden Handel, Verkehr, Grundeigentum, Pacht und so weiter, Dinge, die im Recht der Besiegten – also im römischen Recht – längst geregelt waren. Das Recht der Besiegten zum gültigen und verbindlichen Stammesrecht zu erheben, brauchte seine Zeit, um so mehr, als das römische Recht sich seit zweihundert Jahren mit dem römischen Christentum verbunden hatte, so daß es in Einzelheiten und in seinem Geist dem arianischen Christentum der Germanen widersprach. Die mit den Langobarden ins Land gekommenen Verbündeten fanden sich nicht alle zu so weitreichendem Verzicht auf eigene Traditionen bereit, und die Sachsen, die an ihrem Recht und ihrer Religion hingen, kehrten über die Alpen in den germanischen Kernraum zurück. Die Langobarden aber ließen beide rechtlichen und religiösen Systeme lange Zeit nebeneinander bestehen, wofür wohl vor allem praktische Gründe sprachen: Das frühe Mittelalter und seine Verwaltungs-Organisationen erschwerten schnelle und vollständige Veränderungen, auch scheint man die Notwendigkeit einer Entscheidung zwischen den großen germanischen Religionen im gesamten Adelsbereich damals noch nicht eingesehen zu haben. Das änderte sich erst durch die Initiative einzelner energischer und bildungsmäßig dazu befähigter Persönlichkeiten, unter denen die Langobardenkönigin Theodolinde (um 570 bis 22.1.627) an erster Stelle zu nennen ist. Sie entstammte von Vaterseite den Agilolfingern, ihr mütterlicher Großvater war König Wacho aus der langobardischen Dynastie der Lethingen. Früh verwitwet, vermählte sie sich im September 590 mit Herzog (ab 591 König) Agilulf, einem Arianer, näherte ihn aber, unterstützt von Papst Gregor dem Großen, der katholischen Kirche an. 603 wurde Adalwald, der einzige Sohn des Königspaares, katholisch getauft, 613 ermöglichte Theodolinde dem später heilig gesprochenen Missionar Columban die Gründung des berühmten Klosters Bobbio. 628 gelang es Theodolinde, die Versöhnung der beiden Religionen einzuleiten, wenn auch nicht zu kodifizieren und dem Römischen Recht allgemeine Gültigkeit im Herrschaftsbereich ihres Sohnes zu verschaffen. Für Florenz und viele andere italienische Städte bedeutete dies den politischen Frieden und den geistigen Anschluß an die alte Metropole Rom, und da die Bevölkerung am Arno nun ein wenig aufatmen durfte, weil die täglichen Bedrohungen durch Banden und die Versorgungsschwierigkeiten nach und nach an Häufigkeit verloren, setzte das Zukunftsvertrauen mit nur scheinbar nebensächlichen Veränderungen seine Zeichen auch im täglichen Leben: Die Mode verließ die kriegerisch-germanischen Vorbilder und orientierte sich nach Rom, und die Sprache – sie machte sich auf den weiten Weg vom klassischen Latein über die Sprachbarbareien des Mittelalters zu jenem neuen Wohllaut, der das florentinische Toskanisch zur edelsten Sprache der ganzen italienischen Halbinsel werden lassen sollte.

Man darf, da wir ja nicht von Rom oder den Päpsten sprechen, so manches Ereignis des Mittelalters auf der Halbinsel überspringen. Aber da die Sprache bald der Ruhm der Stadt Florenz sein wird – neben ihrer Kunst, ihrer Literatur, ihrem politischen System –, muß dem Langobardischen noch ein Abschiedsgruß gewidmet werden. Wir wüßten nämlich sehr wenig von ihm, hätten die Langobarden Italien nie erreicht. Hier erst, auf dem alten Kulturboden der Etrusker und der Römer, erwachte das Bedürfnis eines ganzen Stammes, seine Rechtsgewohnheiten, also seine Sitten und Traditionen, schriftlich niederzulegen. Sie taten dies vor 643 in den 388 Kapiteln des Edictum Rotharii, in denen das Vulgärlatein der Zeit mit zahlreichen langobardischen Worten durchsetzt ist. Nach Umfang und Inhalt ist dieses Werk »die bedeutendste Leistung germanischer Rechtsgebung, in der sich das germanische Rechtsdenken in eindrucksvoller Weise verkörpert« (G. Vismara) – ein großes Wort angesichts der reichen altnordischen Überlieferung, gerechtfertigt durch die Verluste des gesamten vandalischen Schrifttums nach der Eroberung des nordafrikanischen Vandalenreiches durch die hunnischen Söldner der byzantinischen Kaisermacht.

Machen wir uns klar, daß Dante nicht weniger als vierzehn dokumentierte, einwandfrei unterscheidbare italienische Mundarten kannte, dann erscheint es uns wie ein Wunder, daß nicht Rom die Stadt der italienischen Schriftsprache wurde, sondern Florenz, und das, obwohl sich die erste Festigung einer lingua volgare nicht im Norden der Halbinsel abzeichnete, sondern auf Sizilien. Und während in der Stadt der Päpste und Kardinäle das Lateinische in relativ reiner Form herrschend blieb, trat in Florenz die italienische Nationalsprache, das volgare illustre, seinen Siegeszug an.

Zunächst freilich, sechshundert Jahre vor dem Triumph florentinischer Sprache und Literatur, erhielt das klassische Latein eine neue und unerwartete Chance durch die Karolingerherrschaft über Italien, genauer gesagt: durch den Sieg Karls des Großen über die letzten Reste langobardischer Fürstenmacht auf der schmalen Halbinsel. Florenz spielte dabei noch keine politische Rolle, die militärischen Entscheidungen fielen schon am Fuß der Alpen, bei Susa und Verona. Aber als im Frühjahr 773 Karl mit eindrucksvollem Gefolge nach Rom zog, da wurde zweifellos das damals noch Tuszien genannte Umland von Florenz durchzogen. Und da die zeitlosen Autoritäten dieses mittleren Italien, die Bischöfe, dem deutschen König noch die kalte Schulter zeigten, mußten die Oberhirten von Lucca und von Pisa als Geiseln den Weg über die Alpen nach Norden antreten. Den gleichen Weg ging der letzte Langobardenherrscher, Schwiegervater Karls des Großen, der freilich seine langobardische Gemahlin schon 772 verstoßen hatte. Wie sie hieß, wissen wir nicht, auch wie lange Desiderius in der Verbannung noch lebte, ist ebenso ungewiß wie der Ort seines Todes.

Karl interessierte sich auch noch nicht sonderlich für die unterworfenen Gebiete, schließlich zirkulierte man zu jenen Zeiten noch langsam, und Nachrichten wie Befehle brauchten ebenfalls ihre Zeit in einem Reich, an dessen Südwestecke die Mohammedaner ebenso unruhig waren wie die germanischen Heiden im Norden und die Seeräuber – Wikinger wie Sarazenen – an allen Küsten. Desinteresse der Obrigkeit bedeutet Chaos und wirtschaftliches Elend. Hungersnöte, wie wir sie uns in dieser gesegneten Provinz gar nicht mehr vorstellen können, trieben die Bevölkerung der Toskana an die Küste, wo griechische Menschenhändler nur darauf warteten, die Unglücklichen übers Meer in die Sklaverei zu transportieren, wo sie wenigstens ernährt wurden. Man darf annehmen, daß die Transporte die islamischen Fürstentümer am Ost-, Süd- und Westrand des Mittelmeeres zum Ziel hatten, wie Jahrzehnte später die Sklaventransporte von der Ostsee durch Deutschland zum Umschlagplatz Verdun.

Die lokale florentinische Überlieferung will von so düsteren Ereignissen nichts mehr wissen. In ihr ist der große Karl, wohl im Licht der nun herannahenden Kaiserkrönung, der Wiederhersteller alter Herrlichkeiten, der die erste Blüte von Florenz seit der Römerzeit heraufführt. Das Salzkorn der Wahrheit in diesem ein Halbjahrtausend später zusammengebrauten Legendenschatz dürfen wir darin erblicken, daß Karl und seine junge Gemahlin Hildegard (758–83) auf der Rückreise von Rom am Arno eine längere Rast machten. Karl erledigte dort Rechtsgeschäfte, die uns dies bezeugen, und die Alemannin besuchte das Grab des Florentiner Stadtheiligen Sankt Minias, ohne daß wir wissen, was sie von ihm erbat. Viel vermochte seine Fürbitte jedenfalls nicht, denn genau zwei Jahre später war die schöne Schwäbin tot ... Es ist wohl dem Schmerz Karls um die so früh von ihm gegangene Gefährtin zuzuschreiben, daß San Miniato fortan bedeutende Schenkungen erhielt. Der Ort, wo der Märtyrer nach der Legende seinen Kopf selbst bettete, war im Jahr 1013, als Erzbischof Hildebrandus die Gedenkstätte großzügig restaurierte, schon seit Generationen ein stark besuchter Wallfahrtsort, was doch wohl mit dem Interesse der Königin an diesem Platz zusammenhängt.

Das andere gesicherte Faktum, das florentinische Dankbarkeiten gegenüber den Karolingern begründen könnte, ist die Reichsversammlung, die 825, also elf Jahre nach dem Tod des großen Kaisers, in der heute unbedeutenden Stadt Olonna abgehalten wurde. Man teilte Italien in acht Bildungsprovinzen, deren jede einen Mittelpunkt erhielt; das toskanische Zentrum sollte die Stadt Florenz sein, womit bewiesen erscheint, daß sie im neunten Jahrhundert eine gewisse Bedeutung wiedererlangt hatte.

Es ist eines der Jahrhunderte, die als Geburtsphasen Europas angesprochen werden, weil in ihm das gewaltige Reich Karls des Großen nicht mehr als Ganzes besteht, sondern die Auseinandersetzungen und zum Teil blutigen Kriege zwischen seinen Nachkommen die ersten der bis heute wirksamen Grenzen durch den Kontinent zogen. Trotz aller Peripetien, trotz allen Wechsels und des verwirrenden Hin und Her um Kaiser Lothar (gest. 855) ist dank seiner Herrschaft in der Reichsmitte die italienisch-deutsche Verbindung noch gewahrt, und der Einfluß dieses Kernraums reicht nach Westen bis in die Touraine, da Lothar eine Prinzessin aus Tours geheiratet hatte.

Florenz liegt in diesem wichtigen Jahrhundert in einer Zone emsiger Bildungsbemühungen, die von Monte Cassino im Süden bis zum Kloster Reichenau am Bodensee reicht, mit Ausläufern in Sankt Martin von Tours, Prüm im Großraum der spätantiken Schulen von Trier und Stützpunkten in den Klöstern an den wichtigsten Nordsüdverbindungen wie etwa Brixen mit dem Bergkloster Säben der gelehrten Benediktinerinnen. Die Berühmtheiten aus jener Zeit sind im Süden Langobarden, im Norden bereits die deutschen Schüler irischer, englischer oder gallischer Missionare. Das bodenständige italienische Element wirkt auch im Geistigen noch unterdrückt, was die schmale Schicht intellektueller

Betätigung in der damaligen Toskana erklärt. Paulus Diaconus, der Geschichtsschreiber seines eigenen, des langobardischen Volkes, setzt diesem germanischen Reich auf italienischem Boden ein unschätzbares Denkmal und rettet es vor dem Vergessenwerden, weil die ältere Langobardengeschichte, die der Abt Secundus von Trient vor 612 verfaßt hatte, leider nicht auf uns gekommen ist. Paulus Diaconus (720–798 oder 799) war ein geschätztes Mitglied der kleinen Akademie, die Karl der Große um sich gesammelt hatte, und beweist durch seine jahrelange Anwesenheit am Königshof, daß Karl gegen langobardisches Wesen und langobardische Bildung keine Vorbehalte hegte.

Andere langobardische Schriftsteller der Zeit sitzen in Pisa und Aquileja, lassen sich aber ebenfalls an den Hof der Karolinger laden. Petrus aus Pisa, der Nachbarstadt von Florenz und Rivalin am Arno, durfte sich vertrauten Umgangs mit dem großen König rühmen, noch ehe Alkuin, der eigentliche Bildungsminister des Reiches, an den Hof kam. Ja in gewissem Sinn war Petrus ein Ghostwriter Karls, weil er in seinem Namen Gedichte schrieb; seine Grammatik widmete er seinem hohen Gönner. Halten wir dies mit der Tatsache zusammen, daß Paulus Diaconus seine hervorragende Schulung in der lateinischen Sprache in Pavia empfangen hatte, dann sehen wir Florenz inmitten einer Bildungsprovinz, die das lateinische Erbe wiederaufleben läßt. Das sind, auch wenn uns florentinische Dichter oder Gelehrte aus jener Zeit nicht namentlich bekannt sind, doch Tatsachen, die erklären, warum Florenz als toskanisches Schul- und Bildungszentrum ausersehen wurde. Es stimmt auch zuversichtlich, daß die Konferenz von Olonna ausdrücklich empfiehlt, die nun anhebenden Bemühungen nicht auf das theologische Wissen zu beschränken, sondern anhand der antiken Überlieferung allgemeines Wissen zu pflegen. Wir dürfen für die Zentren des neunten Jahrhunderts, unter denen Florenz seinen Platz hat, zumindest Scholarenverbände annehmen. Ihr Vorhandensein zog wiederum die Begründung einiger Gewerbe nach sich, wie wir sie noch jahrhundertelang an allen Bildungsstätten finden werden: die Herstellung von Papier und Pergamenten, das Buchbinden – worunter zunächst ja nicht das Binden von Druckbogen, sondern die Klebesicherung und -sammlung von Abschriften zu verstehen war – und das Antiquariat, der Handel mit diesen Kostbarkeiten, oft im Auftrag von hohen Herrschaften. Daß Karl der Große in Italien, ja an allen Küsten des Mittelmeers nach Codices forschen und sie ankaufen ließ, ist ebenso bekannt wie die Tatsache, daß sein frommer Sohn Ludwig ein gut Teil dieses einzigartigen Schatzes als heidnisches Teufelszeug verbrennen ließ.

Vage, ja kaum greifbar, mußten die Bildungsbemühungen im halbbarbarischen Frühmittelalter noch lange die festen Formen tauglicher Organisationen entbehren. Das mochte angehen, weil das antike Geisteserbe hauchdünn, aber unzerreißbar noch wie ein Schleier über Städten und Gemeinden lag und in den ersten Klöstern oder doch einigen von ihnen Stützpunkte fand. Im Bereich der Sicherheit, in der Notwendigkeit, Leben und Eigentum der Mittel- und Oberschicht zu schützen und die Mittellosen wenigstens rechtzeitig zu warnen, genügten die Andeutungen einer Organisation hingegen nicht, und es waren die harten Zwänge der Selbstverteidigung, die in der großen Unsicherheit der Zeit nach Karl dem Großen die Befestigung der Städte, ihren Zusammenschluß und die Bildung bewaffneter Abwehr- und Eingreifverbände bewirkten.

Die Gefahren, denen das schwache Gemeinwesen am Arno vom Land her ausgesetzt war, nahmen nach und nach ab, als sich die langobardische und die ihr folgende karolingische Herrschaft festigten und die sogenannten Könige des geteilten Italien aus Friaul, aus Verona, aus Burgund oder gar aus Kärnten über die Halbinsel herrschten: Die Großen lebten in dieser Zeit blutiger Intrigen und rücksichtslosen Machtkampfes gefährlicher als das Stadtvolk. Als Bischof Alexander von Fiesole zu Kaiser Lothar nach Pavia reiste, um über den ihn bedrängenden Landadel Klage zu führen, hatte er zwar den Erfolg, daß ihm der Herrscher Hilfe versprach – aber er wurde auf dem Rückweg in seine Diözese bei Florenz überfallen und im Flüßchen Reno ertränkt. Und als der Burgunder Ludwig die italienische Königswürde anstrebte, nahm König Berengar Ludwigs Residenz Verona im Handstreich (905) und ließ Ludwig blenden, nach dem grausamen byzantinischen Brauch jener Zeit, der auch unbotmäßige Mitglieder der verbreiteten Karolingersippe getroffen hatte.

Diese zwei Beispiele zeigen uns, wie sich Italiens Mächtige gegenseitig bekämpften und den großen organisatorischen Fortschritt damit behinderten zu einer Zeit, da das christliche Europa von Norden wie von Süden her auf das schwerste gefährdet war. Im maurischen Spanien, auf den Mittelmeerinseln und an den Küsten des Mittelmeeres kämpfte der Islam zu Land und zu Wasser um die Ausbreitung seiner Machtsphäre und deckte Piraten aus den nordafrikanischen Hafenstädten den Rücken. Und aus dem europäischen Norden und Westen brachen skandinavische Raubflotten gegen alle Gegenden Europas vor, die sie mit ihren Booten erreichen konnten – und das war schließlich jede Stadt, jedes Kloster, die an Flüssen oder nahe den Küsten lagen.

Es hat in den letzten Jahren nicht an Versuchen gefehlt, die Ehre der Wikinger und Waräger zu retten und auf die Kultur hinzuweisen, die sie in ihren Heimatländern aufgebaut hatten, vor allem aber auch in den eroberten Landstrichen auf den Britischen Inseln und in der Normandie. Eine Geschichte von Florenz ist nicht das Terrain, auf dem ein Urteil über dieses großartig kämpfende und unbeugsame Seevolk gesprochen werden könnte. Sicher ist nur, daß sie von den eroberten Ländern aus verstärkt in den Westen und Süden Europas ausschwärmten, um so mehr, als nach dem Tod Karls des Großen die unter ihm aufgebauten Wach- und Abwehrsysteme zusammengebrochen waren.

Wer immer Italien beherrschte, mußte sich der Notwendigkeit stellen, die aufkeimende Wirtschaft und den Handel der Städte zu schützen, und so wurden alle Gemeinwesen verpflichtet, Selbstschutztruppen aufzustellen und Kommando-Zusammenschlüsse zu bilden. Florenz und Fiesole fanden sich wegen ihrer räumlichen Nähe bald in einer einzigen Grafschaft zusammen, womit bewiesen ist, daß sich die militärischen Notwendigkeiten den kirchlichen Bedenken als überlegen erwiesen hatten. Die so entstandene Großgrafschaft wurde von den Grafen von Tuszien selbst regiert, reichte sie doch von den Grenzen der Bologneser Machtsphäre bis nahe an Siena heran und in Richtung Volterra bis an das Flüßchen Elsa.

Damit war nun ein Machtfeld konstituiert, ja mehr als das: es war Wirklichkeit geworden, einer der großen und mächtigen Brocken, die in der bewegten Magma der italienischen Verhältnisse hin und her geschoben wurden. Die neue Grafschaft interessierte das Papsttum in Rom, das in jenem zehnten Jahrhundert seine dunkelste Epoche hatte, eine Phase beinahe schrankenloser Kriminalität, und sie spielte eine Rolle in der deutschen Italienpolitik, wie sie unter Kaiser Otto dem Großen wiederaufgenommen wurde. Die Stadt selbst jedoch, Florenz am Arno, ist auch in dieser Zeit nur als Ort von Kirchen, Klöstern und Bischofsresidenzen zu erfassen, die mit den Brennpunkten Fiesole und Florenz erstaunlich einmütig und ohne Rivalität in Erscheinung treten.

Die großen Historiker des Mittelalters in Rom und in Florenz, also Gregorovius und Davidsohn, zeichnen uns ein Bild damaligen Lebens, in dem unsere Vorstellungen vom klösterlichen Dasein und vom Hirtenamt der Kirchenfürsten bis zur Unkenntlichkeit berichtigt werden. Die verdienstliche und fromme Stiftung von Klöstern, wie wir sie aus dem Raum des alten Reiches am Rhein, am Bodensee, in Nordostfrankreich und in der Schweiz kennen, ist rund um Florenz die Ausnahme. Die Regel ist das Kloster als Kapitalanlage, weil die kaiserlichen Gesetze der ottonischen und der karolingischen Zeit den Klöstern deutliche Privilegien einräumen und sie als Wirtschaftsunternehmen sehr viel günstiger stellen als vergleichbare Initiativen wohlhabender Privatleute. Die Grundstücke waren die Basis, für die zu errichtenden Gebäude arbeiteten die Kapitalanleger mit willigen oder bestochenen Prälaten zusammen, und nur das gelehrte Personal, die würdigen Äbte und Präzeptoren waren schwer zu beschaffen, weil kundige Männer ohnedies Amt und Einfluß zu erlangen wußten, ohne sich hinter Klostermauern einzuschließen. Der Ausweg waren die zahlreichen Frauenklöster, und Mönche wie

Nonnen betrugen sich als Sachwalter weltlicher Geldgeber auch selbst fast stets sehr weltlich und oft ausgesprochen sittenlos.

Wenn in Rom ein noch nicht Achtzehnjähriger zum Papst gewählt wurde und wenige Jahre darauf seinen Ausschweifungen erlag, wenn ein ganzer Clan auf eine Mordhexe wie die Senatrix Marozia hörte und ein halbes Jahrhundert lang die Ewige Stadt beherrschte, darf es nicht wundernehmen, daß auch hohe und höchste Würdenträger der Kirche mitunter recht eigenartige Auffassungen von ihrem Amt und ihren Aufgaben hatten. Otto der Große ließ sich auf vielen, auch den italienischen Reisen von einem Verwandten namens Theoderich begleiten, der als Bischof von Metz einer der reichsten Diözesen des Reiches vorstand. Er war zweifellos einer der wichtigsten Berater des großen Königs und Kaisers, hing aber selbst dem Reliquienkult in einem heute nicht mehr begreiflichen Grade an. Seit der Merowingerzeit, die ja unmittelbar auf das gallische Heidentum folgte, hatten Körper und Gliedmaßen, aber auch persönliche Habe und Erinnerungsstücke von heiligmäßigen Männern und Frauen eine besondere Bedeutung erlangt. Die wildesten Fürsten, die blutgierigsten Feldherren ließen bei Verhandlungen oder wenn sie in eine eroberte Stadt einzogen, solche Reliquien vor sich hertragen, und als Wikinger und Normannen die Küsten Europas heimsuchten, setzte eine Massenflucht der Reliquien in ihren Schreinen ins Landesinnere ein.

Diese Dislokation der bis dahin ortsgebundenen Weihen, die Herumreiserei von Reliquien, die bis dahin einem bestimmten Ort eine besondere Weihe und Anziehungskraft verliehen hatten, scheint Bischof Theoderich von Metz als einen Fingerzeig des Allerhöchsten mißverstanden zu haben und machte sich fortan auf, überall, wo er allein oder im kaiserlichen Gefolge hingelangte, nach Knöchelchen, Körperteilen oder ganzen Leichnamen der Heiligen zu forschen und diese zu vereinnahmen. Solange er sich dabei – wie etwa in Rom – mit Teilen zum Beispiel der Kette begnügte, mit der man den Apostelfürsten Petrus gefesselt hatte, mochte dies noch angehen. Aus Florenz aber ließ Theoderich den gesamten Corpus des Stadtheiligen Minias abtransportieren, in das Sankt-Vinzenz-Kloster seiner Stadt Metz.

Dieser Raub eines Stadtheiligen ist zwar weit weniger bekannt als die Erbeutung der Sankt-Markus-Reliquien in Alexandria durch die Venezianer, aber er ist kennzeichnend für die Entwicklungsphasen dieser beiden berühmten Städte: Venedig war schon im Jahr 828 soweit, daß es sich durch die berühmtesten aller verfügbaren Reliquien, durch die Überreste eines Evangelisten und Jüngers Jesu, aus den anderen Städten herauszuheben verstand, ja mit Rom wetteiferte, der Stadt des Petrus und des Paulus; Florenz hingegen macht von dem Raub seines Stadtheiligen kein Aufhebens: Das Grab des Heiligen war nur durch ein paar fromme Frauen betreut gewesen, deren eine die Klausnerin Ermengarda, also vielleicht eine Langobardin, gewesen sein soll. Um sie mit dem Abtransport des Leichnams zu versöhnen, gewährte Kaiser Otto ihr einen Schutzbrief – obwohl nun eigentlich nichts mehr zu schützen war –, und ein halbes Jahrhundert später machten die Florentiner das Beste daraus: Sie erhoben einen anderen Leichnam als den des heiligen Minias und hatten damit wieder einen Stadtheiligen.

Man hatte auch gewiß andere Sorgen als jene um die Überreste eines immerhin seit siebenhundert Jahren toten Märtyrers, brachen doch die Ungarn durch die norditalienischen Ebenen bis nach Mittelitalien vor, ohne daß ihnen wie auf dem Lechfeld bei Augsburg ein Ritterheer entgegentrat. Die Stadt Pavia, die sich mannhaft verteidigt hatte, wurde fürchterlich heimgesucht. Florenz und andere toskanische Kleinstädte hatten sich durch Brandschatzung – also durch die Ablösung der Brandstiftung in Form einer Geldspende – vor dem Schlimmsten bewahrt, damit aber auch bewiesen, daß Mauern und Bürgerwehren nicht in der besten Verfassung waren.

Ein anderes Zeugnis über eher klägliche und auf jeden Fall beklagenswerte Zustände in Florenz gibt uns Otto II., der, weniger glücklich als der große Vater, am 13. Juli 982 am Capo di Colonne im östlichen Kalabrien in einen Hinterhalt gelandeter Sarazenen und byzantinischer Soldtruppen geriet. Wenige Tage zuvor hatten die Christen in einem Scharmützel gesiegt und den arabischen Anführer, den Emir Abu al Quasim, mit seiner Schar getötet; das machte sie unvorsichtig, und es kam zu dem Desaster, das uns niemand farbiger geschildert hat als Michael de Ferdinandy in seinem Buch über Otto III., den heiligen Kaiser: »Nun sind es die Araber, die die Christen hinschlachten. Der größte Teil von Ottos (II.) Heerbann, die Blüte der deutschen und der langobardischen Aristokratie, verliert ihr Leben auf dem sandigen Meeresstrand von Stylo. Hitze und Durst helfen dem Feind, trotzdem wird ihm noch lange Stunden hindurch tapfer und verzweifelt Widerstand geleistet ... Nach einer völligen Niederlage und dem Verlust seines Heeres flieht der Kaiser allein, zu Pferd, der Meeresküste entlang. In der hellen südlichen Sommernacht wird er sofort gesichtet. Siegestrunkene Sarazenen jagen dem einsamen Reiter nach, den auch sein müdes Roß im Stich zu lassen beginnt. Im Augenblick größter Not erscheint aber ein Jude, Kalonymus ben Meschullam mit Namen. Er hat den Kaiser erkannt. Und er besitzt ein gutes, frisches Pferd. Er ruft Otto die Worte zu: ›Jüngling, nimm mein Tier, und sollte ich hier meinen Tod finden, ernähre meine Kinder!‹ Der Kaiser wechselt das Pferd und rast davon ... Der fliehende Jüngling erblickt indessen zwei griechische Galeeren draußen auf dem Meer. Da zwingt er sein Tier, in die Wellen zu waten ...«

Es wurde ein vollendetes Abenteuer: auf dem rettenden Schiff bedurfte es noch des slawischen Offiziers Xolunta, der dem Kaiser bedeutete, sich nicht zu erkennen zu geben. Im Hafen von Rossano gelingt es dem Slawen, den Bischof von Metz ausfindig zu machen und einzuweihen, ein Handstreich auf das Schiff gelingt, der Bischof und der Kaiser springen in einem unbewachten Augenblick von Bord ins Hafenbecken, ein Vorgang, der sich nicht allzuoft ereignet haben dürfte. Die damals noch der Waffen kundigen Bischöfe von Fiesole und Florenz hatten den Kaiser ebenfalls nach Süditalien begleitet, hatten dafür aber sehr unterschiedlichen Lohn empfangen: Fiesole wurden verschiedene ältere Privilegien bestätigt, obwohl sie in ihrer Herkunft aus zum Teil recht unruhigen Zeiten nicht alle kaiserliches Vertrauen verdienten; die Florentiner aber mußten sich in einem Dokument – »in bitteren Worten, wie sie der gemessenen Sprache der Privilegien sonst fremd sind« (Davidsohn) – die Sittenlosigkeit der Kleriker vorhalten lassen, die Verschleuderung von Kirchengut mit liederlichen Frauen und die Vergabe von Pachtland an Unwürdige.

Der junge Kaiser war demnach über Nord- und Mittelitalien sehr genau informiert; der Süden der Halbinsel aber hatte ihm in einer blutigen Schlacht gezeigt, daß man von einem deutschen Herrn nichts wissen wolle, und ein Jahr darauf war Otto II., vom Vater her Deutscher, von der Mutter Sproß des burgundischen Königshauses, schon tot und wurde in der Peterskirche beigesetzt.

Das Elend der Florentiner Kirche und die Verkommenheit von Mönchen und Priestern am Arno schufen wohl den Hintergrund für eine erste noch provinzielle und keineswegs weitreichende Reformbewegung, aus der ein geläuterter Benediktinerorden hervorging und der strenge Orden der Kamaldulenser. Urheber dieser Bewegung am Ende des schwärzesten Jahrhunderts der katholischen Kirche war der Langobardenprinz Romuald Onesti, nach ausschweifendem Leben unter dem Einfluß des venezianischen Eremiten Marinus fromm geworden und als Gefährte des geflüchteten Dogen Pietro Orseolo erstmals in Erscheinung getreten (auch San Apollinare bei Ravenna und Monte Cassino sollen in seinem geistlichen Werdegang eine Rolle gespielt haben). Das heute noch eindrucksvolle Kloster Cuxa bei Prades in einem romantischen Hochtal der östlichen Pyrenäen wirkte wohl in ihm nach, als er am Ostrand des florentinischen Gebietes, aber noch diesseits der Grenzen zu Arezzo in einem von sieben Quellen bewässerten Hochtal ein Kloster gründete, das seinem ganzen Charakter nach an die Existenz frommer Eremiten aus früheren Jahrhunderten anzuknüpfen suchte. Die Gegend, von schneebedeckten Apenningipfeln umrahmt, hieß Campo Maldoli, woraus das Vulgärlatein oder das Frühtoskanisch bald Camaldoli machte. Der Eremitagecharakter war auch dadurch gewahrt, daß Romuald nicht ein großes Gebäude errichten ließ, sondern fünf voneinander abgeschlossene Mönchsbehausungen, in deren Mitte sich ein Bethaus für gemeinsame Andachten erhob. Die Regeln waren streng, Fleisch und Wein gab es überhaupt nicht, das Schweigegebot beherrschte beinahe den ganzen Tag. Das Haupthaar war geschoren, die Bärte wucherten, Fußbekleidung gab es nicht.

Angesichts des europaweiten Niedergangs der Kirchenzucht verbreitete sich der Ruf dieser neuen, strengen Gründung eines sehr frommen Ordensschöpfers schnell über Florenz hinaus; Romuald hatte in einem weiteren Kloster, diesmal im umbrischen Sassoferrato, noch stärkeren Zustrom. Nach weiteren Klostergründungen auch außerhalb Italiens starb er im Juni 1027 in einer Klause beim Kloster Val di Castro, angeblich hundertzwanzig Jahre alt und ohne jemals in einem richtigen Bett geschlafen zu haben. Kardinal Petrus Damiani, auf dessen Biographie aus der Sicht eines jüngeren Zeitgenossen diese Legenden zurückgehen, ist seither in dem einen oder anderen Punkt widerlegt worden; sicher aber ist, daß die Benediktiner durch diesen reformierten Ordenszweig in der großen und längst überfälligen Erneuerung der Kirche eine wichtige Rolle übernehmen konnten.

Wurde Romuald auch nicht auf florentinischem Boden bestattet, so hat er doch durch seine Person, sein Leben und die weiteren Schicksale der Kamaldulenser eine enge geistige Verbindung zwischen Venedig und Florenz geschaffen, was besondere Bedeutung erlangte, als sich Venedig und Genua entzweiten und Florenz mit Pisa und Arezzo in anhaltende Konflikte geriet. Die gemeinsamen Jahre zwischen Romuald und Pietro Orseolo

– einem der großen Dogen der Lagunenrepublik – stehen am Beginn dieser Beziehung, die Gründung der Kamaldulenser von Murano bildet im Jahr 1212 ihren Höhepunkt: Die Eremiten aus dem florentinischen Apennin waren von der Serenissima auf der Laguneninsel Murano angesiedelt worden und hatten dort ihre Ordensregeln weitergepflegt, obwohl die Versuchungen der Weltstadt Venedig nahe waren. Nach Krisen, in die interessierte Päpste wie Innozenz VIII. (1484–92) erfolgreich eingriffen, hatten gerade die venezianischen Kongregationen der Kamaldulenser besonderen Erfolg und umfaßten zur Zeit ihrer größten Blüte nicht weniger als fünfunddreißig Klöster, unter denen das Gregorskloster in Rom durch Papst Gregor XVI. (1831–46) besonderen Ruhm erlangte.

Romuald selbst ist trotz seines bewegten Lebens und seiner extremen Ansichten auch in den stilleren Bereichen der Lehre bis heute von Bedeutung, etwa durch seine Auslegung der Psalmen. In dieser Phase seines Lebens hatte Romuald einen auch für die Deutschen wichtigen Schüler, nämlich Brun von Querfurt aus sächsischem, mit dem Kaiserhaus verwandten Adel. Er war als Hofkaplan mit Kaiser Otto III. 996 nach Italien gekommen, hatte sich 998 als Mönch in das Alexiuskloster auf dem Aventin zurückgezogen und wurde 1001 Schüler Romualds in der Einsiedelei von Pereum bei Ravenna. Vom Vorbild des Ordensgründers beflügelt, wagte er sich auf weite und gefährliche Missionsreisen zu den halbwilden Szeklern in Siebenbürgen, zu den Petschenegen nördlich des Kaspischen Meeres und 1008 schließlich zu den Pruzzen. In der Landschaft Sudauen östlich von Danzig wurde er im Februar oder März 1009 gemeinsam mit achtzehn Gefährten auf grausame Weise getötet.

Auch in der Toskana wirkte ein bedeutender Schüler Romualds; er stammte aus Bologna und wurde darum Bononius genannt. Romuald hatte ihn mit drei anderen Brüdern zum Markgrafen Hugo abgeordnet, als dieser Fürst – unsterblich geworden durch Dantes Göttliche Komödie – jene große Vision berichtete, die sein Leben ändern sollte: Er hatte, als er sich einmal in den Wäldern des Apennin verirrte, in einer abgelegenen Mulde Feuer gesehen und darin die Seelen der Verdammten erblickt, auf die zahllose Teufel mit Hämmern einschlugen. Seither hatte Hugo bis zu seinem Tod im Jahr 1001 alles getan, um sein Seelenheil zu retten, und hatte sich dank vieler Wohltaten bei Dante den Ehrennamen il barone grande erworben.

Hugo und seine Gemahlin Willa hatten Romuald von Anfang an unterstützt, hatten ihm die wichtige Bergkuppe von San Michele in Marturi oberhalb von Poggibonsi geschenkt und später die Siebenquellen-Höhe von Camaldoli. Und wenn die Florentiner auch ihren Minias zeitweilig vergaßen, Markgraf Hugo blieb unvergessen. Noch fünfhundert Jahre nach seinem Tod schuf Mino da Fiesole (1430–84) zwei Jahre vor seinem Tod das Grabmahl für ihn, eine gewaltige Arbeit, die er zehn Jahre vor sich hergeschoben hatte (die Bezahlung war schon 1471 erfolgt …), und zwar für die Badia, das erste große Kloster innerhalb von Florenz. Es geht nicht auf Hugo selbst zurück, sondern auf eine Fürstin Willa, die nach Antonio Panella seine Mutter, nach Davidsohn seine Witwe war. Schon Dante sah in diesem Punkt nicht klar, er schrieb die Gründung dieses ältesten Klosters Hugo selbst zu. Die erste Kirche auf dem Klostergrund ist ottonisch und geht auf das Jahr 969 zurück, als Datum für die Stiftung des Klosters wird hingegen meist das Jahr 878 genannt – auch hier herrschen also gewisse Unsicherheiten. 1284–1310 erneuert, hätte die Badia (volkstümliche Bezeichnung für ein Benediktinerkloster) zweifellos aus den Fresken Ruhm gewinnen können, mit denen Giotto (gest. 1337 in Florenz) sie ausstattete, aber die Zyklen haben sich leider nicht erhalten.

Nach einem so frommen Herrscher, wie es Hugo war, den Thron zu besteigen und die Macht zu bewahren durfte als sehr schwierig gelten. Hugo hatte die Geistlichkeit verwöhnt und damit die einzige Kraft, die sich auch zu artikulieren vermochte, an sich gebunden. Vom Volk der Toskana, von den Bürgern ihrer Städte vernehmen wir noch nichts, auch die bedeutenden Schenkungen an einen Stand, der schon vorher gewiß nicht arm gewesen war, stoßen auf keine für uns vernehmliche Opposition: »Der Arno ist ein Fluß, der lacht, der einzige Fluß in Italien, der den Leuten ins Gesicht lacht« (Malaparte).

Der freundliche Frieden am Arno war jedoch sogleich zu Ende, als die Nachfolger des freigebigen Hugo den Eindruck gewannen, die Kirche sei unter seiner Herrschaft zu reich geworden. Es begann ein zäher Kampf um die Rücknahme von Privilegien, zunächst unter dem Markgrafen Bonifatius, danach unter Rainer. Daß Bonifatius diesen Kampf zwanzig Jahre lang zu führen vermochte, ohne ermordet oder durch eine fromme Koalition mißgünstiger Nachbarn vom Thron gejagt zu werden, spricht für gewisse Herrscherqualitäten. Unter ihm begann die Kritik an jenen Privilegien und Besitzurkunden, die bis dahin ziemlich unkontrolliert in vielen europäischen Klöstern kunstvoll produziert wurden und die zum Teil erst im neunzehnten und zwanzigsten Jahrhundert als Fälschungen entlarvt werden konnten.

Der Nachfolger dieses ersten Bonifatius hieß Rainer und wird von deutschen wie italienischen Historikern sehr abschätzig beurteilt, ja Panella nennt ihn kurzweg einen Gauner, was ein wenig verwundert, weil er aus heutiger Sicht deutlicher italienische Politik betrieb als Vorgänger und Nachfolger, wenn auch offensichtlich ohne Erfolg: Er minderte den Einfluß der Kirche und er wandte sich gegen das Heer, das der deutsche König Konrad II. über die Alpen nach Norditalien geführt hatte.

Konrad hatte schon zu Jahresbeginn 1027 den Übergang über die Alpen zuwege gebracht, empfing Hilfstruppen aus Südtirol und Nordwestitalien und versammelte seine Armee vor Pavia, das erobert und den siegreichen Truppen so lange freigegeben wurde, bis einheimische Verbündete Konrads für die Stadt und ihre Menschen ein gutes Wort einlegten: Noch galt ja eine Auflehnung gegen den römischen König schlicht als Verrat, Italien hatte noch keine Stimme.

Rainer von Tuszien oder von der Toskana stand demnach auf verlorenem Posten, als er zu leisten versuchte, was das stärkere Pavia nicht hatte leisten können: Widerstand gegen die Fremden aus dem Norden, Selbstbehauptung eines italienischen Fürsten am Arno und am Serchio, denn er hatte sich glücklicherweise nicht Florenz als Zentrum seines Widerstands erwählt, sondern die bedeutend leichter zu verteidigende Stadt Lucca, die damals eine größere Rolle spielte als Florenz. Dennoch war nach wenigen Tagen eines halbherzigen Kampfes alles zu Ende, Rainer mußte kapitulieren und verlor die Herrschaft, ohne daß ihm, soviel wir sehen können, irgend jemand nachtrauerte.

Tuszien, die spätere Toskana, damals auch Canossa genannt, kam an den Markgrafen Bonifatius II., der sich schon bei früheren Feldzügen außerhalb Italiens als treuer Gefährte des deutschen Königs erwiesen hatte. Konrad muß große Stücke auf ihn gehalten haben, denn er gab ihm zu Modena, Ferrara und Reggio nell'Emilia die ganze tuszische Mark und machte ihn damit zum mächtigsten Fürsten des damaligen Italien. Politisch war diese Entscheidung Konrads durchaus verständlich: Da er von der Tüchtigkeit und der Treue dieses Bonifatius, Sohn des Fürsten Tedald, überzeugt war, hatte er nun mit ihm einen mächtigen Vasallen, der den Weg nach Rom beherrschte – womit ein Ziel der kaiserlichen Politik im Römischen Reich Deutscher Nation zunächst gesichert erschien. Am 21. März 1027 zog Konrad in Rom ein, am 26. wurden er und seine Gemahlin Gisela vom Papst gekrönt.

Florenz hatte, wie die übrige Toskana, nach dem Fall von Lucca stillgehalten und gut daran getan, denn Bonifatius II. ist der erste bedeutende Herrscher, den das nachrömische Florenz in seinen Mauern sieht. Es war nicht die Zeit der festen Residenzen, auch die deutschen Könige reisten noch von einer Pfalz zur anderen, weil nur die Anwesenheit der Autorität den wirklichen Erfolg bei Verhandlungen und Verwaltungsmaßnahmen sicherte. Bonifatius von Tuszien (oder Canossa) war bei dieser Erweiterung seiner Macht kein junger Mann mehr; ja er war älter als der Kaiser, vermutlich dreiundvierzig Jahre alt. Seine Eltern Tedald und Willa hatten noch nicht im entferntesten über seine Machtfülle geboten, aber wohl erkannt, was sie an diesem Sohn für einen Erben heranzogen, denn sie vermachten ihm, was sie an Städten und Kleinherrschaften besaßen, unter Umgehung älterer Söhne. Auch seine Heirat hatte zu seinem Aufstieg beigetragen, denn Richilde, Tochter des Pfalzgrafen Giselbert, war eine reiche Witwe und brachte Bergamo ein, die wichtige Grafschaft am Fuß der Alpenpässe. Bonifatius hatte sich an den Unabhängigkeitsbestrebungen anderer italienischer Adeliger nie beteiligt, ja er hatte für den deutschen König sogar gegen den eigenen Bruder gekämpft!

Bonifatius war offenbar ein sehr frommer Fürst, und aus seiner anfänglich reformfeindlichen Haltung und einer möglichen Verbindung zum Clan der Marozia in Rom ergaben sich die einzigen Differenzen zur deutschen Politik. Schließlich siegte aber auch in diesem Punkt die für einen so reichen Fürsten höchst vernünftige Unterwerfung unter den kaiserlichen Willen, er inthronisierte den von Deutschland favorisierten Papst Damasus II. (1048) und gelobte für seine Irrtümer eine Wallfahrt ins Heilige Land, zu der es freilich nicht mehr kam, weil Bonifatius im Jahr 1052 ermordet wurde – vermutlich ohne politisches Motiv, im Zug einer privaten Rache. Dieser energische und tatkräftige Mann muß – eine nicht ganz seltene Mischung – in seinem Charakter kritiklose Frömmigkeit mit Härte und Rücksichtslosigkeit vereint haben und damit nicht immer zurechtgekommen sein, wenn man der Überlieferung glauben darf, daß er sich oft schwer geißelte, daß er zum Abt des berühmten Klosters Pomposa reiste, um ihm Geschenke zu bringen und Vergebung für seine Sünden zu erflehen. Auch bei seltsamen Ereignissen wie der Auffindung des Blutes Christi im Jahr 1049 in Mantua spielte

Bonifatius neben dem Kaiserpaar und dem deutschen Papst Leo IX. eine besondere Rolle, aber als das große Reformkonzil von Mantua anhebt, ist Bonifatius schon in einem Auwald bei Cremona jenem heimtückischen Mordanschlag erlegen, bei dem ein vergifteter Pfeil (!) die lange Reihe italienischer Giftmorde durchaus untypisch eröffnet.

Überspitzt formulierend könnte man sagen, daß dieser Meuchelmord tiefer als viele andere Ereignisse in die Geschichte der Stadt Florenz eingriff. Bonifatius war durch seine Macht und seine Rolle in den Plänen der deutschen Könige eine Gestalt der großen Politik gewesen. Als seine Witwe Beatrix (vor 1020–1076) sich mit einem Gegner der Königspolitik, nämlich mit Gottfried dem Bärtigen von Oberlothringen, ehelich verband, war auf der Halbinsel plötzlich eine völlig neue Situation entstanden. Um das nun gegnerische Tuszien in seiner Bedeutung einzugrenzen, traf Kaiser Heinrich III. eine Reihe von Maßnahmen und Neubelehnungen, von denen für uns die Erhebung von Florenz zur Reichsstadt unter der unmittelbaren Diktion des Kaisers im Jahr 1055 besonders wichtig ist.

Florenz war nun nicht mehr den Herren der Toskana untertan, sondern so gut wie unabhängig, denn das Reich war groß, und der Kaiser weilte nur gelegentlich in Italien. Die in Florenz selbst verbliebene höchste Autorität war nun der Bischof, und die Bischöfe der Stadt verstanden es im allgemeinen recht gut, sich sowohl bei den Päpsten als auch beim Kaiser beliebt zu machen, was zum schnellen Aufstieg der Stadt beitrug.

Auch in der Kirchengeschichte begann Florenz zu einem Begriff zu werden, nach sehr unklaren Verhältnissen noch um die Jahrtausendwende. Die Bischöfe des zehnten Jahrhunderts scheinen sich ihre Ämter nicht gerade erkauft, aber doch in Hinblick auf ihr großes Privatvermögen erworben zu haben: Rimbaldus hatte in seiner ungewöhnlich langen Amtszeit (929–64) noch die toskanischen Grafen als Gegner, schuf sich jedoch eine beachtliche Hausmacht im florentinischen Klerus, da er der Kirche der Arnostadt sein ansehnliches Landgut zum Geschenk machte. Ganz ähnlich ging es mit Bischof Sichelmus zu (966–89), er vermochte sich sogar die Würde eines Erzbischofs zu erkaufen, was allerdings nicht der Erhebung von Florenz zum Erzbistum gleichzusetzen war. Sein Nachfolger wurde mit dem Pallium ausgezeichnet, es war Poggius II., und er verdankte den zusätzlichen Ornat wohl der Fürsprache des Markgrafen Hugo. Er wurde heiliggesprochen, seine Gebeine wurden zweimal erhoben, doch wurde er seltsamerweise in Frankreich populärer als in seiner Heimatstadt, in der er begraben liegt (die Franzosen nennen ihn Saint Poge).

Die sichtbarsten Zeichen setzte im Aufstieg von Stadt und Bistum Florenz ein Bischof namens Hildebrand, von dem die offizielle Kirchengeschichtsschreibung nicht viel wissen will, und das hat gute Gründe. Als Heinrich II. mit seiner Gemahlin Kunigunde im Februar des Jahres 1014 in Rom vom Papst gekrönt wurde, war der florentinische Bischof an seiner Seite und verstand es, nicht nur Papst Benedikt VIII., sondern auch andere hohe Würdenträger der Kirche von der Notwendigkeit zu überzeugen, dem heiligen Minias ein respektables Heiligtum zu erbauen, das von ganz Florenz aus sichtbar sei, sicher über den Fluten des Arno lag und erhaben, wie es dem so lange mißachteten Stadtheiligen gezieme. Benedikt (1012–24) kam zwar aus dem von vielen Verbrechen belasteten Geschlecht der Grafen von Tusculum, gilt aber als ein besonders tüchtiger, weitblickender und mutiger Politiker, der dem Heiligen Stuhl eine Macht sicherte, die dieser bis dahin nie besessen hatte, wohl auch, weil Benedikt nicht nur ein hochbegabter Heerführer war, sondern sich auch mit besonderem Geschick um ein gutes Verhältnis zum deutschen Königtum bemühte. Gemeinsam mit den Deutschen hatte er beachtliche Erfolge gegen die Sarazenen zu verzeichnen, aber auch gegen Ruhestörer auf dem italienischen Festland.

Im Rahmen dieser gleichsam einvernehmlichen Machtpolitik ging über Florenz nach mehr als einem halben Jahrtausend der

Florentinische Bürger im Trecento

Bedeutungslosigkeit die Sonne neuer Geltung auf, und nun mußte natürlich der Stadtheilige in seine Rechte wiedereingesetzt werden. Denn auch das hohe Mittelalter des elften Jahrhunderts konnte sich das Heil einer Stadt ohne den Segen und die Fürsprache ihres Heiligen nicht vorstellen. Darum sicherte sich auch Bischof Hildebrand zunächst den »wahren« Leichnam des heiligen Minias. Natürlich wußte er, daß die Reliquien, die als jene des

Minias gegolten hatten, inzwischen längst in Metz ruhten. Aber wer vermochte schon anhand einiger Knochen und Leichenreste mit Sicherheit zu sagen, wem diese zuzuschreiben waren? Es gab der Römergräber rings um Florenz genug, es fehlte nicht an alten Sarkophagen, und vermutlich handelte es sich bei den Funden im Kirchenuntergrund der alten Stadt ohnedies um frühe Christen und verdiente Gemeindemitglieder, so daß sich Hildebrand immerhin einreden konnte, er habe den wahren Minias gefunden, und in Metz ruhe ein ganz anderer Märtyrer.

Wir wissen nicht, wieweit der Klerus der Arnostadt in diese Täuschung eingeweiht wurde. Schwankende wurden zum Schweigen gebracht, denn auch Hildebrand war sehr vermögend und schenkte San Miniato, dem neuen Kloster, seiner Abteikirche und der Klosterwirtschaft ausgedehnte Ländereien, zahlreiche Leibeigene und sogar Schlösser (castelli).

Was nun entsteht, ist San Miniato al Monte, das steinerne Heiligengedenken hoch über der Stadt, älter als die berühmten Baudenkmäler der Arnostadt und, wenn wir vom Vorplatz der Kirche oder auch von dem kleinen Friedhof über Florenz hinblicken, mehr als nur eine von vielen Kirchen: Bischof Hildebrand, der reiche Oberhirte einer noch armen Stadt, der bekannteste unter vielen Reliquienschwindlern vor, neben und nach ihm, hat Florenz damit wohl mehr gegeben, als er geahnt haben konnte. Ein wohlbewahrtes und unversehrtes Denkmal für den Stadtheiligen ist entstanden, hoch über dem Fluß, der in immer häufigeren, immer näher beisammenliegenden Hochfluten nicht nur die Häuser an seinen Ufern gefährdete, sondern auch viel große Kunst und so manches Ergebnis langjährigen Künstlerbemühens verschlungen oder entstellt hat – zuletzt 1966 und im Oktober 1992.

So klar in allen seinen Linien San Miniato sich auch vor uns erhebt, es ist die geheimnisvollste der florentinischen Kirchen, und kaum eines der vielen Bücher über die Arnostadt rührt auch nur an das Dunkel auf jenem hellen Berg. Man kann lesen, daß

San Miniato an der Stelle eines Klosters errichtet wurde, aber von diesem Kloster gab es nicht mehr zu sehen als von einer verfallenen Schafhürde, als Bischof Hildebrand den Platz auswählte. Auch die Errichtung über dem Grab des Minias ist, wie wir heute wissen, eine fromme Lüge, denn wer immer unter den Fundamenten der karolingischen Gebäude ruhte, Minias war es gewiß nicht. Man hätte es von Rechts wegen die Kirche der unbekannten Märtyrer nennen müssen, dieses Miniato al Monte, das im April des Jahres 1018 soweit war, daß die ersten Mönche Einzug halten konnten. 1024 erweiterte Hildebrand das Klostergut noch einmal und empfahl San Miniato seinem Nachfolger. Dieser führte den langobardischen Namen eines alten Feindes der Arnostadt, er hieß Lambert wie ein kriegerischer Graf, der den Florentinern viel Ärger bereitet hatte; aber er setzte das Werk Hildebrands fort und, was vielleicht mehr bedeutet: Er akzeptierte den Baugedanken, der nicht nur kühn, sondern aus heutiger Sicht beinahe unbegreiflich ist. Die Kundigen, verblüfft und verlegen angesichts eines Baues aus dem ersten Viertel des elften Jahrhunderts, sprechen von toskanischer Romanik ebensooft wie von florentinischer Protorenaissance, und wölben sich auch die Bogen über dem Kirchenschiff in romanisch-vollkommener Rundung, so ist doch tatsächlich ein Renaissanceelement schon mit den Materialien in die Kirche eingegangen, denn das eben erwachende Florenz hatte für dieses überaus ehrgeizige Vorhaben ja noch nichts Besseres zur Hand, als was aus der antiken Florentia an Marmortrümmern und Säulen übriggeblieben war.

Städte, die damals reicher waren als Florenz, nämlich das meernahe Pisa, die Festungsstadt Lucca am Schnittpunkt wichtiger Straßen und die Etruskermetropole Arezzo, kamen mit ihren Domen später, bedeutend später, und griffen zum Teil auf durchaus konventionelle Muster zurück, während Bischof Hildebrand und seine namenlosen Künstler wie unter einer Eingebung handelten, als müßten sie den heimatlosen Heiligen durch einen einzigartigen und unerhörten Bau versöhnen. Noch ist nicht hinreichend erforscht, wieviel in diesem ersten Jahrhundert von San Miniato improvisiert werden mußte und wie oft ebendiese Notwendigkeit zu glücklichen und überraschenden Lösungen führte. Nie werden wir erfahren, ob man aus der Not eine Tugend machte, als Marmor aus den verschiedensten Brüchen der Umgebung mühsam herangeführt und polychrom verarbeitet wurde, oder ob dies etwa einer überlegten künstlerischen Planung entsprach. Beinahe alles liegt im Dunkel, so als hätte die mächtige Kirche sich gegen dieses Wunderwerk aus neuen Gedanken abgesperrt, sollte die Benediktinerarbeit von San Miniato doch der mächtigste Stützpunkt der kluniazensischen Klosterreform auf italienischem Boden werden.

Wenn die Annahme stimmt, daß die imposante Abteikirche 1207 vollendet war, so läge die Bauzeit für den auf seiner Hügelkuppe schwer zu erreichenden Bau unter neunzig Jahren, auch organisatorisch eine große Leistung.

Der triumphale Charakter des ganzen Baues – keine Buß-und-Einkehr-Kirche, sondern Ausdruck eines Sieges – gewinnt seinen Sinn aus dem Sieg über die tiefen Verirrungen, die im abgelaufenen zehnten Jahrhundert die heilige Mutter Kirche in ihre tiefste Krise gestürzt hatten. Hildebrand, der Bauherr von San Miniato, hatte zwar nicht ausdrücklich an die Erneuerungsbewegung von Cluny angeknüpft, aber er hatte bestimmt, daß keiner der Äbte dieses neuen Klosters sein Amt erkaufen dürfe, womit ein Signal gegen die auch von den Reformpäpsten selbst nur schwer zu besiegende Simonie (Ämterkauf, Amtserschleichung) gesetzt werden sollte.

Hildebrands Forderung war, als sie erhoben wurde, beinahe utopisch, hatte aber immerhin die Folge, daß die ersten Äbte ihrem Amt bildungsmäßig und intellektuell in höherem Maße gewachsen waren als die meisten anderen Klostervorsteher Italiens, und von dem ersten Abt namens Drogo wird berichtet, daß er auf sein zusammengelesenes Wissen auch mächtig stolz gewesen sei. Aber es folgten andere Bischöfe und andere Äbte, und schon der dritte Abt, er hieß Hubert, hatte sich seine Abtwürde von Bischof Hatto erkauft. Die Tatsache wäre in einem Bericht über das elfte Jahrhundert kaum erwähnenswert, hätte sie nicht einen jungen Mönch aus vornehmem Geschlecht auf den Plan gerufen, dessen Name sehr verschieden geschrieben wird, den unsere Heiligenlexika aber als Johannes Gualbertus führen. Er kam 1013 schon mit jungen Jahren in das damals noch im Aufbau befindliche Kloster über dem Arno, nahm etwa zwanzig Jahre lang unauffällig am Leben der Benediktiner von San Miniato teil und vertraute sich, als er meinte, den Zuständen nicht mehr untätig zusehen zu können, einem radikalen Sonderling namens Teuzo an, der ihn zum offenen Aufruhr ermutigte.

Was nun geschah, setzt Davidsohn in das Jahr 1035 oder später, die Viten des 1193 Heiliggesprochenen geben zum Teil abweichende oder gar phantastische Schilderungen: Johannes scheint wie später Savonarola die Öffentlichkeit aufgerufen zu haben, sowohl den Abt als auch den korrupten Bischof ihrer Ämter zu entsetzen, aber die Florentiner hatten mit Abt Hubert ja nur wenig zu tun, und mit Bischof Hatto waren sie sehr zufrieden. Johannes hingegen – so meinten sie – hatte leicht reden als Sohn eines reichen ritterlichen Geschlechts; wäre er beim Waffenhandwerk geblieben wie seine Vorfahren, hätten ihn all die Klostergeheimnisse nicht zu kümmern brauchen. War es das Volk auf dem Markt, waren es vorsorglich bereitgehaltene Schläger Seiner Eminenz, jedenfalls entrann Johannes dem Tod nur mit knapper Not und flüchtete in die Berge, zu den frommen Eremiten von Camaldoli. 1039 gründete er dann sein eigenes Kloster, dessen Name Vallombrosa (Schattiges Tal) berühmt blieb, obwohl das Kloster, nach einer strengeren Benediktinerregel geführt, 1866 aufgehoben wurde (frühere Gründungsdaten, in verschiedenen Nachschlagewerken und Führern im Umlauf, sind irrig).

Johannes Gualbertus starb 1073 in Passignano bei Florenz, und sein lebenslanger Kampf um ein moralisch einwandfreies Klosterleben ist folgerichtig auch in San Miniato gewürdigt, wo er neben dem Märtyrer Minias gleichberechtigt dargestellt erscheint – von Agnolo Gaddi, der noch in seinen letzten Lebensjahren (1394–96) die beiden Heiligen und Szenen aus ihrem Leben für eine Kapelle der Kirche schuf. Das legendäre Kreuz des Heiligen befindet sich nicht mehr in San Miniato (dort nur eine Nachbildung), sondern in der Kirche San Trinità. Es erinnert an das Schlüsselerlebnis des Johannes, das ihn vom Ritter zum Mönch wandelte: Auf der Suche nach den Mördern seines Bruders (oder eines anderen nahen Verwandten) sei Johannes auf den Schuldigen gestoßen; dieser aber habe Vergebung und Schonung erfleht, was Johannes um Christi willen gewährte. Wenig später habe er, im Angesicht des Kruzifixus, die Vision gehabt, daß Jesus ihm zunicke, womit sich ihm die Überzeugung festigte, er müsse Mönch werden und dem Schwert entsagen. Auch die Ermahnungen des Abtes von San Miniato, daß auf ihn, den reichen Jüngling, ein hartes Leben warte, hätten Johannes nicht in diesem Entschluß wankend gemacht.

Johannes Gualbertus bezeichnete die engste Berührung der Stadt Florenz mit der das Jahrhundert erfüllenden großen Reformbewegung nicht nur im kirchlichen, sondern im ganzen Bildungsbereich, im Denken, in der Gesellschaft; aber er steht keineswegs allein da. Das bis dahin beinahe stumme und weithin düstere Mittelalter erwacht in seiner Empörung, und es erwacht im Versuch, das zu retten, woran man nun beinahe tausend Jahre lang geglaubt hatte. Denn noch ist der Sieg des Christentums ja keineswegs eindeutig entschieden zwischen den Siegen des Islam und den Angriffen der Nordgermanen. Nur ein in sich gefestigtes, sich selbst vertrauendes, seine eigenen Lehren praktizierendes Christentum konnte dem doppelten Ansturm widerstehen.

Neben Johannes und seiner im Pesatal reich begüterten Familie war es das mächtige und sehr wohlhabende Geschlecht der Grafen vom Kloster Settimo, das uns den grundbesitzenden Adel als Triebkraft der Erneuerungsbewegung zeigt und die Vermutung nahelegt, daß die Selbstreinigungskräfte der Kirche zeitweise Hilfe brauchten. In den Geschichtsbüchern erscheinen die frommen Grafen unter dem germanisierten Namen Kadolinger, nach einem Kadulus, der Reichsgraf gewesen sein soll, also den deutschen Königen Konrad II. oder Heinrich II. bekannt gewesen sein dürfte. Die Kadolinger hatten aus ihrer Klosterstiftung neun Kilometer von Florenz ein Zentrum der Reform gemacht, wobei sehr konkrete Aufgaben im Vordergrund standen: Zwar war der Zölibat noch keineswegs durchgesetzt, galt nach damals herrschender Meinung nur für die höchsten Kirchenränge und konnte dadurch gemildert werden, daß ein Priester zwar eine Frau hatte, aber nicht geschlechtlich mit ihr verkehrte (ein Enthaltungsgebot, das sich kaum kontrollieren ließ). Aber es gab über diese Streitfrage hinaus so viele Mißstände, daß der uns schon bekannte Bischof Hildebrand als durchaus frommer Mann galt, weil er sich mit einer einzigen Ehefrau begnügte im Unterschied zu Bischof Raimbald von Fiesole, der neben Frau und zahlreichen Kindern auch noch Mätressen unterhielt, wie schon sein Vater und Großvater. Diese waren Prälaten der Diözese Fiesole gewesen und hatten einträgliche Ämter untereinander vererbt oder doch hinundhergeschoben wie ein weltlicher Clan.

Es ist das Verdienst des elsässischen Papstes Leo IX., eines Grafen von Egisheim, daß der toskanische Gelehrte, der den eifrigsten Kampf gegen den sittlichen Niedergang der Kirche führte, persönlich unbehelligt blieb, ja selbst hohe Kirchenämter erlangte und sich der Gunst dieses bedeutendsten der deutschen Päpste erfreuen durfte. Er hieß Petrus Damiani, lebte von 1007 bis 1072 und wurde bezeichnenderweise niemals heiliggesprochen, obwohl ihn schon Leo IX. als Kirchenlehrer erklärte und obwohl sein Wirken weit über seine Schriften hinausging, indem es ihn dank seiner unermüdlichen Reisen, Verhandlungen und Entscheidungen zum einflußreichsten Geistlichen des Jahrhunderts machte. In unserem florentinischen Zusammenhang gewann er Bedeutung, weil er die Vorwürfe untersuchte, die Johannes Gualbertus von seinem Kloster Vallombrosa aus gegen den florentinischen Klerus erhob. Die ganze gelehrte Welt aber las seine Streitschrift Liber Gomorrhianus (Das Buch von Gomorrha) gegen die Ausschweifungen des Klerus und die Verkommenheit der Kirche, das Petrus furchtlos dem Papst übersandt, also keineswegs in geheimer Opposition verbreitet hatte.

Dank Petrus Damiani (sein Bruder Damianus hatte ihm das Studium ermöglicht) siegte 1059 die Reformpartei, und fortan finden wir Petrus an der Seite des mächtigen Papstberaters, der später als Gregor VII. Weltgeschichte machen wird. Petrus Damiani wäre lieber in seinem Reformkloster Fonte Avellana in der Diözese Gubbio geblieben, aber die Zeit des Einverständnisses zwischen den deutschen Königen und den Päpsten war vorüber, und für die ganze Toskana, aber auch für die Reichsstädte in ihr kamen neue Zeiten.

Ehe diese neuen Zeiten im späten zwölften Jahrhundert für Florenz und die Toskana tatsächlich anbrachen, kam es in der Stadt am Arno noch zu einem für Stimmung und Denkweisen des hohen Mittelalters sehr bezeichnenden Ereignis. Die Reformmönche des Klosters Settimo, aber auch Johannes Gualbertus waren in ihrem Kampf gegen Bischof und Simonie, gedeckt durch die mächtigen Kadolinger, immer radikaler geworden; sie trugen sich mit betonter Ärmlichkeit, so daß es beinahe schon den Anstand verletzte, und pflegten sich nicht, so daß auch rein äußerlich ein krasser Gegensatz gegen die glatten und wohlgenährten Gesichter der Prälaten entstand, optisch so überzeugend, daß das kleine Volk sich für diesen großen Kampf lebhaft zu interessieren begann.

Obwohl einzelne Aufruhrakte vergleichsweise harmlos abgelaufen waren (vor allem Davidsohn betont dies), entsandte der Papst doch, um größeres Unheil zu vermeiden, seinen besten Mann, eben Petrus Damiani, Kardinalbischof von Ostia, an den

Arno, um Frieden zu stiften. Der hochgelehrte Diplomat war auf politischem Parkett bestimmt die erste Wahl; dort, wo die Wogen bereits hochgingen und der Pöbel fanatisiert war, mußte seine elitäre Erscheinung jedoch Öl ins Feuer gießen, und dieses Feuer flackerte alsbald auf, denn das Volk – seit jeher nach Schauspielen lüstern – verlangte lärmend, daß es zu jenem Gottesurteil komme, das Johannes Gualbertus angeboten habe.

Nun dachte natürlich keiner der Bischöfe von Florenz oder Fiesole daran, sich einer Feuerprobe auszusetzen, und der ebenfalls angegriffene Abt des Benediktinerklosters Badia tat vorauseilende Buße, indem er ein Armenspital einrichtete. Aus Settimo aber präsentierte sich ein vom reinen Glauben ekstatisch beflügelter junger Mönch namens Pietro, bereit, die Feuerprobe auf sich zu nehmen und damit zu tun, was von der Prälatenpartei niemand gewagt hatte. Alles, was versucht worden war, um die große Konfrontation zu vermeiden, war damit erfolglos geblieben. Alexander II., in der Normandie ausgebildet und von den Normannen in Rom als Papst eingesetzt, war vergeblich nach Florenz gereist. Das Volk wollte sein Schauspiel, Johannes begehrte einen spektakulären Sieg. Nach blutigen Zusammenstößen am 9. Februar 1068 wurden am 13. Februar die Holzstöße aufgeschichtet, zwischen denen Pietro hindurchgehen sollte, und auch an den Bischof von Florenz erging eine letzte Einladung, sich dem Ordal zu unterziehen.

Die Schaulust des Mittelalters hatte für solche Gottesgerichte, die rechtens waren und mit ehrlichem Eifer vorbereitet wurden, sehr verschiedene Vorgänge vorgesehen; in den alten Volksrechten kann man diese grausamen Spiele kennenlernen – von der Reuse, aus der sich der Fischdieb befreien muß, wenn er nicht ertrinken will, bis hin zu der im siebzehnten Jahrhundert wiederaufgenommenen Hexenprobe, bei der Frauen oder Mädchen, zum Paket verschnürt, ins Wasser geworfen wurden. Auch über Zweikämpfe, sogar zwischen Mann und Frau (unter ausgleichender Bewaffnung), wird berichtet, und das Gudrunlied, Hans Sachs, Straparola und viele andere haben das Motiv aufgenommen.

Johannes Gualbertus scheint trotz seines festen Gottesglaubens für den jungen Mönch, der in seinem Namen zur Feuerprobe antrat, neben der Hilfe von oben auch ein irdisches Schlupfloch vorgesehen zu haben, maß selbst den Abstand der beiden Holzhaufen und sorgte für so viel, gewiß traditionelles, aber eben doch zeitraubendes frommes Vorbereitungsritual mit Messelesen, Weihwasser, brennenden Kerzen und Einkehrgebeten, daß die beiden vorher wild flammenden Holzstöße nur noch Gluthaufen waren, als Pietro endlich, in Tränen und unter frommen Gesängen, den schweren Gang antrat.

In den neunundfünfzig Zentimeter breiten Gang zwischen den Gluthaufen war Kleinholz gestreut, das gloste, und es scheint, daß Pietros Gewand da und dort brannte, als er unter dem Jubel der Anwesenden den Gang hinter sich hatte. Sicher aber ist, daß er selbst unversehrt blieb und seine Sache, der Kampf gegen Ämterkauf und Amtsmißbrauch, damit gesiegt hatte.

DAS VOLK WIRD SICHTBAR

Eine Folge des Gottesurteils vom Kloster Settimo war, daß jener junge Mönch Pietro berühmt wurde und als Petrus Igneus zum Kardinal, zum Sondergesandten des Papstes und zum Diplomaten im Investiturstreit aufstieg – ein Ehrenname, den man etwas ehrfurchtslos als »der feuerfeste Petrus« übersetzen könnte.

Die andere, wichtigere Folge bestand aber wohl darin, daß sich in diesem populären Großereignis keineswegs nur eine kirchliche Reformpartei artikulierte, sondern das Volk selbst sehr deutlich in Erscheinung trat, und zwar mit Initiativen, die durchaus nicht immer beherrschbar waren. Es gibt eine rechtshistorische Anekdote aus einer deutschen Kleinstadt, in der man eine Hinrichtung abhalten mußte, aber keinen Henker hatte. Da nun im bürgerlichen Sinn ehrlos wurde, wer das Henkeramt ausübte, mußten alle erwachsenen Vollbürger jenes Städtchens zumindest symbolisch die Hand an den Strick legen, womit sie späteren Diskriminierungen vorbeugten.

Der kluge Reformer Johannes handelte, als habe ihm jemand diesen Ausweg gewiesen. Der Papst hatte dem Gottesurteil nicht zugestimmt, der Bischof hatte sich ihm verweigert. Dagegen mußte eine kollektive Verantwortung konstruiert werden, indem das Volk von Florenz aufgerufen wurde, trockenes Holz nach Settimo hinauszukarren und dort mit aufzuschichten. Wann jemals hätte sich der Pöbel solch gefahrlosen, die Aussicht auf ein grausames Schauspiel begründenden Aktivitäten verweigert? Sie sammelten und liefen, sie schichteten auf und maßen den Leidensweg des Mönchleins immer wieder ab, damit er nur ja nirgends breiter als die aus irgendwelchen alten Schriften bezogenen neunundfünfzig Zentimeter sei, und vermutlich wußten nur die wenigsten der Zuschauer, ob sie Pietro den Sieg über die Flammen wünschten oder einen faszinierenden Tod inmitten sorgsam aufgeschichteter, wohlgetrockneter Späne.

In den Monaten, die dem Ereignis vorangegangen waren, hatte sich ein Papst nach Florenz bemüht, in eine Stadt also, für die sich die deutschen Könige und römischen Kaiser bis dahin so gut wie gar nicht interessiert hatten. Und als es nun um die Person von mindestens zwei Bischöfen – jenen von Florenz und den von Fiesole – ging, da erwachte in der mobilisierten Menge die Überzeugung, daß man seine Oberhirten am besten in italienischer Eigenverantwortung bestimmen sollte, mit der Entscheidung aus Rom würde man doch wohl besser leben als mit dem Diktat aus den Ländern jenseits der Alpen.

Diese Regungen waren keineswegs die Geburtswehen des Investiturstreites. Das Lieblingsthema unserer Schulbücher wurde auf höherer Ebene abgehandelt, Canossa wurde sprichwörtlich, und niemand weiß heute mehr, daß der Papst nachgab, weil seine treue Mathilde, um die Truppen bezahlen zu können, unter heftigsten Seelenkämpfen Kirchengerät aus Silber und Gold hatte einschmelzen müssen. Aber das erbauliche Schauspiel des feurigen Sieges über Unsitten und Ausschweifungen hatte das Volk von Florenz nicht nur für Papst Alexander eingenommen, sondern erst recht für Gregor VII., den tatkräftigen Erneuerer der Papstmacht, der aus dem sittenlosen Rom nach Norden gezogen war und auf der festen und leicht zu verteidigenden Burg Canossa in der Grafschaft Reggio nell'Emilia mit einer so häßlichen Dame zusammenlebte, daß selbst die bösesten Spötter in diesem Fall an eine Geistesfreundschaft glaubten.

Von Heinrich IV. und seinem Canossagang braucht hier somit nicht die Rede zu sein, auch nicht von seinen Strafexpeditionen in der Toskana, bei denen er Florenz lediglich durch Mißachtung bestrafte. Erwähnenswert ist nur die endlich doch stattfindende Begegnung der noch immer begeisterten Bürgerschaft mit den von langen Märschen und mancherlei Krankheiten ermatteten kaiserlichen Söldnern, die – wenn überhaupt – im Hochsommer des Jahres 1082 stattfand.

Auch die glühendsten florentinischen Patrioten sprechen nur von einer zehntägigen Belagerung durch Heinrich IV., so daß seine Passage des Arnotales wohl kaum als eine entschlossene und konsequente militärische Aktion anzusehen ist: Vielleicht hatte man von der Händlerstadt keinen sonderlichen Widerstand erwartet und zog weiter, als sich dieser doch plötzlich einstellte. Und vielleicht regiert überhaupt ein Mißverständnis die ganze umstrittene sommerliche Aktion, hatte doch Mathilde von Tuszien außerhalb von Florenz, aber nahe der Stadt eine Trutzburg erbaut, die sie lieber innerhalb der Mauern gesehen hätte – wogegen sich aber die Bürgerschaft gewehrt hatte. Dann wäre es nicht um Florenz gegangen, sondern um die unbeugsame Markgräfin. Jedenfalls macht das von Kilian erarbeitete Itinerar Heinrichs IV. seinen Aufenthalt im Arnotal und vor Florenz wahrscheinlich (gegenüber der bisherigen Annahme eines Sommerlagers in der drückenden Hitze der Lombardei).

Auch hier also tritt uns das Volk entgegen, es agiert mit einer gewissen Selbständigkeit einerseits gegen die Markgräfin, die sich innerhalb der Handelsmetropole festsetzen möchte, andererseits aber gegen Heinrich, der 1084 dann von einem Gegenpapst zum Kaiser gekrönt werden wird. Diese selbständige Rolle zwischen den Parteien machte Florenz für einige wenige Jahre und auf nicht eben glanzvolle Weise zur Residenz: 1074, drei Jahre nach dem Kindestod seines ersten Sohnes, war Heinrich IV. in Konrad (1074–1101) ein weiterer Thronerbe geboren worden. Mathilde von Tuszien hatte den Jüngling gegen den schwierigen Vater aufgebracht, die Normannen, Schöpfer einer verführerischen Mischkultur auf Sizilien, hatten dem Einundzwanzigjährigen eine Königstochter zur Frau gegeben, aber wie das so ist – schließlich wußte niemand mit dem jungen Aufrührer aus königlichem Blut viel anzufangen; er lebte beinahe untätig in Florenz, wo sich einige der wichtigen Familienhäupter für ihn einsetzten, und starb 1101, als er der Markgräfin zu lästig geworden war, eines plötzlichen und rätselhaften Todes.

Wir befinden uns im klassischen Land der Giftmorde, und die Gifte sind die traditionelle Waffe der Frau, die Dolche und Schwerter nicht führen kann. Nur die Tatsache, daß dieser Tod eigentlich niemandem mehr von Nutzen war, spricht für Mathildens Unschuld, der für diese Zeit, in ihren letzten, verzweifelten Selbstbehauptungskämpfen, die Historiker ja alles zutrauen. Und Gregor VII. lebte ja nicht mehr, der sie vielleicht vor solch einem Schritt zurückgehalten hätte.

Beim Mauerbau von Florenz, bei der Verteidigung der Stadt, in den Verhandlungen mit Mathilde einerseits, dem Papst und dem Kaiser andererseits werden, noch ohne Definition ihres Amtes, angesehene Bürger erwähnt, die sich zu Sprechern der Stadt machen oder als solche erwählt wurden. Sie veranlassen, daß der Königssohn, der in den Mauern der Arnostadt lebte und starb, als Heiliger bestattet wird, in der unmittelbaren Nähe des Zenobius-Altars in der alten Kirche von Santa Reparata. Das Volk liebte nämlich den deutschen Prinzen; es war überzeugt, daß man den jungen Edlen vergiftet habe, wie übrigens alle zeitgenössischen Autoren, von denen einer sogar den Namen des Arztes nennt, der Konrad während eines Fieberanfalls die tödliche Medizin beigebracht habe, und niemand glaubte den beflissenen Dementis, wie sie ein Mönch aus Canossa, er hieß Donizo, wenig überzeugend vorbrachte.

Mehr brauchte es nicht. Wo das Volk Wunder sehen will, da ereignen sie sich, mit der gleichen Sicherheit wie ein paar Jahre zuvor beim Ordal der flammenden Holzstöße. An einem Arm des toten Prinzen traten Kreuzeszeichen auf, und da es schließlich der älteste Sohn Kaiser Heinrichs war, der in Florenz den Tod gefunden hatte, so tat man dem von tausend Sorgen und Nöten geplagten Monarchen noch fünf Jahre vor seinem Tod das Unrecht schwerer Vorwürfe an: daß er dem fehlgeleiteten Jüngling hätte vergeben und ihn an sich ziehen müssen und daß hier nach Otto II. und Otto III. abermals ein deutscher Prinz auf tragische Weise für Italien geopfert worden sei.

Es gibt in allen Städten rund um das Mittelmeer Aktivitäten, die zwar unbestreitbar vorhanden, ja für das Gemeinwesen lebenswichtig sind, denen die Historiker jedoch mit merkwürdiger Verachtung begegnen – dazu gehören Klein- und Fernhandel, Agrarwirtschaft und Handwerk und die ganze Fülle der Dienstleistungen. Diese Grundeinstellung der Fachhistorie ist zwar in einem gewissen Wandel begriffen, aber mit einer Ausweitung der Interessen geht ja leider nicht eine Vermehrung der Quellen einher, und so leiden wir auch heute, wo man sich für den unpolitischen Menschen und die unkriegerischen Aktivitäten stärker interessiert, noch immer darunter, daß frühere Jahrhunderte so manchem alltäglichen Faktum, so mancher zunächst nichtswürdig scheinenden Aufzeichnung keine Aufmerksamkeit schenkten und auf Sicherung oder gar Archivierung verzichten zu können meinten.

Das große Umdenken, das heute Braudel, Le Goff und anderen eine neue, über das Fachpublikum hinausgehende Leserschaft beschert, begann, soweit es unseren Gegenstand betrifft, mit vier Vorträgen, die der italienische Wirtschaftshistoriker Armando Sapori in französischer Sprache in Paris hielt. Das war 1948, und erst vier Jahre später erschienen sie unter dem Titel Le marchand italien au moyen-âge im Buchhandel. Das Buch macht uns jene wirtschaftliche Oberschicht der italienischen Städte bekannt, die – von der Adelsmacht des Umlandes abgesehen – das einzige Gegengewicht gegen die zu beträchtlicher Dominanz angewachsene Macht der Kirche bildete. Fällt das volle Licht der Geschichte auch erst im zwölften und dreizehnten Jahrhundert auf die großen Handelshäuser, so ergibt sich doch auch für die spät- und nachkarolingische Zeit mit Sicherheit die Bedeutung des Händlerstandes mit einigen aufschlußreichen Begleitfakten.

Florentiner und Pisaner wurden aus naheliegenden Gründen im Ausland – zu dem auch die anderen italienischen Gebiete gehörten – oft nicht unterschieden. Beim Handel über See kamen die florentinischen Ladungen ja aus der dem Meer näher liegenden Stadt Pisa, die damals, als der Arno noch weiter südwestlich mündete, für die noch immer erstaunlich kleinen Hochseeschiffe erreichbar war. Schon im zehnten Jahrhundert aber lebten in Florenz auch griechische Kaufleute, die ihre Waren über das Gebirge an die Adria karrten und erst dort auf Schiffe verluden, und jüdische Händler, die sich allerdings nicht nur dem Warenverkehr, sondern auch dem Geldverleih, den Hypotheken und dem Wechselgeschäft widmeten.

Die Auseinandersetzung mit dem Judentum vollzog sich weitgehend, aber nicht ausschließlich, auf religiösem Gebiet, wobei die Fälle von Toleranz und von Intoleranz einander die Waage zu halten scheinen. Bei den Huldigungsschreiben, die – wie üblich – zu Kaiserkrönungen überreicht wurden, waren schon in ottonischer Zeit stets auch hebräische Adressen. Schon zu Zeiten des großen Alkuin gab es Disputationen zwischen Christen und Juden über die Grundsätze ihrer respektiven Religionen, und so mancher der berühmten Kirchenschriftsteller und Memorialisten wie etwa Bischof Ratger (oder Ratherius) von Verona beklagt sich über zu weit gehende Toleranz dem Judentum gegenüber. Benjamin von Tudela sucht auf seiner berühmten Reise zu den jüdischen Gemeinden in aller Welt auch die Toskana, nicht aber Florenz auf; er findet in Pisa etwa zwanzig, in Lucca hingegen vierzig jüdische Familien, was ein wenig wundernimmt, denn der eigentliche Welthafen, in dem selbst Händler aus exotischen Ländern ungekränkt lebten, war damals Pisa. Mangels schlüssiger Beweise zur Existenz einer jüdischen Gemeinde in Florenz kann Davidsohns Behauptung, sie hätten sich nicht dauernd in Florenz niederlassen dürfen, nicht widersprochen werden. Andererseits nutzte Papst Alexander II. seinen Aufenthalt in Florenz zu einer Ermahnung: Es sei Sünde, die Juden zu verfolgen und für Unheil verantwortlich zu machen, wofür es ja wohl einen örtlichen Anlaß gegeben haben mußte. Auch der von Sapori berichtete erstaunliche Brauch, daß nach dem Tod von Geldverleihern die Kirche prüfte, wieviel des Erbvermögens aus Wuchergeschäften stammte, legt die Vermutung nahe, daß jüdische Familien im Geldgeschäft eine gewisse Rolle spielten, denn alteingesessene toskanische Kaufleute oder Bankiers hätten sich eine so durchsichtige Erbschaftssteuer zugunsten der Kirche kaum gefallen lassen. Die Prüfung war naturgemäß weitgehend willkürlich, und die verhängten Strafen bestanden in Tausenden von Sühnemessen, die diesem oder jenem Kloster oder Pfarrbezirk bezahlt werden mußten. Eingesessene katholische Kaufleute scheinen von diesen Zwangsmaßnahmen nicht betroffen gewesen zu sein oder kamen ihnen durch freiwillige Legate zuvor, Legate, die sehr oft beträchtliche Teile des Vermögens betrafen und den Erben entzogen wurden. Jacques Le Goff, dessen wertvolle kleine Schrift über Kaufleute und Bankiers im Mittelalter die Materialien Saporis vermehrt, erwähnt einen lebenslang harten, engherzigen und gewinnsüchtigen Kaufmann aus Prato, dem heutigen Industrievorort von Florenz, der aus Angst vor dem Höllenfeuer das ganze zusammengeraffte Vermögen von 75 000 Goldgulden den Armen vermachte. Sehr zahlreich waren auch Stiftungen von Armenspitälern und ähnlichen Einrichtungen, die es von seiten der öffentlichen Hand ja noch nicht gab.

Die Wucherprüfungen sind also wohl kaum als antisemitische Maßnahme einzustufen, sondern liegen auf der Linie mittelalterlicher Kirchenpolitik. Im Gegenzug erreichten die florentinischen Kaufleute ein Niederlassungsverbot für den mächtigen Templerorden, der nach dem Ende seiner militärischen Aufgaben ein europaweites Handelsnetz aufgebaut hatte und auch im Geldgeschäft, im Verleihen und Transferieren großer Summen, eine bedeutende Rolle spielte, bis ihm König Philipp von Frankreich ebendieser Reichtümer wegen unter weitgehend erfundenen Anschuldigungen (Geheimbündelei, Homosexualität, Magie) in Schauprozessen ein blutiges Ende bereitete.

Das in den deutschen Ländern so vielfach belegte Wort, daß die Stadt eine Keimzelle des Fortschritts und gewisser Freiheiten sei, beweist für Florenz vor allem der Kaufmannsstand durch sein kulturelles Wirken und sein Auftreten im Ausland, doch sind wir von der Ära eines eindrucksvollen Mäzenatentums noch einige Generationen entfernt. Immerhin weiß man heute, daß die große Kultur der florentinischen oder auch toskanischen Frührenaissance keine Schöpfung einzelner reicher Persönlichkeiten oder Stadtdiktatoren war, sondern langsam heranwuchs, dank der geduldigen und konsequenten Förderung der Bildungsinstitutionen durch die Bürgerschaft der Arnostädte. Was zu tun war, kann in Umfang und Bedeutung kaum überschätzt werden – es galt nämlich dem Aufbau einer von der Kirche unabhängigen Organisation einfacher und höherer Schulen.

Das Bedürfnis nach elementarer Bildung reicht bis in langobardische Zeiten zurück und wurde schon damals vom Kaufmannsstand getragen in einer schier aussichtslosen Lage, denn »alles, was vom antiken Geistesleben übriggeblieben war, zählte inzwischen zum Eigentum der Kirche oder wurde von ihr doch als solches angesehen« (Sapori). Die Kirche machte keine Miene, auf ein so wirksames Machtinstrument wie das Bildungsmonopol zu verzichten, und verteidigte ihre Haltung mit der – in Einzelfällen gewiß zutreffenden – Behauptung, der Kaufmann lebe davon, seine Mitmenschen zu übervorteilen und sei nach Tun und Lassen unwürdig, die Jugend geistig zu führen. Andererseits brauchten die Kaufleute instruiertes Personal, das Korrespondenzen führen konnte, neben dem Lateinischen die Volkssprachen und die lingua franca der Mittelmeerhäfen beherrschte, und Männer, die imstande waren, Rechnungsbücher zu führen. Die Buchhaltung scheint anhaltende Schwierigkeiten bereitet zu haben, denn in vielen Handelshäusern mußte sie der Inhaber selbst besorgen (wie auch im ganzen Wirtschaftsraum der Hanse), später tauchten dann in Florenz spezielle Buchhaltungsfachkräfte vermutlich aus dem

Vorderen Orient auf. Daß dies erst vergleichsweise spät der Fall war, hängt allerdings nicht nur mit dem Fehlen entsprechender Ausbildungsmöglichkeiten zusammen, sondern auch mit der begreiflichen Angst vor der Ausspähung innerhalb der ja noch kleinen Gemeinwesen: »Mehr als alle anderen besaß der mittelalterliche Kaufmann einen (fast pathologischen) Sinn für Geheimniskrämerei und Geschmack an Geschäftsgeheimnissen. Auf diese Geheimniskrämerei ist es zurückzuführen, daß wir selbst dort, wo Dokumente vorliegen, oftmals schlecht informiert sind. Um eventuellen Konkurrenten Informationen vorzuenthalten, verschwiegen die mittelalterlichen Kaufleute in ihren Geschäftsbüchern, Verträgen und notariellen Akten das Ziel ihrer Unternehmungen oder verschleierten es und verhüllten den Namen ihrer Geschäftsfreunde und die Art der Waren« (Le Goff).

Es darf dazu in Parenthese angemerkt werden, daß diese Geheimniskrämerei sich auf die Entdeckung von Handelswegen und die Erforschung von Partnerländern hemmend auswirkte. Große Gewinne waren nämlich vor allem dann zu erzielen, wenn man als erster und als einziger Waren anzubieten und das Angebot in der Ferne zu sichten vermochte, man denke nur an die Reichtümer der Brüder Polo, denen der Entdeckerruhm ja auch eine Art befristeten Fernost-Handelsmonopols einbrachte. Um Konkurrenten abzuschrecken, erfanden die Fernhändler und ihre Beauftragten die absurdesten Geschichten über die Gefahren, die einen eventuellen Späher oder Konkurrenten in der Ferne erwarteten: Riesige gierige Ameisen im Goldland des Mittleren Ostens, undurchdringlicher Nebel und Meeresungeheuer auf dem Ozean westlich des Felsens von Gibraltar usw.

Der Kaufmann lebte von seinem Wagemut und seiner Unverdrossenheit und hatte ein gewisses Recht darauf, die Früchte seiner Energie auch selbst zu ernten, wobei diese Energie sehr oft auch im Unglück erhalten blieb: »Man weiß von den Genuesern und Katalanen, daß sie Piraten werden, wenn sie durch irgendein

Rechentafel für die kaufmännische Buchhaltung

Mißgeschick ruiniert worden sind; die Florentiner hingegen werden Makler oder Handwerker und ziehen sich dank ihrer Geschicklichkeit aus der Schlinge« (Benedetto Cotrugli in einem im damaligen Ragusa, heutigen Dubrovnik verfaßten Handbuch des Handels).

Beweise für diese Wendigkeit und Geschicklichkeit kann man darin erblicken, daß die ersten Hand- und Lehrbücher aus dem Raum Florenz kamen, zu dem wir ja, trotz gewisser Konflikte, den Vorort Prato und die Hafenstadt Pisa rechnen dürfen. In ihnen schlägt sich auch der Vorteil nieder, den die Laienbildung in und um Florenz aus dem Funktionieren früher Fernhandelsbeziehungen zog: Pisa hatte einen Zollaufseher mit dem Sitz im nordafrikanischen Hafen Bougie, da diese Berberstadt als Handelshafen und Stapelplatz schon in karolingischer Zeit außerordentliche Bedeutung erlangt hatte. Seit 1152, als Bougie an Marokko fiel, scheint der pisanisch-florentinische Handelsposten eine Dauereinrichtung gewesen zu sein und war von der Familie Fibunacci verwaltet. Der Sohn eines dieser Residenten, er hieß Leonardo, veröffentlichte schon 1202 ein Hilfsbuch für Fernhändler, in dem die Toskaner mit den arabischen Ziffern, dem Stellenwertrechnen, der Ziffer Null und mit den mathematischen Errungenschaften vertraut gemacht wurden, wie sie die Araber schon in vormohammedanischer Zeit aus Indien übernommen hatten. Damit war lange vor dem Sueskanal und vor Vasco da Gama praktisch der Anschluß des italienischen Fernhandels an den der Araber im Ostmittelmeer, im Roten Meer und im Indischen Ozean vollzogen. (Auf die Monsunschiffahrt quer über den Indischen Ozean, von Ostafrika nach Indien, war das Abendland schon durch den Periplus Maris Erythraei aufmerksam gemacht worden, der über die Sinaiklöster und Syrien lange vor der Kreuzzugsepoche in Alexandria, Piräus, Venedig, Pisa und Livorno bekannt geworden war.)

Nicht weniger wichtig als die Mathematik und das kaufmännische Rechnen war natürlich die Geographie. Auch hier hatten antike Geographen wie Ptolemäus dank syrischer Gewährsleute vorgearbeitet, aber es muß viel kaufmännisches Geheimwissen gegeben haben, denn die Phantasiereise des John Mandeville (um 1300–1372) hat zwar nie stattgefunden, referiert aber echte Fakten aus der Zeit nach 1322, so wie auch die Seekarten der jüdischen Kartographenschulen der Balearen und Pythiusen eine erstaunliche Fülle von zutreffenden Informationen speichern und vermitteln, zweifellos auf Informationen von Kaufleuten fußend.

Dem ausschließlich praktischen Zweck entsprachen die beinahe modern-didaktisch anmutenden Titel und Fragestellungen der Reisehandbücher für den Fernkaufmann, wenn wir in einer

Lehrschrift des florentinischen Bank- und Handelshauses Frescobaldi lesen: »Was man wissen muß, wenn man [von Pisa] nach England reist« oder: »Was der Kaufmann wissen muß, der zu einer Reise nach Cathay [China] aufbricht«, eine wohl erst nach den Reisen der Herren aus dem Hause Polo mögliche Frage, die sich in einem Handbuch von Francesco di Balduccio Pegolotti findet, der als Exportfachmann des berühmten Bankhauses Peruzzi tätig war.

Auch die Wörterbücher bestätigen mangels anderer ausführlicher Quellen die Existenz eines florierenden Nah- und Mittelost-Handels, denn für vereinzelte merchant adventurers wären sie wohl nicht erstellt worden: Seit Jahrhunderten gab es arabisch-lateinische Wörterbücher, wie sie ja schon für den Gebrauch an den südspanischen Universitäten entwickelt worden waren, ebenso Wörterbücher für die alten Kultursprachen Griechisch und Hebräisch, mit denen die gelehrten Konvertiten aus dem südspanischen Judentum zweifellos schon vor der arabischen Invasion arbeiteten. In allen Hafenorten aber waren Dolmetscher tätig, und da Verträge und Briefe ja schriftlich niedergelegt werden mußten, wurde so mancher Dragoman zum Verfasser eines Wörterbuchs, oft nach Vokabular und Idiomatik speziell auf die Bedürfnisse des reisenden Kaufmanns ausgerichtet. Neben dem Lateinischen und dem Persischen taucht als Handelssprache (lingua franca) des Mittleren Ostens das Kumanische auf, eine Turksprache, die von Syrien bis zum Altai verstanden wurde, nach Le Goff sogar bis zum Gelben Meer, also bis nach Nordchina und Korea, was bei aller Wertschätzung für den großen französischen Gelehrten doch bezweifelt werden muß, begann doch schon in der Malakkastraße die Zone der malaiischen Seeleute.

Selbst innerhalb Europas förderte der Handel gewisse Sprachen: erst das Altfranzösische, wie es vom Volk der großen Champagnemessen gesprochen wurde, aber auch das Niederdeutsche der niederländisch-friesischen Schiffahrtsbereiche und schließlich, als der Handel schriftlich wurde und sich im ganzen Mittelmeerraum konsolidierte, das Italienische, waren die Kaufleute aus den italienischen Handelsstädten doch inzwischen die Techniker des neuen Warenverkehrs und Versicherungswesens, der Geldinstitute und der internationalen Wirtschaftsbeziehungen. »Der älteste in italienischer Sprache bekannte Text ist der Kontoauszug eines Kaufmanns aus Siena aus dem Jahr 1211« (Le Goff). Sobald das Italienische, wie man sieht, in seiner toskanischen Form, als Sprache der Kaufleute eine gewisse Rolle zu spielen und schließlich sogar vorzuherrschen begann, folgten Handbücher mit umfassenden Informationen über Waren, Preise, Rechnungswesen und örtliche Verhältnisse, kaum jemals von den großen Handelsherren selbst, eher von ihren Vertrauensleuten in der Fremde: Der schon erwähnte Pegolotti war für die florentinische Firma Peruzzi zunächst in der zypriotischen Hafenstadt Famagusta tätig, also gleichsam unter den Augen der argwöhnischen Venezianer, ehe er wegen seiner Verdienste einträglichere und weniger heikle Verwendungen in Brüssel und schließlich in London erhielt.

Dieser Zuwachs an praktischem Wissen und verwertbarem Wissensstoff grub der Kirche sehr bald das Wasser ab. Denn seit sich die Reformbewegung gegen die Simonie durchgesetzt hatte und in Rom strenge und integre Päpste regierten, konnte man als Bankier oder Fernhandelskaufmann, als Schiffsversicherer oder auch als Resident in der Fremde schneller zu Vermögen gelangen als innerhalb der kirchlichen Möglichkeiten. Die frühesten hohen Schulen zeigen schon im dreizehnten Jahrhundert in der Toskana, aber auch im übrigen Mittel- und Norditalien starkes Hörerinteresse für die weltlichen Fächer: für die Jurisprudenz in Hinblick auf den Beruf eines Notars und für die Medizin, die auch auf dem Umweg über die Heilmittel zu Ansehen bei den regierenden Familien und zu Vermögen führte.

Jurisprudenz und Medizin hatten damals mit den kaufmännischen Aktivitäten wohl noch weniger zu tun als heute, wo keine Weltfirma mehr ohne ihre rechtskundigen Berater auskommt, aber die Bedeutung des Kaufmanns für die italienische Sprache, die Volksbildung und die Geltung des Italienischen im Ausland stand darum doch hinter jener der hohen Schulen nicht zurück. Eines der ersten florentinischen Handelshäuser nach den Anfängen und in Hinblick auf die frühe Blüte waren die Bardi, Magnaten, die schon im elften Jahrhundert aufgestiegen waren und an der Wende zum vierzehnten Jahrhundert bereits so reich waren, daß sie das Kastell Vernio nördlich von Prato erwerben konnten, zusätzlich zu ihren siebenundzwanzig Palästen und großen städtischen Wohnhäusern (noch hundert Jahre später waren sie weit mächtiger als die Medici).

Diese Familie hatte auf italienischem Boden folgende feste Niederlassungen mit Büros und Lagerhäusern: Ancona, Aquila, Bari, Barletta, Castello di Castro, Genua, Neapel, Orvieto, Palermo, Pisa und Venedig, was bedeutet, daß der Umgang mit den Bardi von Palermo bis Venedig in ein und derselben Sprache erfolgte, womit – da andere Firmen diesem Beispiel folgen mußten – für die Vereinheitlichung der italienischen Volks- und Schriftsprache ebensoviel gewonnen war wie für den schließlichen Sieg des Toskanischen: Diese heute oft als reinste der italienischen Sprachen bezeichnete Siegerin verdankte ihren Triumph somit nicht nur (und vielleicht nicht einmal in erster Linie) den großartigen literarischen Werken, die in ihr geschrieben wurden, sondern der Bedeutung der großen florentinischen Handelshäuser. Kaum weniger wichtig waren die Niederlassungen im Ausland – für die Bardi in Avignon, Barcelona, Brügge, Famagusta, Konstantinopel, Jerusalem, London, Mallorca, Marseille, Nizza, Paris, Rhodos, Sevilla und Tunis (beide Listen nach Sapori). Die Bardi erreichten an verschiedenen Orten die Meistbegünstigungsklausel für Florenz und schlossen selbständige Handelsverträge mit Fürsten und Königen wie in Deutschland die Fugger, was Italien naturgemäß in der Welt bekannt machte.

In der Welt des Mittelalters, die ja noch weit von tauglichen Organisationsformen internationalen Charakters entfernt war, haftete vielem, was uns heute selbstverständlich ist, noch der

Charakter des Zufälligen an. Der Kaufmann reiste selbst, solange seine Gesundheit dies gestattete, weil die Nachrichtenübermittlung, der Waren- und Zahlungsverkehr doch noch sehr schleppend und unsicher vonstatten ging (es gibt einen Notariatsakt florentinischer Kaufleute, auf hoher See verfaßt, der festhält, daß ein Kapitän plötzlich das Fahrziel des gecharterten Schiffes änderte …). Reiste jemand, so fanden sich stets Fürsten, Prälaten, Behörden oder Privatleute, die ihn mit zusätzlichen Aufträgen versorgten, mitunter sogar solchen, die den Hauptzweck der Reise beeinträchtigen konnten. In alten toskanischen Handelslehrbüchern findet sich daher die Mahnung an den Kaufmann, stets an das eigene Geschäft zuerst zu denken, erst die eigene Post zu lesen beziehungsweise zu befördern und, wo immer es angeht, ihm anvertraute Briefschaften zum eigenen Nutzen auszuwerten.

Es kam zu kuriosen Sachverhalten mit unerwarteten Folgen. Als sich die florentinischen, sienesischen, pisanischen und andere Handelshäuser an verschiedenen Punkten Europas etabliert hatten, erschienen sie manchem italienischen Reeder oder Heereslieferant als die gegebenen Schuldeneintreiber nach den Kreuzzügen. Sie präsentierten sich von England bis nach Polen beim Adel und bei den Städten und versuchten, Inkassoaufträge für Schiffsfracht, Truppenbeförderung und andere Hilfsleistungen der Italiener in der Ära der Kreuzzüge zu erfüllen. Die Adressaten solcher Forderungen behielten Auftreten, Eleganz, Sprachkenntnisse und Savoir-faire der Italiener im Gedächtnis und beauftragten sie nicht selten, mangels eigenen Personals, mit Rückreise-Missionen, so daß sich bei einem Gesandtenempfang bei Bonifatius VIII. die bekannte Szene ereignete, daß der Papst sich – unter der Flagge und mit Diplomatenbriefen der verschiedensten europäischen Staaten – lauter Florentinern gegenübersah und sie resignierend als das »Fünfte Element« der Welt (neben Feuer, Wasser, Luft und Erde) bezeichnete. Sie leiteten in Polen die Salzgewinnung und hatten ein britisches Privileg, die

Schafwolle unter Umgehung englischer Textilbetriebe direkt nach Italien zu verladen. Sie hatten nach den Warengeschäften auch das reine Geldgeschäft, den Wechsel und Verleih, groß aufgezogen, woran bis heute die Lombard Street in London erinnert, und weckten durch ihre Geschicklichkeit, ihren Reichtum und dadurch, daß sie eben Fremde waren, Neid und Abneigung, die zu spektakulären Revolten gegen Überfremdung, zu Pogromen und Ausplünderungen italienischer Läden und Niederlassungen führten, und zwar von London bis Kanton. In England waren die italienischen Bankiers sogar indirekt an Verfolgung und Ausweisung der Juden schuld, denn die Juden, seit langem mit drückenden Steuern belegt, konnten der Krone und dem Adel nicht in dem Maß mit Geld aushelfen wie die Florentiner und Mailänder, so daß in einer ersten Verfolgung 11 600 Juden erschlagen wurden und 1290 die große, erst vierhundert Jahre später aufgehobene Judenausweisung folgte.

Es wäre nun schön, wenn man sagen könnte, daß die italienischen Kaufleute auch die geistigen und bildungsmäßigen Traditionen jener jüdischen Gemeinden auf sich genommen hätten, die der übermächtigen Konkurrenz der Handelshäuser aus Italien zum Opfer gefallen waren. Aber der italienische Kaufmann, auch wenn er seine Heimatstadt Türken und Ägyptern, Armeniern und Arabern öffnete, blieb gläubiger katholischer Christ. Zwischen den großen Nationen in der Frühzeit der europäischen Geld- und Warenwirtschaft, den Juden und den Italienern, kam es nur vereinzelt zur Zusammenarbeit, sie waren füreinander eben zu starke Konkurrenten. Wo die Juden in starken Positionen blieben – in Spanien vor allem und in den Niederlanden –, blieb die Bedeutung der italienischen Handelsniederlassungen vergleichsweise gering. Nur in Italien selbst wurden die Familien, die jene großen Firmen trugen und von ihnen getragen wurden, Mäzene oder brachten selbst Künstler, Architekten und Schriftsteller hervor.

Vor allem aber war es die dank der Auslandsvertretungen und der vielen Reisen erworbene Vertrautheit mit dem Erdkreis, waren es die Unbefangenheit vor der Fremde und das Selbstvertrauen des reisenden Handelsherrn, die anders als das meiste, was im mittelalterlichen Florenz geschah, weltgeschichtliche Folgen hatten. Die Querelen zwischen den Nachbarstädten, ja selbst der florentinische Überfall auf das nachbarliche Fiesole, die endlosen Reibereien mit Pisa, Prato, Arezzo und anderen in wechselnden Ligen kämpfenden toskanischen Städten, vermögen uns heute nicht mehr zu interessieren, ja mehr als das: Sie sind geeignet, den Glanz des historischen Florenz so weit zu mindern, daß nur die Kunst und die Kultur noch aus dem mittelalterlichen Brodem leuchten. Da tut es gut, sich klarzumachen, daß die Weltstadt Florenz mittelalterliche Anfänge hat und daß schon vor dem glanzvollen Zeitalter der florentinischen Renaissance der Blick vom Arno hinaus in die Welt fiel, weiter, als man es bisher wußte oder auch nur glaubte.

Wir wissen, daß Vasco da Gama, als er nach der Umrundung Afrikas nach Vorderindien gelangte, dort auf europäische Kaufleute, italienische Geschützmeister und Fachleute aus den Mittelmeerländern zu Dutzenden traf, so daß als Entdeckung nur der Seeweg nach Indien zu werten ist, nicht die Erreichung dieses seit Alexander dem Großen bekannten Landes. Die bis heute nicht überholte, ja einzigartig gebliebene Sammlung von Dokumenten zu vorkolumbischen Entdeckungsreisen, wie sie Richard Hennig in vier Bänden vorlegte (Leiden 1953 ff.), enthält einen Brief von Papst Clemens IV. aus dem Jahr 1267 über Gesandtschaftsreisen zu Land nach Abessinien, dazu einen Brief eines Dominikanermönchs namens Jordanus aus Indien, der den Satz enthält: »Von unseren Kaufleuten habe ich erfahren, daß der Weg nach Äthiopien offen ist.« Und ein mittelalterliches Itinerar – ein Handbuch für Land- und Seereisen – beschreibt eingehend und mit Reisezeiten den Weg von italienischen Seehäfen über Rhodos und Jerusalem nach Ostafrika, mit einer Fülle von Einzelheiten und Ratschlägen, wie sie nur Augenzeugen mitteilen können. Wie in der Antike wird der Handel zum Motor der Entdeckung und der Welterkenntnis, und es waren zwei große Florentiner, die sich für die Erzählungen von so unliterarischen Gestalten, wie es die reisenden Kaufleute waren, offensichtlich mit einer gewissen Leidenschaft interessierten. Der eine war der Dichter Dante Alighieri (1265–1321), der andere der Kosmograph Paolo Toscanelli dal Pozzo (1397–1482).

Im I. Gesang des Purgatorio – meist mit Fegefeuer oder Läuterungsberg übersetzt – findet sich eine Stelle, die auf astronomisch-geographische Kenntnisse hindeutet, die sich in der abendländischen Literatur erst zweihundert Jahre nach Dante nachweisen lassen, nämlich den Hinweis auf das Sternbild des Südlichen Kreuzes (besser: Viergestirns), das zu Zeiten Homers noch der mittelmeerischen Schiffahrt bekannt war, weil man es sehen konnte, das aber zur Zeit Dantes Reisen über den Äquator hinaus nach Süden voraussetzte, falls man es sehen wollte.

Jo nu volsi a man destra, e posi mente
all'altro polo, e vidi quattro stelle
non viste mai fuor ch'alla prima gente,
goder pareva il ciel di lor fiammelle,
O settentrional vedovo sito
poi che privato se'di mirar quelle!

Dann rechts, des Südens [d.h. dem andren] Pole zugekehrt,
Erblickt ich eines Viergestirnes Schimmer,
Dess' Anblick nur dem ersten [Menschen-]Paar gewährt.
Der Himmel schien entzückt durch sein Geflimmer.
O du verwaistes Land, du öder Nord,
Du siehst den Glanz der schönen Lichter nimmer!

Dante kannte also nicht nur die Existenz dieses südlichen Viergestirns, ihm war auch bekannt, daß man es vor seiner Zeit in Europa noch sehen konnte (wie man nachträglich berechnet hat: um 3000 vor Christus noch im Ostseeraum!). Dantes Weltgedicht birgt also Kenntnisse, die zu seiner Zeit noch verborgen waren, wie etwa das für uns heute so wertvolle Gedicht Ora maritima des Avienus (4. Jahrhundert n. Chr.), das auf einem Periplus aus dem sechsten vorchristlichen Jahrhundert fußt, der uns nicht erhalten ist. Dantes ewige Dichtung bewahrt uns Informationen, die in der Handelsstadt Florenz zweifellos nicht nur er hatte, aber die innerhalb einer vorwiegend an Handel und Geschäften interessierten Schicht eben nicht eigens aufgezeichnet wurden. Es bedurfte einer besonderen Weltsicht, eines über den florentinischen Alltag hinausgehenden Interesses und Wissensdranges, sich mit solchen Themen und Gegenständen zu beschäftigen.

Die Bedeutung dieser Kenntnisse, in Kontoren, Schifferkneipen und an Bord von Handelsschiffen zu erfragen, wußte um so besser der Gelehrte Toscanelli zu beurteilen. Er lebte später, in seine lange Lebenszeit reichten schon die ersten und langwierigen Bemühungen der Portugiesen herein, das riesige Afrika zu umfahren, und dieser Florentiner war es, der wie mehr als tausend Jahre vor ihm Marinos von Tyrus und Ptolemäus die Kaufleute ausfragte und die an sich nur zum internen Gebrauch einer Handelsgesellschaft bestimmten Itinerarien auswertete wie das grundlegende Buch des schon erwähnten Fernkaufmanns Pegolotti, Direktor des florentinischen Hauses Peruzzi. Unter dem Titel Libro di divisamenti di paesi e di misure di mercatanzie (Buch von der Aufteilung der Länder und von den Maßnahmen und Gebräuchen des Handels) gibt es unter vielen anderen Wegbeschreibungen genaue Ratschläge, offensichtlich aus erster Hand, zum Beispiel zur Weiterreise vom Asowschen Meer (wo die italienische Schiffahrt endete) bis nach Peking.

Das wertvolle und authentische Buch des venezianischen Kaufmanns Marco Polo, die Schriften der Bardi-Emissäre und andere Quellen ermutigten Toscanelli zu jenem berühmten Brief des Jahres 1474, mit dem er König Alfons von Portugal, aber auch den ihm bekannten Christoph Kolumbus auf die Möglichkeit hinwies, Ostasien auf dem Westweg über den Atlantik zu erreichen. Und die Florentiner, die mit ihren großen Mitbürgern nicht immer sehr sanft umgingen, nahmen diese unleugbare schriftliche Anregung zum Anlaß, auf das Toscanelli-Denkmal zu schreiben, er sei der iniziatore della scoperta dell'America.

Landinus sagt in seinem Georgicon (Erstdruck in Venedig 1520), er sei persönlich dabeigewesen, wenn der Arzt Paul (dies war der volkstümliche Deckname des Paolo Toscanelli) alle heimkehrenden Reisenden sorgsam ausfragte, was sie erlebt hätten und wie die fremden Länder beschaffen gewesen seien. Seine Hauptquelle war der uns sonst leider nicht näher bekannte florentinische Kaufmann Bartolomeo, der vierundzwanzig Jahre lang im Nahen, Mittleren und Fernen Osten gereist war, ehe er sich in seiner Heimatstadt zur Ruhe setzte. Selbst der große Nürnberger Kosmograph Behaim und der gebildete Papst Eugen IV. (1431–1447) schätzten die Berichte dieses leider weitgehend unbekannt gebliebenen Reisenden und Entdeckers. Und schließlich landen wir wieder bei einem Dichter, wenn wir auf das Interesse stoßen, das der 1459 in Florenz gestorbene Poggio Bracciolini allen großen Reisen entgegenbrachte. Vielleicht war es Poggio, der vielseitige Papstsekretär, Satiriker und Pornograph, der Toscanelli auf die nur mit den Reisen der Familie Polo vergleichbaren Geschäftsreisen des Niccolò de Conti (um 1405–55) aufmerksam machte. Conti freilich war kein Florentiner, sondern Venezianer oder Sohn eines venezianischen Residenten in Damaskus, wo er von Kind auf neben dem Italienischen das Arabische erlernte. Seine ersten Reisen absolvierte er in Gesellschaft von sechshundert anderen Kaufleuten, also in einer Karawane von Damaskus in den Mittleren Osten. Das waren die Wege der Welt, aber sie wären uns weitgehend unbekannt geblieben ohne Männer wie Poggio, wie die Bardi und wie der große Arzt, Astronom und Geograph Toscanelli.

UNRUHE UND FRÜHES LEID

Nach diesem Rundblick in der Welt des florentinischen Kaufmanns wird man verblüfft, aber auch mit Bedauern zur Kenntnis nehmen, daß die Daheimgebliebenen die großen Perspektiven nur zum Teil begriffen hatten. Obwohl von den Italienern zwischen den letzten Siegen des Stilicho und den Kasemattenkämpfen in den Südtiroler Bergen während des Ersten Weltkrieges militärische Großtaten nicht bekannt sind, scheint gerade das die Dauerquerelen in der Umgebung so gut wie aller italienischer Städte am Kochen gehalten zu haben. Dabei hatte Florenz nun endlich Oberhäupter, die man in der ersten Zeit noch nach antiken Vorbildern Consules (Konsuln) nannte, und eine für uns noch nicht völlig klare Stadtverfassung wird schon darum praktiziert, weil inzwischen auch andere toskanische Städte sie sich gegeben haben. Die neue Ordnung »ist noch nicht geboren, aber man errät sie bereits«, sagt etwas sibyllinisch Antonio Panella in seiner klaren und modernen Stadtgeschichte und folgert dies aus dem unleugbaren Vorhandensein einer Stadtarmee, die eifrig Kriege führt, wenn man die Raids in die Umgebung – fernstes Ziel Arezzo – so benennen will.

Nur wenige dieser Aktionen verdienen, erwähnt zu werden: Nach dem Tod der Markgräfin Mathilde, die weder mit ihrem häßlichen Gemahl noch mit ihrem heiligen Papst-Freund überlebende Nachkommenschaft hatte, war das reiche Tuszien an einen deutschen Ritter mit dem markigen Namen Rabodo gelangt, nicht durch Verwandtschaft, sondern nach kaiserlicher Entscheidung. Er muß ein tüchtiger Kriegsmann gewesen sein, entstammte vielleicht dem Geschlecht der Grafen von Cham im nördlichen Bayern und starb den Kriegertod in den Flammen des Kastells auf dem Monte Cascioli, das er aus der Erbschaft der ausgestorbenen Kadolingergrafen – nach Meinung der Florentiner widerrechtlich – an sich gebracht hatte (Oktober 1119).

Konnte man diese Aktion als einen Teil des großen Kampfes zwischen Stadtgeltung und Adelsmacht noch begreifen, so setzten die Florentiner vier Jahre später einen reinen Willkürakt durch ihren Präventivkrieg gegen das ungefährliche Fiesole, die reizende Hügelstadt, in der man sich heute so angenehm vom brodelnden Florenz erholen kann.

Gewiß, Fiesole lag und liegt fünf Kilometer nordöstlich von Florenz in einer beherrschenden Hügellage, und Feinde aus dieser Richtung hätten sich dort festsetzen können, wären schwer zu vertreiben gewesen. Aber gerade jener Ostnordosten hatte sich im Lauf der Jahrhunderte als weitgehend friedlich erwiesen; was sollte vom Gebirge herab schon an Gefahren kommen? Bologna im Norden, Forli im Osten oder gar Perugia im Südosten waren politisch und wirtschaftlich keineswegs in Richtung Florenz interessiert, so daß als echter Vorwand, von Kirche und Stadtverwaltung Florenz deutlich herausgestellt, die durch Generationen belegte Sittenlosigkeit der Bischöfe von Fiesole herhalten mußte, ein Kriegsgrund, der vor allem in Italien irgendwann gegen jede Bischofsstadt gegeben gewesen wäre.

Unverdrossen zogen die Florentiner 1123 also los – sicherlich gab es auch gewisse Schulden, die man einzutreiben hoffte, und anderen nachbarschaftlichen Unfrieden im Hintergrund. Aber das alte Faesulae war schließlich von den Etruskern erbaut worden, die Zyklopenmauern sind zum Teil heute noch zu erkennen, und vor neunhundert Jahren mögen sie noch eine erhebliche Abwehrkraft besessen haben, kurz: Florenz brauchte beinahe vier Jahre, ehe der Zwerg auf seinem Hügel tatsächlich erobert war, nach Peripetien, in denen die Fiesolaner einmal das Feldlager der Florentiner erbeutet und einen Konsul gefangengenommen hatten, was ihnen durchaus zu gönnen war. Obwohl sich die Stadt des Hungers wegen auf Gnade und Ungnade hatte ergeben müssen, gab es, dies sei zu Ehren von Florenz gesagt, kein Blutbad unter Nachbarn. Man wütete gegen Mauern wie jene der »Stadtburg, die schon altersgrau gewesen, als sie die Feldzeichen Catilinas blinken sah« (Robert Davidsohn), womit bestürzend klar wird, daß die kleine und reizvolle Stadt damals schon ihren vierten Untergang erlebte: den ersten, als die Römer die Etrusker besiegten, den zweiten im Bundesgenossenkrieg 91–89 vor Christus, ein halbes Jahrtausend später zu Füßen des Festungshügels die Vernichtung des Germanenzugs, den Radagaisus geführt hatte, und nun die Pfeffersäcke aus Florenz, die eigentlich Besseres zu tun hatten. Aber das mittelalterliche Europa hallt ja wider von den überflüssigsten aller Nachbarschaftskämpfe.

Genau das Gegenteil dessen, was man vernunftgemäß hätte erwarten müssen, trat ein. In beinahe byzantinischer Begeisterung jubilierten die Florentiner über die Niederwerfung der Nachbarstadt, als hätte diese jahrhundertelang auf nichts anderes gesonnen als auf Verderben für Florenz. Da Fiesole völlig zerstört war, zogen seine Bürger zu einem guten Teil in die Siegerstadt am Arno. Am liebsten hätte man dies freilich von einem gesehen, der nicht kam, vom Bischof der Nachbardiözese, aber er hielt auf den Trümmern aus, obwohl er, wie das nach Niederlagen so ist, seines Lebens dort nicht sicher war und vor Plünderern und Marodeuren von einer kleinen florentinischen Wache geschützt werden mußte. Fiesole blieb Bistum und in Rom, wo man eigentlich den mutwilligen, ja räuberischen Krieg gegen Fiesole schärfstens hätte verurteilen müssen, schwieg man auf bestürzende, wenn auch nicht überraschende Weise. Nichts schränkte die lächerliche Euphorie ein, mit der die später zu so berechtigtem Ruhm aufgestiegene Stadt diesen Goliathsieg beging. Denn das ist unleugbar: Ebenjener beinahe vier Jahre währende Krieg erschien den Florentinern als Garant ihres endlichen Aufstiegs …

Obwohl auch neueste Nachschlagewerke die Zerstörung von Fiesole mit der Bemerkung »ohne ersichtlichen Grund« verzeichnen, gibt es eine Theorie, die nicht völlig von der Hand zu weisen ist. Fiesole sei nach den ersten Niederlagen gegen Florenz so machtlos geworden, daß es seinen Hügel und den Diözesanbereich nicht mehr habe kontrollieren können. Räuber, Halsabschneider und Wegelagerer hätten sich dort niedergelassen, wodurch eine Weiterführung des Eroberungskrieges bis zur völligen Unterwerfung von Fiesole und bis zur Zerstörung aller etwa möglichen Unterkünfte für dieses Gesindel unerläßlich gewesen sei.

Das Räuberunwesen beherrscht das ganze europäische Mittelalter, es ließ sich in Italien, wie man weiß, bis ins neunzehnte Jahrhundert nicht wirklich ausrotten und schuf sich zeitweise Organisationen, die mächtiger waren als etwa der Kirchenstaat oder das Königreich Neapel. Auch Florenz mußte alle seine Kräfte anspannen, um nach der Eroberung des Hügels von Fiesole die Zufahrtswege zur Stadt wieder sicher zu machen, und es appellierte an alle anständigen Bürger der Stadt, sich in diesen Bemühungen zusammenzuschließen, woraus die ersten Organisationsformen einer Stadtregierung entstanden und neben der seit alters funktionierenden Verwaltungsarbeit des Bischofs sichtbar wurden.

Das kirchliche Regiment war zweifellos in jenen Zeiten nicht vorbildlich, wenn auch in Florenz nicht so tief in Ausschweifungen verstrickt wie in manchem anderen Gemeinwesen. Aber es hatte einen ungeheuren Vorzug (wie bis heute) – es agierte ganz nah am Volk. Die bischöfliche Verwaltung war Obrigkeit zum Anfassen, es gab keine Geheimnisse, es gab keine unheimliche Ferne mit unergründlichen Personalentscheidungen, wie sie der Kaiser fällte. Ein weltliches Regime der Stadt Florenz mußte sich also von Anbeginn an um das volle Vertrauen der Bürger bemühen und jeden Verdacht, eine Oligarchie zu sein, weit von sich weisen.

Diese Absicherung erfolgte auf nicht sehr originelle, aber probate Manier – man hatte sich offenbar an Pisa und Lucca orientiert –, indem aus der damals ja noch kleinen Gemeinde etwa hundert boni homines, also gute, vertrauenswürdige Männer gewählt wurden, die den bis dahin ziemlich allein entscheidenden, vorwiegend militärisch qualifizierten Konsuln an die Seite gestellt wurden und nach und nach zu einem richtigen Stadtparlament avancierten. Es hatte nicht die Kraft bindender Alleinentscheidungen, denn es gab ja noch den Bischof und zeitweise, wenn sich der Kaiser gerade wieder für die toskanischen Städte interessierte, auch einen kaiserlichen Residenten, meist in San Miniato, das erhöht und außerhalb lag und im Fall von Unruhen, wie es sie etwa in Rom sehr oft gegen den Kaiser gab, auch leicht zu verteidigen war. In der Regel nahmen diese kaiserlichen Residenten nur Reichsinteressen wahr und mischten sich in spezifisch florentinische Probleme nicht ein; zumindest einer von ihnen jedoch zeigte frühes Interesse an Florenz, so als habe er schon im zwölften Jahrhundert die großen Möglichkeiten dieser Stadt erkannt, das war Ulrich von Attems, 1139 von Konrad III. (gest. 1152) zum Markgrafen der Toskana gemacht, aus einem Geschlecht, das bis dahin vor allem in Friaul tätig gewesen war. Attems (nach einer Stammburg des Geschlechts auch Attimis geschrieben) wandte sein Interesse erst Pisa zu, kam aber nach Ordnung der pisanischen Angelegenheiten bald nach Florenz. Es erwies sich, daß die klugen Herren der selbsternannten Stadtverwaltung es schnell verstanden, einen Weltmann von starken kulturellen Interessen wie Attems für die Stadt zu interessieren und für florentinische Angelegenheiten einzunehmen, womit er, der eigentlich unparteiisch über der ganzen Toskana hätte stehen sollen, fortan für die florentinischen Interessen eingespannt werden konnte. Das Ansehen seines Geschlechts, das im Norden Italiens ja längst bekannt war, trug erheblich dazu bei, die junge Organisation zu legitimieren, die sich Florenz ein wenig zufällig gegeben hatte.

Es ist heute nicht mehr wichtig, daß Markgraf Ulrich von Attems an der Seite der Florentiner vor Siena zog, dort im Angesicht der wohlverteidigten Hügelstadt ein paar Vorstädte niederbrennen ließ und daß Florentiner wie deutsche Landsknechte einträglich plündernd für diesmal Erfolg hatten, später dann gemeinsam geschlagen wurden oder irgendein Felsennest nicht einnehmen konnten. Entscheidend ist an diesen Vorgängen, bei denen sich Recht und Unrecht weder damals noch gar heute völlig entwirren ließen, daß die Attraktion der Stadt Florenz die nüchterne politische Vernunft von Grafen, Markgrafen, ja sogar Königen zu überstrahlen beginnt und Florenz nun deutlich herausgehoben erscheint aus der Vielzahl aufstrebender italienischer Städte.

Feinde nach Lage der Dinge, aus Tradition und nach ihren legitimen Interessen, werden zu Verbündeten und schließlich zu Freunden, wie das interessante und in seinen Ursprüngen bis heute rätselhafte Grafengeschlecht der Guidi, dessen kampftüchtigen Herren man den Beinamen Guerra (Krieg, Krieger) gegeben hatte. Nach einer nicht widerlegten Überlieferung kam der erste Graf im Gefolge Ottos des Großen nach Italien, war also wohl ein deutscher oder fränkischer Ritter. Sehr deutsch klingt jedenfalls der Name des Ahnherrn Theudegrimm, der schon vor dem Jahr 942 mit ausgedehnten Ländereien am Oberlauf des Arno bedacht wurde und zu jener Zeit als Graf von Pistoia erwähnt wird; man weiß auch, daß seine Familie nach langobardischem Recht lebte. Eine andere Linie des Geschlechts lebte nach fränkisch-ripuarischem Recht; aus ihr stammte jener Guido I. Guerra, den die reiche Gräfin Mathilde von Tuszien adoptiert hatte, ohne daß ihm deswegen nennenswerte Anteile am reichen tuszischen Erbe zugeflossen wären. Guido II. Guerra ist uns als Freund Friedrichs I. Barbarossa bekannt, und Guido III. Guerra verehelicht sich mit Agnes aus dem mächtigen Geschlecht der Montferrat aus Piemont, das sich in den Kreuzzügen so großen Ruhm erwarb. Er löste seine kinderlose Ehe mit Agnes von Montferrat auf und verband sich ehelich mit einer Florentiner Patrizierstochter, die so schön war wie ihr Name: mit Gualdrada di Bellincione Berti Ravignani. Sie gebar ihm fünf Kinder, davon vier Söhne, zunächst wohl ein Glücksfall, der aber in der Folge zu einer Aufsplitterung der Familiengüter führte und zudem zu einem Wandel in der politischen Aktivität. Denn nur eine Linie blieb entschieden kaisertreu, eine andere mit dem berühmten Guido V. Guerra trat auf die Seite des Papstes, und andere Nachfahren schwankten in ihren Sympathien zwischen diesen großen, das Florenz der Frührenaissance beherrschenden Parteiungen. Sieger blieben endlich – im fünfzehnten Jahrhundert – die Städte, die aufgestiegen waren, während die tapferen Grafen überall Krieg führten und nirgends anzutreffen waren. Florenz bekam den größten Happen des reichen Grafenbesitzes ab, Faenza den kleineren Teil. Im sechzehnten Jahrhundert, als Florenz auf dem Höhepunkt seines Glanzes und seiner Geltung angelangt war und eine Florentinerin als Königin in Frankreich herrschte, waren die Grafen Guidi, einst so reich an Söhnen und Kriegern, im Mannesstamm aller Linien ausgestorben.

Immerhin hat ein Florentiner sie für immer aus dem Brodem der ewigen Kriege herausgehoben. Dante …

Er, dessen Spuren du mich treten siehst,
Wie nackt und wie versengt er hier auch wate,
War höheren Rangs, als es nun glaubhaft ist.
Ein Enkel war's der trefflichen Waldrade (Gualdrada),
Und Guido Guerra ward er einst genannt;
Er tat im Leben viel im Feld und Rate.

(Inferno, XVI. Gesang). Er war also selbst in der Hölle, die dem Kriegsmann nun einmal zugemessen ist, noch stolz und ansehnlich.

Das florentinische Mittelalter geht mit dem zwölften Jahrhundert zu Ende, eine Annahme, die sich damit begründen läßt, daß das aus der Antike und frühmittelalterlichen Vorbildern bezogene konsularische Regime nun durch eine moderne Stadtverfassung ersetzt wird. Sowenig Genaues wir über die Vorstufen dieser Stadtverwaltung auch wissen, so steht doch fest, daß die

Florentiner die sechzig Jahre von der ersten Erwähnung der Konsuln und der boni homines bis zur Inthronisation des ersten Podestà 1193 im ganzen gut genutzt haben. Konsequenter als andere toskanische Städte haben die Florentiner wichtige Verbindungen wie vor allem die nach Pisa und zum Meer gesichert, die Nachschubwege aus dem Landesinneren freigekämpft und in wechselnden Beziehungen – bald Krieg, bald Bündnis – die großen Landbesitzer des Arnotales wie die Guidi und Alberti davon überzeugt, daß ihr Interesse in einer gewissen Zusammenarbeit mit den Stadthäuptern liegen müsse, ja daß das alte Ritterdasein in den Straßentälern durch einen Übergang ins Patriziat ersetzt werden müsse.

Zum Unterschied von den Kadolingern und den Guidi waren die Grafen Alberti im Südwesten von Florenz begütert, im sogenannten Mugello (auch wenn heute die winzige Via Mugello im Nordwesten von Florenz liegt), aber auch in Prato, das schon damals als eine Ansammlung von Handwerkern und Werkstätten wirtschaftliche Bedeutung hatte. Ihrer Herkunft nach waren auch die Alberti aus der germanischen Oberschicht des Karolingerreiches gekommen, wenn die Stammtafeln auch den ersten näher bekannten Grafen meist italienisch als Bonifacio, Marchese von Camerino und Spoleto (gest. 953 oder 954) verzeichnen; seine Gemahlin hieß Waldrada, nannte sich aber Vaudrée, als Schwester König Rudolfs II. von Hochburgund. Wie dieses vornehme Geschlecht trotz bester Verbindungen zur Reichsgewalt schließlich entmachtet wurde – in raffinierten Etappen –, wie die Florentiner die Grafen schließlich »umdrehten« und zur Bundesgenossenschaft gegen den Kaiser zwangen, das zeigt die aufstrebende Kommune bereits im Vollbesitz jener diplomatischen Fähigkeiten, die ihr, gepaart mit dem völligen Fehlen aller moralischen Überlegungen, in den kommenden Jahrhunderten zu so großer Macht verhelfen werden. Es half den Alberti nicht einmal, daß sie mit Bischof Gottfried (1114–36) einen besonders lange wirkenden Oberhirten der Diözese gestellt hatten und daß

Graf Tankred wie sein Sohn Graf Albert von Prato-Mangona tüchtige Kriegsleute waren. Die kleine Streitmacht der Alberti erlitt 1184 eine völlige Niederlage gegen die verbündeten Städte Pisa, Lucca und Florenz, und die Grafen mußten im Jahr 1200 in einen Vergleich willigen, der sie die Hälfte ihres Besitzes kostete, wofür sie fortan unter dem Schutz der Stadt standen …

Dies war eine Lösung, die nicht nur die Alberti betraf und durch die sich die städtische Politik in der Toskana weitgehend von den Auseinandersetzungen unterscheidet, in die der deutsche Landadel die aufstrebenden Städte verstrickte und dabei schließlich völlig entmachtet wurde. Florenz verlangte geradezu, daß die einst so kriegerischen und rundum begüterten Geschlechter nicht nur politisch zu der Stadt gehören sollten, sondern auch in ihr und mit ihr lebten. Eine Bedingung, die in den Friedensschlüssen mit den Adelsfamilien immer wiederkehrt, verlangt, daß die Adelsfamilien mindestens einige Monate im Jahr in Florenz selbst leben müßten, als cives selvatici – die Bürger, die aus den Wäldern gekommen sind, worunter man natürlich keine juridische Definition verstehen darf, sondern eher die Antwort des spottlustigen Volkes von Florenz auf diesen hochgeborenen Zuwachs von den Talhängen, Burgen und Kastellen der Umgebung.

Zunächst mit der natürlichen Arroganz des Städters gegenüber dem Landbewohner begrüßt, wurden diese alten Geschlechter dank Herkunft, Verbindungen und bald auch durch ihre geistigen Ansprüche zu einer wichtigen Bereicherung der Oberschicht in der Arnostadt, wofür hier Graf Albert II. aus der Linie Mangona angeführt sei. Er hat sich bei kriegerischen Unternehmungen im Dienst der einstigen Gegnerin, der Stadt Florenz, mehrfach hoch ausgezeichnet, ganz ähnlich wie Napoleone Alberti, der 1266, in einem Schicksalsjahr von Florenz, Podestà der Stadt war. (Damals war das Königreich Neapel dem französischen Haus Anjou zugefallen.)

Die in ihrer Macht nun gefestigte Stadt hatte durch die verschiedenen Städtebündnisse zwar die kaiserliche Politik in Italien kompliziert, aber nicht ernsthaft gefährdet, da die Lombardei und Rom nach wie vor das Hauptinteresse der deutschen Könige fanden und die Handelsstädte der Toskana ihre wirtschaftlichen Beziehungen über die Alpen hinweg ja weiterhin eifrig pflegten. Immerhin begann Florenz schon 1170 mit dem Bau einer gewaltigen Stadtmauer, die – anders als in vielen anderen Städten – ein Areal umspannte, das weit größer war als das der antiken Stadt. Mit annähernd hundert Hektar durfte Florenz sich zu den größten italienischen Städten jener Zeit zählen, und zudem waren nun die borghi, die vor den alten Befestigungen und Stadttoren liegenden Siedlungen von fremden Kaufleuten, Handwerkern oder Straßenvolk, weitgehend in die Stadt einbezogen und durch die Mauer geschützt. Das brachte zwar ein beachtliches Anwachsen der Bevölkerung mit sich, aber auch eine soziale Verschiebung durch einen höheren Anteil der Armen und jener Kleinbauern, die ihr Land außerhalb als Eigentum behielten, aber nicht immer von der kleinen Hufe auch leben konnten. Um vor sozialen Unruhen und Überfällen geschützt zu sein, erbauten sich Adelige und Patrizier jene Geschlechtertürme, wie wir sie heute noch aus San Gimignano kennen.

Es ist nicht ganz einfach, sich den Blick auf Florenz vorzustellen, wie man ihn um 1200 von San Miniato aus genossen haben mag. In einer gegenüber heute ungleich klareren Luft zeigte sich ein Stadtbild, dem die beherrschende Kuppel des Domes ebenso fehlte wie das reizvolle Spinnwebwerk der Arnobrücken. Dafür ragten schmucklos und drohend lehmfarbige oder steingraue Vierkanttürme unvermittelt zwischen den Dächern auf, als seien die einzelnen Geschlechter auch in ihrer Heimatstadt ihres Lebens und Eigentums nicht sicher.

Dabei gab es nun endlich ein Stadtoberhaupt, und wir kennen sogar seinen Namen. Der erste Podestà hieß Gherardo Caponsacchi und entstammte nicht nur einem seit alters vornehmen, nach der Zerstörung von Fiesole zugewanderten Geschlecht, er muß auch persönlich ein Mann von großen Gaben und einem sicheren Urteil gewesen sein, denn er war, ehe er Bürgermeister wurde, einer Familientradition folgend, als Jurist und Gerichtskonsul tätig gewesen (andere Caponsacchi begegnen uns in ähnlichen Funktionen bis ins Jahr 1000 zurückreichend!). Davidsohn hat herausgefunden, daß der offenbar mit besonderer Vitalität begabte Gherardo Caponsacchi noch neunzehn Jahre nach dem Ende seiner Tätigkeit in Florenz als Bürgermeister nach Bologna geholt wurde, doch war der Vorname Gherardo (-us) in der Juristensippe seit zweihundert Jahren so üblich, daß es sich dabei vielleicht um einen Sohn handelte. Zum Unterschied von den Grafen Guerra findet sich Caponsacchi in Dantes Paradiso verewigt, mit einer Anspielung auf die Herkunft des Geschlechts aus Fiesole, allerdings noch mit kaufmännischen Anfängen vor dem Aufstieg zur noblesse de robe.

Es entsprach dem Vorbild anderer mittelalterlicher Städte nicht nur in Italien, daß dem Bürgermeister Korporationen an die Seite traten, berufsständische Organisationen, die sich in Florenz

Stoffballen und Abmeßtisch der Tuchhändler

die schöne und stolze Bezeichnung arte gaben. Sehr bekannt wurde, ihrer Machtansprüche wegen, die Arte di Calimala, in der sich alle Kaufleute zusammengetan hatten, die mit ausländischen Wollwaren handelten. Die Korporation hatte ihren Sitz in der nach ihr benannten Straße, die heute von der Piazza della Repubblica zum Ponte Vecchio führt, woraus schon erhellt, daß diese Zunft der auslandserfahrenen und weltläufigen Fernhändler besonderes Ansehen genoß. Sapori hat sich denn auch ihren Aktivitäten besonders eingehend und in verschiedenen Arbeiten gewidmet, so daß wir heute genau über die Beziehungen informiert sind, die zwischen den Champagnemessen, Florenz und den Abnehmern im Nahen Osten bestanden (wozu ein Glücksfall beitrug: Francesco del Bene, einer der kleineren Tuchhändler, führte genaue Aufzeichnungen, aus denen auch auf das Gebaren anderer Firmen geschlossen werden konnte).

Die Produktionsorte lagen in Nordfrankreich und Flandern (Brüssel, Caen, Châlons-sur-Marne, Douai, Gent, Ypern, Lille, Mecheln u.a.), die wichtigste Messe war die von Troyes. Die Wollwaren kamen halbfertig in Ballen nach Florenz, wobei der Transport und die Transportversicherung (!) den Einkaufspreis um elf bis zwanzig Prozent erhöhten. In Florenz wurde die Ware gefärbt, aufbereitet, gefaltet, zugerichtet und dann über Pisa und über neapolitanische Niederlassungen wieder exportiert. Die Großfirmen wie die Bardi stellten kleineren Kollegen ihre internationale Organisation zur Verfügung, was freilich den Gewinn der Kleinen schmälerte: Del Bene hatte, nach Abzug aller Unkosten, einen Gewinn von nur etwa zwölf Prozent. Der Gesamtimport betrug in jenen Jahren, wo zufallsweise gezählt wurde, etwa zehntausend Ballen oder tausend Wagenladungen, verteilt auf zwei Dutzend florentinische Firmen, ehe die Pest und die Wirtschaftskrise von 1347–50 neue Verhältnisse schufen.

Die am Ort im kleinen mit Textilien handelnden Kaufleute hatten eine eigene Arte della Lana, andere Zünfte waren: Arte del Cambio (Wechsler), die Kürschner, Seidenweber und, nach den Straßennamen zu urteilen, praktisch alle Zünfte, wie wir sie auch aus deutschen Städten kennen.

Eine Spezialität der toskanischen Frührenaissance darf man darin erblicken, daß sich auch freie Berufe korporativ zusammenschlossen: die Juristen in der Arte dei Giudici e Notai, die Ärzte mit den Apothekern (!) in der Arte dei Medici e Speziali, was sich daraus erklärt, daß viele Ärzte – wie noch heute in kleinen Orten selbst bei uns üblich – ein kleines Depot an Arzneimitteln hatten. Damals freilich, als die Medikamente noch nach dem Rezept hergestellt wurden, war die Mischung der Arzneien ebenso wie ihr Verkauf für die Ärzte als Gelegenheit zu zusätzlichen Einnahmen besonders wichtig.

Zu dem Adel in seinen Türmen, zu den alten Familien mit Tradition und militärischen Verdiensten, gesellte sich nun, im dreizehnten Jahrhundert, eine neue bürgerliche Schicht, die zwar bei etwaigen militärischen Unternehmungen der Stadt nur dem Fußvolk zugerechnet wurde und kaum Aussicht auf besonderen Ruhm hatte. Aber die Händler und Handwerker, die Besitzer von immer größeren Werkstätten und Betrieben, hatten das Geld, das der weitgehend seiner Güter beraubte oder von ihnen abgeschnittene Adel nicht mehr im gleichen Maße mobilisieren konnte. Und die Herren, die es gewohnt waren, sich in Caen, Troyes, Brüssel oder auch am Ostrand des Mittelmeeres zu bewegen, hatten naturgemäß einen anderen Horizont als die Bürger aus den Wäldern, denen das Mittelalter wie Eierschalen anhing und die über den nun schon provinziell wirkenden Dauerstreit zwischen Kaiser und Papst nicht hinauszublicken vermochten.

Die neue Führungsgruppe der florentinischen Politik rekrutierte sich – des Geldes und der Kenntnisse wegen – vor allem aus den Fernhändlern, den Bankiers und den Textilkaufleuten am Ort, die mit den großen Handelshäusern in Verbindung standen. Die große alte Scheidung der Politsympathien wird durch die Bezeichnung Guelfen (päpstlich) und Ghibellinen (kaiserlich) nicht mehr in dem Maß gedeckt wie noch im Mittelalter; es handelt sich bald um innerflorentinische Parteiungen von freilich oft unversöhnlichem Charakter.

Die Trennung zwischen Adel, Bürgertum und Kleinhändlern oder Handwerkern ist noch vorhanden, aber Querverbindungen beginnen sich zu etablieren und die alten starren Ordnungen zwar nicht aufzuheben, aber durch Firmenzusammenschlüsse und Eheschließungen zu relativieren. Damit geht aber keineswegs eine Verstärkung der sozialen Gefühle und des inneren Zusammenhalts über die Schichten weg einher: Die wenigen moralischen Kommentare, die uns zum dreizehnten Jahrhundert erhalten sind, beklagen, daß in Florenz das Geld alles sei und die Gesetze mache. Das von der Kirche verpönte Zinsennehmen, also der Geldverleih gegen Zinsen, ist zwar Gegenstand ausführlicher und komplizierter Erörterungen unter Theologen, wird aber von den florentinischen Wechslern unbeschadet ihrer Religion eifrig betrieben, so daß die jüdischen Geldverleiher gar keine Versuche machen, sich in Florenz niederzulassen; aber San Gimignano, Ascoli, Pisa und Orvieto treten in Unterhandlungen mit jüdischen Gruppen ein, und Lucca wird gar, allerdings nicht wegen jüdischer Banken, sondern wegen seiner gelehrten Rabbiner, ein Zentrum des toskanischen Judentums. Als es um die Bildung eines Geldverleiher-Konsortiums für Ascoli geht (vermutlich um die Errichtung eines städtischen Leihhauses), sind die toskanischen Teilnehmer alle Christen, die römischen alle Juden. Im Jahr 1313 wollte sich die Stadt Orvieto durch eine Zahlung von 15000 Dukaten vom päpstlichen Bann lösen: Die florentinischen Bankiers Mazzi und Sassetti verweigerten ihre Hilfe, aber die jüdischen Bankiers von Rom brachten die Summe auf und erwarben damit das Bürgerrecht mit allen Handelsfreiheiten in Orvieto.

Das öffentliche Leihhaus – in Wien bekanntlich durch Kaiser Joseph II. erst im achtzehnten Jahrhundert errichtet – wurde im Spätmittelalter in allen größeren italienischen Gemeinden als eine Notwendigkeit empfunden, da es trotz intensiver Wirtschaftstätigkeit oder gerade darum so gut wie kein freies Kapital gab. Florenz mit seinem starken Zuzug an entwurzelter Landbevölkerung hätte solch eines sozialen Instituts in höchstem Maß bedurft, aber es kam lange Zeit über Ansätze nicht hinaus und wurde erst nach der sozialen Revolte des Mönches Savonarola und mit Hilfe der Medici verwirklicht.

Dante rühmt in seinem Rückblick auf alte Zeiten die Genügsamkeit jener Vorfahren und ihre Absage an Luxus und Wohlleben; am genügsamsten waren in Florenz freilich jene, die keine andere Wahl hatten, und so ergibt sich das seltsame Bild, daß der Dauertrost der kleinen Leute – das Spiel, die Gaukler, der Wirtshausstreit – die Straßen und Plätze der reichen Stadt beherrscht, während die Vornehmen sich in ihren Türmen und Palästen verschanzen. Um diese nicht verlassen zu müssen, nehmen sie es auf sich, Toiletten installieren zu lassen, was in der Enge der Innenstadt bald schwierig wird, und einige lassen sich sogar Bäder einrichten. Die Masse der Florentiner allerdings hält es so, wie ganz Europa es noch ein halbes Jahrtausend lang halten wird: Sie suchen zur Verrichtung ihrer Notdurft abgelegene Stadtteile oder den Stadtrand auf …

Anders als die deutsche Stadt im Mittelalter hält sich Florenz aber für den Reisenden offen, sie finden eine Anzahl öffentlicher Herbergen vor und, wenn es sich um geistliche Reisende handelt, ausreichend Betten in Klöstern und Hospizen. Denn Florenz liegt zwar nicht an der einzigen Straße von Deutschland nach Rom, aber die Arnobrücke zieht doch viel Nordsüdverkehr an, so schmal sie ist: Da sie etwa alle hundertfünfzig Jahre durch Überschwemmungen weggerissen wird, begnügt man sich bei den Vorläufern des heutigen Ponte Vecchio mit einer Fahrbahnbreite von neuneinhalb Metern. Hier strömte der Verkehr von Nord nach Süd und von Süd nach Nord auf Tuchfühlung aneinander vorbei. Obwohl man sich Angenehmeres denken kann als solch ein Gedränge, sind uns Vergnügungsreisen französischer Ritter in die Toskana ebenso belegt wie zahlreiche Badereisen zu den warmen Heilquellen in der Umgebung.

Florenz durfte also beginnen, sich als das zu fühlen, was es hundert Jahre später dann tatsächlich wurde und jahrhundertelang auch blieb: als eine der Bühnen des Weltgeschehens in der Politik, in den Künsten, im Wettstreit der Gelehrten und in der schüchtern anhebenden Bemühung der Frau um eine neue Position in alldem. Noch war es eine Bühne, auf der es nicht allzu ernst zuging. Die Damen schminkten sich so allgemein, daß Dante lobend von einer spricht, die es wagte, »mit unbemaltem Antlitz« durchs Leben zu gehen. Auch die Männer – und keineswegs nur die Homoerotiker – schminkten sich, gaben ihren Gesichtern den Schein von Lebensfreude und Gesundheit, indem sie allerlei Kunstfarben und Tünchen auftrugen, und einige der heiligmäßigen Männer in und um Florenz taten das Gegenteil, indem sie sich mit Kalkpulvern die Aschfarbe oder gar das Leichenweiß gnadenloser Askese ins Gesicht zauberten. Die Toupets der Männer waren noch schlicht und sauber aus Roßhaar gefertigt, während die Damen, deren Haupthaar sich lichtete, es nicht verschmähten, Leichenhaar anzukaufen und sich als Chignon aufs Haupt praktizieren zu lassen.

Man möchte meinen, Florenz sei von der eigenen Prosperität zumindest moralisch überrascht worden und habe nach den bewegten Jahren des Investiturstreits und der Kämpfe gegen die zähe Markgräfin Mathilde seine Lebensfreude und den Unernst der Welt etwas zu plötzlich entdeckt. Man ging ins Kloster, vor allem als verwitwete Dame oder als übriggebliebenes Töchterlein, aber dort waren Brett- und Würfelspiele gestattet, und die Nonnen hatten die Möglichkeit zu so ausgedehnten Korrespondenzen, daß wir vor jenen Verhältnissen stehen, die uns zunächst Boccaccio und nach ihm viele andere geschildert haben, bis herauf zu Casanova.

Die Zahl der unehelichen Geburten war hoch, ohne daß man verläßliche Zahlen angeben könnte, da die Tatsache nur in besonderen Fällen eigens erwähnt wurde – sie war zu alltäglich, begleitet von allem, womit uns die Erzähler der Toskana noch jahrhundertelang unterhalten werden, Strickleitern, Balkone, Bezwingung von Mauern, Entführung aus häuslicher oder klösterlicher Hut, allzu muntere Nönnchen, geile Pfaffen, intrigante Notare und betrogene Ehemänner in dichtgeschlossenen Legionen. Wer sich genauer mit Boccaccio beschäftigt (und wir werden auf ihn zurückkommen), entdeckt in dieser bei aller Buntheit wohlgeordneten Welt mit der Dauerverteilung traditioneller Eigenschaften das Plötzliche, das subito, den Einbruch des Unerwarteten, nämlich der harten Realität. Es war noch Scherz, als zu Jahresbeginn 1215 ein Spaßvogel dem Ritter Buondelmonte aus dem Geschlecht der Buondelmonti bei einer ländlichen Festivität den Teller wegzog; man lachte auch noch, als der Gekränkte einem anderen wütend ein Steak ins Gesicht warf, aber plötzlich – subito – blitzte ein Dolch, der Patrizier Oddo Arrighi wurde am Arm verletzt.

Für solche Zwischenfälle gab es, vor allem, wenn große Familien beteiligt waren, genaue Verfahrensvorschriften, und da der Wunsch nach friedlicher Beilegung zunächst noch allgemein war, endeten die nächtlichen Verhandlungen mit einer großen

Versöhnungsfeier, ja sogar mit der Verlobung des glanzvollen Ritters Buondelmonte mit einer Tochter aus den gekränkten Clans der Uberti, Lamberti und Arrighi. Buondelmonte aber war ein vielbegehrter Junggeselle; eine wohlhabende Dame aus dem Haus Donati hatte ihn bereits zum Schwiegersohn ihrer allerdings tatsächlich sehr schönen Tochter erkoren und nahm den Kampf gegen den Friedensbeschluß auf. Davidsohn, der wie kein anderer mit dem Herzen, ja mit allen Sinnen im alten Florenz steckt, wünscht dieser Gualdrada Donati dafür und zur ewigen Schande einen Platz in Dantes Inferno, aber dem Dichter war die Intrige wohl zu kompliziert für Terzinen. Gualdrada präsentierte ihre Tochter in heimlicher Zusammenkunft dem Wunsch-Schwiegersohn und erbot sich, die nun doppelt Gekränkten durch Geld zu versöhnen – wofür es auch Vorbilder gab, wozu aber zweifellos mehr Diskretion nötig gewesen wäre, als Buondelmonte walten ließ: Man ging so ungeschickt vor, daß Absicht in diesem Kollisionskurs vermutet werden muß, denn die Szene, eine hochzeitlich geschmückte Braut in Gesellschaft ihrer hochmögenden Verwandten vergeblich warten zu lassen, ist bis heute der grellste denkbare Affront.

Man beschloß, den Ritter Buondelmonte öffentlich mit einer Gerte ins Gesicht zu schlagen, aber es gab ein altes Sippenoberhaupt, das erklärte, wer solches versuche, der könne vorher sein Grab schaufeln: Buondelmonte sei nur mit harten Maßnahmen beizukommen, bleibe er am Leben, so würden seine Gegner nichts zu lachen haben. Seltsamerweise blieb trotz des großen Personenkreises der böse Plan geheim; selbst im geschwätzigen Florenz schwieg alles still, auch noch, als Buondelmonte seine schöne Braut aus der Familie Donati heimführte. Erst am Ostermontag, also Monate nach den initialen Ereignissen, als das glückliche und ansehnliche Paar zur Kirche ritt, erfolgte das Attentat, natürlich auf der engen Arnobrücke, die Pferden wie Wagen keine Möglichkeit zu rettendem Ausbruch bot. Es war eine Gemeinschaftsaktion der Geschlechter Uberti, Lamberti, Guangalandi und Arrighi, und die Herren waren in eigener Person erschienen, hatten sich nicht durch Bravi vertreten lassen (wobei dann gewiß etwas durchgesickert wäre). Es ist eine auffällige Verteilung der Aktionen vom ersten Keulenschlag bis zum Todesstoß, eine Regie, die diese Geschlechter auch in der Verantwortung und gegenüber allen Folgen aneinanderschmieden sollte, um Sonder-Friedensschlüsse und das eventuelle Ausscheiden eines Clans auszuschließen.

Gualdrada Donati hatte damit einen Brand entfacht, der sich durch die kommenden Generationen fortpflanzte, weil die Versöhnung einander als Rivalen gegenüberstehender Geschlechter abgelöst wurde durch eine spektakuläre Untat. Man war bereit gewesen, aufeinander zuzugehen, und einer hatte die Hand zurückgestoßen, die sich ihm bot: Das machte doppelt unversöhnlich …

Es ist bei aller Grausigkeit großes Theater, wenn die Verschmähte aus dem Haus Amidei – der Überlieferung nach häßlich wie eine Äffin – hinter einem halbgeschlossenen Fensterladen verborgen die Bluttat mit ansieht, mit der ihre Sippe den ihr zugedachten Bräutigam bestraft. Sie sieht, wie das Volk herzuströmt, wie man den Entseelten auf eine Bahre legt und seine junge Frau, des Blutes nicht achtend, sich über ihn wirft und seinen Kopf in ihre Hände nimmt, bis der unversehens zum Trauerzug gewordene Menschenauflauf vor Santa Reparata anlangt und die Schutzheilige von Florenz den jungen Buondelmonte in ihren großen Frieden aufnimmt.

Der Ablauf der Ereignisse ist uns von einem etwas geschwätzigen, im Detail aber wohl verläßlichen Chronisten überliefert, den manche mit dem dichtenden Notar Brunetto Latini (1220–94) identifizieren, während andere Gelehrte überzeugt sind, die Chronik werde diesem berühmten Mann, den Dante als seinen Lehrer bezeichnet, nur zugeschrieben. Im XV. Gesang des Inferno löst sich Ser Brunetto, wie ihn Dante ehrfurchtsvoll nennt, aus dem Zug der Sodomiten, tritt auf seinen Schüler zu und gesteht ihm, daß er den »ewigen Verdruß« beweine, die blutigen und auch im Politischen unheilvollen Folgen jener österlichen Bluttat, über die seine Aufzeichnungen unsere Hauptquelle sind. Zumindest Dante muß also an die Verfasserschaft noch geglaubt haben. Latini war, ähnlich wie Dante, aus politischen Gründen jahrelang aus Florenz verbannt. Er schrieb seine eigenen Werke zum Teil französisch, verhalf aber in seiner amtlichen Eigenschaft als Diplomat, Korrespondent und Notar der Kanzleisprache, dem Schrifttoskanischen, zum Durchbruch. Ein Mann in Schlüsselstellungen also, der in der Bluttat auf dem Ponte Vecchio den Beginn jahrhundertelanger Kämpfe und Rivalitäten erblickte, die sich bald über Florenz hinaus auch auf andere Städte erstrecken sollten, in denen die Geschlechter der Übeltäter unbekannt waren. Es waren also zweifellos ältere Gegensätze zum Tragen gekommen und weiter wirksam geblieben.

So wie es Sandkastenehen gibt und Schulfreundschaften, die ein Leben lang vorhalten, kennt die europäische Geschichte die unheilvolle Dauerwirkung dörflicher Fehden spätestens seit dem berühmten Beispiel der korsischen Urrivalität zwischen den Buonaparte und den Pozzo di Borgo, der Napoleon schließlich, als sein Erzgegner auf dem Wiener Kongreß glanzvoll paradierte, das unmenschliche letzte Exil auf Sankt Helena zu verdanken hatte.

Die Erzfeindschaft der Donati, aus deren Frauenflor die berückend schöne Beatrice gekommen war und dem jungen Buondelmonte den Kopf verdreht hatte, gegen die mächtige Bankiersfamilie der Cerchi war schon einige Generationen alt, als der Mord auf dem Ponte Vecchio Florenz in zwei Lager teilte. Beide Familien hatten ihren Stammbesitz an Grundstücken und Landgütern östlich von Florenz im Mugello und waren dort engste Nachbarn, doch hatten die Donati den Aufstieg in den Stadtadel schon im elften Jahrhundert geschafft, die Cerchi waren erst als selvatici, die aus den Wäldern Gekommenen, etwa hundertfünfzig Jahre später zum Stadtgeschlecht geworden. Dazu kam, daß die angesehenen Donati eine Art Patronanz über die Gegenden ausübten, in denen die Cerchi begütert waren, während wiederum der erste bedeutende Mann der Familie Cerchi, er hieß namengebend Cerchio, auf ziemlich fragwürdige Weise als Geldverleiher zu Vermögen gekommen war.

Als sich eine ganze Gruppe einflußreicher Familien gegen die Donati stellte, weil die Verantwortung für den Wortbruch kaum minder deutlich war als die blutige Sühneaktion, hatten die Cerchi zum erstenmal die Gelegenheit, die berühmte Rivalenfamilie auszustechen, und traten mit ihrem großen Vermögen an die Spitze der Donati-Gegner. Was sich in der Folge begab, hat skurrile Züge wie die am blutigen 1. Mai des Jahres 1300 dem Ricoverino de Cerchi von einem Donati abgeschlagene Nase oder die Entführung der Riccarda Donati aus dem Kloster Monticelli durch ihren eigenen Bruder, den gewalttätigen Corso, der Riccarda einem Parteigänger zur Frau geben wollte. Wir sind mit diesen Auseinandersetzungen zwischen Familien und Familienbünden aber auch den reinen Jahreszahlen voraus, denn das, was sich im Florenz des dreizehnten Jahrhunderts ereignet, ist ebenso Frührenaissance, wie die tatkräftigsten und skrupellosesten Einzelpersönlichkeiten durchaus schon als Renaissancemenschen anzusprechen sind. Traditionell bleibt noch die Vorliebe der altangesehenen Familie für die ehrbaren Berufe eines Condottiere, eines Podestà oder auch einfachen Hauptmanns in den Streitkräften der Stadt oder anderer Städte. Nur zwei Brüder aus der Familie Donati, Corso di Forese und sein Bruder Pietro, waren nach einer Spezialstudie von Jan Gerchow im Handel tätig, als Teilhaber des Tiroler Hauses Frescobaldi.

Die Cerchi hingegen werden von den zeitgenössischen Chronisten als Leute von geringer Herkunft, aber mit gutem Geschäftssinn ausgestattet beschrieben; sie erfreuten sich einer gewissen Anhängerschaft beim kleinen Volk von Florenz, hatten aber beträchtlich unter dem Neid der weniger Begüterten zu leiden. (Auch die Donati werden etwa von Dino Compagni in seiner Chronik der Jahre 1280–1312 als vornehm, aber nicht reich bezeichnet.) Gleich starke Lager stehen einander eben wegen dieser althergebrachten und grundsätzlichen Antagonismen mit einer Konsequenz gegenüber, die man nur verstehen kann, wenn man sich die Enge der Städte jener Zeit vor Augen hält. Zwar ist man nach anfänglichen Ansätzen hoher Einwohnerzahlen und deren radikaler Reduktion durch Heinrich Bechtel (1930) inzwischen zu Mittelwerten gelangt, die uns jene Gemeinwesen als nicht mehr so winzig erscheinen lassen, aber da die zählenden Familien und der Stadtkern immer noch sehr begrenzt blieben, hielten sich eben auch die Feindschafts- und Rivalitätsmuster mit einer für die Stadtentwicklung ruinösen Unausrottbarkeit. (Der inzwischen verstorbene Saarbrücker Historiker Hektor Ammann nimmt für die mittelalterlichen Städte Venedig, Mailand und Florenz Einwohnerzahlen zwischen sechzig- und hunderttausend an, wobei Florenz gewiß an der unteren Grenze lag.)

Es war eine schicksalhafte Enge in dem Sinn, daß innerhalb dieser mauerumgürteten Gemeinwesen, in denen jeder jeden kannte und jeder mit den anderen Rechnungen offen hatte, das simple Ereignis einer Auseinandersetzung, eines Handelsvorteils, eines echten oder vermeintlichen Betrugs oder Undanks von diesen Mauern immer wieder zurückgeworfen wurde, in solcher Enge endlos weiterwirken mußte. Man hat heute den Begriff Aufschaukeln dafür, und wir kennen auch unter modernen Verhältnissen blindwütige Nachbarschaftsauseinandersetzungen. Dennoch fällt es schwer, den abgrundtiefen Haß und die fürchterliche Grausamkeit zu begreifen, die Florentiner gegen Sienesen walten ließen oder ganz allgemein die Sieger aus diesen engbegrenzten Fehden gegen den Unterlegenen. Karl Federn, 1868 in Wien geboren und in England nach 1945 vergessen gestorben, hat in dem vielleicht besten Buch über das Zeitalter Dantes beklagt, daß die große Zeit des Rittertums hinter ihrem glanzvollen Gepränge der Rituale und des Adelsdünkels in Wahrheit von entsetzlicher Grausamkeit gekennzeichnet war und daß sich eine gewisse chevalereske Kriegsführung erst nach dem Dreißigjährigen Krieg in Europa durchgesetzt habe. Das darüber hinaus Unbegreifliche ist aber der Haß zwischen Nachbarstädten beinahe gleicher Bevölkerungszusammensetzung mit seinen maßlosen Folgen, die nur hin und wieder durch einen unerschrockenen Einzelnen gemildert werden.

In dieser unentrinnbar nachtragenden, von Generation zu Generation wie in heidnischem Blutrachedenken verharrenden Welt machen die Kaiser bessere Figur als die Päpste, und Gelehrte wie Dichter und Künstler wachsen zu vereinzelten Lichtblicken im kriegerischen Dämmerlicht. Die uns beschäftigenden Zerwürfnisse innerhalb der Stadt Florenz werden historische Bedeutung erlangen, weil die an sich gleich starken gegnerischen Lager Hilfe von außen erhalten. Weiter als das historische Geschehen aber wird der literarhistorische Zufall in die Gegenwart wirken, der den größten Dichter des romanischen Sprachbereichs in die Geschicke der Donati, Uberti und Cerchi einbindet.

DER SOHN DER TSCHERKESSIN

Zu Beginn der härtesten Auseinandersetzungen zwischen den beiden Machtgruppen der Stadt Florenz gab es eine kurze Phase, in der die Toskana von Florenz aus regiert wurde. Der Regent, Statthalter oder Generalvikar hieß Friedrich von Antiochien und ist trotz dieser kurzen, aber wichtigen Rolle in der florentinischen, ja italienischen Geschichte kaum bekannt. Es fehlen so viele grundlegende Daten über ihn, daß man beinahe annehmen möchte, es handle sich bei ihm um eine der sekretierten Gestalten der Geschichte wie Demetrius, Kaspar Hauser oder Ludwig XVII.

Einzig die Genealogen sind nicht an ihm vorübergegangen und führen ihn als drittes uneheliches Kind von Kaiser Friedrich II. an. Das erste – wohlbekannt – war der Sohn Enzio (1220–72), den ihm Fräulein Adelheid von Urslingen geboren hatte, das zweite Kind war eine Tochter, die um 1244 verstorbene Selvaggia, die er dem ebenfalls wohlbekannten Ezzelino da Romano zur Frau gegeben hatte, und das dritte Kind, der zweite unter den bekannt gewordenen unehelichen Söhnen, ist ebenjener Friedrich von Antiochien, von dem – wie häufig – das Geburtsjahr nur ungefähr bekannt ist (zwischen 1225 und 1229), von dem man aber auch kein genaues Todesdatum (1258 oder 1259) kennt, womit erwiesen zu sein scheint, daß er in seinem letzten Lebensjahr schon keine politische oder militärische Rolle mehr gespielt hat. Selbst seine Frau Margareta de Poli erscheint bei manchen Autoren als seine Mutter (!), was den Finger auf die eigentliche Frage legt, wer denn diese Mutter war.

Es gibt darüber nur Gerüchte, die manche Autoren wie Wahl uns mitteilen, die andere aber mit einem gewissen Recht übergehen, weil eben nichts bewiesen und wohl auch nichts beweisbar ist. Was wir schwarz auf weiß besitzen, das sind bei Matthäus von Paris, Roger de Wendover und anderen unverdächtigen oder gar dem Kaiser freundlich gesinnten Chronisten auftauchende Bemerkungen, daß er in seiner Umgebung in Actium, aber auch noch in Palermo »sarazenische Beischläferinnen« seiner Gunst gewürdigt habe; ja daß er es für richtig gehalten habe, Orient und Okzident auf diese Weise zu vermischen.

Mit dem Begriff Sarazenen bezeichnete das ganze Mittelalter keineswegs nur die zu sensationellem Eroberungsdrang erwachten islamischen Völker, sondern auch die in jenen Gegenden am Ost- und Südrand des Mittelmeeres von der großen Angriffswelle überrollten Völker wie die Berber oder die vom Herrschaftsgebiet des Islam eingeschlossenen kaukasischen Völker. Ja man kann in alten Chroniken sogar die Normannen, die ja auch den Seeraub großen Stils betrieben, als Sarazenen bezeichnet finden. Ging es um die weibliche Beute der Kreuzritter und um die Zierden der ostmittelmeerischen Sklavenmärkte, so waren unter Sarazeninnen meist die schönen Tscherkessinen zu verstehen, weißhäutig, feingliedrig, stolz und geheimnisvoll. Sie erzielten von Venedig bis Palermo die höchsten Preise, und wer immer mächtig genug war, mit Gefolge zu reisen, brachte sie sich von den Kreuzzügen mit oder erwarb sie im damals noch byzantinischen Bosporusgebiet.

Friedrich von Antiochien, aller Wahrscheinlichkeit nach aus solch einer Verbindung hervorgegangen, hatte also genealogische Voraussetzungen der günstigsten Art, weil wir ja trotz Alfred Rosenberg und Hans F. K. Günther heute doch wissen, daß es eben der Ausbruch aus der eigenen altberühmten Hochrasse ist, der einer Dynastie die Chance einer genialen Persönlichkeit beschert. Theoderich der Große, Geiserich, Stilicho und andere Bastarde aller Jahrhunderte bis herauf zum Herzog von Monmouth und zum Marschall von Sachsen haben mit ihrer bedeutenden historischen Rolle den Rassenaposteln Schwierigkeiten genug bereitet – Friedrich von Antiochien nicht.

Er hatte Eigenschaften, die ihm im Leben sehr dienlich gewesen sein mögen, die in dem großen Buch der Geschichte jedoch keine einzige Zeile bringen: Er war schön wie sein Halbbruder Manfred, er war von so bezwingender Liebenswürdigkeit bei besten Umgangsformen, daß man sein leichtes Hinken nicht bemerkte. Niemals hat er den Gefangenen, die er machte, ein Auge ausstechen lassen (wie gelegentlich sein Vater) oder beide (wie es sein Parteigänger Conte Simone aus dem Hause Guidi der Besatzung von Molezzano antat) oder alle Verteidiger als Rebellen aufknüpfen lassen, wie es Enzio im September 1249 nach der Eroberung von Arolo mit siebenundneunzig Gefangenen gehalten hatte. Er fand auch keinen Gefallen daran, Landsknechte, die gegen den Kaiser gekämpft hatten, wie Vatermörder zu behandeln, mit einer Viper, einem Hund und einem Hahn in einen Ledersack einzunähen und dann ins Meer werfen zu lassen, wie es nach der Einnahme von Capaccio geschah (Pandolfo Colenuccio, der von dieser letzten phantasievollen Strafe berichtet, läßt sogar noch einen Affen in den Sack sperren, was man vielleicht im Königreich Neapel damals noch tun konnte, in der Toskana aber mangels Affen gewiß nicht).

Dieser Friedrich von Antiochien, als Reverenz für seine schöne Mutter nach der Burg am Ostrand des Mittelmeeres benannt, kämpfte, nachdem ihn sein kaiserlicher Vater selbst zum Ritter geschlagen hatte, in verschiedenen Teilen Mittel- und Norditaliens und erhielt schließlich eine ehrenvolle Aufgabe, die wir unter anderem aus einem Brief kennen, den Friedrich II. an die mit ihm befreundeten Brüder Heinrich III., König von England, und den Grafen Richard von Cornwall richtete. Der Kaiser spricht darin von »Unseren geliebten Söhnen Enzio, der erlauchte König von Sardinien und Generallegat des Heiligen Reiches in Italien, und Friedrich von Antiochien, Statthalter in Tuszien« (geschrieben zu Salerno an einem 15. April unbekannter Jahreszahl).

Für die Einsetzung des Kaisersohnes hatte es zwei Gründe gegeben. Der eine war der tiefe Unfriede, waren die latenten Spannungen innerhalb der Stadt, so daß der Kaiser die Defacto-

Autonomie der Arnostadt nicht mehr aufrechterhalten wollte. Der andere, aktuelle Anlaß bestand in einem Mordkomplott, das Papst Innozenz IV. gegen den Kaiser geschmiedet hatte und das sehr gefährlich war, weil es der päpstlichen (guelfischen) Partei gelungen war, den bisherigen Statthalter und früheren Podestà Pandolfo di Fasanella durch Versprechungen, vielleicht aber auch durch Bestechung auf ihre Seite zu ziehen. Pandolfo und die Mitverschworenen wurden zwar verraten, waren aber rechtzeitig gewarnt worden und konnten entfliehen, und der Papst war unvorsichtig genug, sie dazu zu beglückwünschen, wodurch er sich als Urheber des Mordkomplotts selbst entlarvte.

Den als Nachfolger Pandolfos ernannten Friedrich von Antiochien bezeichnet der stets sehr sorgfältig abwägende Robert Davidsohn als »eine Persönlichkeit von überragender Bedeutung«, ein Urteil, von dem man im ersten Augenblick annehmen möchte, es sei dank der sympathischen und gewinnenden Gesamterscheinung des »edlen Bastards« (Davidsohn) so günstig ausgefallen; aber obwohl dem Kaisersohn nur fünf Jahre zur Verfügung standen, handelte er konsequent und mit verblüffender, seine Jugend ehrender Tatkraft. Um eine verläßliche Kerntruppe zur Verfügung zu haben, verschrieb er sich 1800 deutsche Ritter, für die Florenz und Umgebung aufzukommen hatten. Gegen Aufständische oder Stadtflüchtlinge hatte er sich umfassende Vollmachten geben lassen und verhängte in voller Vertretung seines kaiserlichen Vaters Urteile gegen Steuerflüchtlinge, Kriegsdienstverweigerer und Landfriedensbrecher.

Diese umfassende und kluge Befriedung einer brodelnden Landschaft war nicht, wie die spätesten Annahmen von Friedrichs Geburtsjahr nahelegen wollen, das Werk eines genialen Siebzehnjährigen. Der Kaisersohn war zu diesem Zeitpunkt sechsundzwanzig Jahre alt und seit 1240 mit Margareta aus der römischen Patrizierfamilie der Poli verheiratet.

Friedrich von Antiochien steht nur etwa sechs, höchstens sieben Jahre im vollen Licht der Geschichte. An der Neigung, die ihm sein Vater entgegenbrachte, ist nicht zu zweifeln. Die Mitteilung über den Ritterschlag enthält bei Pandolfo Colenuccio den Zusatz, daß der Kaiser dem Sohn jener unbekannten Gespielin eigenhändig das Schwert umgegürtet habe, und in anderen zeitgenössischen Berichten erscheint der junge Ritter und Statthalter der Toskana immer wieder achtungsvoll oder auch beinahe zärtlich als König des Landes bezeichnet, so wie sein Halbbruder Enzio, der immerhin mit einer Königstochter verheiratet war.

Weniger leicht gewinnt man eindeutige Aufschlüsse über die persönlichen Fähigkeiten und Vorzüge des Kaisersohnes. Trotz seiner Jugend gilt er als gebildet, sprach mehrere Sprachen, wenn auch nicht so viele wie sein Vater, und wuchs in der damals einzigartigen Atmosphäre von Bildung, Kunstinteresse und Schönheitssinn auf, die sich der Kaiser mit beispielloser Vorurteilslosigkeit selbst geschaffen hatte. Diese geistige Unabhängigkeit läßt sich auch daraus erkennen, daß Friedrich von Antiochien sich mit einem Mädchen aus einem ruinierten, aber seit alters vornehmen Geschlecht verbindet, mit den Poli. Gregorovius zählt uns auf, was die Poli um 1200, ehe sie in Gegensatz zu dem mächtigen Papst Innozenz III. und dessen Bruder Richard de Conti gerieten, mit Sicherheit besessen hatten: »Neun Kastelle im Grenzland der Sabina und Latiums; die Römer streckten sogleich ihre Hände danach aus, aber der Papst … verlieh seinem Bruder die strittigen Güter als Pfand, und bald darauf ging das Lehen Poli für immer auf die Conti über.«

Wenige Jahre später ruinierten die Conti, die Familie des Papstes, auch die Frangipani, die Nachbarn der Poli gewesen waren, und Friedrich von Antiochien, im Testament seines kaiserlichen Vaters übergangen, befand sich im Grunde in der Situation eines hochgeborenen Condottiere, der sich – wie etwa die Sforza – seine Herrschaft erst erobern muß.

Wir wissen heute, daß er es nicht getan hat – nicht, weil es ihm mißlungen wäre: er hatte zweifellos die Fähigkeiten und inzwischen auch die Erfahrung dazu, und die deutschen Ritter hatten nach dem Tod des Kaisers im Jahr 1250 ohnedies keine andere Heimat mehr als Friedrichs Söhne. Aber er starb nach den neuesten Annahmen 1256, Mitte der Dreißig, ein Tod, bei dem man in jenen Zeiten einer abenteuerlichen Medizin und in einem Land der Sumpffieber und der Feldlager-Seuchen nicht an Dolche oder Gifte zu denken braucht. Die Spur, die er in der Geschichte hinterließ, deckt sicht weitgehend mit seinen Kämpfen in und um Florenz, und von der Stadtgeschichte her gesehen ist sein Auftreten für die lachende Arnostadt mit ihren reichen Bürgern und glanzvollen Handelsherren eine Minute der bitteren Wahrheit.

Gewiß, es hatte schon Aufstände gegeben, Zusammenrottungen, Brandstiftungen und Plünderungen. Aber als Friedrich von Antiochien sich die päpstlich gesinnte Stadt unterwarf, lernten die Florentiner die bis heute grausamste Form des Krieges kennen, den Kampf Haus um Haus, den einem Vabanque gleichenden Kampf in den engen Gassen, die Stoßtrupp-Angriffe aus dem Bett des Arno heraus oder über die Dächer. Bis dahin hatte es Viertel gegeben, in denen – wie in vielen größeren Städten – das kleine Volk von dem blutigen Geschehen kaum etwas bemerkt hatte; das war vorbei, die deutsche Gründlichkeit des Kaisersohnes und seiner 1600–1800 Ritter brachte dem ganzen Florenz den Krieg bis hin zu den Kastellen der Umgebung. Und als die letzten Guelfen oder Schwarzen eine Miniaturstadt auf einer Paßhöhe verteidigten, um das nun kaiserliche Florenz von Pisa und vom Meer abzuschneiden, eroberte Friedrich auch Capraia, dieses letzte Retiro der großen guelfischen Familien im April 1249, nach drei Monaten Belagerung und Entbehrungen der Verteidiger, die so furchtbar waren, daß sie in Florenz sprichwörtlich wurden. Friedrich fand, der ihm auf Gnade und Ungnade ausgelieferte Gegner habe genug gelitten, und führte die Gefangenen nach Fucecchio, ins Feldlager seines kaiserlichen Vaters, vielleicht auch, um das Strafgericht nicht selbst verantworten zu müssen. Denn die Helden von Capraia bis hinauf zu dem greisen Grafen des Bergnests galten ja als Rebellen, es war kein Krieg zwischen Völkern nach Kriegs- und Völkerrecht, sondern Aufruhr gegen die Majestät des Kaisers. Und dieser Kaiser stand in seinem letzten Lebensjahr, er hatte wenige Wochen zuvor die bittere Enttäuschung hinnehmen müssen, daß einer seiner engsten Vertrauten hinter einem teuflischen Anschlag stand, dessen Werkzeug der kaiserliche Leibarzt sein sollte, und so kam es gegen die Gefangenen aus Capraia noch einmal zu jenen entsetzlichen Grausamkeiten, die das hohe Mittelalter in unserem Gedächtnis beflecken. Unter jenen, die geblendet, aber am Leben gelassen wurden, war Ranieri Zingani Buondelmonte aus jenem Geschlecht, mit dessen Treuebruch das ganze große Zerwürfnis in Florenz begonnen hatte: Er durfte blind und im Elend auf der winzigen Insel Montecristo vor der toskanischen Küste als Mönch dahinvegetieren. Fast jede der guelfischen Familien hatte einen Mann zu beklagen, der in den Kerkern von Neapel mit glühenden Dolchen geblendet wurde.

Der harte Kriegsbrauch griff auch in der Stadt Florenz um sich, und die ersten Ziele des ghibellinisch-kaiserlichen Hasses waren naturgemäß die Geschlechtertürme der Guelfen oder Schwarzen. Der imposanteste Bau dieser Art war der Siebzig-Meter-Wohnturm der Adimari nahe dem Baptisterium, und da man ja noch kein Dynamit kannte, grub man die Fundamente des Turms an, pölzte ihn mit Holzpfeilern und legte an diese Feuer. Im Sturz hätte er beinahe das Baptisterium beschädigt, woraus das Gerücht entstand, die Kaiserlichen hätten es zerstören wollen.

Davidsohn nennt sechsunddreißig Guelfentürme und -paläste, denen ein ähnliches Schicksal bereitet wurde, darunter der Palazzo Tosinghi am Mercato Vecchio (dem Alten Markt) und der eben fertiggestellte Monsterbau der reichen Bankiersfamilie Cerchi vor den Mauern von Florenz. Man braucht sich nicht zu wundern, daß unter diesen Umständen nur sehr wenige der geflüchteten Guelfen von Friedrichs Angebot einer Amnestie bei

Rückkehr binnen acht Tagen Gebrauch machten. Nicht nur die für damalige Nachrichten- und Verkehrsverhältnisse extrem kurze Frist machte es unglaubhaft, auch die Unversöhnlichkeit der beiden Lager.

So begann also im ghibellinischen, weißen, kaiserlichen Florenz eine Aufarbeitung der jüngsten Vergangenheit nach seither in unerträglicher Monotonie wiederholter Weise. Da sich die Vermögenden und die Sippenhäupter rechtzeitig abgesetzt hatten, griffen wohl nicht die Söldner und Ritter aus Deutschland, aber die lieben Nachbarn und örtlichen Rivalen nach jenen, die in ihrer subjektiven Unschuld zurückgeblieben waren, und versuchten von ihnen Informationen über die Geflohenen und Schuldbeweise über die Guelfen zu erpressen – von Angestellten, von Dienstpersonal, von Abhängigen also. Von zahllosen Fällen, in denen sarazenische Folterknechte im Palazzo Galigai bei Orsanmichele in der erwähnten Absicht tätig wurden, ist einer unvergessen geblieben: Benvenuta, eine junge Magd der kompromittierten Familie Adimari, war bereits entkleidet worden und sollte nun, mit Steinsäcken an den Fußknöcheln beschwert, hochgewunden werden, als die Stricke rissen. Man begann die Prozedur von neuem, und wieder rissen die Stricke, und als auch beim drittenmal der Hanf barst, war das Wunder vollkommen, die Folterer zogen sich scheu vor ihrem Opfer zurück, und es fehlte nicht viel, so hätte man die arme Benvenuta als Heilige verehrt. Dazu aber war sie leider zu minderer Herkunft, weswegen die ganze Geschichte später der Umiliana aus dem reichen Hause Cerchi angedichtet wurde. Es ist wohl überflüssig, zu betonen, daß wenige Jahre später, als die Kaiserlichen Florenz aufgegeben und die Guelfen ihre Positionen wieder eingenommen hatten, ebenso gefoltert wurde, nur eben nicht mehr von den staufischen Handlangern, den Sarazenen.

Man staunt schon nicht mehr darüber, daß nicht die nachnamenlose Benvenuta in den Heiligenkalender einging, sondern die am 19. Mai 1246 erst siebenundzwanzig Jahre alt gestorbene

Umiliana (Aemiliana) de Cerchi, in ihrer Familie als Närrin angesehen, aber von den Minoriten geduldig weiterverehrt bis zur Seligsprechung im Jahr 1626. Stärker beeindruckt uns die Gleichförmigkeit eines Terrors gegenüber Nächstbekannten, konnte doch in einer Stadt von sechzig- bis siebzigtausend Einwohnern keiner dem anderen wirklich fremd sein. Die Exponenten der gegnerischen Lager waren Männer von Geist, Bildung und persönlichen Qualitäten. Friedrich von Antiochien hatte einen Hauptwiderpart in dem Kardinal Ottavianus degli Ubaldini, aus einem seit alters kaiserlich gesinnten Geschlecht, dessen Oberhaupt sich aber nach der Einnahme von Florenz durch Friedrich gegen die Staufer stellte.

Die Ubaldini hatten ihre ausgedehnten Besitzungen im florentinisch-bolognesischen Grenzgebiet, aber das Vermögen des Ottavianus kam im wesentlichen aus der Hand jener Päpste, denen er nacheinander gedient hatte, angefangen von Gregor IX. (1227–41), der ihn so auffällig förderte, daß Ottavianus bald als sein natürlicher Sohn galt. Mit dreißig, unter Innozenz IV., war Ottavianus bereits Kardinaldiakon, und unter weiteren Päpsten (deren er selbst einer hätte werden können) ließ er sich den Verzicht auf eine Kandidatur um den Stuhl Petri durch einträgliche Pfründe, Verwendungen und Gesandtschaften abhandeln, und Ottavianus selbst war wiederum am Aufstieg des Hauses Visconti in Mailand entscheidend beteiligt. Zeugnis eines märchenhaften Reichtums, wie ihn selbst die römischen Kardinäle nur selten anhäufen konnten, war seine Palastburg Montaccianico, neben der er noch einen Kavaliersansitz zwischen Scarperia und der Pieve di Fagna besaß, wo er meinte, seine Schätze sicherer verwahren zu können.

Ottavianus warb mit dem Geld des Papstes in Südfrankreich Söldner gegen Friedrich an und erscheint damit als Urheber jener unseligen Intervention, die zwar zunächst – da der Kardinal kein Kriegsmann war – erfolglos blieb, die aber schließlich Karl von Anjou auf den Plan rief und den Untergang der italienischen

Stauferherrlichkeit, einen Untergang in Mord und Grausamkeiten, herbeiführte. Der Kardinal Ottavianus degli Ubaldini, persönlich ein Mann von höchster Bildung, Freund schöner Frauen und der Künstler, Mäzen und Dichter nach den Moden der Zeit, bediente sich ungescheut aller Mittel damaliger Politik, der Geheimverhandlungen, der Bestechung, der Vorbereitung von Anschlägen und feingesponnener Intrigen, und zu seiner Ehre läßt sich eigentlich nur sagen, daß er mit alldem im Grunde keinen Erfolg hatte, nicht zuletzt dank der Schnelligkeit und Tatkraft seines jungen Gegenspielers.

Es ist hier nicht möglich, abzuwägen, welcher der Söhne Friedrichs II. nach dessen überraschendem Tod im Jahr 1250 das väterliche Erbe hätte antreten und retten können, denn Konrad IV. war nicht untüchtig, wurde nur unzureichend von den deutschen Fürsten unterstützt, und die anderen Söhne aus den verschiedenen Ehen und unehelichen oder spät legitimierten Verbindungen konnten auf solche Unterstützung erst recht nicht zählen. Das Papsttum sah nach starken deutschen Herrschern wie dem ersten und dem zweiten Friedrich seine Stunde gekommen und strebte die Vorherrschaft über die Halbinsel an. Und Karl von Anjou (1226–85), ein sehr unheiliger Bruder des bald heiliggesprochenen Königs Ludwig IX., unterwarf sich wie ein Condottiere schließlich auch die Toskana, zu einem Zeitpunkt, da Friedrich von Antiochien schon zehn, vielleicht sogar schon zwölf Jahre lang tot war. Mit Konradin, dem letzten Staufer, starben im Jahr 1268 durch die Hand des Henkers und auf Befehl Karls von Anjou an die tausend Parteigänger des deutschen Kaiserhauses und der florentinischen Ghibellinen.

Zweites Buch
DER RUHM

DANTE

Schon im dreizehnten Jahrhundert, italienisch gar das Duecento genannt, wird der Stadt Florenz die Jahrtausenderscheinung eines Dante zuteil, mitten in einem halbbarbarischen Europa, mitten hineingeboren in jene Geschlechterkämpfe von einer Häuserfront zur anderen, von denen wir nur eine Andeutung, keinen Begriff vermitteln konnten. Andere Genien, deren ein jeder eine Stadt, ja ein Land berühmt machen könnte, werden folgen: Als Dante stirbt, gibt es schon den Knaben Boccaccio, den Jüngling Petrarca; für die Maler und die Bildhauer wird Florenz zu einem Fokus der Wunder, für die gelehrte Welt eine Metropole dank Leone Battista Alberti, Machiavelli und anderen, für die Sozialgeschichte ein Hoffnungsbegriff durch den Aufstand der Ciompi und Erscheinungen wie einen Savonarola. Florenz, um es mit einem Wort zu sagen, wird von der Weltstadt zur Welt, das Europa jener Jahrzehnte wird sich mit der Arnostadt identifizieren oder an ihr messen, und mittendrin wird, verfolgt, bedroht, zum Tod verurteilt, verbannt und enttäuscht, der größte Sohn der Stadt, ein Abkömmling ihrer alten Geschlechter, stehen, ebenjener Dante Alighieri, der durch sein Schicksal und das große Weltgedicht seiner Göttlichen Komödie aus dem florentinischen Mikrokosmos in ein Universum vorgestoßen ist, das bald und bis heute allen gehört, der ganzen Menschheit.

Zwischen Baptisterium und Porta San Pietro, an der Piazza San Martino, erhoben sich die Häuser der Alighieri, der Familie des Dichters. Was immer auch seither als Geburtshaus Dantes bezeichnet wurde, ist später errichtet worden, denn das Haus, in dem er an einem der letzten Maitage des Jahres 1265 geboren wurde, steht nicht mehr: Es wurde nach der Sitte oder Unsitte jenes bewegten Jahrhunderts niedergerissen, als der Dichter 1302 zum Tod verurteilt worden war. Seine väterliche Familie war zweifellos stadtadelig zu nennen, Patrizier mit schwertadeliger

Vergangenheit, da Dantes Vorfahr Cacciaguida von Kaiser Konrad III. zum Ritter geschlagen wurde und an der Seite anderer Ritter im Zweiten Kreuzzug sein Leben ließ. Das muß 1147 oder 1148 geschehen sein, lag also, als Dante seine große Commedia schrieb, schon mehr als hundert Jahre zurück. Jener ferne Ahn – er wird auch als Ururgroßvater bezeichnet – gewinnt jedoch über die Jahrhundertschwelle hinweg Einfluß auf Denken und Dichten des Nachkommenden, einmal, weil man in Florenz dem Familienschicksal nicht zu entrinnen vermochte, zum andern, weil der junge Genius einen Halt suchte, eine politisch-historische Basis in jenem Geschlechterkampf, der nicht nur seiner Generation jene heute nicht mehr vorstellbaren Zwänge schuf.

Aber es gab darüber hinaus noch ein höchst persönliches, ein beinahe intimes Motiv für diese auffällige Pflege der familiären Traditionen und der ruhmreichen Einflüsse in diesen Überlieferungen – den Freund, den verehrten Rivalen, den glanzvollen Widerpart Guido Cavalcanti, so schön wie sein Name, vornehmer, reicher und glücklicher als Dante, selbstsicher, weil erfolgreich mit den Waffen und bei den Frauen und obendrein zweifellos eine literarische Begabung. Darüber hinaus aber waren die Cavalcanti wohlhabend, seit sie dem neureichen Clan der Cerchi die Ehre der Zusammenarbeit erwiesen hatten. Die Cerchi rückten an der Piazza San Martino den alten Familien sehr nahe. Dante bewohnte mit seinem Bruder Francesco ein nicht sonderlich ansehnliches Haus gegenüber der Torre della Castagna, eben genug, um als Patrizier zu gelten, aber arm an Erträgen. Durante (woraus später Dante wurde) und Francesco da Alaghiero (später in das bequemere Alighieri verändert) gehörten zur Partei der Guelfen, die meist die Politik des Papstes mitmachte; die Vorfahren jedoch, mit dem mächtigen gräflichen Clan der Guerra verwandt und durch Cacciaguidas Gemahlin mit Geschlechtern der Poebene verbunden, hatten sehr unterschiedliche und oft kaiserliche Politik gemacht, so daß man für die Parteinahme des Dichters selbst auch aktuelle, in seiner Umgebung liegende Gründe suchen muß.

Dantes Vater, sein Großvater und ein Großonkel waren eher bescheidene Geschäftsleute; sie nahmen auch am politischen Leben der Stadt teil, wie kaum anders möglich, ohne sich etwas zuschulden kommen zu lassen, denn Dantes Mutter entstammte mit großer Wahrscheinlichkeit einer vornehmen Familie der engeren Nachbarschaft: Sie hieß Gabriella degli Abbati und starb, als Dante sechs Jahre alt war (auch die Abbati standen dem Bankhaus der Cerchi nahe.) Auch das Mädchen, dem Dante schon im zwölften Lebensjahr (!) verlobt wurde, entstammte einer vornehmen Familie, allerdings einem verarmten Seitenzweig. Es war Gemma Donati; sie trug also den schicksalsträchtigen Namen jener Sippe, die auf das engste mit den Ereignissen des blutigen Osterfestes verbunden war.

Sicher ist, daß die Donati nach dem Ghibellinensieg von 1260 ins Exil gingen – als Dante noch nicht geboren war – und erst 1267 nach Florenz zurückkehrten, also lange vor der Verlobung des späteren Dichters. Dante lebte fortan gleichsam im Schatten der stärksten und rücksichtslosesten Persönlichkeit des guelfischen Florenz, des Corso Donati, genannt il barone, ein Renaissancemensch im Hochmittelalter, dem seine Zeitgenossen alles zutrauten: die Ermordung seiner ersten Gemahlin, einer Cerchi, Bluttaten gegen einen Vetter und dessen Knechte, Heiratsintrigen mit Hilfe der eigenen Schwestern, die zu diesem Zweck aus dem Kloster entführt wurden, und ähnliches mehr. Als schließlich eine reiche Erbin aus einem ghibellinischen Geschlecht dazu ausersehen wurde, das Vermögen des Corso Donati abzurunden, riß seinen Verwandten der Geduldsfaden. Il barone mußte fliehen, und die ihm nachgeschickten Mörder – wer immer sie nun gedungen hatte – verstanden ihr Handwerk: Sie erschlugen Corso Donati im Jahr 1308, womit auch der ganze Clan an Stoßkraft und Bedeutung verlor.

Da Gemma Donati zum Zeitpunkt ihrer Verlobung mit Dante etwa zehn Jahre alt war und es ein wahrscheinliches, wenn auch spätes Todesdatum von ihr gibt – den 9. Januar 1343 –, hat diese

Frau aus dem alten und berühmten Geschlecht mit sechsundsiebzig Jahren ein für jene Zeiten hohes Alter erreicht und das Dichterleben über Dantes Tod hinaus begleitet. Besäßen wir Aufzeichnungen von ihr, sie würden sehr vieles aufhellen, was bis heute im Dunkel geblieben ist wie bei Homer, bei Shakespeare, den Größten der großen Dichter, die seit Jahrhunderten soviel Forscherfleiß auf sich gezogen haben.

Stärker als die Gemahlin hat sie alle jenes Mädchen beschäftigt, dem Dante die Sonette seiner Sammlung Vita nuova aus den Jahren 1292–94 widmete, eingebettet in die Erzählung von seiner großen Liebe Beatrice. Anders als die Verbindung zu den Donati hat diese Beziehung keine für uns erkennbaren Bezüge zur florentinischen Geschichte. Die Verzückung, die ihn seit dem Augenblick heimsucht, da er die Neunjährige erblickt, steht in der literarischen Tradition der Troubadoure, ähnlich wie Petrarcas Dichtungen für Laura. Aber während Laura eine Comtesse aus dem reichen südfranzösischen Geschlecht der de Sade ist, bleibt Beatrice so schemenhaft, daß in der frühen Dante-Literatur sogar Zweifel an ihrer Existenz laut werden. Dabei haben die ersten Biographen Dantes, sein Sohn Pietro und der Dichter Boccaccio, übereinstimmend ausgesagt, daß es sich um Beatrice Portinari gehandelt habe, die zärtlich auch Bice genannte Tochter von Folco und Teresa Portinari. Es war eine angesehene, wenn auch nicht einflußreiche Familie der Stadt, und man scheint es als ein Glück angesehen zu haben, daß der reiche, jedoch nicht mehr junge Simone de' Bardi in den späten achtziger Jahren des Jahrhunderts die mit zwei- oder dreiundzwanzig Jahren nach der Meinung der Zeit nicht mehr ganz junge Beatrice heiratete, ein Bardi, also ein Mitglied jener besonders erfolgreichen Fernhändlerfamilie, die ihre mäzenatische Rolle, ihre kulturelle Bedeutung schon Generationen vor anderen bedeutenden florentinischen Familien dokumentierte.

Man starb damals früh in Florenz. Dante war Vollwaise, führte allerdings nicht die mönchische Existenz, die man aus den

Klosterschulen gefolgert hat, die Dante, mangels anderer Bildungsinstitute, besucht hatte. Er war ein junger Patrizier von Adel, er war kein Fußsoldat, wie sie die bürgerlichen Geschlechter stellten, sondern ritt in die Schlachten, die seine Vaterstadt ihren Nachbarn lieferte, und er zeichnete sich im Juni 1289 bei Campaldino im Kampf gegen die Truppen der Rivalenstadt Arezzo so sehr aus, daß seine Tapferkeit einen Anflug von Verzweiflung verrät, hat doch Beatrice kurz zuvor den Messer Bardi geheiratet. Auch in den erbitterten Kämpfen um das Felsennest Caprone, wo Pisa den Florentinern den Weg zum Meer verlegen wollte, stand Dante seinen Mann, ohne daß ihm dies viel eingetragen hätte: Der Beginn seiner politischen Laufbahn sieht ihn in ehrenwerten, aber keineswegs glänzenden Verwendungen: Er arbeitet an einer Reform des Wahlgesetzes mit, er hält Reden, die uns nicht überliefert sind, er wendet sich gegen die Aufnahme von politisch Vertriebenen aus der Stadt Pistoia und gelangt erst 1297 in den Consiglio del Podestà, die engere Umgebung des Bürgermeisters.

Der junge Dichter, aus dessen Vorliebe für den heiligen Franziskus manche Biographen auf seine Ordensmitgliedschaft geschlossen haben, scheint seit 1290, nach dem Tod der Geliebten, ein seltsames und schwer verständliches Leben geführt zu haben. Persönlich anständig, wendet er sich ebenso wie sein Freund Guido Cavalcanti und andere Söhne der guten Familie gegen den gewalttätigen Tribun Corso Donati und damit gegen den Clan der eigenen Gemahlin. Eine politische Rolle ohne Rückhalt aber kostet Geld, viel Geld, und vielleicht erklärt das die hohe Schuldenlast gemeinsam mit einer 1302 verhängten Geldstrafe. Jedenfalls nimmt Friedrich Schneider in seinem sehr genauen, viel Neues bringenden Dante-Buch an, es seien die Gesandtschaften gewesen, bei denen Dante lange von Florenz abwesend war und die Versorgung seiner Familie durch Kredite sicherstellen mußte. Nun gibt es kaum Währungen, die so schwer umzurechnen sind wie die der verschiedenen italienischen Stadtstaaten, also lange vor dem Euro; aber die Schuldenlast, die Dante schließlich ebenso in die Verbannung getrieben hätte wie der politische Umschwung in seiner Heimatstadt, wird übereinstimmend als absurd hoch bezeichnet, eine Summe, die er nie hätte zurückzahlen können. Nimmt man hinzu, daß seine Gegner ihm später unsaubere Geschäfte vorwerfen – ein in Politik und Wirtschaft sehr dehnbarer Begriff –, so ist die Vermutung nicht von der Hand zu weisen, daß Dante sich in riskante Unternehmungen einlassen mußte, denn reguläre und ausreichende Einnahmequellen sind in seinem florentinischen Dasein nicht ersichtlich.

Deutlich war nur der offenbar kaum oder schlecht bezahlte diplomatische Dienst für die Vaterstadt, eine erste Gesandtschaft nach San Gimignano, ein malerisches Nest, das damals aber eine größere Rolle spielte als heute, und die vermutlich wichtigere Gesandtschaftsreise nach Rom, zu Bonifatius VIII., einem der größten Päpste der Kirchengeschichte, dem man einen mittelmäßig begabten Unterhändler nicht ins Haus schicken konnte. Zwar hatte der Papst, der als einer der letzten Inhaber des Stuhles Petri Weltpolitik im großen Stil machte, andere Sorgen und Interessen als die toskanischen Querelen, aber es ist doch ein auffälliges Faktum, daß die florentinische Gesandtschaft ohne Dante an den Arno zurückkehrte und der Dichter, in Rom festgehalten, von den Entwicklungen zu Hause praktisch abgeschnitten war. Es siegten denn auch seine politischen Gegner auf der ganzen Front, und gegen Dante ergingen in kurzem Abstand zwei Urteile, die Verbannung, Geldstrafen, Verlust der politischen Ämter und andere Sanktionen vorsahen, einmal in Gemeinschaft mit vier, einmal mit fünfzehn Mitangeklagten.

Jede Epoche, ja jede Generation der Menschheit erlebt die bestürzende und beschämende Tatsache, daß der unversöhnlichste Haß und die schlimmsten Grausamkeiten sich zwischen den nächsten Nachbarn, ja mitunter innerhalb ein und derselben Familie begeben. Im Sprichwort ist es Byzanz, das für solche Verhältnisse, für den blutigen Parteihader steht, in der europäischen Geschichte aber gab es bis zu dem nordirischen Dauerterror unserer Tage kein sinnfälligeres Beispiel für diese unmenschliche Besonderheit als Florenz, die Stadt der Künstler, Denker und Dichter am Arno, die stärkste Konzentration schöpferischer Menschen in einer Civitas, welche die Weltgeschichte kennt. Ist es eine Konsequenz? Sicher ist, daß Florenz, nach dem Parteiwechsel an der Jahrhundertwende zum Trecento, seinen größten Dichter auf die Folterbank gespannt und anschließend verbrannt hätte, wäre er zurückgekehrt, und Geschichte, bittere Wahrheit ist es, daß das Verbannungs- und Todesurteil gegen den Vater auch die Söhne Dantes aus ihrer Vaterstadt vertrieb. Und daß dies keine Augenblicksverirrung war, nicht Ausfluß einer vorübergehenden politischen Konstellation oder persönlichen Gegnerschaft, beweist die Tatsache, daß Florenz, von seinen ghibellinischen Familien geführt, die Gelegenheit vorübergehen ließ, das Schreckensurteil zurückzunehmen. Denn was immer man Dante vorwarf – er hatte sich in zwei blutigen Schlachten Verdienste um Florenz erworben, und er hatte zweifellos nicht ein Todesurteil verdient.

Längst waren die Guelfen nicht mehr bedingungslos mit der Papstpolitik einverstanden, längst bedeutete ghibellinisch nicht mehr kaiserlich. Die Parteiungen hatten innerstädtische Gründe, pflanzten einen Haß fort, der sich aus gebrochenen Verlöbnissen, abgeschnittenen Nasen und anderen Lokalereignissen herleitete. Dies und das unselige Verlangen, etwaige Begnadigungen mit Demütigungen zu verbinden, zerstörte die Verbindung zwischen Dante und Florenz auf Dauer; ja mehr, Dante wird zum Wortführer der Vertriebenen, er führt als nun schon bekannter und ausgewiesener Diplomat Verhandlungen über das Eigentum der Verbannten, die in der Stadt verbliebenen Angehörigen und die Möglichkeiten einer Rückkehr, und er organisiert den bewaffneten Versuch, die Verhältnisse zu ändern. Vermutlich hat Dante sogar den Oberkommandierenden des Emigrantenheeres ausgesucht, das im März 1303 bei der kleinen und malerischen Hügelstadt Montepulciano den Florentinern unterliegt. Damit ist auch die Aussage, Dante habe nie gegen Florenz gekämpft, nur sehr begrenzt richtig oder überhaupt falsch, denn ganz sicher war er bei Montepulciano im Lager der Exilierten, die sich ihm anvertraut hatten. Erst 1304 scheint sich Dante von solchen Unternehmungen distanziert zu haben, was seine Gegner nicht hinderte, neben ihm bald auch seine Söhne zum Tod zu verurteilen. Gemma Donati, Dantes Frau aus der großen florentinischen Familie, scheint nicht im gleichen Maße betroffen gewesen zu sein; zumindest konnte sie nach dem Tod des Dichters zurückkehren und jene Vermögensteile retten, die sie seinerzeit in die Ehe mitgebracht hatte.

Das Leben des Dante Alighieri im Exil interessiert heute mehr, als es die unablässigen Querelen am Arno vermögen. Die Verflechtungen blieben auch dann noch, als Dante längst in anderen italienischen Städten die Gunst von Fürsten genoß, als er sich Kaiser Heinrich VII. annäherte und im Dienst verschiedener Herren wieder diplomatisch tätig geworden war. Seine Söhne lebten in dieser Phase wohl nicht dauernd mit ihm, aber man muß annehmen, daß sie in den Kämpfen gegen Florenz Waffen trugen, und der verbreitete Clan der Donati, aus dem Dantes Frau nun einmal stammte, war noch immer zu wichtig, als daß die Stadt Florenz ihren großen Verbannten einfach hätte vergessen können. Am nächsten kam Dante seiner Heimatstadt im Jahr 1312, als er in Pisa, dem damals noch nicht verlandeten Seehafen der Arnostadt, in der nächsten Umgebung des von ihm verehrten Luxemburger Kaisers weilte, der zu Dantes Unglück jedoch schon im Jahr darauf starb.

Der Herbst 1312, in dem Kaiser Heinrich VII. Florenz belagerte, zeigt schon deutlich die besondere Rolle, die diese damals reichste Stadt des Kontinents in der europäischen Politik spielte. Der Papst mußte sie schützen, weil seine wichtigsten Geldgeber dort beisammensaßen, der Kaiser konnte an ihr nicht mehr vorbeiziehen wie frühere deutsche Könige, denn Florenz war als wirtschaftliche Macht eine Metropole, und alle anderen Städte Italiens – Rom der Päpste wegen ausgenommen – wirkten gegen Florenz nur provinziell. Dante, der die Heimatstadt sehnsüchtig und den Tod im Herzen umkreist, bald in Pisa, bald in Verona, bald in Ravenna mehr schlecht als recht lebt und in die Geschicke einzugreifen versucht, wird darum politisch wie in seiner persönlichen Rolle als Dichter und Diplomat schon seit 1303 zur Randerscheinung. Die Nachrichten über ihn werden unsicher, seine Aufenthaltsorte sind nur aus Briefen und gelegentlichen Auftritten zu erschließen. Ist er länger an ein und demselben Ort wie 1316–18 am Scaligerhof zu Verona, dann finden sich Familienangehörige an seiner Seite wie die Söhne Pietro und Jacopo und eine Tochter, die bei ihrem Eintritt in ein Nonnenkloster den Namen Suora (Schwester) Beatrice annimmt, was viel sagt. Die letzten Stationen sind also Verona, eine Gesandtschaft im Sommer 1321 nach Venedig, im Auftrag des Principe Guido da Polenta, Herr von Ravenna.

Über die Todeskrankheit und den Tod des Dichters herrscht das große Schweigen, erklärlich daraus, daß er ja schon ein beinahe Vergessener war. Es gab damals im Hochsommer kaum einen ungesünderen Aufenthalt als Venedig, die Stadt der Kanäle und der ausgedehnten Schilfinseln mit ihren Myriaden von Stechfliegen. Nur wenige Wochen nach der Rückkehr in die ebenfalls zwischen Sümpfen liegende Stadt Ravenna erkrankt der früh verbrauchte, vom Exil gebeugte Dichter an einem Fieber und hat nicht mehr die Kraft, der Infektion zu widerstehen. Am Morgen des 14. September 1321 meldet man dem Fürsten seinen Tod, er ist nur wenig über sechsundfünfzig Jahre alt geworden.

Fürst Guido muß Dante geliebt haben, er beschützte ihn bis zuletzt, obwohl Ravenna im Lager der Dante-Gegner stand. Ebendarum aber gab es wohl keine Gefahren mehr für den Dichter und auch nicht für seine Söhne, die in der Pflege seines Gedächtnisses und im Kampf um seine Rehabilitierung wetteiferten. Ob es im reichen Florenz, in der Stadt, die einen Kaiser besiegt hatte, wirklich bemerkt wurde, ob man sich dieses einen Schicksals unter so vielen anderen Vertriebenen besonders annahm, ist mehr als zweifelhaft, denn für Florenz hatte, früher als für andere Städte Europas, eine Epoche des Glanzes und der Blüte begonnen.

Die großen Familien und die reichen Aufsteiger teilen sich die Förderung der Künste und der Bauten. Da man jahrzehntelang die Häuser der Verbannten im Stadtzentrum niedergerissen hat, fehlt es nicht an Baulücken, an Möglichkeiten für glanzvolle Neubauten, und auch die Brücken vermehren sich, denn die Stadt, die mit siebzigtausend Einwohnern größer ist als das Köln, das Wien, das London jener Zeit, kann mit der einen berühmten Stadtbrücke an der Stelle der Römerbrücke nicht mehr auskommen. Vor allem aber hatte sich über Florenz, zwölf Jahre nach dem Tod des Dante Alighieri, eines jener Strafgerichte entladen, die auch seither die Arnostadt wiederholt heimsuchten: Reichliche Novemberregen in der Toskana hatten die Fluten des Arno ansteigen lassen, der Fluß schob Reisig, Baumstrünke und anderes, das er im Mittellauf mitgerissen hatte, mit großer Schnelligkeit und Wucht vor sich her, und die alte Brücke hielt dem nicht stand. Ufermauern brachen mit ein, und erst zwei Jahrzehnte später bekam Florenz einen neuen Ponte Vecchio, wenn dieser Widerspruch gewagt werden darf, die Brücke, die wir kennen und die angeblich ein Schüler des großen Giotto mit Namen Taddeo Gaddi entworfen hatte. Auch sie sah, wie nach der Sitte der Zeit auch in anderen Städten, wiederum Läden vor, achtundvierzig im ganzen, vierundzwanzig auf jeder Seite.

Auch das Zentrum des politischen Geschehens, die heutige Piazza della Signoria, hat trotz schwerer Zeiten, Kriege und innerer Unruhen Gestalt gewonnen, wenn auch nicht alle Baudaten als gesichert gelten können. Der Palazzo del Podestà (des Bürgermeisters), damals kurz Bargello genannt, soll schon um 1250 begonnen worden sein, um einen älteren Kern herum, der dem Geschlecht der Volognana gehört hatte, aber schon seit einiger Zeit als Gefängnis diente. Der Palazzo Vecchio, mit dem Ponte Vecchio das eigentliche Wahrzeichen von Florenz, erhielt seinen mit vierundneunzig Metern Höhe damals sensationellen Turm im Jahr 1310. Wieviel von dem eigentlichen Bau, in dem wichtige Körperschaften residierten, zu diesem Zeitpunkt schon vollendet war, ist strittig, doch scheint seine Errichtung auf Grundstücken verschiedener Geschlechter um die Jahrhundertwende begonnen worden zu sein. Seit 1294 liefen Verhandlungen über die Ablösung der in Aussicht genommenen Grundstücke und älteren Bauwerke; eine der bei dieser Gelegenheit zum Verkauf gedrängten Familien waren die Malispini, die zum Clan der Cerchi gehörten und darum weder politisch noch finanziell unter Druck gesetzt werden konnten. Das mag den Baubeginn bis 1299/1300 verzögert haben.

Das gewaltigste Unternehmen am Beginn des vierzehnten Jahrhunderts aber war der dritte Mauerring um Florenz, denn die zweite Stadtmauer stammte noch aus den Tagen des Kaisers Friedrich I. Barbarossa, und Florenz war vor allem nach Norden zu über sie hinausgewachsen. Es gab nicht nur ausgedehnte Stadtviertel, die nicht verteidigt waren und die man nur durch hastig aufgeführte Palisaden notdürftig geschützt hatte, es waren auch Teile der Stadtmauer selbst ihrem militärischen Zweck entfremdet worden: Vor allem die großen Geschlechter, die den Spruch der Behörden nicht sonderlich fürchteten, hatten ihren Palazzi oder Wohntürmen nahe liegende Bereiche der Stadtmauern auf oft sehr einfallsreiche Weise wohnlich gemacht, zu Terrassen ausgebaut, Lauben darüber gezimmert, so daß sich dort, wo Zinnen oder Schießscharten den Verteidigern von Florenz Schutz gewähren sollten, lange Reihen von hängenden Gärten hinzogen, deren Girlanden, Holzdächer und Trennwände dem Feuer reiche Nahrung geboten hätten. Die Stadtverwaltung hatte sich bis dahin darauf beschränkt, die Nutzung des Gemeinschaftseigentums für private Zwecke mit Mieten zu belegen, nur rettete dies die Abwehrkraft natürlich nicht.

In den Zeiten, da Dante von seiner Heimatstadt ausgestoßen durch das nördliche Italien irrte, präsentiert sich Florenz trotz einzelner Gewalttäter wie Corso Donati in diesen gemeinschaftlichen Leistungen als eine Stadt von erstaunlichem Leistungswillen. Die ungeheure Aufgabe, eine der größten Städte des Kontinents, die sich zudem auch über Hügel hinzieht, mit einer wirksamen Schutzmauer zu umziehen, wird so schnell bewältigt, daß Heinrich VII., als er sich gegen Florenz wendet, eine wirkliche Einschließung, eine regelrechte Belagerung mit seiner durch Seuchen dezimierten Armee gar nicht mehr wagen kann. Der 1284 begonnene, 1333 vollendete Mauerring hatte demnach um 1310 schon eine gewisse Abwehrkraft, die allerdings nicht wirklich auf die Probe gestellt wurde. Denn als Heinrich VII. mit einem größeren Heer, mit Aufgeboten aus Sizilien, Genua und Pisa und Verstärkungen aus dem Reich einen entscheidenden Schlag gegen die Arnostadt vorbereitete, erreichte ihn in Buonconvento in der Nähe von Siena am 24. August 1313 ein plötzlicher Tod. Seiher galt die dritte Stadtmauer mit ihrer Länge von acht Kilometern, mit ihren siebzig Türmen und den vielen zu Festungen ausgebauten Toren vor allem als Beweis dafür, daß die Händler und Bankiers sich im Schutz dieser Mauern eine Republik ohne Adel schaffen wollten, die – ohne es expressi verbis zu formulieren – sich als dritte Kraft zwischen der Kirche und dem Kaiser verstand.

An ihre Grenzen stößt die Stadt mit dem Bau des Domes, für den man den Bau der Kirche zu Ehren der Stadtheiligen Santa Reparata unterbricht und schließlich abbricht, um neben das altehrwürdige Baptisterium mit seinen römischen und langobardischen Fundamenten einen Dom setzen zu können, der mit den Kathedralen der Nachbarstädte, der anderen toskanischen Metropolen, wetteifern kann. Andere Gründe sind für diese Neuorientierung, für diese überraschenden und stark diskutierten Initiativen kaum denkbar.

Dom und Umgebung präsentieren sich heute großartiger als gegen Ende des dreizehnten Jahrhunderts, weil man vor hundert Jahren in einem kühnen Entschluß Fassaden zurückversetzte und dem Gotteshaus mehr Raum schuf, ganz ähnlich wie auf dem Parvis Notre-Dame in Paris. Beinahe gleichzeitig mit dem stolzesten weltlichen Bau, dem Palazzo Vecchio, begann Arnolfo di Cambio (1232–1310) auch den Bau des Domes, dessen Pläne im wesentlichen von ihm geschaffen wurden und dessen Bau er bis zu seinem Tod leitete. Cambio war Florentiner aus dem Estatal, ein Schüler des großen Niccolò Pisano. Immerhin hatte Pisano rund um Florenz herum, in Bologna, Siena und Lucca gearbeitet, ehe sein begabtester Schüler in der Arnostadt selbst zum Zuge kam; dann aber gleich mit den zwei gewaltigen Bauten, die ihn unsterblich machten.

Der Campanile allerdings ist das Werk eines nicht minder großen Künstlers. Mit ihm, der in der Höhe mit dem arroganten Turm des Palazzo Vecchio wetteiferte, beschäftigte sich vor allem in den Jahren 1334–37 der Maler, Dekorateur und Architekt Giotto di Bondone, 1266 in nächster Nachbarschaft zu Arnolfo di Cambio geboren, also Florentiner, und 1337 in Florenz gestorben, nach einem somit wesentlich kürzeren Leben, als es Pisano und Cambio beschieden war. Seine Arbeit am Campanile begann unmittelbar nach der fürchterlichen Arnohochflut, als sollte ein himmelwärts strebender Glockenturm den Schöpfer versöhnen. Dieser aber schickte in die reiche Stadt nach den Wassermassen noch zwei Seuchen.

Giottos Ruhm war weit über Florenz hinaus gedrungen, er hatte in Rom für Kardinäle und für Bonifatius VIII. gearbeitet, in der alten Peterskirche, in San Giovanni in Laterano und in anderen Kirchen. Und als er bald nach dem Jahr 1300 nach Florenz heimkehrte, zauberte er an die Wand des Bargello, des alten Rathauses der Stadt, ein Bild des jungen Dante, in der kurzen Phase, da man ihn kannte und nannte und da er noch nicht geächtet und verurteilt war. Da wir wissen, wie kurz diese Spanne war, ist dieses Bildnis Zeugnis kongenialen Ahnungsvermögens, aber auch Beginn einer lebenslangen Freundschaft, die den Schöpfer des Campanile nicht nur mit dem Dichter der Göttlichen Komödie verband, sondern auch mit Francesco Petrarca und Giovanni Pisano, dem Sohn des großen Apuliers. Während aber das Grabmal Dantes in Florenz bis auf den heutigen Tag leer ist, wurde Giotto di Bondone im noch unfertigen Dom Santa Maria del Fiore beigesetzt. (Wenn Dantes Porträt im Bargello, wie unter anderen Karl Federn behauptet, tatsächlich erst 1347 nach einer Zeichnung des Giotto an die Wand des Bargello gemalt wurde, dann hätte Giotto der Stadt Florenz immerhin die Möglichkeit zu einer sehr späten Versöhnung geboten.)

Zu diesem Zeitpunkt hatten die hundert Gesänge oder 14.233 Verse von Dantes Commedia längst den Weg durch die Welt der italienischen Sprachen angetreten, und damit zum unvergänglichen Ruhm. 1472 in Venedig gedruckt als eines der ersten in Italien durch Druck verbreiteten Bücher, aber schon vorher durch die Fama und Vorträge bekannt gemacht, erhielt das große Weltgedicht bald die bis heute geltende Bezeichnung ‚die Göttliche'. Ob es wirklich Boccaccio war, der das Divina voransetzte, weiß man nicht; sicher ist, daß die Stadt Florenz 1373 einen eigenen Lehrstuhl für die Deutung der Commedia eingerichtet hat, und daß er, als dem ersten Exegeten, Giovanni di Boccaccio anvertraut wurde. Die Quintessenz der Deutungen aber hat schon die deutsche Romantik gezogen mit Friedrich Schlegels Worten: »Dantes prophetisches Gedicht ist das einzige System der transzendentalen Poesie, immer noch das höchste seiner Art«.

WOLLE UND WISSENSCHAFT

Das Florenz der Medici und seine kulturelle und wirtschaftliche Blüte haben sich dem allgemeinen Bewußtsein so tief eingeprägt, daß bis heute diese Phase der florentinischen Geschichte weitaus am ausführlichsten studiert und kommentiert wird und frühere, aber auch spätere Entwicklungen im Schatten der Hochrenaissance liegen. Die Üppigkeit der Quellen, die betäubende Fülle der Zeugnisse, aber auch Wert und Schönheit des Renaissanceerbes machen diesen Vorgang verständlich, aber die simple Redlichkeit gebietet uns die Feststellung, daß dieses strahlende Renaissance-Florenz politisch, künstlerisch und geistig auf Fundamenten steht, die schon in erstaunlich frühen Anfängen, im Ausklang des Mittelalters, gelegt wurden.

Seit 1250, als die Stadt sich ihre Verfassung gab, bis 1434, als Cosimo de' Medici der Ältere aus der Verbannung zurückkehrte und die Geschicke von Florenz zu lenken begann, war die Stadt eine Republik demokratischer Verfassung, wenn auch, wie in jeder Demokratie, die herrschenden Gruppen und Gruppierungen einem gewissen Wechsel unterworfen waren. Zwar exerziert uns dieses Florenz vor, wie unmenschlich auch demokratische Regierungen vorgehen können – daß also Humanität und Demokratie keineswegs immer zusammengehören –, aber gerade der Wechsel in der Verantwortung, die Teilnahme breiter und unterschiedlicher Schichten an Politik und Verwaltung erwecken am Arno ein Gemeinwesen, das alsbald zu einem Paradigma für das ganze noch feudal regierte Europa wird. Trotz der Übermacht der Universitäten von Paris, Bologna und Salerno, trotz der großen Attraktion, wie sie multinationale Hochschulen wie Córdoba, Prag oder die Jagellonische Universität zu Krakau ausüben, richten sich die Blicke der gelehrten Welt immer stärker nach Florenz, einer Stadt, die bis dahin vor allem durch Bankwesen und Fernhandel eine Vorbildstellung eingenommen hatte.

Dennoch sind es keineswegs singuläre Ereignisse, die das vierzehnte Jahrhundert in Florenz kennzeichnen, denn dieses letzte Säkulum des europäischen Mittelalters ist auf unserem ganzen kleinen Subkontinent eine Zeit der Gewalt, der Katastrophen, der unerhörten Vorfälle, weswegen sich unter anderen die Amerikanerin Barbara Tuchman mit einer gewissen Verblüffung über dieses so europäische Jahrhundert gebeugt und es als ein Paradigma der europäischen Absurditäten für ihre Landsleute nacherzählt hat.

Die eine Ereigniskette ist durch die großen Seuchen gegeben, die zweite, damit oft zusammenhängend, durch die sozialen Unruhen, Aufstände ganzer Bevölkerungsgruppen und -schichten, wie es sie seit Spartakus nicht gegeben hatte. Die Seuchen, vor allem die Pest, schlugen überall zu, wüteten aber sehr unterschiedlich lange. Haydns Dictionary of Dates nennt uns unter dem Stichwort »Plague« zunächst das Jahr 1340 als das des Schwarzen Todes in Italien. 1348/49 litt ganz Europa unter der Pest – in Florenz beschrieb sie, wie wir sehen werden, Boccaccio –, und in großen Städten wie London oder Paris kam die Krankheit das ganze Jahrhundert hindurch nicht wirklich zum Erliegen, mit besonderem Aufflackern 1361, 1367, 1369 und 1370 (in Irland). Auch 1383 war noch ein Pestjahr, und 1407 starben in London dreißigtausend Menschen an ihr.

Für die Mannigfaltigkeit der Folgen sei als einziges Beispiel angeführt, daß das dünnbevölkerte Norwegen nach den Menschenverlusten durch die Pest nicht mehr imstande war, das jährliche Versorgungsschiff zu den Grönlandwikingern zu entsenden, einer der Gründe dafür, daß diese schon vor dem Jahr 1000 entstandene kühne Kolonialgründung zugrunde ging. Beinahe überall aber brachte die Dezimierung der Bevölkerung im Verein mit der Abkehr der Überlebenden von Luxus und üppiger Lebensführung Produktionsrückgang, Absatzschwierigkeiten, Verarmung von Bauern und Arbeitern, Zusammenbrüche selbst großer Firmen. Schon 1310 übernahm in Venedig, der stets besonders

Behandlung eines Pestkranken.
Der Arzt hält sich ein Stück Bernstein vor den Mund,
gegen die Ansteckung.

vorsichtigen und vorausschauenden Lagunenrepublik, ein eigener Rat – der Rat der Zehn – die besondere Verpflichtung, die Entstehung von Verschwörungen zu verhindern. 1332 erzwangen die Straßburger Zünfte die Aufnahme in den Rat; 1336 sah Zürich seine innerstädtische Revolte, 1348 Nürnberg, 1353 erreichte

Sankt Gallen eine Zunftverfassung gegen die Suprematie des berühmten Klosters, 1396 geschah ähnliches in der Erzbischofsstadt Köln. Geradezu Flächenbrände aber waren die großen sozialen Unruhen in Frankreich und England: der Bauernaufstand der Jacquerie in Nordfrankreich und die Kaufleuterevolte unter Marcel in Paris (1357), die denkwürdigen, tragisch endenden Kämpfe des Wat Tyler für die englischen Bauern und die Hammerleute (Maillotins) 1382, kurz nach Wat Tyler, in Paris.

Die Arbeiterrevolte in Florenz, bekannt geworden als der Tumult (so nannte man es damals) der Ciompi, beeinflußte das Schicksal der Stadt über die eigentlichen tumultuösen Jahre 1378–82 hinaus. Es ging, wie sollte es anders sein, um die Wolle. Die Unsicherheit der Handelswege in jenen kriegerischen Zeiten hatte es mit sich gebracht, daß alle Fertigungsvorgänge in und um Florenz konzentriert wurden, nur die Rohwolle wurde importiert. Produktionsstätten aber sind seit jeher ungleich anfälliger als reine Handelszentren. Als die Nachfrage nachließ, als auch das Wolland England Exportrückgänge zu verzeichnen hatte, konnte Eduard III. den Florentiner Geldgebern weder Zinsen noch Rückzahlungen leisten. Die großen Zusammenbrüche der Bardi und der Peruzzi zogen Kreise, die Cerchi fingen ihnen Nahestehende auf, wer aber ohne Hilfe blieb, das war der Arbeiter der untersten, der ungelernten Schicht, die Wäscher der Rohwolle, die Wollkämmer und einige andere Arbeitergruppen, die nicht organisiert waren, nicht den Schutz einer Zunft (arte) genossen. Sie waren rechtlich wehrlos, als Fernhandel und Banken sich auf die neue Situation einstellten.

Hatten sie schon bis dahin elend gelebt in ihren schaurigen Werkstätten rund um Florenz, so hatten sie nun überhaupt nichts mehr, wovon sie leben konnten. Und so gingen die Ciompi (so der bis heute nicht zufriedenstellend erklärte Name der Wollkämmer) nicht nur auf die Straße, sondern revoltierten mit einer Brutalität, die der langen Rechtlosigkeit, Armut und Verzweiflung der Ciompi als beinahe unausweichliche Folge entsprach –

Vorfälle, die in der emsigen DDR-Forschung über den Ciompi-Aufstand allerdings weitgehend übergangen wurden. Der 21. Juli 1378 wurde also schnell blutig, als erster starb auf dem Hauptplatz der Polizeichef, im Volksmund wie sein Amtsgebäude Il Bargello genannt, danach wurden Geiseln genommen, weil vor allem die Frauen und Töchter der Familien aus den großen Zünften da und dort noch nichtsahnend unterwegs waren. Man drohte den in ihren Türmen und Palazzi verschanzten Häuptern der arti maggiori allerlei phantasievolle Drangsale für die gefangenen Damen an, so daß sich die Herren wohl oder übel bequemen mußten, waffenlos durch die wütende Menge schreitend zu Verhandlungen zu kommen. Das Ergebnis waren drei neue Zünfte, nämlich die der Wollarbeiter (Ciompi), der Wamsmacher und der Färber, eine Berufsgruppe, die wegen des Gestanks, der von den Farbtrögen ausgeht, ähnlich wie die Gerber im ganzen Mittelalter wenig Ansehen genoß.

Als Führer des Aufstands und der Verhandlungen hatte man einen offenbar schon vorher hervorgetretenen begabten Aktivisten erkoren; er hieß Michele di Lando, wobei das di Lando damals lediglich erläutern sollte, um welchen Michele es sich handle; Adelssproß war Michele jedenfalls keiner, seine Mutter und seine Schwester hatten einen Gemüse- und Obststand vor dem Stadtgefängnis. Michele erwies sich als der Stunde gewachsen, brachte die oberste Justizgewalt an sich und diktierte als gonfaloniere di giustizia die neuen Verordnungen hinsichtlich der Erweiterung der Zünfte und der Aufhebung des Unterschieds zwischen großen und kleinen Zünften. Als er aber versucht, Plünderungen und Ausschreitungen zu unterbinden, beschuldigen ihn seine Genossen prompt des geheimen Einverständnisses mit dem popolo grasso, den Reichen, die sich solche Querelen zunutze machen und 1382 den proletarischen Spuk beenden.

Da die großen Zeiten der Stadt ja erst anbrachen, lassen sich die politischen Folgen dieses verfrühten Volksaufstandes schwer oder gar nicht abschätzen. Allenfalls wäre zu registrieren, daß sich politisch interessierte Persönlichkeiten und Geschlechter durch ihn aufgerufen fühlten, dereinst die offenkundig gewordene Stoßkraft des Volkes für ihre Zwecke auszunutzen – was freilich für jeden, der die römischen Volkserhebungen kannte, nicht so unbedingt neu war.

Indes scheint aber auf einem anderen Gebiet als dem der eigentlichen Politik ein Wandel zur Härte und zur Unmenschlichkeit eingetreten zu sein, nämlich auf dem des Strafvollzugs. Gewiß, man war auch bis dahin in Florenz nicht zimperlich gewesen. Die Strafen waren, wie im ganzen Mittelalter, sehr hart, wenn etwa einem betrügerischen Notar oder auch einem Exporteur des lebenswichtigen Getreides gleich Gliedmaßen abgeschlagen wurden, aber man konnte sich doch immer noch mit Geld aus der Affäre ziehen, und auffällig häufig sind auch die Fälle, in denen die Delinquenten nach der Verurteilung zu grausamen Strafen oder Hinrichtungen rechtzeitig entfliehen konnten. Selbst Dante als Prior hatte die Strafausführung gegen drei Verurteilte in seine Verantwortung übernommen, denen bei Nichtenrichtung der Geldbuße die Zunge herausgeschnitten werden sollte. Die rechtzeitige Flucht der drei hat den Dichter vor dem Odium solcher Grausamkeiten bewahrt.

Im ganzen aber hat man den Eindruck, daß der Strafvollzug in der Arnostadt bis zum Ciompi-Aufstand und der nun realen Gefährdung der Reichen zu einem gut Teil aus Spektakel bestand. Das bekannteste war die Schandmalerei, der sich auch große Meister wie etwa Botticelli nicht entziehen konnten: Übeltäter mußten an gut sichtbaren Wänden dargestellt werden, und natürlich so, daß man sie erkannte und gegebenenfalls abermals festsetzen konnte. Dafür ließen sich Nichtskönner schwerlich verwenden, wenn auch so mancher vielbeschäftigte Schandmaler den Aufstieg in die Kunstgeschichte nicht schaffte wie etwa der nur bei Davidsohn erwähnte Fino Tedaldi, der etwas weniger rätselhaft wird, wenn wir den damals häufigen Schreib- oder Lesefehler d=b berücksichtigen und in die Malerfamilie der Tebaldi, in der Einzelperson Tebaldo, gelangen, die in Verona, Bologna, Mantua und Siena arbeitete. Der große Historiker des frühen und mittelalterlichen Florenz bedauert, daß von dieser kriminalistischen Lüftlmalerei nichts auf uns gekommen ist, eben weil jene Außenflächen, an denen die Herren und Damen Verbrecher zu sehen waren, der Witterung nicht standhielten, vielleicht aber auch, weil man allzuoft übertünchte, wenn neue Fahndungen nötig wurden.

Noch flüchtiger war das andere Spektakel, die in Florenz wie anderswo zum Vergnügen der braven Bürger öffentlich vollzogene Schandstrafe, die als vergleichsweise harmlos galt, weil es an einer Delinquentin ja spurlos vorüberging, wenn sie wegen Mundraubs oder Prostitution im Sperrbezirk durch die Stadt getrieben und auf dem Weg von einem Tor zum anderen gestäupt wurde. Mitunter mußten die Betreffenden dabei um den Hals tragen, worum es gegangen war, also was sie entwendet hatten. Am meisten kam das Volk auf seine Rechnung, wenn eine wütende Klatschbase oder ein erboster Bürger die Madonna oder die Heiligen geschmäht hatte: Solche Übeltäter wurden, »wenn sie sich nicht mit dem Himmel und der Kämmereikasse durch Zahlung einer vergleichsweise mäßigen Summe arrangierten, völlig nackt durch die ganze Stadt gestäupt, wodurch dann nicht nur der Entrüstung frommer Mitbürger, sondern zugleich dem Zorn der beleidigten Überirdischen Genüge geschah« (Davidsohn IV,I, S. 335).

Seit dem Aufstand der Ciompi weht ein neuer Wind, in dem als erster der Bargello baumelt, der aber auch die bis dahin läßlichen Sünden zu gnadenlos geahndeten Verbrechen werden läßt. Menschenraub zum Zweck der Folterung leitet die Gegenoffensive der Reichen ein, die sich auf diese Weise Informationen über die Ciompi verschaffen. Todesurteile werden nicht mehr außerhalb der Stadt vollstreckt, sondern auf den belebtesten Plätzen: Zwei Anführern der Wollarbeiter-Partei wird 1378 vor dem

Palazzo des Arnolfo di Cambio der Kopf abgeschlagen, und im Jahr darauf werden von fünfzehn Todesurteilen an Aufrührern dreizehn vollstreckt, wiederum mitten in der Stadt, auf der Piazza Sant'Apollinare – eine Massenhinrichtung, während man früher verbannt oder mit Geld gestraft hatte.

Auch die eigentliche Strafjustiz zog nun natürlich nach. Eine Sklavin, die ihren Herrn vergiftet hatte, wurde auf einen Wagen gebunden und während der ganzen Fahrt mit dem Armensünderkarren vor allen Augen und am ganzen Leib mit Zangen gemartert, ehe man sie bei lebendigem Leib verbrannte. Gleiches widerfuhr einem Wirt und einem Wollweber, die mit den an sich schon besiegten Ciompi sympathisiert hatten. Ein Scharfrichter, der es an Martern fehlen ließ, weil ihm ein Kohlenbecken zerbrochen war, wurde in der Via Tornabuoni – heute eine der elegantesten der Arnostadt – von dem wütenden Pöbel beinahe gelyncht, da sich die Florentiner um das Schauspiel eines in Schmerzen zuckenden Verurteilten geprellt sahen. (Ein seltener Fall: In den deutschen Städten, wo es allerdings beamtete Scharfrichter gab, die einen Befähigungsnachweis hatten erbringen müssen, sympathisierte die Menge in der Regel mit dem Delinquenten und bedrohte den Scharfrichter nur dann, wenn er durch Ungeschick dem Unglücklichen zusätzliche Schmerzen verursachte.) Diese keineswegs nur in Florenz immer wieder zu beobachtenden Grausamkeiten der Strafjustiz, das Elend der angeketteten Gefangenen in den Kerkern, die Preisgabe mißliebiger, eines Verbrechens beschuldigter Personen an den Straßenpöbel, ohne daß ein Urteil ergangen wäre, die sadistischen Verstümmelungen, wie sie Kinder- und Jugendbanden Wehrlosen zufügten, dies alles gilt als jene Summe von Eindrücken, die den Höllenvorstellungen des hohen Mittelalters und der frühen Neuzeit zugrunde liegen, Schilderungen bei Dante, Darstellungen bei Hieronymus Bosch, dem Höllenbreughel und anderen. Aber ebender Umstand, daß wir diese unzweifelhaft vorgefallenen Unmenschlichkeiten in der großen Kunst wiederfinden, beweist doch auch, daß Dichter und Maler sie als Extrem- und Ausnahmesituationen ansahen, als das, was eben dem schlimmsten Bösewicht, dem unverbesserlichen Sünder zustößt. Darum war die große Seuche, wie sie Florenz heimsuchte, für die Gläubigen nicht nur zur körperlichen Gefahr geworden, sondern auch zu einer tiefen Verunsicherung. Mit einemmal gab es keinen Unterschied zwischen Gut und Böse mehr; die bis zu zweihundert Menschen, die täglich auf die Karren geladen und auf die Friedhöfe transportiert wurden, waren Sünder und Gerechte gewesen, Kinder und Greise, Fromme und Übeltäter.

Die große Pest von Florenz, in der Mitte des großen Jahrhunderts der Cimabue und Giotto, des Dante und Petrarca und vieler anderer nicht so großer, aber lebhafter, schöpferischer, erfolgreicher Künstler, bedeutete den Einbruch unergründlicher und unbeherrschbarer Kräfte in ein Gemeinwesen, das sich trotz aller Parteienkämpfe als im Glauben gesichert empfunden hatte. Es klingt etwas von dieser tiefen Fassungslosigkeit selbst aus der in ihrem eleganten Erzählton besonders bekannt gewordenen Schilderung des Schwarzen Todes, wie sie sich am Anfang der wohl berühmtesten Novellensammlung seit Tausendundeiner Nacht findet, nämlich am ersten Tag des Decamerone, verfaßt von Giovanni Boccaccio (1313–75):

»Gegen dieses Übel half keine menschliche Klugheit oder Maßregel, obgleich man es daran nicht fehlen und die Stadt durch eigens dazu ernannte Beamte von vielem Unrat reinigen ließ, auch jedem Kranken den Eintritt verwehrte und zur Bewahrung der Gesundheit manchen Rat gab. Ebensowenig nützten die demütigen Gebete, die nicht ein, sondern viele Male in wohlgeordneten Prozessionen und auf andere Weise von den frommen Leuten Gott vorgetragen wurden.

Etwa zu Beginn des Frühlings im genannten Jahr begann die Krankheit schrecklich und auf wunderbare Weise ihre betrübsamen Wirkungen zu zeigen. Die Pest war aber anders als im Orient, wo Nasenbluten ein offenbares Zeichen unvermeidlichen Todes war, sondern es kamen zu Anfang der Krankheit, bei Männern wie bei Frauen, an den Weichen oder in den Achselhöhlen gewisse Geschwülste zum Vorschein, die manchmal so groß wie ein gewöhnlicher Apfel, manchmal wie ein Ei wurden, bei den einen sich in größerer, bei den anderen in geringerer Anzahl zeigten und schlechtweg Pestbeulen genannt wurden. Von den genannten Teilen des Körpers aus verbreiteten sich diese tödlichen Pestbeulen in kurzer Zeit ohne Unterschied über alle übrigen Teile.

Später aber gewann die Krankheit eine andere Gestalt, und viele bekamen auf den Armen, den Lenden und allen übrigen Teilen des Körpers schwarze und bräunliche Flecken, die bei einigen groß und spärlich, bei anderen aber klein und dicht waren. Und so wie früher die Pestbeule ein sicheres Zeichen unvermeidlichen Todes gewesen und bei manchen noch war, so waren es nun diese Flecken für alle, bei denen sie sich zeigten.

Dabei schien es, als ob zur Heilung dieses Übels weder ärztlicher Rat noch irgendeine Arznei wirksam oder förderlich wäre. Sei es, daß die Unwissenheit der Ärzte der Krankheit rechten Grund zu erkennen und daher auch ein gehöriges Heilmittel ihr entgegenzustellen nicht vermochte; genug, die wenigsten genasen, und fast alle starben binnen drei Tagen nach dem Erscheinen der beschriebenen Zeichen, einige ein wenig früher, andere etwas später, die meisten aber ohne alles Fieber oder sonstige Zufälle.

Einige waren nun der Meinung, durch ein mäßiges Leben und durch Enthaltung von allem Übermaß vermöge man besonders diesem Übel zu widerstehen. Diese bildeten Gesellschaften und lebten, getrennt von den übrigen, verschlossen in Häusern, in denen kein Kranker sich befand, beisammen. Hier genossen sie die feinsten Speisen und ausgewähltesten Weine mit großer Mäßigkeit und ergötzten sich, jede Ausschweifung vermeidend, mit Musik und anderen Vergnügungen, die ihnen zu Gebote standen, ohne sich um Krankheiten oder Tod außerhalb ihrer Wohnung irgend zu kümmern.

Andere aber waren der entgegengesetzten Meinung zugetan und versicherten: viel zu trinken, gut zu leben, mit Gesang und Scherz umherzugehen, in allen Dingen, soweit es sich tun ließe, seine Lust zu befriedigen und über jedes Ereignis zu lachen und zu spaßen, sei das sicherste Heilmittel für ein solches Übel. Diese verwirklichten denn auch ihre Reden nach Kräften; sie gingen bei Nacht wie bei Tag bald in diese, bald in jene Schänke, tranken ohne Maß und Ziel und taten dies alles in fremden Häusern noch weit ärger, ohne dabei nach etwas anderem zu fragen, als ob dort zu finden sei, was ihnen zu Lust und Genuß dienen könnte.

In solchem Jammer und solcher Betrübnis der Stadt war auch das ehrwürdige Ansehen der menschlichen wie der göttlichen Gesetze fast ganz gesunken und zerstört; denn ihre Diener und Vollstrecker waren gleich den übrigen Einwohnern alle krank oder tot oder hatten doch so wenig Leute behalten, daß sie keiner ihrer Amtsverrichtungen mehr vorstehen konnten. Darum konnte sich denn ein jeder erlauben, was immer er wolle.«

Wir müssen versuchen, diesen letzten Satz mit den Augen eines Stadtbürgers von damals zu lesen. Die Welt, in der er lebte, und ihre Ordnungen haben sich aufgelöst. Die bewährten Mechanismen, wie sie von den Kanzeln verkündet worden waren – Frömmigkeit, Gnade, Sünde, Buße –, dies alles hatte sich als Trug erwiesen oder doch als wirkungslos. Im Alten Testament warnt das Menetekel noch den sündigen König, wenn auch zu spät. Bei Boccaccio jedoch »fehlt jeder Hinweis auf das typischste und vorrangige Thema des Mittelalters, auf das memento mori. Das große Sterben wird nicht besiegt durch die Reue der Sünder und die fromme Vorbereitung auf das Jenseits, sondern durch die Rückbesinnung auf die Ansprüche des Lebens und der Gesellschaft« (Giorgio Padoan).

Es ist eine Revolution, und der Decamerone ist ihr Manifest; eine Revolution, ungeheuerlicher und tiefer greifend als die der Ciompi und nicht dadurch zu besiegen, daß man ein paar Wollkämmern die Köpfe abschlägt. Nun erst ist das Mittelalter zu

Ende, am Ende seiner Weisheit, denn das, woran es geglaubt hat, funktioniert nicht mehr. Der Dichter, der seine gewählte Zuhörerschar unweit der Seuchenstadt in drei immer noch einsamer und stiller werdenden Lustgärten versammelt, ist das Ergebnis einer offensichtlich besonders glücklichen Mischung der Gene, wie wir sie in der Weltgeschichte besonders bei natürlichen Nachkommenschaften antreffen. Ein Fernhändler und Kleinbankier aus dem florentinischen Certaldo hat ihn in einer Gegend gezeugt, wo auch eifersüchtige Ehefrauen resignieren, im Paris des François Villon (das auf ihn freilich noch hundert Jahre warten muß). Aber ein Mädchen namens Jeanne de la Roche ist schon da, und sie bringt an der Seine den späteren großen Novellisten der Arnostadt, ja der ganzen Italianità zur Welt, denn neben den Gesängen der Commedia des Dante und neben den Gedichten des Petrarca ist es vor allem die vielgelesene Sammlung des Boccaccio, die dem Toskanischen zum Sieg über das Neapolitanische und das Venezianische verhelfen wird.

Nun mit einem Kind belastet, ordnet der Vater sein Leben, kehrt nach Italien zurück, sucht eine Mutter für Giovanni, steckt den aufgeweckten Jungen als Lehrling in die neapolitanische Filiale des florentinischen Großhandelshauses der Bardi und erkennt alsbald, daß dieser Sohn zu höheren Weihen berufen ist: Giovanni darf studieren und eine klerikale Laufbahn am Hof der Päpste anstreben, der sich zu jener Zeit in Avignon befindet.

Die Frage, warum Boccaccio dann doch nicht an die Rhône gelangte, wo man damals auf das angenehmste leben konnte, wird von den Biographen meist damit beantwortet, daß eine große Liebe dazwischengekommen sei: Giovanni habe in Florenz und natürlich, wie Dante beim Kirchgang, wie Petrarca in Santa Clara zu Avignon, die Angebetete seines Herzens erblickt, eben Fiammetta, das Flämmchen.

Daraus kann man nicht nur schließen, daß es damals ziemlich schwierig gewesen sein muß, ein junges Wesen des schwachen Geschlechts in der Öffentlichkeit oder gar im geheimen zu treffen, es zeigen sich auch Parallelen zwischen diesen drei Dichtern, die sie von so manchem unbedenklich wildernden Zeitgenossen und Nachfahren unterscheiden. Der Verfasser des zeitweise berüchtigten Decamerone ist persönlich alles andere als ein Schürzenjäger, Frauen-Großverbraucher oder gar ein Roué wie die meisten der späteren Verfasser literaturgeschichtlicher Erotika. Unter den drei erhaltenen Briefen Boccaccios an Petrarca ist der kostbare Bericht einer Reise nach Venedig, wo Boccaccio den Brieffreund und verehrten Kollegen jedoch nicht antrifft. Er wagt nicht, bei Petrarcas Tochter Tullia abzusteigen, obwohl sie verheiratet ist, und widmet sich nur glücklich Petrarcas Enkelin Eletta, weil das kleine Mädchen ihn an seine eigene verstorbene Tochter erinnert.

Auch die Rahmenhandlung des Decamerone ist keineswegs die einer Orgie in dem Sinn, daß sich die Pestflüchtlinge im Angesicht des nahen Seuchentodes rückhaltlos allen Ausschweifungen hingeben. Die Ausschweifung liegt lediglich im Geistigen, in der Umkehr der Interessen von der Bußfertigkeit zur Erlebnisfähigkeit, von der Ausrichtung auf eine Sündenskala zur Erkenntnis der heilsamen Wirkungen heiter-gehobener Lebensart. Dies alles ist, zeigt uns Boccaccio in der Rahmenhandlung, freilich noch nicht Wirklichkeit. Man hat vergeblich nach einer vornehmen florentinischen Villa mit großzügigem Park als Schauplatz der Erzählungen gesucht, bis Edith G. Kern in ihrem Aufsatz The Garden in the Decameron Cornice 1951 nachwies, daß es sich um den mittelalterlichen Lustgarten, den hortus deliciarum, handele, wie wir ihn aus den Ritterromanen kennen; Boccaccio hat ihn nur der märchenhaften Elemente wie der Fabeltiere oder der Wunderbäume und -quellen entkleidet und damit der Wirklichkeit angenähert. Makarts berühmt-berüchtigtes Bild von der Pest in Florenz machte Skandal, ist aber ein Mißverständnis.

Hingegen hat sich der Decamerone nicht nur als ein höchst ergiebiger Steinbruch solider Dramenvorwürfe erwiesen, aus dem sich die Bühnenautoren von Shakespeare bis Gerhart Hauptmann denn auch ungescheut bedienten, sondern auch als ein ebenso buntes wie aufschlußreiches Abbild der toskanischen Lebenswirklichkeit im Trecento. Natürlich ist Boccaccio vorsichtig, wir haben ja eben erfahren, wie hart die Obrigkeit zuschlug, wenn sie sich mit Schmähungen oder auch nur mit Kritik konfrontiert sah. So allerlei, was der Dichter zweifellos in und um Florenz erlebt hatte, verlegt er in seinen Novellen nach Verona, Faenza, Pisa, Lucca, Cremona oder Todi, oder er verschweigt den Namen des Angegriffenen wie im Fall eines habsüchtigen Inquisitors, der in der sechsten Novelle des ersten Tages auftritt. Wie ein heutiger Berichterstatter wagt er sich nur dort aus der Reserve, wo er sich mit der öffentlichen Meinung einig weiß (etwa hinsichtlich der Anfälligkeit der Geistlichen für die große Versuchung durch die Frau) oder wenn er meint, den Wahrheitsbeweis antreten zu können, wie im Fall des Pietro de Vinciolo, Patrizier aus Perugia, hinter der Fassade der Ehrbarkeit aber der schändlichsten Handlungen fähig. (Markus Landau berichtet in seinem Buch über die Quellen des Decamerone, daß ein Nachkomme des Vinciolo sich noch fünfhundert Jahre nach Boccaccio bemüht habe, die Vorwürfe als erfunden hinzustellen.)

Freier bewegt sich Boccaccio dort, wo er vom Künstlervölkchen spricht; es war schon damals in jenem Zwischenreich angesiedelt, das wir heute Boheme oder Szene nennen, und hatte keinen Anspruch auf besondere Reputation. Darum ergänzt Boccaccio den großen Vasari höchst ergötzlich in seinen Erzählungen von Malern, die er offenbar persönlich kannte und die zu frequentieren im Florenz des vierzehnten Jahrhunderts offensichtlich ungleich einfacher und auch ungefährlicher war, als einer wohlbehüteten Schönheit aus dem Patriziat nachzustellen.

An die Größten – an Giotto und Cimabue – wagt Boccaccio sich leider nicht heran; er hätte dazu beitragen können, daß man von Cimabue mehr sichere Zuschreibungen besitzt und weniger auf die doch immer ein wenig unsicheren Stilkriterien angewiesen ist. So bleibt also Buffalmacco der Bedeutendste unter seinen Malerfreunden, vollständig Buonamico di Cristofano genannt, 1262 geboren, trotz seiner Dauerarmut mit einem langen Leben gesegnet und mit einem nie versiegenden Humor, den Boccaccio noch kennenlernen konnte, ehe Buffalmacco 1340 im Armenspital zu Florenz starb. Er war an vielen Orten (Bologna, Assisi, Pisa, Perugia, Arezzo u.a.) tätig, doch haben sich von seinem Werk vorwiegend Zeichnungen erhalten, weil er mit Zusätzen experimentierte, die den Farben höhere Leuchtkraft geben sollten, aber deren Beständigkeit verminderten.

Die vielen Streiche des Buffalmacco wurden von den großen Novellisten der Renaissance – neben Boccaccio noch Franco Sacchetti, Straparola und andere – so reichlich verwendet, daß der Dresdener Kunsthistoriker Karl von Rumohr zu der übellaunigen Feststellung gelangt: »Dieses Leben ist größtentheils aus den Novellisten zusammengesetzt. Die künstlerische Existenz und Wirksamkeit des Buonamico Buffalmacco liegt durchaus im Ungewissen« – eine bemerkenswert humorlose Äußerung des Mannes, dessen Geist der Kochkunst bis heute zitiert wird und dessen Anstandsbücher durch ihre unfreiwillige Komik lebendig geblieben sind.

1910, lange nach Rumohrs Tod, wurde dem Bohemien auf großartige Weise Gerechtigkeit zuteil durch die Wiederauffindung seiner im 17. Jahrhundert übertünchten Fresken in der einstigen Chorkapelle der Badiakirche an der Via del Proconsolo zu Florenz. Nach den Forschungen des Entdeckers Peleo Bacci »fällt die Entstehung dieser Fresken erst in die letzte Schaffensperiode des Meisters (1330–40)«. Sie lassen »die Hand eines vom erstarrten Konventionalismus der Giotto-Nachfolge völlig unabhängigen, robust-temperamentvollen und selbstschöpferischen Naturalisten erkennen ... den man mit Recht als einen seiner Zeit weit vorauseilenden Vorläufer der Masolino und Masaccio betrachten darf« (Kurzwelly in Thieme-Becker).

Für Markus Landau aus dem ostgalizischen Brody, woher die Monarchie so manche starke Begabung bezog, muß es eine späte

Genugtuung gewesen sein, daß er, der schon 1869, also eigentlich nur einer Ahnung folgend, die starke Originalität des Buffalmacco erkannte, in seinem letzten Lebensjahrzehnt noch von den Entdeckungen in der Badiakapelle erfahren durfte. Er starb vereinsamt zwischen dem 10. und 12. Januar 1918 in Wien.

Trotz seiner vielen und eigentlich durchaus harmlosen Späße war Buffalmacco nicht der unterhaltsamste Freund Boccaccios, sondern Calandrino, »der wie Falstaff nicht nur selbst witzig ist, sondern auch die Ursache ist, daß andere witzig werden« (Landau). Er malte gemeinsam mit Buffalmacco und anderen Kollegen an den Fresken der großen Villa des Niccolò Cornacchini in Camerata, wobei die Künstler offenbar viel Spaß hatten. Calandrino, mit seinem richtigen Namen Giovannozzo di Perino, starb vor 1320, hat so gut wie keine erkennbaren Arbeiten hinterlassen, ist aber von Boccaccio in vier Novellen des Decamerone verewigt worden. In einer von ihnen ist Calandrino krank, was Boccaccio Gelegenheit gibt, auf die Scharlatanerie und die Großsprecherei nicht weniger Ärzte jener Zeit hinzuweisen und sie in der Gestalt des Doktors Simon aus Bologna dem armen Calandrino gegenüberzustellen, der zu seinem Schaden auch noch den Spott der Malerkollegen hinnehmen muß.

Einer der Maler, dessen Begabung nicht hinreichte, porträtechte Schandmalereien zu schaffen, fand eine Lösung, die ihn vermutlich zum Erfinder der Sprechblasen machte und damit zu einem Vorläufer des Comic strips: War ihm wieder einmal eine der Figuren, die er darstellen sollte, nicht nach Wunsch gelungen, so malte er ihr einen Zettel oder eine Papierbanderole in den Mund, auf denen dann alles Nähere zu lesen stand. Er hieß Bruno di Giovanni und muß ziemlich alt geworden sein, denn er erhielt schon 1301 einen schriftlich fixierten Auftrag und wird noch 1350 in einem Florentiner Malerverzeichnis aufgeführt. Nach Vasari hat Bruno die Geschichte des heiligen Mauritius in Santa Maria Novella ausgeführt, wo heute Ghirlandaio und Ghiberti dominieren, Buffalmacco habe die Kartons für die Fresken geliefert. Unzweifelhaft von Bruno allein ausgeführt und erhalten ist die heilige Ursula, ein Altarbild, das sich heute im Museum zu Pisa befindet. Vasari ist auch der Meinung, die Idee mit den Schriftbändern in den Mündern sonst unkenntlicher Personen sei von dem stets zu Späßen aufgelegten Buffalmacco geäußert und von Bruno di Giovanni ernst genommen worden. Treffpunkt der Künstlerschar war nach Vasari eine Wechselstube in Florenz auf dem Maso del Saggio, woraus man schließen darf, daß die Freunde mit einer gewissen Ausdauer in Geldnöten lebten. Der einzige, über den die Zeiten völlig hinweggingen, der offenbar nur an Wänden gemalt hatte, die zum Niederreißen oder Übertünchen bestimmt waren, ist Nello di Dino. Er kommt zwar in zwei Novellen des Boccaccio vor, hat sich aber allen Nachforschungen hartnäckig widersetzt, nicht einmal die sechs Bände, die Giorgio Vasari so emsig mit Nachrichten von den Künstlern seiner Zeit gefüllt hat, enthalten einen Hinweis. Er bleibt für uns nur im Privaten greifbar als Schwager von Calandrino, als Mitarbeiter des Buffalmacco (aber woran? – Buffalmacco scheint im Erlangen von Aufträgen eifriger gewesen zu sein als bei der Ausführung) und als Schüler des Andrea di Rico, genannt Tafo, bei dem auch Buffalmacco lernte.

Bei einem spektakulären Fest scheinen sie alle zusammengewirkt zu haben, bei der Maifeier der Arnofischer von San Friano, die mit ihren Barken allegorische Darstellungen auf dem Wasser heranführten. Auf der Carrajabrücke drängten sich die Menschen, um das Schauspiel gut sehen zu können, bis die Brücke unter der Last zusammenbrach und viele, die nicht schwimmen konnten, im Fluß umkamen oder erdrückt wurden. Buffalmacco hatte sich zu ein paar Einkäufen entfernt und war dadurch dem Unheil entronnen (das man nachträglich als Himmelsstrafe deutete, da die Barken in diesem Augenblick gerade Bilder von der Hölle zeigten).

Man sieht es: Auch ein Genie wie Buffalmacco, künstlerisch längst dem Mittelalter entwachsen, wird mit ihm sogleich konfrontiert, wenn sich der Himmel zum Wort meldet, wenn höhere Mächte sich in die florentinische Wirklichkeit und den unbefangenen Alltag des Florentiners einzumischen scheinen. Boccaccios Novellen spiegeln diesen Alltag, wie er sagt, in fiorentin volgare et in prosa, während Dante und Petrarca sowohl lateinisch als auch italienisch schreiben und dichten. Und doch bewirken die auf den ersten Blick so oberflächlichen Geschichten, wie sie in angenehmer Umgebung einem heiteren Kreis erzählt werden, eine tiefgreifende, ein Volk und ein Zeitalter erfassende neue Einstellung zur Welt, zum Leben und zum Menschen, so wie etwa gleichzeitig die bildenden Künste den Weg zum Menschen und zu einem neuen Bild des Lebens gehen werden.

Von den Zeitgenossen Giovanni della tranquillità, also etwa das ruhige Hänschen, genannt, war Boccaccio alles andere als der Typus des Eroberers, gelte es nun die Lüste im allgemeinen oder die Frauen im besonderen. Als friedlicher Gast an den Tischen großer Herren erwarb er sich beizeiten jene Beleibtheit, die sich intensiveren Aktivitäten in den Weg stellt, und wurde ein Aktivist seines Schreibpultes, der sich nicht mit italienischen Handlungsorten begnügte, sondern seine Geschichten überall spielen läßt, wo florentinische Händler jemals hingelangt waren oder von woher Erzählstoffe bis an den Arno getragen wurden. Verströmt aber ein Erzählwerk in der Breite, so wittern die Kritiker Verdünnung und Oberflächlichkeit, und so blieb denn an die hundert Jahre lang jenes Verdikt über Giovanni Boccaccio in Geltung, dessen Souveränität und Suggestivität man sich selbst heute nur schwer zu entziehen vermag: »Boccaccio ist kein überlegener Geist, der die Gesellschaft von einer überhöhten Warte aus überblickt«, schrieb Francesco de Sanctis 1870 (!) in seiner durch Kröner in Deutschland sehr bekannt gewordenen Geschichte der italienischen Literatur, »und in klarer, strenger Erkenntnis ihre guten und schlechten Seiten aufdeckt. Er ist ein Künstler, der sich eins fühlt mit der Gesellschaft, in der er lebt, und er zeichnet sie mit jenem halben Bewußtsein, das Menschen

eigen ist, die zwischen den beweglichen Eindrücken des Lebens schwanken, ohne sich die Mühe zu geben, sich zu sammeln und sie zu analysieren; eine Eigenschaft, die ihn wesentlich von Dante und Petrarca unterscheidet, ganz nach innen gewandten, ekstatischen Charakteren. Boccaccio dagegen ist durchaus der Außenwelt zugekehrt … Denkerfalten haben nie diese Stirn gezeichnet, und kein Schatten ist auf sein Gewissen gefallen.«

Dieses Urteil ist durch eine emsige moderne Forschung an den Schriften des Boccaccio inzwischen als weitgehend überholt anzusehen, ohne daß wir dies hier im einzelnen belegen könnten. Grund dieses großen Mißverständnisses zwischen einem bedeutenden Gelehrten des neunzehnten Jahrhunderts und seinen Folgegenerationen ist einmal der Wechsel in der Blickrichtung, bemüht sich doch heute nicht nur die Literaturgeschichte, sondern auch die Allgemeinhistorie um ein von Großereignissen und Herrscherpersönlichkeiten unabhängiges realistisches Bild der vergangenen Epochen, zum andern aber der allgemeine Rückgang der Bildung in Europa. Was die Zeitgenossen von de Sanctis noch wußten, will heute niemand mehr wissen; was sie mit einer soliden Schulbildung ganz selbstverständlich in sich aufnahmen, ist heute kaum noch mitteilbarer Sonderbesitz einer immer kleiner werdenden Schicht. Zutreffende Informationen über vergangene Jahrhunderte aus tief grübelnden, analytischen oder in sich selbst versenkten Geistern zu gewinnen ist eine Goldgräberei, für die selbst dem interessierten Laien unserer Tage die Voraussetzung fehlt. Wer sich heute ein Bild des achtzehnten Jahrhunderts verschaffen will, liest die neuen großen und vollständigen, brillant kommentierten Casanova-Ausgaben bei Plon oder Brockhaus (und tut gut daran). Wer das siebzehnte Jahrhundert haarklein und zuverlässig, dabei unterhaltsam kennenlernen will, liest Samuel Pepys, und für das Italien des vierzehnten bis zum sechzehnten Jahrhundert gibt es keine bessere Primärquelle als die großen Novellisten von Boccaccio bis zu dem Nachzügler Basile mit seinem Pentamerone. Denn – und das sagt einer, der ihnen mit seinen Römischen Erzählungen erfolgreich nachgeeifert hat – »man sagte, Boccaccio sei ein Sensualist gewesen; aber die Sinnlichkeit schließt doch nicht notwendig das moralische Bewußtsein aus. Boccaccios wenig sittenstrenge Art hat man dem Zerfall der Sitten, dem historischen Übergang des ritterlichen Mittelalters in die Epoche des Bürgertums, der Ablösung des transzendenten Weltbildes durch die Weltanschauung der Renaissance zuschreiben wollen. Aber ich bin davon überzeugt, daß das moralische Bewußtsein nicht wie die Mode oder andere Oberflächenerscheinungen dem historischen Wandel unterworfen ist. Sicher war Boccaccio ebenso moralisch wie Dante oder Manzoni« (Alberto Moravia).

Fühlt man auch, daß Alberto Moravia in diesem Aufsatz von 1953 nicht nur von Boccaccio, sondern auch von seiner eigenen Arbeit und ihrer Haltung spricht, so wird doch auch klar, daß die Novellen des Decamerone sehr viele und durchaus gegensätzliche Deutungen und Ansichten über die Haltung des Autors selbst zulassen, ja mitunter geradezu nahelegen. Dadurch aber erweisen sie sich als ein Kosmos, wenn man will, als ein Mikrokosmos der Existenz in jenem Jahrhundert, mit zahllosen unschätzbaren Einzelheiten. So wie wir für Geschichte und Charakteristik bedeutender, aber wenig dokumentierter Persönlichkeiten der Zeit aus Dantes Commedia viel erfahren, so gibt uns auch Boccaccio trotz seines Bestrebens, die Handlung voranzutreiben und uns zu unterhalten, das lebensvolle Detail des Trecento, gleichsam als eine wortreiche Ergänzung der nun anhebenden großen Malerei. Und wie jede ehrliche und echte Ergänzung müssen in den Geschichten die Komplementärfarben die deutlichsten und leuchtendsten sein: Boccaccio, unbefangen in der Volkssprache schreibend, liefert alles, was fehlt.

»Diese Welt wäre unerträglich und im tiefsten Grund ekelerregend«, schließt de Sanctis die Boccaccio gewidmete Partie seines berühmten Werkes, »wenn die Kunst nicht all ihre Reize darüber ausgegossen … hätte. Die Kunst ist Boccaccios einziger Ernst … So ist ein Stil entstanden, in welchem die verschiedenen Seelen, die in Boccaccios Brust wohnten, verschmolzen sind: die des Gelehrten, des Literaten, des Künstlers, des Höflings, des homme de lettres und des Weltmannes; ein so persönlicher, seiner Natur und seinem Jahrhundert so innerlich angemessener Stil, daß keine Nachahmung je gelingen konnte und er ein einsames riesiges Denkmal inmitten all der falschklingenden Nachäffungen geblieben ist. Aber etwas fehlt dieser Welt: Es ist eine Welt der Natur und der Sinne, doch ohne jenes Naturgefühl und jenen wollüstigen Duft, den ihr erst Poliziano geben sollte.«

Angelo Poliziano, der Mann, der aus Montepulciano nach Florenz ging und am Hof der Mediceer als lyrischer und dramatischer Dichter und als Tagebuchschreiber die für uns so wichtige Rolle spielte, ist noch nicht an der Reihe, sein Jahrhundert ist das fünfzehnte, so wie Boccaccio das vierzehnte beherrschte und Dante sich mit seinem Prior-Kollegen Dino Compagni das dreizehnte teilte. Um wieviel näher sie uns alle gekommen sind durch die Novellen des Decamerone, vergegenwärtigt uns ein Blick in die lange verborgen gebliebene, erst im achtzehnten Jahrhundert veröffentlichte »Chronik des Dino Compagni von den Dingen, die zu seiner Zeit geschehen sind«. Es ist die bitterernst räsonierende Darstellung jener unsäglichen Verwicklungen, die mit dem nicht eingehaltenen Verlöbnis des Ritters Buondelmonte begannen, es ist genau jenes Hauen und Stechen, Töten und Foltern, wie es seit den Zeiten der Merowinger die liebliche Landschaft Europa beherrschte, in der sich nur der Mensch als Untier gebärdet. Und für die florentinische Geschichte ist es jenes Hin und Her, das zu vergessen wir uns bemühen sollten: »Also ist unsere Stadt bedrängt! Also beharren unsere Bürger in ihren Missetaten! Und was den einen Tag geschieht, das wird den anderen Tag verworfen ... Und in dieser Stadt und von ihren Bürgern wird nichts Lobenswertes getan, das nicht ins Gegenteil verkehrt und geschmäht würde. Die Menschen töten einer den andern; der Frevel wird nicht gestraft nach dem Gesetz; denn wenn der Frevler Freunde hat und kann Geld zahlen, geht er frei aus mit seiner Übeltat.«

Nach diesem Fazit, einer Bilanz, wie sie großartiger Dante in seinem Inferno gezogen hat, faßt Dino Compagni noch einmal Hoffnung, genau wie Dante, Hoffnung auf denselben Mann: »O ihr gottlosen Bürger, die ihr die ganze Welt bestochen habt und verdorben durch schlechte Sitten und ungerechten Gewinn! Ihr seid es, die in die Welt allen schlechten Brauch gebracht haben. Jetzt aber wird die Welt über euch kommen, denn der Kaiser mit seiner Macht wird euch greifen lassen und euch bekämpfen zu Wasser und zu Lande.«

Dieser Kaiser aber, es war Dantes Kaiser Heinrich VII., starb, wie wir schon wissen, ehe er gegen Florenz etwas ausrichten konnte; Dino Compagni mußte es noch erleben, er starb drei Jahre nach Dante 1324. Giovanni Boccaccio war gerade elf Jahre alt. Vergleichen wir sein heiteres und nach de Sanctis so tief amoralisches Werk mit der düsteren Klage- und Anklageschrift des Florentiner Popolanen Dino Compagni, dann gewinnt der Decamerone noch eine zweite Funktion, eine Aufgabe, die gewiß nicht leicht zu lösen war – nämlich jener für ihre Sünden so bitter gezüchtigten Stadt der ewigen Händel, Intrigen, Foltern und Bluturteile eine Welt zu zeigen, in der ebendieselben Florentiner noch Menschen eines durchaus harmlosen Zuschnitts sein durften, Menschen, denen eine wohlgelungene Liebschaft soviel bedeutete wie einem anderen der Sieg über den politischen Gegner, Menschen, die einander nicht mit Schwert, Degen und Dolchen bekämpfen, sondern mit List und Humor als echte heitere Kinder des schönen Arnotales.

Alles, was Dante und Dino Compagni über ihre Stadt und deren Bürger sagen, trägt das Stigma der Aufrichtigkeit, und alles, was sich über die Florentiner bei Boccaccio findet, atmet Wirklichkeitsnähe, Beobachtung, erheitert und verblüfft uns als unverfälschte Impression. Woher also nahm diese Stadt der Künstler und Gaukler, der Betrüger, Wucherer und Intriganten die Kraft zu einer politisch-militärischen Expansion, die unbestreitbar ist? Ungeachtet der sozialen Unruhen, der Mißstände in der Verwaltung und der Rivalitäten unter den mächtigsten Familien vermochte sich Florenz schon 1331 die Industrievorstadt Prato einzuverleiben, was noch ein kleiner Schritt war gegenüber den Triumphen, die so selbstbewußte Städte wie Pistoia oder Arezzo unter florentinische Vorherrschaft brachten, wozu noch Cortona und andere Kleinstädte kamen, die in erster Linie des Lagevorteils wegen unterworfen wurden. Florenz arbeitete sich zu den wichtigsten Pässen im Apennin vor und beherrschte sie schließlich, womit ein gewisser Einfluß auch auf die südlicheren Regionen im toskanischen Vorland gegeben war, auf die Emilia und die Romagna. Und wenn sich auch Siena und Lucca widersetzten, so standen sie 1385 doch an der Seite von Florenz gegen das Mailand der Visconti.

Florenz war so erstarkt, daß schon die Päpste unruhig wurden, deren Italienpolitik im Grunde ja darauf hinauslief, keine übermächtige Gruppierung zu dulden, um stets den Schiedsrichter spielen zu können. Auch das Königreich Neapel fand sich unter den Gegnern der so mächtig gewordenen Arnostadt ein, als es in Ladislaus von Anjou-Durazzo (1377–1414) einen abenteuerlustigen und offensichtlich begabten König erhielt. Papst Bonifatius IX. hatte ihn im November 1389 als König anerkannt, schon drei Monate später gab es den ersten Giftanschlag auf ihn, dem er nur mit knappster Not entrann, und Florenz mußte sich

1409/10 und 1413/14 gegen den energischen jungen Fürsten wehren. Erst 1424 erlitt Florenz den – wie viele seiner Gegner meinten, längst verdienten – Rückschlag, als in der erbitterten Schlacht von Zagonara Venedig und Florenz, geführt von Carlo Malatesta, dem Heer der Visconti aus Mailand unterlagen. Dabei hatte dieses Schicksalsjahr mit einem düsteren Zufall begonnen, der Florenz nutzen und Mailand schaden mußte: Muzio Attendolo, genannt der Erzwinger (Sforza), war nach dem schon geglückten Übergang seiner Armee über den Fluß Pescara noch einmal zurück ins Wasser gesprungen, weil die mit der Flut herandrängenden Meereswogen den Fluß aufstauten und einen seiner Pagen in die Gefahr des Ertrinkens gebracht hatten. Sforza ertrank ebenfalls, und sein hochbegabter natürlicher Sohn Francesco war mit dreiundzwanzig Jahren noch zu jung, an die Spitze der Politik Mailands zu treten. Als er später eine Visconti-Tochter heiratete und die Linie der Sforza die der Visconti ablöste, begann die große Zeit Mailands, die der Nordexpansion von Florenz ebenso Grenzen setzte wie den Festlandsabsichten der Republik Venedig.

1424 kam auch jene Bianca Maria zur Welt, die Agnes von Maino ihrem Geliebten Filippo Visconti gebar. Als unehelich wird sie nach dem Brauch der Zeit dem ebenfalls unehelichen Francesco Sforza zur Frau gegeben werden, und ein zweites Schlafzimmerereignis wird Folgen politisch-militärischer Art haben: Der Jüngling Ugone wird mit seiner Stiefmutter im ehelichen Schlafgemach überrascht und mit der Ungetreuen vom eigenen Vater erschlagen, wie Pier Candido Decembrio in seiner Chronik berichtet: »Daraufhin fiel Brescia von Mailand zu Venedig ab, und das bildete den Zündstoff zu allen folgenden Kämpfen. Denn während Filippo [Visconti] die abtrünnige Stadt mit allen Mitteln wiederzugewinnen suchte, wollte Venedig dieselbe halten, wobei ihm Florenz half, was ganz Italien in eine große Katastrophe verwickelte. Ganz besonders heftig wurde im nächsten Jahr bei Maclodio gestritten, wobei das Glück in der

Hitze des Kampfes schwankte und Filippos Truppen [d.h. die Mailänder] vom venezianischen Heerführer Francesco Carmagnola geschlagen wurden.«

Seit Herodot und bis herauf zu Egon Erwin Kisch finden die Chronisten großer Ereignisse ein besonderes Vergnügen daran, privateste Anlässe für das historische Geschehen zu entdecken, und vielleicht hat der plötzliche Tod des großen Hugo, wie der hingemordete Ugone deutsch wohl zu nennen wäre, tatsächlich etwas mit der rätselhaft schnellen Kapitulation der Zitadelle von Brescia zu tun. Im Unterschied zu früheren Kriegszügen gegen die kleinen und mittelgroßen Herrschaften des Umlandes hatten jedoch in diesen Kriegen gegen Mailand sowohl Florenz als auch Venedig reale Gründe, sich in die aufwendigen und blutigen Abenteuer einer Auseinandersetzung mit dem Hause Visconti und dessen tüchtigen Heerführern zu stürzen, weswegen von diesen Kriegen in der Mitte des Quattrocento etwas ausführlicher die Rede sein muß.

Der spätere Ruhm der Sforza verdunkelt für uns ein wenig die außerordentlich erfolgreiche Expansionspolitik der ihnen vorangegangenen Visconti, der sogar die wohlhabende Handelsrepublik Genua zum Opfer gefallen war und die zu zahlreichen Kriegszügen ins unmittelbare Vorfeld von Florenz geführt hatte. Venedig war es zunächst zufrieden, daß der Erzrivale Genua gedemütigt worden war, und hatte zudem so erhebliche Sorgen in der Levante, daß es sich den Rücken für eine Auseinandersetzung mit den Türken freihalten wollte.

In dieser Situation war es nicht leicht für die Florentiner, Verbündete zu gewinnen, und es ist zweifelhaft, ob ein vielzitierter Brief den Ausschlag gab, der in bestem Humanistenlatein Venedig ankündigte, es werde nach der Niederlage von Florenz das nächste Opfer der Mailänder sein und dann einen Visconti als Kaiser verehren dürfen. Wichtiger war wohl, daß nach dem weisen Dogen Tommaso Mocenigo der hochbegabte, wagemutige und gelegentlich auch unbedachte Francesco Foscari gewählt wurde, die Geschicke der Serenissima zu leiten, der einzige unter den Kandidaten, vor dem Mocenigo nachdrücklich gewarnt hatte. Der unruhige, aber geschickte, ehrgeizige, aber wohl zu hastige Gemahl einer sehr reichen Venezianerin verstand die Botschaft aus Florenz so wörtlich, wie sie gemeint war; der Mailand abgeworbene Feldherr Carmagnola versprach militärische Erfolge, und so begann der Krieg, der die ganze Jahrhundertmitte ausfüllte und von dem Machiavelli mit einem auch für spätere Kriege geltenden Wort sagte: »Keiner kann Kräfte gewinnen, der im Krieg verarmt, mag der Krieg auch siegreich sein; denn der Krieg nimmt doch mehr weg, als er gibt. So ging es Venedig und Florenz, als jenes die Lombardei, dieses die Toskana gewann: Sie befanden sich einst beide in besserer Lage, als sich die eine Stadt mit dem Meer, die andere mit einem Landumkreis von sechs Meilen begnügt hatte.«

Das Quattrocento, wie die Italiener das fünfzehnte Jahrhundert nennen, ist für Venedig Höhe- und Wendepunkt, denn noch während des Krieges gegen Mailand werden die Türken Saloniki erobern und danach in einem allerdings Jahrhunderte währenden Dauerkrieg eine venezianische Bastion im Ostmittelmeer nach der anderen, in denkwürdigen Kämpfen etwa um Zypern, Kreta und Korfu. Für Florenz und Italien, in dem Venedig ja bis zu den Zeiten Napoleons eine Sonderstellung einnahm, bringt das Jahrhundert größere Machtblöcke, so daß sich die Karte der Halbinsel zu jener Zeit bei weitem nicht so bunt ausnimmt wie die der deutschen Länder. Neapel, der Kirchenstaat, Florenz, Venedig und Mailand werden groß und stark genug, um den Machtstaaten an den Rändern – dem Reich mit Ungarn im Nordosten, Frankreich und Savoyen im Nordwesten – entgegentreten oder als gleichwertige Bündnispartner erscheinen zu können. Die Imponderabilien, die solch politische Rechnungen nicht immer aufgehen lassen, sind einige besonders reizvolle Persönlichkeiten der Geschichte, mit einem Sammelbegriff Condottiere genannt.

Das Wort condottiero, wie die sprachlich richtige Bezeichnung lautet, kommt von condotta, was soviel wie Sold bedeutet. Doch findet sich in der Literatur auch die Bedeutung Söldnerschar (»Francesco übernahm die condotta seines Vaters«). Es handelte sich also um Söldnerführer, die in einer Zeit ohne stehende Heere und unzureichend organisierter Staatsmacht besonderes militärisches Gewicht gewannen, ja bis ins siebzehnte Jahrhundert entscheidende Machtfaktoren blieben, wenn man Wallenstein als den vorletzten und Bernhard von Weimar als den letzten Vertreter dieser Spezies ansehen will.

Wie diese beiden wuchsen auch die bedeutendsten italienischen Condottiere über ihre rein militärischen Aufgaben hinaus und gelangten zu echten Herrschaften, deren Dynastien sie begründeten, die Sforza in Mailand, die Montefeltro in Urbino, die Malatesta in und um Rimini. Die meisten von ihnen waren entweder uneheliche Söhne kleinadeliger Familien wie Federigo da Montefeltro (1422–82), eine der edelsten Erscheinungen des ganzen Jahrhunderts, oder aber von ganz geringer Herkunft wie Giacomo Attendolo (1369–1424), der erste Sforza, ein bescheidener Landwirt, oder eben der Feldherr der vereinigten venezianisch-florentinischen Heeresmacht, der als Bauer noch Francesco Bussone hieß und als Graf Carmagnola in die Geschichte einging. Heute freilich ist er trotz des Trauerspiels, das Alessandro Manzoni ihm widmete, und der Oper, die Ambroise Thomas daraus machte, noch tiefer vergessen als seine zeitweiligen Gegner, die Malatesta, auf die man in der Umgebung des vielbesuchten Rimini stößt und deren Liebeslegende in einer oft gespielten Tschaikowski-Ouvertüre mit aufklingt.

Carmagnola wurde um 1390 nahe jenem Dorf geboren, das durch den Revolutionstanz, die Carmagnole, bis heute in aller Munde ist. Seine Sporen verdiente sich der Bauernsohn und spätere Graf unter dem schillernden Facino Cane. Die Witwe dieses frühen Condottiere heiratete Filippo Maria Visconti, Herr von Mailand, womit für Carmagnola die Verbindung zum Fürstenhof geschaffen war. Als jene Witwe – sie hieß Beatrice di Tenda – ihren Fürsten tatsächlich oder angeblich betrog, wurde sie enthauptet, was sie zur Heldin einer Bellini-Oper werden ließ. Filippo Maria Visconti (1392–1447) aber heiratete ein zweites und schließlich ein drittes Mal und vergab seine Töchter an tüchtige Kriegsmänner: Antonia an Carmagnola und Bianca Maria an Francesco Sforza, seinen Retter und Nachfolger auf dem Thron von Mailand.

Es ist ein großartiges Intrigenstück, wie die in diesen Dingen wohlerfahrenen Venezianer und Florentiner zunächst Carmagnola, der glanzvolle Siege für Mailand errungen hat, kunstvoll bei seinem Herrn anschwärzen, dem Gekränkten dann Geld und Möglichkeit zum Gegenschlag bieten und Carmagnola, als er seinen neuen Arbeitgebern am Arno und an der Adria zu reich und zu mächtig geworden ist, mit der Verheißung allerhöchster Auszeichnungen nach Venedig locken. Dort, an der traditionellen Richtstätte zwischen den Säulen der Piazetta, werden sie ihm den Kopf vor die Füße legen lassen – nachdem man ihn so ausdauernd gefoltert hatte, daß der Recke vieler Schlachten schließlich alles gestanden hatte, was die Sbirren des Dogen von ihm hatten hören wollen.

Das war am 5. März 1432, Venedig wandte sich seiner hart bedrängten Südostfront zu, und in dem in Florenz sich ausbreitenden Katzenjammer gelangte ein Mann an die Macht, den die in ihre Verfassung verliebten Florentiner bis dahin nicht hatten haben wollen – Cosimo de' Medici (1389–1464), der gemeinsam mit seinem jüngeren Bruder Lorenzo (1395–1440) von Vater Giovanni nicht nur ein ungeheures Vermögen aus Bank- und Steuergeschäften geerbt hatte, sondern auch ein politisches Testament: Giovanni hatte sich als Justizminister von Florenz und durch eine Steuerreform bei den ärmeren Schichten und im Kleinbürgertum der Arnostadt so hohes Ansehen erworben, daß man seinen Söhnen frühere Umtriebe des weitverzweigten und oft gespaltenen Hauses Medici zu vergeben geneigt war, Verbannungsedikte aufhob und Cosimo gar als rettenden Tribun zu akzeptieren begann.

Das italienische Mittelalter ist nicht arm an solchen Schicksalen und Aufstiegsgeschichten, und der häufige Parteiwechsel solch glücklicher Geschlechter und Einzelpersonen wurde schließlich so alltäglich, daß sich die Satiriker, Novellisten und Anekdotenerzähler daraus reichlich bedienten. Von dem umbrischen Condottiere Ridolpho da Camerino erzählt Poggio zum Beispiel: »Während des Krieges der Florentiner mit Papst Gregor X. (1271–76) stand Ridolpho bald auf der einen, bald auf der anderen Seite. Als man ihn nach dem Grunde dieses häufigen Frontwechsels fragte, meinte er nur, er könne eben nicht lange auf einer Seite liegen.« Es konnte nicht ausbleiben, daß Ridolpho Ärger bekam: »Als die Florentiner später Ridolpho des Hochverrats anklagten, ließen sie an den öffentlichen Plätzen sein Bild anbringen« (Semerau übersetzt »anschlagen«, aber wir wissen ja schon, daß die Schandmalerei al fresco erfolgte). »Als er nicht lange danach hörte, Florenz wolle Frieden schließen und schicke Gesandte, die auch über ihn verhandeln sollten, legte er sich am Tage ihrer Ankunft zu Bett, ließ die Fenster schließen, ein Feuer machen, obwohl es im August war, und wickelte sich in Felle und Decken mit dem Bemerken, er habe sich in den kühlen Nächten an den Wänden, die sein Bild trugen, auf den Tod erkältet.«

Auch die Medici, ein früh schon weit verzweigter Familienclan, finden sich seit etwa 1200 in allen Parteien der Arnostadt, was die beflissenen Genealogen, die Cosimo und seinen Nachfolgern einen würdigen Stammbaum zu zimmern versuchten, vor einige Probleme stellte. Noch im zwanzigsten Jahrhundert können wir in einem seit neunzig Jahren berühmten Spezialwerk über die Medici lesen: »Im Jahre 1400 waren die Medici eine einfache Familie des florentinischen Mittelstandes« und buchstäblich auf der nächsten Seite dann: »Die Medici gehörten jedenfalls der Bankgilde an: Als wohlhabende Bank- und Handelsherren können sie zweihundert Jahre vor Giovannis Zeit zurückverfolgt werden.«

Intensiver wurden die Anfänge eines Aufstiegs und die Ursprünge des Medici-Reichtums erforscht, als eine Frau aus diesem an sich bürgerlichen Haus als Gemahlin eines Valois-Königs über Frankreich herrschte, nämlich Katharina von Medici, als Witwe nach Heinrich II. von seinem Todesjahr 1559 bis zu ihrem eigenen Ableben im Januar 1589 praktisch Alleinherrscherin. Damals brachten die spottlustigen und mißgünstigen Franzosen die an sich naheliegende Legende auf, die Medici seien Ärzte gewesen und die sechs runden Scheiben oder Kugeln in ihrem Wappen seien nichts anderes als die Pillen, die sie drehten und mit denen sie quacksalberisch ihren Reichtum begründeten.

Als die Medici zu Ruhm und Ansehen in Florenz gelangt waren, erhielten die sechs Rundungen naturgemäß eine Deutung, die auf die immer noch vornehmste Abkunft hinwies, nämlich auf germanisch-ritterliche Ahnen: Ein Ritter aus dem Gefolge Karls des Großen habe auf dem Romzug des späteren Kaisers jenen schaurigen Unhold besiegt, der durch seine Riesenkräfte und seine Grausamkeit das ganze Arnotal tyrannisiert hatte. Seine Waffe seien drei Kugeln an Ketten gewesen. Er habe sie zweimal gegen den Schild des Ritters donnern lassen, ehe ihn das Schwert des Ritters tötete. Die sechs Eindrücke auf dem Schild seien die Erinnerung an den denkwürdigen Sieg des ersten Medici.

Die sechs roten Kugeln (palle) im Wappen der Medici gelten der Forschung heute als undeutbar, die genealogische Anspielung kann sich schließlich auf Ereignisse des zwölften Jahrhunderts beziehen, in dessen Mitte zum erstenmal von den Medici die Rede ist. Marcel Brion allerdings bietet – die Franzosen sind doch die besten Genealogen – eine Deutung an, die nicht von der Hand zu weisen ist. Es handle sich weder um Eindrücke auf einem Schild noch um Pillen, sondern um besants, die heraldische Form der Byzantiner, also Münzen, die auf einem Schild über dem Laden die Wechslertätigkeit erkennbar machten. Und tatsächlich finden sich unter den vielen Medici, die sich seit der Teilung der Familie in die Nachkommen des Bonagiunta und des Chiarissimo in Florenz und Umgebung einen Namen machten, keine Ärzte oder Apotheker, keine diesbezügliche Zunfteintragung. Es hätte ihnen auch zuwenig eingebracht. Denn das, was sich im dreizehnten Jahrhundert schon angekündigt und was im vierzehnten Jahrhundert triumphiert hatte, das wird nun über den Bereich der Wirtschaft hinaus wichtig, ja entscheidend: Noch ist Amerika nicht entdeckt, aber diese halbe bekannte Welt hat sich auf erstaunliche Weise organisiert. Venedig und Genua haben die Wege gewiesen, Florenz aber hat sein Gold in diese Adern eines komplizierten und gefährdeten Verkehrs fließen lassen. Florenz und seine Vasallenstädte erzielen im Geld- und Textilgeschäft Umsätze, wie sie England erst zweihundert Jahre später erreichen wird, wohlgemerkt: ganz England, nicht eine britische Industriestadt.

Hermann Heimpel, der Göttinger Historiker, hat uns in einem bewegenden Aufsatz das Bild des mittelalterlichen Kaufmanns gezeichnet, der neun von zwölf Monaten im Sattel oder auf See zubrachte, ein Held seines Berufes. Aber aus den Hanserezessen wissen wir, wie gering die Warenmengen blieben, die zwischen den zweitausend Kleinstädten des Mittelalters bewegt wurden, Miniaturzentren, die sich aus dem umliegenden Land noch weitgehend selbst versorgten und in einer blühenden Regionalwirtschaft so glücklich waren, daß sie nur selten über diese hinausblickten. Seit der Christianisierung Mittel- und Osteuropas, seit dem Ende der Raubzüge heidnischer Seefahrer hatte der große Welthandel den Ostseeraum abgeschrieben und den sich nur langsam vortastenden hansischen Kaufleuten überlassen. Die großen Warenmengen, die reichen Geldflüsse, gingen von England über Flandern und Frankreich nach Italien und in die Levante. Erst spät und spärlich schalteten sich deutsche Firmen in Nürnberg und im Bodenseeraum mit geringfügigen Anteilen ein, weil die Alpen für Fuhrwerke nur in der warmen Jahreszeit passierbar waren.

Kontor eines florentinischen Bankhauses

Venedig, Genua, Florenz, Mailand und ein paar Bankhäuser in Rom hielten mit ihren Partnern in Byzanz und Alessandria, auf der Krim und auf Zypern Waren- und Geldströme in sinnvoller Bewegung. Seit den Karolingern kannte Europa die Silberwährung. 1252 aber führte Florenz wieder Goldstücke ein. Der Florenus, nach der Lilie (flos – die Blüte, die Blume) im Wappen der Arnostadt so benannt, blieb dreihundert Jahre lang die begehrteste Münze des Welthandels, der Genovino, wie ihn Genua etwa gleichzeitig in Umlauf brachte, blieb demgegenüber eine Episode. Im vierzehnten Jahrhundert kam der Florenus mit dem gleichen Goldgewicht nach Deutschland, 3,537 Gramm Münzgewicht gleich Goldgewicht, gleißendes Symbol der florentinischen Wirtschaftsmacht. (Später Gulden genannt, wurde der Florenus mit deutschen Bildnissen und Wappen nachgeprägt. Auch der böhmische und der ungarische Dukaten hatte noch etwa den gleichen Goldgehalt wie das florentinische Vorbild.) Es währte dreihundert Jahre, bis 1550, ehe die deutschen

Goldmünzen mit nur noch etwa zweieinhalb Gramm Gold erheblich verschlechtert erscheinen.

Die unter Carmagnola noch Schulter an Schulter gegen Mailand kämpfenden Venezianer und Florentiner bekämpften einander im Mittelmeer- und Osthandel mit allen Mitteln, am liebsten aber natürlich mit dem der Intrige, und während Venedig sich gegen die Türken verblutete, weil es seine Söldner in Dalmatien und Istrien anwerben und entsprechend bezahlen mußte, verhandelten die Florentiner heimlich mit den Machthabern des vorrückenden Islam, um venezianische Positionen übernehmen zu können. Es gibt Hinweise darauf, daß in diesem umfassenden und erst zum geringsten Teil erforschten Vorgang auch das Bankhaus der Medici und die verschiedenen Firmen des Familienclans eine besondere Rolle spielten.

Sultan Bajesid II. (1446–1512) schickte einen jüdischen Unterhändler nach Florenz mit der Botschaft, daß er den Handelsverkehr mit den Freunden seines Vaters fortführen wolle und sich verpflichte, Florenz alljährlich fünftausend Stück Tücher abzukaufen, die zollfrei eingeführt werden könnten. Und es war ein Medici, nämlich Andrea, der als Nachfahr dieser »alten Freunde« die Gegengesandtschaft anführte.

Diese günstige Situation, die nach der Eroberung von Konstantinopel-Byzanz durch die Türken im Jahr 1453 nur kurz unterbrochen worden war, kam natürlich nicht von ungefähr zustande. Die Florentiner, die über Pisa und Ancona regen Seehandel betrieben, erbeuteten durch Piratenakte und Käufe bei nordafrikanischen Piraten häufig venezianische Schriftstücke. Enthielten diese Schmähungen der Türken oder ihrer Religion, so hatten die Florentiner Geld- und Handelsherren nichts Eiligeres zu tun, als diese Briefschaften durch ihre Residenten im Nahen Osten überreichen zu lassen. Der florentinische Konsul Mainardo Ubaldini aus der seit Generationen berühmten Familie war in diesem Spiel so tüchtig, daß schließlich die venezianischen Residenten in Konstantinopel gefangengesetzt und ihre Häuser den Florentinern überlassen wurden. »Das Übergewicht der Florentiner in Konstantinopel war damit entschieden«, schreibt Wilhelm Heyd in seiner klassischen Geschichte des Levantehandels im Mittelalter; »sie saßen im Rath des Sultans, sie begingen als Freunde seine Siege mit Freudenfesten, sie wußten ihre Bedeutung als Handelsnation bei ihm ins hellste Licht zu setzen und seine Gunst … so vollständig zu gewinnen, daß nicht bloß die Venezianer, sondern auch die Genuesen in Pera und andere Italiener in der Levante darob voll Neides und Argwohn wurden. Und um dieses Übergewicht möglichst lange zu behaupten, hintertrieben sie in Gemeinschaft mit den Genuesen die im Jahr 1466 angebahnte Annäherung zwischen Venedig und dem Sultan auf jede Weise.« Nur hin und wieder gelang den Venezianern ein erfolgreicher Gegenschlag, etwa, wenn sie im Herbst 1467 florentinische Kaufleute überfielen, die auf Schiffen aus Ancona mit ihrem reichen Handelsgewinn nach Hause reisten. Der Piratenakt wurde von Venedig damit begründet, daß die Florentiner an den Sultan Waffen geliefert hätten.

Hauptvoraussetzung für diese erfolgreiche Rivalität mit den alten Seemächten Venedig und Genua war, daß Florenz keinen Landbesitz in der Levante hatte – die Kaufleute vom Arno traten als neutrale Händler ohne Nebenabsichten auf. Das bedeutete für die spät, aber offensichtlich nicht zu spät gekommenen Florentiner einen großen Vorteil angesichts der erstaunlich früh festzustellenden türkischen Hegemoniepläne im Nahen Osten und in Südosteuropa. Die Korrespondenzen zwischen den alten Handelsstädten Italiens und den neuen Herren am Bosporus lassen erkennen, daß die von Europa aus oft als Barbaren angesehenen Türken zwar die grausamsten, härtesten und primitivsten Soldaten ins Feld führten, darüber aber eine Führung aus scharfsinnigen und verschlagenen Diplomaten besaßen. Es scheint, daß sich Florenz darauf besser einstellen konnte als die bereits etablierten Osthändlerstädte Genua und Venedig.

Da diese beiden Städte aber große eigene Flotten hatten, gelang es ihnen immer wieder, die florentinischen Warentransporte zu gefährden, weswegen 1467–71 zumindest der Schiffsverkehr stark zurückging. In diesen Schwierigkeiten erwies sich die florentinische Diplomatie als besonders geschickt: Obwohl es deutliche Spannungen gegenüber Genua gab, waren die Beziehungen zu der genuesischen Kolonie Chios ausgezeichnet, dank größter Höflichkeiten aus Florenz und eines gewissen Selbständigkeitsstrebens auf Chios. Diese große Insel, bis heute berüchtigt durch das entsetzliche Schicksal, das die Türken im April 1822 der Inselbevölkerung bereiteten, war nach Verheerungen durch Seeräuber von einigen kühnen genuesischen Kaufleuten in Besitz genommen worden, die sich als Gruppe Maona oder Mahona nannten und die Insel Chios, aber auch Phokäa zu Stützpunkten des Handels in einer unsicher gewordenen Gegend des Mittelmeeres gemacht hatten. »Die Häfen der Insel, von denen nicht bloß der mit der Hauptstadt Chios verbundene, sondern auch die kleineren Porto Fino [das alte Delphinium] und Lithi [das alte Laius] besucht wurden, wimmelten zu dieser Zeit von abend- und morgenländischen Nationen aller Art, welche theils die köstlichen Produkte der Insel holten, theils auf der Fahrt von Syrien oder Ägypten oder vom Abendland nach Konstantinopel auf dem Schwarzen Meer oder zurück begriffen waren … In commerzieller Beziehung war damit eine ganz unschätzbare Acquisition gemacht. Chios bildete den Anfang einer längeren Kette von Handelskolonien, als deren Mittelpunkt wir uns Pera [heute Stadtteil von Konstantinopel auf dem Europaufer] zu denken haben, aber die Endpunkte einerseits in Kaffa und Tana [Nordostecke des Schwarzen Meeres], andererseits in Trapezunt [Südufer des Schwarzen Meeres] und Täbris« (Heyd).

Diese Kolonien hatten alle ihre Schicksale, und da sie im Vorfeld von Europa lagen, findet man bis heute in den Gemäldegalerien Darstellungen vom Hinschlachten der 22000 auf Chios, von Rhodos, von der ganzen fruchtbaren Berührung mit dem

Orient, der sich durch die Schwäche des Oströmisch-griechischen Reiches für den Handel geöffnet hatte – eine Spanne von zweihundert Jahren lang, bis die Türken es als wirtschaftlicher erachteten, diese Stützpunkte einen um den anderen selbst in Besitz zu nehmen.

Für Chios war das im Jahr 1566 der Fall; der Handstreich der Vignosi, die kluge Verwaltung der Giustiniani, dies alles hatte also jahrhundertelang Früchte getragen und dem Griechentum eine Schonfrist verschafft. Es war eine im wesentlichen von italienischen Händlern und ihren Seemannschaften und Söldnern getragene Leistung, in der wir die Florentiner nicht als die Helden erkennen können: Die reiche Stadt der blühenden Künste und Gelehrsamkeit hatte keinen Cattaneo, keinen Bragadino, ja nicht einmal eine Caterina Cornaro hervorgebracht. Als erfahrene Bankiers, als geschickte Dirigenten der Warenströme hatten sie Wege und Beziehungen genutzt, die andere geschaffen hatten. Nur daß florentinische Warenkarawanen bei Gefahr zur See auf die alte Via Egnatia auswichen und von der Adriaküste durch Nordgriechenland nach Pera zogen, das muß sehr mühsam gewesen sein. Es steht aber fest, daß es geschah, wenn das Seeräuberunwesen oder die venezianischen Angriffe besonders zunahmen, oder auch, wenn die Seehäfen wegen der Pest und der lästigen Quarantänebestimmungen nur mit großen Verlusten zu benützen waren. Man kann vielleicht nicht sagen, daß sie wirklich tapfer waren, aber sie waren unverdrossen, und sie wurden reich.

Der Fernhandel mit den uralten Kultur- und Handelsvölkern am Ostrand des Mittelmeeres nötigte die großen Kaufleute nicht nur dazu, sich zu ihrem Stadtitalienisch noch Kenntnisse im Lateinischen und Griechischen anzueignen; er zeigte ihnen auch die Nützlichkeit des Geldes und die Möglichkeit, durch Geld Fernwirkungen zu erzielen, lautlos, geheim, aber doch so verläßlich, wie Wasser in kommunizierenden Röhren hochsteigt, wo immer diese sich befinden.

Es überrascht daher, in einem Standardwerk über die Handelsfürsten der Renaissance lesen zu müssen, »der aufgeweckte Junge [Cosimo] lernt die lateinische Sprache, obgleich er nach dem Willen des Vaters für das Geschäftsleben bestimmt ist«. Cosimo Medici (1389–1464) war zweifellos nach Intelligenz, Allgemeinbildung und Kunstverständnis seinen Konkurrenten überlegen, aber das Lateinische und gewisse Kenntnisse im Griechischen waren Voraussetzung für das Gedeihen einer Firma, die ihre Niederlassungen bis an die Schwelle Mittelasiens vorgeschoben hatte. Es gab zwar unter den Seeleuten eine Art lingua franca, die sich auf der Insel Malta jahrhundertelang erhalten hat und mit ihrer italienisch-arabisch-türkischen Mischung ein Kuriosum ist. Die eigentliche Verhandlung auf hoher Ebene zwischen Geldleuten und Fernhändlern war ohne das Lateinische ebensowenig möglich wie der Landtransport ohne Nutzung der zerfallenden Römerstraßen.

Daß die Bildung, wenn sie überhaupt als exzessiv empfunden wurde, Cosimo nicht hinderte, ein erfolgreicher Kaufmann zu werden, geht daraus hervor, daß er das an sich schon sehr beträchtliche Vermögen seines Vaters Giovanni bereits in dessen Todesjahr 1429 übertroffen hat: Da ist er vierzig und auf dem Höhepunkt seiner Leistungsfähigkeit. Sein Vater hat diese aber keineswegs nur in Hinblick auf das Geschäft gesehen, denn das Vermächtnis des Giovanni an seine Söhne könnte ebensogut von einem Politiker, ja auch von einem Fürsten stammen; es enthält die Passage: »Heget nie eine Meinung, die dem Willen des Volkes zuwider ist, selbst wenn das Volk Dummheiten macht. Vermeidet es, zu dozieren, redet vielmehr sanft, verständlich, wohlwollend. Macht den Regierungspalast nicht zur Stätte eurer Geschäfte, sondern wartet, bis man euch ruft. Denkt daran, dem Volk seinen Frieden und dem Handel seine Blüte zu erhalten. Sorgt dafür, daß nicht mit Fingern auf euch gezeigt werde.«

Diese Maximen sind – ob sie sie nun kannten oder nicht – von allen klugen Geldleuten bis in unser Jahrhundert beachtet worden. Da das Volk naturgemäß zum Neid neigt, da es überzeugt ist, daß sehr große Vermögen nur ausnahmsweise mit reellen Methoden erworben werden können, war jede Provokation durch pompöses Auftreten oder spektakuläre politische Aktionen nachteilig für das Geschäft und gefährlich für den Reichen selbst. Wie Silvestro de' Medici beim Aufstand der Ciompi aus dem Hinterhalt die Fäden zog, sich durch heimliche Unterstützung der arbeitslosen Revoluzzer im Volk beliebt machte, ohne etwas zu riskieren, das war zwar zehn Jahre vor Cosimos Geburt vorgefallen, aber es blieb lehrreich für die Hauptlinie der Medici, für Giovanni, genannt Bizzi, und seine Nachfahren. Sie leiteten daraus auch die Erkenntnis ab, daß wohltätige und mäzenatische Aktionen vergleichsweise wenig kosten, aber durch die in engen Gemeinwesen allmächtige Mundpropaganda eine sich potenzierende Wirkung erlangen.

Cosimo ist, ebenwegen seiner Zurückhaltung bei öffentlichen Auftritten, seines Verzichts auf Ämter, das Kunststück gelungen, reich und dennoch beliebt zu sein, was seine Gegner nicht hindert, mit einer zielsicheren Bestechung und zweihundert entschlossenen Parteigängern Cosimo als einen Schädling der Republik hinzustellen, als einen Kriegstreiber gegen Lucca (was man von jedem Kaufmann behaupten kann, der Ausrüstungsstungsstücke für Soldaten herstellt). Die Gegner sind nicht zu unterschätzen: Es sind die Albizzi, seit einem halben Jahrhundert führend im popolo grasso, der reichen Kaufmannschaft von Florenz. Während die Medici Bauern und Gutsbesitzer im Mugellotal waren und den Grundstock ihres Vermögens in Geldgeschäften mit ein paar Provinzklöstern legten, führten die Albizzi ihre Familie auf Kaiser Otto III. zurück, in dessen Gefolge der erste Albizzi, ein deutscher Ritter, nach Arezzo kam, wo die Familie zu Ansehen gelangte, ehe sie an der Wende vom 11. zum 12. Jahrhundert in Florenz von sich reden machte.

Cosimo also wird vorgeladen, geht trotz der Warnungen seiner Freunde am 7. September 1433 in den Regierungspalast, wird auf Befehl des bestochenen Gonfaloniere verhaftet und eingesperrt. Und da auch die Albizzi wissen, daß man einen Medici nicht lange gegen den Willen seiner großen Anhängerschaft einkerkern kann, folgt auf die Verhaftung sehr schnell der Versuch der Vergiftung, gegen die ein Gefangener, der schließlich essen muß, was man ihm vorsetzt, kaum eine Chance hat. Aber es ist Italien, der Kerkermeister weiß, daß sich die Dankbarkeit eines geretteten Reichen auf sehr angenehme Weise ausdrücken wird, Cosimo wird gewarnt, und der Gonfaloniere, der sich schon einmal bestechen ließ, nimmt nun auch Geld von der anderen Seite: Ein verläßlicher Bote bringt tausend Goldstücke von einem Landgut Cosimos, und der Angeklagte entrinnt nach Padua und anschließend nach Venedig. Es hatte also seine Vorteile, wenn man tausend Dukaten – immerhin fünf Prozent des Firmenvermögens – so schnell holen lassen konnte, und es bildete einen weiteren Vorteil, daß man kein ortsgebundener Kleinkrämer war, sondern Niederlassungen in der ganzen Alten Welt hatte.

Nur ein Jahr brauchte Cosimo, der als großer Herr in Padua und Venedig für seine Sache warb, um seine Rückkehr nach Florenz vorzubereiten.

Nach einem Jahr geheimer Geldsendungen, Intrigen und Bestechungen sahen sich die Albizzi in die Opposition gedrängt, versuchten Cosimos Rückkehr durch Waffengewalt zu verhindern, scheiterten aber an den Söldnern der Medici aus der

Tuchfärber in seiner Werkstatt

kampfgewohnten Stadt Pistoia: »Selten ist ein Mann«, schreibt Machiavelli, »nach einem großen Sieg in seine Heimat zurückkehrend, von einer solchen Volksmenge und mit so herzlichen Kundgebungen oder Anhänglichkeit empfangen worden wie Cosimo bei seiner Rückkehr aus der Verbannung.« Diese Anhänglichkeit hatte sehr reale Ursachen, denn erfolgreiche Unternehmer sind auch große Arbeitgeber. Cosimo hatte zur traditionellen Wollverarbeitung und zum Export von Stoffen noch den verhältnismäßig jungen Zweig der Seidengeschäfte hinzugewonnen und entwickelt und völlig neu den Handel mit Alaun aufgezogen, der im Großraum von Smyrna, aber auch schon rund um Neapel als Halbfertigprodukt in Siedereien gewonnen wurde und bei den berühmten Florentiner Färbereien, aber auch beim Gerben von Häuten stark verwendet wurde. Er hatte diesen Geschäftszweig in harter Konkurrenz zu den Genuesen aufgebaut, die ihren Alaun aus Ischia bezogen. Viele Tausende von Florentiner Familien hätten bei einem Bankrott der Medici oder auch nach einer Abwanderung ihrer Betriebe in andere Städte am Hungertuch nagen müssen. Die Gegner Cosimos hingegen, die Albizzi und die Strozzi, waren zwar reich, gaben aber als Bankiers bei weitem nicht so vielen Menschen Arbeit wie die Medici. Noch 1427 war nach Ausweis der Steuerlisten der angesehene Palla Strozzi der reichste Mann von Florenz gewesen, also zwei Jahre vor dem Tod des Giovanni de' Medici, genannt Bizzi. Da es Palla Strozzi nicht gelungen war, auf die Albizzi mäßigend einzuwirken, wurde auch diese große und angesehene Familie zunächst in die Katastrophe der Medici-Gegner mit einbezogen, wenn auch der alte Palla Strozzi – er zählte bei Cosimos Rückkehr schon mehr als sechzig Jahre – mit größerer Rücksicht behandelt wurde als seine stürmischen Verwandten.

Cosimo dosierte nämlich seine Rache sehr überlegen und verteilte sie so umsichtig, daß bis heute über diese im alten Florenz natürlichen Vorgänge keine Einigkeit herrscht. Manche Zeitgenossen (und die ihr Zeugnis bewertenden Historiker) nennen Cosimo einen hemmungslos rachedürstenden Politiker alten Stils, andere wiederum unterstellen ihm mehr Nachsicht, als den Umständen angemessen und vernünftig war. Die Wahrheit dürfte in der Mitte liegen. Anders als bisher zerstörte Cosimo keine Häuser oder Familientürme. Etwa achtzig seiner Gegner müssen die Stadt verlassen oder retten sich in die Ferne, wie sein heftigster Gegner Rinaldo degli Albizzi, der nach Ancona geht, oder andere Mitglieder des popolo grasso, die sich in ihre Niederlassungen begeben, woraus so manche Pflanzfirma in Frankreich oder in Italien außerhalb der Toskana entsteht. Die Florentiner aber sind mit der Rückkehr der Medici glücklich, es hat sich herumgesprochen, daß Venedig dem Verbannten angeboten hatte, fünfzigtausend Goldstücke zu stiften, wenn er das Zentrum seiner Unternehmungen in die Lagunenstadt zu verlegen bereit wäre. Die Wankelmütigen aber, die bekamen einige an den Füßen aufgehängte Medici-Gegner zu sehen, was die Lust zu einer neuerlichen Revolte nachhaltig dämpfte.

Palla Strozzi ging nach Padua, also nicht sehr weit weg. Ihn in der Stadt zu belassen wäre angesichts seines Reichtums, seiner Verbindungen und seiner politischen Erfahrung ein zu hohes Risiko für Cosimo gewesen, obwohl sich ein Teil der Albizzi-Verbündeten inzwischen den Siegern angeschlossen hatte. Palla hatte noch Zeit gehabt, das Grabmal seines Vaters aus der Werkstatt des Donatello in der Strozzi-Kapelle von Santa Trinità aufstellen zu lassen, wo Gentile da Fabriano das Ganze weiter ausschmückte (die Anbetung der Könige aus diesem Grabmal befindet sich heute in den Uffizien). Die Krise des Hauses Strozzi war jedoch nicht von langer Dauer: Schon Filippo Strozzi, dessen Vater Matteo das paduanische Exil des großen Palla Strozzi geteilt hatte, war in der Lage, im Herzen der alten Strozzi-Zone von Florenz, im Reduit von Santa Maria Novella, den gewaltigen Palazzo Strozzi aufführen zu lassen, eines der berühmtesten Bauwerke von Florenz und bis ins vorige Jahrhundert von der Familie der Strozzi bewohnt.

Selbst mit den Albizzi gingen die Medici nach einigen Jahren der verständlichen Zurückhaltung wieder freundschaftlich um, ja es kam in der zweiten Hälfte des fünfzehnten Jahrhunderts auch zu familiären Verbindungen zwischen Familien des Medici- und des Albizzi-Clans. Luca di Maso, der Bruder des bösen Rinaldo, war so rechtzeitig zu Cosimo übergelaufen, daß die Verbannungsstrafen ihm und den Seinen erspart blieben. Seine Enkelin, die wegen ihrer zarten Schönheit berühmte Giovanna Albizzi, heiratete Lorenzo Tornabuoni aus dem Herzen des Medici-Familienverbandes, starb aber schon bei der Geburt ihres zweiten Kindes (1488). Wir besitzen von ihr ergreifende Porträts von Ghirlandaio und Botticelli.

Obwohl sich dies alles vor allem im Vergleich zu den früheren Auseinandersetzungen innerhalb der florentinischen Führungsschichten recht versöhnlich ausnimmt, scheint die Feststellung mancher Medici-Historiker, »Cosimo hat … womöglich niemals etwas von dem gewaltsamen Vorgehen gegen seine Feinde erfahren« (Marcel Brion), angesichts der Enge der florentinischen Verhältnisse kaum der Wirklichkeit zu entsprechen. Brion selbst scheint nicht an die große Vergebungsgeste seines Helden zu glauben, sonst würde er nicht auf zwei Seiten seines sehr lesbaren Buches all die Unholde des Zeitalters mit ihren Grausamkeiten paradieren lassen, Cesare Borgia ebenso wie Sigismondo Malatesta und als dankbarstes Schauergeschöpf den allerdings erheblich belasteten König Ferrante von Aragón und Neapel: »Er ließ die abgeschlagenen Köpfe seiner Feinde in einer Salzlösung konservieren und ließ die Leichen jener, die er ermordet hatte, einbalsamieren und wieder ankleiden, so daß sie, säuberlich gepfählt, eine ganze Galerie füllten, in der er mit Vorliebe spazierenging. Seine Staatsgefangenen hielt er in Käfigen und verhöhnte sie mit wildem Gelächter ... Wenn sich die Tore seines Palastes hinter den zur Tafel Geladenen schlossen, wußte keiner, ob er lebendig wieder herauskommen würde.« Wären die Zeitläufe andere gewesen, Cosimo hätte nicht in jenem Turmgefängnis mitten in Florenz vier Tage lang fasten müssen, um dem Gift zu entgehen, die vier Tage, die er brauchte, die Weichen für Bestechung und Flucht und sicheres Geleit zu stellen. Und jeder Florentiner wußte, daß man auch außerhalb der Stadtgrenzen umgebracht werden konnte wie Corso Donati, dem man die Bravi nachgeschickt hatte, damit das Aufsehen in der Stadt geringer sei. (Man hat es darum Cosimo auch besonders hoch angerechnet, daß die von ihm Verbannten alle lebend ihre Verbannungsorte erreichten ...)

Zweifellos sind dies die düstersten Seiten jenes Jahrhunderts, das als das erste Zeitalter eines neuen hellen Lichtes in den Geistern Europas aufging, und während das Siècle des Lumières, das achtzehnte, mit der Französischen Revolution und den Septembermorden nur einen blutigen Ausklang haben wird, erscheint das Quattrocento der großen Maler und Bildhauer von bedenkenlosem Mord, von hemmungsloser Gier und einem Vergnügen an Grausamkeiten durchwaltet, wie sie erst wieder in den kranken Gehirnen der Inquisitoren und Hexenjäger auftauchen werden. Beinahe harmlos nimmt sich auf diesem Hintergrund das Verhältnis der Geschlechter aus, das in Zeiten des Wohlstands und der kulturellen Blüte naturgemäß auch angeregter und lebhafter erscheint als noch im Mittelalter. So wie es uns schon Boccaccio und andere Novellisten zeigten, sind die Italiener in dieser Hinsicht erstaunlich tolerant, einzig die in den Ehen herumwildernden Priester und Mönche haben eine schlechte Presse, vielleicht, weil man keinen von ihnen zum Hahnrei zu machen und damit in den allgemeinen Austausch der Sünden und der Schande einzubeziehen vermochte.

Die großen Fernhändler hatten ein probates Mittel, sich ohne Streit zu verschaffen, wonach es sie verlangte, und kein Geringerer als Friedrich II., aber auch andere Kreuzfahrer, hatten es ihnen vorgelebt: Es gab ja noch – man vergißt es nur gerne – einen blühenden Sklavenhandel! Als Cosimo aus der Verbannung zurückkehrte, existierten am Ost- und am Westrand des Mittelmeeres große Serails mit jeweils Hunderten von Insassinnen, wozu Tausende von Haussklaven beiderlei Geschlechts kamen. Der Sklavenhandel blühte unter verschiedenen Aspekten: Weil die mohammedanischen Seeräuber ihre Gefangenen auf exterritorialen Märkten feilboten, weil Livorno und andere Häfen als Sitz bestimmter Orden Zentren des Lösegeld-Umschlages geworden waren, und weil der Import von Knaben als Diener und von jungen Sklavinnen als dienende Konkubinen zumindest in den großen Handelszentren praktisch nicht zu unterbinden war, genossen doch die Kolonien ausländischer Kaufleute und Seefahrer in stillschweigender internationaler Übereinkunft eine Duldung ihrer Bräuche – und das in Riga oder Nowgorod ebenso wie in Venedig, auf Chios oder in Pera.

Es befremdete daher niemanden, auch nicht seine geistlichen Besucher, daß sich Cosimo mit Seide und anderen Importen auch eine schöne Tscherkessin hatte liefern lassen oder aus einer Lieferung selbst ausgesucht hatte. Sie gebar ihm den einzigen mit Sicherheit bekannten natürlichen Sohn, der als Carlo der Bastard für Cosimo die Webereien und Lager von Prato beaufsichtigte und ausgezeichnet arbeitete. Filippo Lippi, selbst ein unehelicher Sohn, hat Carlo auf beziehungsreiche Weise verewigt, nämlich unter den Zuschauern bei seinem Tanz der Salome. Filippinos Vater, Mönch im florentinischen Kloster Carmine, hatte nicht die Mittel eines Medici gehabt: Von seiner Sucht nach Frauen aus dem Kloster getrieben, malte er im Dom zu Prato und hatte sich die jüngste und schönste Nonne des Klosters von Santa Margherita als Modell ausbedungen. Er verführte sie und zeugte mit ihr seinen großen Maler-Sohn; Papst Pius II., der mit Cosimo freundschaftlich verkehrte, befreite die beiden Sünder von ihren Gelübden und rettete sie damit vor Verfolgung.

Cosimo benimmt sich also so, als hätte es zu seiner Zeit schon neugierige Klatschreporter, Lauschangriffe und Telekameras gegeben, um das Volk, das ihn trug, nicht zu verprellen und weil es ihm, als einem gesunden Erfolgsmenschen, keine zusätzliche Befriedigung bereitet hätte, die Florentiner an Ausschweifungen und Luxusauswüchsen seines Lebens teilnehmen zu lassen. Im übrigen brauchte in den räumlich engen, wenn auch dicht bevölkerten Gemeinwesen des Renaissance-Italien niemand eine Telekamera: Man lebte zwangsläufig unter den Augen aller anderen, und all diese anderen waren jederzeit bereit, Achtung in Verachtung und Verehrung in Neid umschlagen zu lassen.

Darin mag man einen der Gründe sehen, aus denen Cosimo keines der hohen Ämter anstrebte oder sich anbieten ließ, die in Florenz zu vergeben waren. Diese Ämter wechselten in ihrer Bedeutung und in ihrem Charakter so schnell wie die Stadtverfassung, die in jeder Generation mindestens einmal ergänzt oder verändert oder nach Veränderungen wieder normalisiert wurde, mit der Generaltendenz, die Hauptverantwortung, die mit einer gewissen Zwangsläufigkeit ins Gefängnis, zum Schandgemälde oder zur Vergiftung führte, auf möglichst viele Schultern zu verteilen. Schließlich konnte man schwerlich alle Otto di Guardia

(»Acht Wächter«) oder alle Dieci di Balia (»Zehn Gerichtsherren«) oder gar die 28 Vertreter der Zünfte auf einmal umbringen. Cosimo mußte also einen großen Personenkreis beeinflussen, wozu einem Bankier und Wirtschaftsführer zwar viele Möglichkeiten zur Verfügung stehen, was aber auch viel Aufmerksamkeit erfordert. Cosimo spielte mit einer erst im Zweiten Kaiserreich der Franzosen wieder erreichten Meisterschaft auf dieser Klaviatur, indem er dem einen lieh, dem anderen Kredite verweigerte, um den Konkurrenten zu gewinnen, und einer dritten Gruppe entgegenkam, weil sie sich für den Handel fördernde Verordnungen einsetzte oder Steuern milderte.

Mit alldem konnte man das Volk freilich nicht darüber hinwegtäuschen, daß es nichts zu sagen hatte und allenfalls laut jubeln durfte. Die Menge mußte also beschäftigt, abgelenkt, optisch zufriedengestellt werden, und was Cosimo alles anstellte, um sich auch auf diesem Weg als Vater des Vaterlandes feiern zu lassen, beweist, daß er seinen Cäsar genau gelesen hatte.

Die erste Gelegenheit für ein großes Spektakel bot sich, als fünf Jahre nach Cosimos Rückkehr ein Konzil in Ferrara stattfinden sollte. Von Papst Eugen IV. eine Verlegung nach Florenz zu erlangen war nicht ganz einfach, denn Eugen IV. hatte als Kardinal an dem in mancher Hinsicht skandalösen Konzil von Konstanz teilgenommen. Dort war nicht nur der Reformator Hus zur Erbauung aller Anwesenden öffentlich verbrannt worden, es war auch durch die Anwesenheit von einander befehdenden Gegenpäpsten denkwürdig, und der einberufende, heute als Gegenpapst geltende Johannes XXIII. war so gut wie ausschließlich von Cosimo finanziert worden, ja Cosimo hatte den hunderttausend Gulden, die dieser unglückliche Papst ihn gekostet hatte, noch 35 000 Gulden hinzufügen müssen, um ihn 1419 aus der Haft in Bayern freizukaufen. Aber die Kirche und die Geldleute haben sich zu allen Zeiten gut vertragen, und so genoß Florenz 1439 das Schauspiel eines kirchengeschichtlich letztlich ergebnislosen, aber um so prächtigeren Konzils, das so mancher Teilnehmer aus einer exotischen Diözese in der uneingestandenen Erwartung besuchte, man werde in Florenz so vergnügt tagen wie zwischen Konstanz und Baden bei Zürich. Das Schaugepränge war so bunt, weil es sich um ein ökumenisches Konzil handelte, um den von der Türkengefahr heraufgeführten Versuch einer Wiedervereinigung der Römischen und der Ostkirche, ausgezeichnet durch die Anwesenheit des Kaisers Johannes VII. Paleologus von Byzanz und des ihn begleitenden bedeutenden Humanisten Bessarion aus Trapezunt. Die Herren hatten sich über einzelne Glaubensartikel seit dem April 1438 so lange gestritten, bis in Ferrara eine nicht ganz so schlimme Spielart der Pest ausbrach, so daß die Einladung nach Florenz hoch willkommen war. Cosimo hatte zudem angedeutet, die Stadt werde finanzielle Beihilfen leisten, hatte bis dahin doch der Papst allein sämtliche Anreise- und Aufenthaltskosten der Delegationen aus Moskau, Byzanz, Smyrna und anderen fernen Orten getragen. Bei aller Höflichkeit, mit der die Gäste aus dem Osten schon im Jahr zuvor in Venedig empfangen worden waren, standen die Ankömmlinge während der Verhandlungen doch unter dem Dauerdruck, die mächtige römische Kirche auf einen demnächst zu erwartenden neuen Kreuzzug vorbereiten zu müssen. Die endgültigen Beschlüsse glichen denn auch einer weitgehenden Unterwerfung unter ein Diktat, dem schließlich der Delegationsführer der Ostkirche die Unterschrift versagte. Schon vorher hatten sich angesichts dieser Situation einzelne Würdenträger heimlich empfohlen, was von Florenz aus nicht so einfach war wie im adrianahen Ferrara, aber Florenz hatte, was es wollte, ein langanhaltendes, die Stadt aufwertendes und überall bekannt machendes Schauspiel, das auch in den Gästen noch lange nachwirkte. Es mögen die florentinischen Impressionen gewesen sein, die den großen Bessarion dazu bewogen, in Italien zu bleiben, zur römischen Kirche überzutreten und fern der Türken das glanzvolle Leben eines Renaissancekardinals zu führen (zuerst in Sabina, später in Frascati). Seine Bibliothek griechischer Handschriften war damals die reichste im ganzen Abendland und bildete später den Grundstock der Biblioteca Marciana in Venedig. Es ist wohl keine allzu kühne Vermutung, wenn man die lange Anwesenheit eines so prominenten Humanisten in Florenz mit der Tatsache in Zusammenhang bringt, daß auch Cosimo sich anhaltend um Manuskripte aus dem gefährdeten Nahen Osten bemühte – zu deren Erwerb Bessarion alle Quellen kannte – und zwei Jahre nach dem Beginn des Konzils in Florenz auch die erste öffentliche Bibliothek der Stadt begründete. Selbst der Bischof der Arnostadt mit dem sehr bürgerlichen Namen Lodovico Scarampi mauserte sich zum humanistischen Schriftsteller angesichts so vieler gelehrter Glaubensbrüder aus anderen Zonen des Mittelmeeres und nannte sich als Autor Mediarota Patavinus. Der große Katzenjammer, als schließlich, nach der Rückreise der Delegationen, alle, die unterschrieben hatten, von der Ostkirche gebannt wurden, ging unter im Waffenlärm um Konstantinopel (1453).

Das weiter östlich liegende Trapezunt hielt sich noch acht Jahre. Kaiser David Komnenos kapitulierte dort 1461 gegen die Zusicherung einer würdigen Apanage und Sicherheit für seine Person und seine Familie. Mohammed II. aber behauptete später, diese Zusage hätte nur im Zusammenhang mit Davids Übertritt zum Islam gegolten und sei ohne diesen nichtig. David und die Seinen wurden nach Adrianopel (heute Edirne) gebracht, wo sie ein Ende fanden, über das sehr unterschiedliche Nachrichten überliefert sind. Nach einer soll David gezwungen worden sein, vor seiner Hinrichtung noch zuzusehen, wie sein Sohn Nikephoros beschnitten wurde. Vielleicht bedeutete dies aber auch den rettenden Religionswechsel, denn Nikephoros konnte fliehen und auf der Halbinsel Morea eine neue Existenz aufbauen. Es war die Bibliothek des Kardinals Bessarion, in der der Tiroler Jakob Philipp Fallmerayer die Trapezunt-Chronik des Michael Panaretus auffand.

Durch die Gäste aus dem Nahen Osten wurde den Florentiner Kaufleuten zweifellos bewußt, wie sehr sich schon bald die Verhältnisse in ihrem östlichen Arbeits- und Absatzgebiet ändern würden. Nach dem Ende der Kreuzzüge hatte man sich mit den Mohammedanern einigermaßen arrangiert, aber die Türken setzten neue Akzente. Bei aller Prachtliebe und Kriegstüchtigkeit blieben sie doch ein räuberisches Turkvolk, durch das anders als durch die kulturverliebten Araberfürsten eine barbarische Note in die Geschichte Europas kam.

Ruhiger als dieses Großereignis von 1438–40 verlief der Besuch des Papstes Pius II. im Jahr 1459. Enea Silvio Piccolomini, aus verarmtem Adel nahe bei Siena geboren, hatte sich erst 1446 zum Priester weihen lassen und seinem bis dahin sehr freizügigen Leben abgeschworen. In dieser weltlichen Phase war er ein enger Freund des Reichskanzlers Graf Schlick geworden, war fast stets in der Nähe des in Wiener Neustadt residierenden Kaisers Friedrich III. gewesen und hatte in dieser kleinen Universitäts- und Bischofsstadt neben zahllosen Briefen und humanistischen Traktaten auch eine bis heute wertvolle Geschichte dieses Kaisers geschrieben. Diesen bedeutenden Mann gedachte Cosimo in Florenz besonders zu ehren, obwohl allen klar war, daß es dem Papst um Geld für den Kreuzzug ging, den Deutschland und Italien allein durchführen sollten, weil Frankreich sich schon heimlich auf seine Jahrhunderte währende unbegreifliche Zusammenarbeit mit der Pforte einstellte.

Pius II. war am Beginn seines Pontifikats, Cosimo nur noch fünf Jahre vom Ende seines Lebens entfernt. Die Begegnung der beiden, die einander schätzten und achteten, wurde zu einer Sternstunde für Florenz, und Pius II. war sich dessen auch bewußt, als er Cosimo sagte, ihm fehle zum König nur noch der Titel, alles andere besäße er schon. Der ganze Mercato Vecchio war mit Tüchern ausgeschlagen, unter den Kolonnaden fand ein Ball statt, bei dem sechzig junge Männer aus den besten Familien der Stadt in festlicher Kleidung ebenso geschmückte Mädchen immer wieder zu Tänzen baten. Die Kostüme wurden mehrmals gewechselt, man befand sich schließlich in einer Stadt der Seide und der Tuche, und auch die Gesandten, ja sogar Prälaten nahmen an den Reigentänzen teil.

Daß Cosimo an diesem Tag auch Tierhetzen veranstaltete, für die er seinen Privatzoo plünderte, war eine jener Anleihen bei der Antike, die ihm die Chronisten vorwerfen. Eine große Giraffe, der übrigens niemand etwas zuleide tat, war ein Geschenk des Sultans Bajesid und erinnerte alles überragend die Festgäste an den Zweck des Zusammentreffens, nämlich die Vorbereitung eines Kreuzzugs gegen ebenjenen Sultan und zur Rückeroberung der alten Kaiserstadt am Bosporus. Cosimo konnte dem Papst mehr über die Türken erzählen als die meisten anderen seiner Berater, und die Tatsache, daß Dutzende christlicher Großkaufleute seit vielen Jahren mit den Türken Handel trieben, war es wohl, die Pius II. die Gedanken zu jenem sensationellen Brief an Sultan Mohammed II. eingab, in dem er, in scharfsinnigen Darlegungen, die Überlegenheit der christlichen Religion über den Islam beweist, den Sultan zur Taufe auffordert und ihm den Kaiserthron von Byzanz anbietet. Der Großtürke wäre in seinem Besitzstand nicht gemindert, sein Reich ein christliches geworden.

Der Brief wurde zwar nie abgeschickt, aber er macht deutlich, daß die Gefahr im Osten und ihre Bewältigung den Verstand des Papstes außerordentlich beschäftigten, ja möglicherweise über Gebühr belasteten und damit zu unrealistischen Wunschvorstellungen Anlaß gaben. Sie führten, wie man weiß, schließlich zu einem verzweifelten Alleingang des Papstes, der nach Ancona, dem Adriahafen der Florentiner, alle Kreuzfahrer einberief und sich selbst an die Spitze der Operation setzte. Als er dort im Sommer 1464 jedoch nur einige wenige Schiffe und ein nur kleines Häuflein von Kreuzfahrern vorfand, war es um seine Widerstandskraft gegen eine bereits in Rom ausgebrochene Krankheit geschehen, und Pius II. starb im August 1464, vierzehn Tage nach seinem Freund Cosimo de' Medici.

Der lange Besuch des Humanistenpapstes in Florenz und seine freundschaftliche Beziehung zu den Medici beendete ein zeitweise gespanntes, mitunter sogar stürmisches Verhältnis zwischen den Päpsten und den florentinischen Banken, das viel zu der ruinösen Westorientierung der Florentiner beigetragen hatte. Um nicht unter das Diktat des Papstes zu geraten, hatten so große Häuser wie die Bardi und die Peruzzi viele Millionen Goldstücke an Herrscher verliehen, die über große Handelsnationen geboten, also vor allem an die englischen Könige, und sie waren schließlich an diesen Überdimensionen der Auslandsguthaben zugrunde gegangen, denn wer konnte schon die Briten auf ihrer Insel zur Zahlung zwingen? Hier hatte sich das Fehlen einer florentinischen Flotte am deutlichsten als schicksalhaftes Manko erwiesen, denn als zum Beispiel die Krone von Portugal dem Großreeder Ango aus Dieppe nach Schadenersatzforderungen die kalte Schulter zeigte, rüstete dieser zwei Dutzend Schiffe auf, segelte nach Lissabon und holte sich mit Waffengewalt, was ihm zustand.

Nach Schwierigkeiten mit der Kurie hatten so bedeutende Florentiner Banken wie die Frescobaldi, die Mozzi und die Ammanati im Jahrhundert vor Cosimo ihre Zahlungen einstellen müssen; nun herrschten andere Verhältnisse, die freilich auch darauf gegründet waren, daß Pius II. dem Hause Medici mehr Vertrauen entgegenbrachte als frühere Päpste den Geldleuten vom Arno.

Es soll nicht verschwiegen werden, daß die enge Verbindung zum Papst, die vielen vertrauten Gespräche in Cosimos Landhaus in Careggi den Florentiner auch mancher Kritik aussetzten. Geschäfte mit der Kurie galten als ruinös, jeder Florentiner kannte die Beispiele aus den vorangehenden Zeiten und fürchtete die Konkurrenz der großen jüdischen Bankhäuser von Rom, die sich nicht gerne auf ihrem Gebiet ins Handwerk pfuschen ließen. Dazu kam, daß Pius II. und sein Kreis nicht unangreifbar waren. Lebte er auch persönlich nun untadelig, so war er doch Humanist geblieben, verkehrte mit anderen Humanisten und pflegte Freundschaften zu Autoren und Malern, die zwar nicht in ihren Leistungen, aber in ihrem Leben viele Angriffsflächen boten.

Aus vielen Beispielen sei hier ein skandalöses Literaturerzeugnis nur genannt, weil es Cosimo de' Medici gewidmet war und aus dem engsten Umkreis des Papstes stammte – von seinem langjährigen Freund Antonio Beccadelli (1394–1471), der sich als Autor Panormita nannte. Seine unter dem Titel Hermaphroditus gesammelten Aphorismen, Histörchen und Gedichte bezeichnet Davidsohn als das »vermutlich obszönste jemals geschriebene Buch«. Beccadelli macht denn auch schon in der Widmung an Cosimo alles klar, wenn er schreibt: »Der Titel meines Büchleins, Cosimus, lautet, wie Du auf dem Umschlag gelesen hast, Hermaphroditus. Denn unser [!] Buch besitzt eine weibliche Scham und ein männliches Glied, es führt also seinen Namen zu Recht. Willst Du es aber Podex nennen, weil es auch vom Podex singt, so mag selbst dieser Name nicht unpassend sein. Gefällt Dir aber weder der eine noch der andere, so gib ihm selber einen, nur ja keinen züchtigen.« Solche Mitwirkung der vertrauten Freunde war möglich gewesen, weil das Werkchen nur in einigen wenigen Abschriften kursierte, und selbst von diesen Exemplaren verfielen immer wieder welche der Vernichtung, wenn zum Beispiel der Kardinal Cesarini, ein großer Förderer der Humanisten, seinen Sekretär bei der Lektüre des verbotenen Buches antraf. In Mailand, Ferrara und Bologna, nicht aber in Florenz, wurden Exemplare des Hermaphroditus öffentlich verbrannt, an anderen Orten auch das auf Papier gemalte Bild des Verfassers, also sein Steckbrief. Schließlich fühlte Beccadelli sich von kirchlichen Eiferern so deutlich bedroht, daß er sich nach Neapel begab, wo man bei Hofe schon Schlimmeres erlebt hatte und den Verfemten sogar als Hofhistoriographen beschäftigte.

Weit harmloser wirkten dagegen die schon zitierten Fazetien des Poggio Bracciolini, der 1380 geboren worden war und eben in dem Jahr starb, da Pius II. Florenz besuchte. Poggio hatte sich sein elegantes Latein bei endlosen Abschriften für Cosimo und für Nicola de' Medici erworben, darunter Ciceros Briefe an Atticus. Ein besonders gutes Verhältnis hatte er zu dem hochgebildeten Kaufmann Niccolò Niccoli, den man gelegentlich als den Kultusminister des Medici-Imperiums bezeichnet findet. Er war Autodidakt, ein großer Sammler und Anreger, und unartige Musensöhne wie Poggio bedurften seiner führenden Hand besonders dringend. Poggios Fazetien werden in den Briefen des Dichters erstmals im Konzilsjahr 1438 erwähnt, später nennt er die kurzen Schnurren lieber Confabulationes, denn jetzt schreibt man ja wieder lateinisch – Dante und Boccaccio hatten überwiegend die Volkssprache, das volgare fiorentin benutzt. Da Poggios heiteres und anzügliches, derbes, aber nicht wirklich obszönes Buch in seiner Verbreitung nicht behindert wurde, existierten bald zahlreiche Abschriften von ihm, und im Jahr 1500, also sehr bald nach Einführung der ersten Druckverfahren, kannte man schon sechzehn (!) Druckausgaben der Fazetien.

Obwohl die literarischen Gruppen, Grüppchen und Fronten, die sich im italienischen Humanismus bildeten, sich schnell veränderten, ist für die Umgebung des Cosimo doch klar, daß Beccadelli und Poggio in seinem Lager standen, während etwa der Römer Lorenzo della Valla (1407–57) und Francesco Filelfo (1398–1481) zu seinen Gegnern gehörten. Filelfo, den Gero von Wilpert einen skrupellosen Charakter nennt, stand lange im Sold der Sforza und verfaßte die wüstesten Schmähungen gegen die Familie Medici und gegen Cosimo; seit etwa 1440, also ebenfalls in der Konzilsperiode, bemühte er sich jedoch um eine Aussöhnung, hatte den Lehrstuhl für Griechisch an der Universität inne und starb in der Stadt seines großen Gegners in hohem Alter. Zumindest bei Poeten war Cosimo also zweifellos ein sehr nachsichtiger Gegner. An Filelfo ist interessant, daß er auch eine Verbindung zum Bosporus schuf, sieben Jahre in Konstantinopel gelebt hatte und zahlreiche wertvolle Handschriften von dort nach Mailand und nach Florenz geschafft hatte. In seiner Brust müssen verschiedene Seelen nebeneinander Platz gehabt haben, denn zu den Sympathien für die Visconti und die Sforza, zum

Haß auf Cosimo und zu seinen vielen unflätigen und obszönen Schriften gesellten sich in späteren Jahren eine Lebensbeschreibung Johannes des Täufers und eines so edlen Charakters wie des Federigo di Montefeltro, Herr von Urbino.

Das große Konzil von Ferrara und Florenz hatte auch durchaus erfreuliche Kuriosa im Gefolge, reisten doch Delegationen aus aller Welt an, deren Mitglieder im allgemeinen gebildeter und interessierter waren als die sonst am meisten reisenden Kaufleute. Das brachte Florenz Ruhm in vielen Sprachen, und Völker, die noch nie von der Arnostadt gehört hatten, konnten nun aus der Feder des Sekretärs, der den Moskauer Metropoliten Isidor nach Italien begleitet hatte, lesen: »Von Berena [vermutlich Ronchi di Berna] bis zur berühmten und herrlichen Stadt Florenz sind es acht Meilen. Aber alle Berge sind hohe Felsen und der Weg ist eng und sehr beschwerlich; deshalb fahren auch keine Wagen, sondern man fördert die Lasten auf Saumtieren [über den Apennin]. Es wächst aber in diesen Bergen ein sehr guter süßer und roter Wein. Unser Herr [der Metropolit] kam in die berühmte Stadt Florenz am 4. Februar [1438]. Der Patriarch aber traf am 17. desselben Monats ein und der Kaiser [von Byzanz] am selben Tag. Diese berühmte Stadt Florenz ist sehr groß und eine solche haben wir unter den früher beschriebenen Städten nicht angetroffen. Die Gotteshäuser in ihr sind sehr schön und groß, und die Häuser in ihr sind aus weißem Stein erbaut, sehr hoch und kunstvoll. Mitten durch diese Stadt fließt ein großer und sehr reißender Fluß, der heißt Arno; und über diesen Fluß ist eine sehr breite steinerne Brücke gebaut, und auf beiden Seiten der Brücke [gemeint ist: auf der Brücke selbst] sind Häuser errichtet. In dieser Stadt gibt es ein großes Krankenhaus [die Medici-Stiftung Santa Maria Nuova], in dem sind über tausend Betten, aber auch [noch] auf dem letzten Bett liegen wundervolle Federbetten und kostbare Decken. Das ist um Christi Willen für die hilflosen Fremdlinge und Pilger erbaut, auch [jene] aus anderen Ländern.«

Nach einer ausführlichen, aber nicht ganz zutreffenden Schilderung aus florentinischen Klöstern über die Gebräuche der Mönche und die Beinhäuser fährt der Sekretär fort: »In derselben Stadt erzeugt man Damast und Goldsamt. Waren aller Art gibt es eine Menge und Olivengärten und von diesen Oliven das Öl. Und es gibt in dieser Stadt eine wundertätige Ikone, das Bild der allerreinsten Gottesmutter [von Bernardo Daddi, da das alte Gnadenbild 1304 einem Brand zum Opfer gefallen war]. Und vor dieser Ikone in dem Gotteshaus [der zur Kirche umgebauten Loggia von Or San Michele], da sind über 6000 Gebilde aus Wachs von geheilten Menschen ... Und da erzeugt man auch Scharlachtuche. Und es ist in dieser Stadt ein großes Gotteshaus erbaut, aus weißem und schwarzem Marmorstein [Santa Maria del Fiore, der Dom]. Die Künstlichkeit dieses Bauwerkes vermag unser Geist nicht zu erfassen ... In derselben Stadt sahen wir auch Seidenraupen, und auch das sahen wir, wie man ihnen die Seide entnimmt.«

So ging es in köstlich abruptem Wechsel zwischen weihevollem Entzücken und realistischer Berichterstattung weiter, bis die Moskowiter den Segen für die Heimreise empfingen und sich über Venedig und Budapest in ihre Heimat zurückbegaben. Günter Stökl, der diesen Reisebericht eines unbekannten Russen für die Styria-Reihe der byzantinischen Geschichtsschreiber aus der russischen Form des Kirchenslawischen übersetzte, gibt nahe am Wort die Fassungslosigkeit dieses frommen Reporters aus dem fünfzehnten Jahrhundert sehr gut wieder. Florenz war und blieb ein Wunder, auch wenn man, wie die russische Delegation, auf der Anreise Leipzig, Erfurt und andere damals bedeutende Städte gesehen hatte.

Franz Grabler hat in der gleichen Sammlung aus dem Geschichtswerk des Atheners Laonikos Chalkokondyles (etwa 1432–1490) Proben übersetzt, in denen die Toskana und Florenz der gleichen Epoche aus griechischer Optik dargestellt werden: »Florentia ist nach Venedig die reichste Stadt, da ihre Bürger Handels- und

Ackerleute sind. An Verstand scheinen die Florentiner vor anderen den Vorrang zu haben, und was die Männer dieser Stadt auch unternehmen, sie führen es besser durch ... Die Regierungsbeamten werden vom Volk gewählt, sind selbst bürgerlich und Innungsmeister [Prioren]. Es ist aber auch jedem beliebigen Fremden möglich, in dieser Stadt Bürger zu werden, wenn er einen bestimmten Betrag nach dem Ermessen der Stadt nach Florenz mitbringt ... Die gleiche Art der Verfassung haben fast alle Städte Tyrrheniens [d.h. der Toskana]: Perugia, Lucca, Arezzo und Siena.«

Laonikos starb auf dem damals noch venezianischen Kreta im Bewußtsein des bedrohlichen Anwachsens der türkischen Macht.

Diese türkische Gefahr beherrschte nicht nur die Gespräche in den Kontoren oder auch in den Landhäusern von Florenz, sie steht auch hinter geistlichen und weltlichen Aktionen der verschiedensten Art zwischen 1435 und 1462. Es ist ungemein charakteristisch, wie sich die betroffenen Firmen und Handelsstädte in dieser prekären Lage verhalten: Venedig als die stärkste dieser Nationen führt an vielen Küsten und auf zahlreichen Inseln jenes langsame Rückzugsgefecht, das erst durch den gemeinschaftlichen Seesieg der christlichen Flotten vor Lepanto im Jahr 1571 von einem gewissen Stillstand der Besitzverhältnisse abgelöst wurde. Genua kämpfte von Chios und Pera aus mit der Waffe, und daß ein Giustiniani, Haupt der genuesischen Osthändler, auf den Mauern von Byzanz fiel, leitete den Untergang der Stadt am Bosporus ein. Florenz, das sich so spät in den Osthandel eingeschaltet hatte, daß Rücksichten auf die Türken bereits angezeigt waren, versuchte, sich mit den neuen Mächten am Schwarzen Meer zu arrangieren, und da in der unmittelbaren Umgebung des Sultans Giauren nicht gerne gesehen waren, kam es zu einem bemerkenswerten Versuch der Medici, Trapezunt als Ausweichbasis aufzubauen.

Die Wahl dieser Stadt war rein verkehrsgeographisch geradezu genial zu nennen. Segelte man erklärtermaßen nach Trapezunt, so hatte man die heikle Passage von Dardanellen und Bosporus in der Tasche. Vor Trapezunt aber öffneten sich der Mittlere Osten mit den Karawanenstraßen nach Täbris und Ormuzd und der Ferne Osten mit den Pisten nach Balkh und Kambalu (Peking). Die Florentiner waren hier flinker als die Genuesen, denn während Genua Mühe hatte, Konsuln für Trapezunt zu nominieren, schlossen die Florentiner im Dezember 1460, also sieben Jahre nach dem Fall von Konstantinopel, einen Vertrag über einen Fondaco, also eine Handelsniederlassung mit Beherbergungsmöglichkeiten, und über ein Konsulat, eine der letzten Regierungshandlungen des Kaisers David Komnenos, denn 1461 eroberten die Türken seine Residenz.

Der Partner, der für den Kaiser unterzeichnete, ist eine schillernde Figur dieser Übergangszeit und einer der interessantesten Gäste des Cosimo. Er heißt Michele degli Aldighieri, ohne daß aus diesem italienischen Namen auch schon klar wird, ob er Italiener war. Sicher ist nur, daß er in Florenz ein makelloses Italienisch sprach. Der Vertrag freilich war griechisch ausgefertigt. Aldighieri tritt in den Folgejahren als Großhändler im Schwarzmeerraum auf, und zwar mindestens bis 1470, also tief hinein in türkische Zeiten, reist allerdings auch mit dem wichtigsten Politagenten jener Zeit, dem Franziskaner Ludwig aus Bologna, durch ganz Europa, um für Pius II. eine mächtige Koalition gegen Mehmed den Eroberer auf die Beine zu stellen. Die beiden sind in Venedig, Ungarn, Österreich, Burgund und Frankreich nachgewiesen, ehe sie wieder in Rom, wohl zur Berichterstattung, auftauchen. Daß sie keinen Erfolg hatten, daß sie kein Kreuzfahrerheer zusammenbrachten, wurde schon gesagt, vom Osthandel der Florentiner aber scheint Aldighieri einiges gerettet zu haben.

Mit all diesen eindrucksvollen Veranstaltungen in Florenz und den Aktivitäten zwischen London und Täbris hätte Cosimo jedoch nur sein Vermögen vermehren, nicht aber Florenz und die Bürger der Stadt für sich gewinnen können. Zwar drohte die Gefahr einer handlungsfähigen Opposition nicht mehr, seit sich in dem Lederbeutel, aus dem bei Wahlen die Zettel mit den Namen der Kandidaten gezogen wurden, nur noch Anhänger der Medici oder ungefährliche Opportunisten fanden, ein einfacher, aber wirksamer Kunstgriff. Darüber hinaus aber war Cosimo insofern der Prototyp eines begabten Bankiers, als er seine Großkunden oder die finanziellen Gegenströmungen mit Takt und Sachkenntnis behandelte und nie aus den Augen ließ. Nach seinem Sieg und der Verbannung der Unversöhnlichen beruhigte er die Zurückgebliebenen durch die schnelle Aufnahme persönlicher Kontakte, die er ohne Arroganz und unter Einsatz seines Charmes und seiner großen Möglichkeiten weiter pflegte, so daß sich Fronten gegen ihn nicht bilden konnten.

Auf sein Betreiben war das alte schematische Steuersystem durch die Progression ersetzt worden. Das heißt, die Reichen zahlten nun nicht nur einfach mehr als die Armen, sie mußten ihre Steuern auch nach einem schärferen Steuersatz entrichten. Das Volk begrüßte diese Neuerung, denn sie waren Florentiner, mit Handel und Banken aufgewachsen und begriffen sehr schnell, daß – zum Beispiel – ein einfacher Zehnt an der Grenze zum Existenzminimum eine Härte bildete, bei Reichen, die ohnedies nur einen Teil ihrer Einnahmen verbrauchten, jedoch als Bonus empfunden wurde. Gegenüber seinen reichen Mitbürgern aber war die Progression in der Hand eines Mannes, der auch die Steuerbehörde aus dem Hintergrund lenkte, ein flexibles System der permanenten Bedrohung: Konnte er seine Gegner auch nicht plötzlich ruinieren, so war er doch imstande, durch das Progressionsdiktat ihnen Daumenschrauben anzulegen, die sie zu Rekursen und Prozessen zwangen und vor der Öffentlichkeit zunächst einmal als Steuersünder hinstellten.

Eine weitere Idee Cosimos beseitigte einen Notstand, den wir heute weitgehend vergessen haben, die Probleme der Mitgift und der Brautausstattung. In diesem Bereich waren Brauch und Erwartung so unbarmherzig, daß manche Florentinerin, die es sehr leicht gehabt hätte, einen Mann zu finden, ins Kloster gehen mußte, weil die Eltern sich eine Verehelichung wegen der damit verbundenen ruinösen Ausgaben nicht leisten konnten. Cosimo schuf eine Heirats- und Brautstandsversicherung, deren Prämienzahlungen schon mit der Geburt des Kindes begannen, natürlich in Zusammenarbeit mit den Banken; damit nahm er den Eltern Sorgen ab und den Töchtern die Furcht vor den Klostermauern. Es muß ein schönes Gefühl für ihn gewesen sein, sich die Dankbarkeit der Mädchen von Florenz gesichert zu haben – zumindest jener, die diesen ehrsamen und beschwerlichen Weg durch das Leben als den einzig möglichen ansahen.

Sprach man in der Welt von den Frauen der Arnostadt, so waren allerdings diese braven Bräute und Gemahlinnen nur ausnahmsweise gemeint. Man braucht nicht auf Boccaccio zurückzugreifen, der zweifellos nichts erfinden, sondern lediglich aus vielen, vielen Geschichten auswählen mußte, um dafür den Beweis zu führen. Es war im Geburtsjahr des Cosimo, also 1389, »da man den Minoriten Fra Michele an der festlichen Menge [der Maifeier] vorüber zum Scheiterhaufen führte, weil er die Lehre vom armen Leben des heiligen Franz nicht verleugnen wollte. Den Frauen, die ihm bittend zuriefen, er möge doch reuevoll abschwören, erwidert er: Bereut selbst eure Sünden, eure Wollust, eure Buhlerei, eure Spielsucht – und unerschüttert schritt er dem Märtyrertode auf dem Prato della Giustizia entgegen« (Davidsohn).

Das war der erste der großen Bußprediger, mit denen die Stadt Florenz in Konflikt geriet, und nicht immer wird sie sich ihrer mit so geringer Mühe entledigen können wie im Falle des Fra Michele, der allen Damen, nicht nur den Florentinerinnen, die Armut des Franz von Assisi mahnend vorgehalten hatte. Äußerlich ließen sie es ja an nichts fehlen, sie hatten in den Familien feines Benehmen, bei einiger Begabung auch Tanz, Gesang und ein Instrument erlernt; sie waren angehalten, beim Tanz nur züchtige Bewegungen zu vollführen und nicht jene kühnen

Schritte, bei denen etwa die Kleidung in Unordnung geraten könnte. Das Bild eines Mädchens aus guter Familie, das beim Tanz hinfiel und dabei zuviel von seinen Beinen zeigte, worauf der Bräutigam, ein Herzog von Österreich (!), die Verlobung löste, ist zu einem beliebten Motiv der Genremalerei geworden; die städtische Wirklichkeit aber hatte mit diesem lieblichen Bild nicht allzuviel zu tun.

Der Podestà war verpflichtet, allmonatlich (!) zu untersuchen, wer sich in Florenz eines Lasters schuldig mache, womit meist die Homosexualität und jene Formen des Geschlechtsverkehrs gemeint waren, bei denen, wie man sich damals ausdrückte, »die Frau als Knabe hergenommen wird«. Die Formen dieser Perversionen waren so verbreitet, daß sich für sie in Deutschland und Österreich das Wort florenzen einbürgerte, von Händlern und Fuhrleuten des transalpinen Verkehrs verbreitet. Sogar in die Literatur ist das heute vergessene Wort eingegangen, wenn wir in Sebastian Münsters Cosmographia von 1537 über die Tartaren lesen: »Sie seind auch daran, wie die Saracenen, nicht ersettigt, sie florenzen oder erkennen auch – das schendlich ist zu sagen – die Knaben und allerlei Vieh« (späteste uns bekannte Verwendung bei Lessing). Das Wort Florenzer übersetzen die Brüder Grimm kurzerhand mit Päderast.

Die jungen Florentinerinnen, die sich auch solchen Wünschen nicht verschlossen, gaben dies durch ihre Kleidung zu erkennen: Sie trugen das Haar kurz geschnitten und »halb männliche Tracht«, wie heute die Lesbierinnen. Das heißt: Man kannte sie, man wäre imstande gewesen, sie festzunehmen, und man liest auch von schweren Strafen für alle Formen der widernatürlichen Unzucht, doch findet sich in den Archiven keine Spur von Urteilen gegen angesehene Florentiner oder ihre Angehörigen. Seit Dante in seinem Höllenkreis der Päderasten selbst seinen berühmten und verehrten Lehrer Brunetto Latini und viele andere Berühmtheiten beim Namen nannte, scheint ihnen allen nicht mehr viel widerfahren zu sein. Hingegen wurde – anders als in Venedig, wo man die Fremden gewähren ließ – das Vergehen an Ortsfremden mit aller Schärfe geahndet, auch an ärmeren Bürgern von Florenz, sofern sie sich als Zuhälter betätigt hatten. Die gleiche Einsicht, Ausfluß erheblicher Sachkenntnis, veranlaßte die städtischen Behörden auch, vor allem gegen Gelegenheitsmacher (trapassi) vorzugehen und gegen die Sklaverei in den Bordellen. Alle Verträge, die ein Mädchen zwangen, in solch einem Haus zu arbeiten, wurden von vornherein als ungültig erklärt, jeder Versuch, ihre Einhaltung zu erzwingen, stand unter harter Strafe. Man bekämpfte das Laster also von unten her, vielleicht auch nur in den untersten Regionen. Innerhalb der feineren Kreise, in den Runden der Humanisten, scheint größte Freizügigkeit geherrscht zu haben, was man damit entschuldigte, daß man den großen Griechen nachzueifern versuche …

Wieweit Cosimo auf seinem etwas abgelegenen und geräumigen Landhaus Careggi oder seinem Bauerngut im Mugellotal an irgendwelchen Orgien teilgenommen hat, ist heute nicht mehr wichtig und wohl auch nicht mehr zu eruieren. Den nach der literarischen Gewohnheit der Zeit unterhaltsam-schlüpfrig schreibenden Erzählern und zwei oder drei Pornographen seines Umgangs stehen etwa zwei Dutzend bedeutende und ernsthafte Humanisten aus Florenz, anderen italienischen Städten und aus dem Ausland gegenüber, und falls Cosimo auch gelegentlich die leichte Ware seiner Zechgenossen las, so doch überwiegend literarisch wertvolle, ja mitunter sogar philosophische Werke. Offensichtlich genügte ihm das erholsame Konkubinat mit der schönen Tscherkessin, wenn wir auch keine Gewißheit über seine außereheliche Nachkommenschaft haben; es mögen außer dem von allen Biographen positiv beurteilten und von Cosimo sehr geliebten Carlo noch andere Kinder von flüchtigen Verbindungen auf den verschiedenen Besitzungen des Bankiers aufgewachsen sein.

Vespasiano da Bisticci, sein Bibliothekar und Biograph, berichtet uns genau Cosimos Auftrag, Abschriften bedeutender

Werke der lateinischen Sprache anfertigen zu lassen, und setzte dafür nicht weniger als zweiundzwanzig Schreiber ein; er weiß auch vom Besuch eines gelehrten Bischofs aus Fünfkirchen, mit dem sich Cosimo lange unterhalten und danach gesagt habe, dies sei der beste Kopf von jenseits der Alpen gewesen, mit dem er je zusammengetroffen. Einen geschlossenen humanistischen Männerbund zu konstruieren, innerhalb dessen es dann zu Gruppenorgien oder sexuellen Zweierbeziehungen gekommen sei, wäre reine Spekulation. Eher sind Beziehungen zum anderen Geschlecht zu vermuten, denn die Frauen von Florenz waren durch die langen Abwesenheiten der reisenden Kaufleute oder der Residenten im Ausland vor allem für Herren ihrer Kreise oft leicht zugänglich. Boccaccio erzählt bekanntlich Fälle, in denen solchermaßen vereinsamte Gattinnen sich nachts in Lupanare schlichen, weil ihnen dies weniger gefährlich und als nicht so sündhaft erschien wie ein ständiger Liebhaber.

»In Florenz galten die Gelegenheitsmacher zwar als traurige Gesellen, aber reiche junge Leute hielten mit ihnen Verbindung, um anmutige, hübsch gekleidete und wohlredende Mädchen zu entleihen und in deren Gesellschaft einige Zeit etwa in ihren Villen vor der Stadt zu verbringen. Die besser gestellten Lenoni [Zuhälter] werden es verstanden haben, sich mit dem Gesetz und dessen Hütern in vorteilhaftes Einvernehmen zu setzen, nur ihre dürftigen Genossen schwebten in steter Gefahr, Hand oder Fuß durch das Beil des Henkers einzubüßen.«

Robert Davidsohn, aus dem wir diesen Absatz zitieren, weist allerdings auch darauf hin, daß sich all diese Verhältnisse in sämtlichen Handelsstädten des Hochmittelalters und der Renaissance feststellen lassen; sie sind nur in einer vielbesuchten und von vielen schreibenden Menschen beobachteten Stadt wie Florenz ungleich bekannter geworden als etwa in Lucca oder Siena. Boccaccio jedenfalls geht nicht nur in der fünften Novelle des neunten Tages belletristisch darauf ein.

Ein Jahr vor Cosimos Tod vollendete Benozzo Gozzoli in der Medici-Kapelle des Palazzo Medici-Riccardi jenes große Fresko von der Anbetung der Heiligen Drei Könige, das lange Zeit wenig beachtet wurde, weil ein Umbau an der Palasttreppe der Kapelle alles Licht nahm. Es ist 1992 nach der Restaurierung wieder für das Publikum zugänglich gemacht worden. Der Maler aus Siena (geb. vermutlich 1406, gest. 1484 in seinem Häuschen bei Pisa) hat auf diesem kunstvoll mit leuchtenden Farben gegen das Dunkel des Raumes ankämpfenden Fresko Cosimo dargestellt, der wie die reisenden Mönche auf einem Maultier reitet. Man erkennt aber auch berühmte Gäste von Careggi, nämlich einen Malatesta aus Rimini und einen Sforza aus Mailand. Die zu dieser Zeit schon erwachsenen Söhne Cosimos Piero und Giovanni paradieren noch als Jünglinge, Cosimo aber ist schon von Krankheit und nahem Tod gezeichnet. Am 1. August 1464 starb er nach Wochen, in denen die Nähe des Todes schon sein Verhalten, seine Lektüre und seine Gespräche stark beeinflußt hatte: Er ging sogar, wie sein Biograph berichtet, manchmal mit geschlossenen Augen umher, um sich auf die große Finsternis vorzubereiten …

Es ist dieses lange und beinahe willentliche Sterben, das der zu Unrecht weitgehend vergessene Paul Ernst 1912 zum Gegenstand einer Erzählung gemacht hat in einer legitimen Annäherung, gilt Paul Ernst doch bis heute als der Erneuerer der Novelle im Geist des Boccaccio. Die eigentliche Unvergänglichkeit schenkte dem Pater Patriae freilich, wie es sich gehört, die bildende Kunst: Das dem Verocchio zugeschriebene Hochrelief in Berlin, Gedenkmünzen und Kameen in den Uffizien, die Medaille von Nicola di Spinelli und Gemälde, Fresken und Miniaturen sonder Zahl. Als König sieht ihn Domenico Cresti, bekannter als Passignano; er kann, um 1560 geboren, Cosimo den Älteren allerdings nicht gekannt haben (Krönung Cosimos in der Wiener Albertina).

COSIMO UND DIE KÜNSTE

Cosimo der Ältere, wie man ihn zum Unterschied von dem späteren Medici-Herzog gleichen Namens auch nennt, soll in den dreißig Jahren zwischen seiner Rückkehr von Venedig und seinem Tod den ungeheuren Betrag von 600000 florentinischen Dukaten, Florenen oder Goldstücken für die Förderung der Künste ausgegeben haben, teils gleichsam à fonds perdu in Form von Stiftungen von Bibliotheken und Akademien, teils in direkten Zuwendungen an Maler, Bildhauer und Dichter im Zusammenhang mit Aufträgen. Vor der bekannten Schwierigkeit, solch einen Betrag verläßlich umzurechnen, kapitulieren die Historiker aus unseren neuen Zeiten eines schwindenden Geldwertes, im vorigen Jahrhundert wagte man sie noch, aber nur die Tatsache, daß diese Summe doppelt so hoch war wie der gesamte florentinische Staatshaushalt, gibt eine gewisse Vorstellung von ihrer Höhe und Bedeutung.

Zu seinem Vertrauten und Bibliothekar Vespasiano da Bisticci äußerte Cosimo, er habe mit den Investitionen dieser Art um zehn Jahre zu spät begonnen. Was ihn hemmte, waren Vorsicht und Behutsamkeit, hatte ihm doch die Verbannung nach dem kurzen Triumph der Albizzi das ungeheure Reservoir an Neid deutlich gemacht, das es in Florenz gab; dazu kamen die Mahnungen seines Vaters, nahe am Volk zu bleiben und sich dessen Sympathien nicht zu verscherzen. Cosimo war schon außerordentlich reich, als er Contessina de Bardi di Vernio heiratete, drei Jahre jünger als er (1389–1473), hochintelligent, scharfzüngig (ein Urteil von Francis William Kent) und, als Tochter eines Bankhauses, das ein König von England ruiniert hatte, ebenso sparsam wie mißtrauisch. Cosimo zog, Namen und Anspruch verleugnend, zu ihr in den Stadtpalast der Bardi im San-Spirito-Viertel. Erst nach dem Tod seines Vaters und als Oberhaupt der Familie begann er den Bau eines Medici-Palastes, und auch dabei entschied er sich nicht für die geniale, aber mächtig auftrumpfende Planung des Brunelleschi, sondern für eine elegante und diskrete architektonische Lösung, die Michelozzo (1391–1472) ihm vorschlug. Da die politischen Querelen und die Verbannung Cosimos begreiflicherweise hemmend wirkten, wurde der Bau erst zwischen 1440 und 1444 vollendet, ja an gewissen Teilen des großen Bauwerks arbeitete man verändernd und ausgestaltend noch bis 1452 (heute Palazzo Medici-Riccardi, wegen des Verkaufs an Francesco Riccardi im Jahr 1659). Dennoch erweckte der hohe und in seiner Linienführung leicht und luftig wirkende Bau so bald nach der Rückkehr eines Verbannten neidvolle Kommentare in der Stadt.

Mit einer gewissen Zurückhaltung finanzierte Cosimo auch noch die Umbauten der Kirche von San Lorenzo, obwohl es sich dabei um die Heimatpfarre der Medici handelte: Er trachtete, andere namhafte Geldgeber in diese mäzenatisch auffällige Unternehmung mit einzubeziehen, handelte es sich doch um einen besonders ehrwürdigen Bau: Schon 393 hatte der später heiliggesprochene berühmte Bischof Ambrosius von Mailand hier eine frühchristliche Basilika eingeweiht, im elften Jahrhundert war an der Piazza San Lorenzo ein romanischer Kirchenbau entstanden, und 1419 hatte Giovanni de' Medici, genannt Bizzi, der Vater Cosimos, die Pläne für einen Neubau genehmigt und Filippo Brunellesco (häufiger: Brunelleschi) mit der Ausführung betraut. Der große Baumeister war damals nicht, wie man lesen kann, noch ein junges Genie, sondern zweiundvierzig Jahre alt, hatte den Stadtvätern seine sensationellen Kuppelkonstruktionen für den Dom im Modell vorgeführt und erhielt dann auch von Medici Vater und Sohn alle Freiheiten für die weitere Ausgestaltung von San Lorenzo. Ein Entwurf für die Fassade, den Michelangelo 1517 vorlegte, wurde nie ausgeführt, so daß sich uns die Kirche heute schlicht und beinahe archaisch präsentiert. In der Sakristei ist noch der Sarkophag des Elternpaares von Cosimo und Lorenzo de' Medici zu sehen, inmitten der Dekorationen von Donatello, der Brunelleschis Hauptmitarbeiter an dieser

Kirche war (Kanzel, Stuckmedaillons, Entwurf des Triptychons, Bronzetür, Marmorbecken).

Allein diese Kirche, die erste der bedeutenden Medici-Unternehmungen auf dem Gebiet der Kunst, vereint große und größte Namen des Jahrhunderts: Brunelleschi, Donatello, Filippo Lippi, Ghirlandaio, Verocchio, Desiderio da Settignano, Baccio di Montelupo, ganz zu schweigen von den Frescovorzeichnungen eines Michelangelo, die jüngst in der Unterkirche der Kapelle entdeckt wurden, und den Grabmalfiguren von und nach Michelangelo, freilich lange nach dem Tod Cosimos.

Was ihn bewog, nach kostspieligen politischen Initiativen ein Vermögen an die Kunst zu wenden, ist nicht ganz klar. Papst Johannes XXIII. hatte ihn das meiste Geld gekostet, und Cosimo mußte noch froh sein, nach der Ächtung dieses Gegenpapstes mit heiler Haut dem Konstanzer Konzil zu entrinnen. Seine Unterstützung für die Sforza in Mailand kostete ihn die Sympathien der Venezianer, aber er konnte sich's leisten. Daß er 1453 Kaiser Friedrich III. in seinem Palast beherbergte, irritierte so manchen Parteigänger des Papstes, und daß Papst Nikolaus V. (1447–55) von ihm mehrfach finanziell unterstützt wurde, als er noch nicht gewählt war, brachte die römischen Bankiers gegen das Bankhaus Medici auf, das nach der Wahl dann wichtige Geschäfte für Nikolaus übernahm. Es mag also sein, daß politische Engagements bei fortschreitendem Alter dem hochgebildeten und kunstsinnigen Mann als ein zu großes und nicht mehr vertretbares Risiko erschienen im Vergleich zu den beglückenden Kontakten innerhalb der rund um ihn aufblühenden Kunstszene der Stadt Florenz. Daß dabei die Geisteswissenschaften und die Bibliotheken nicht zu kurz kamen, dafür sorgte die Verbindung mit dem Bibliomanen Nikolaus V., der mit seinem Vermächtnis von 1200 Werken die berühmte Vatikanische Bibliothek begründete, und mit dem Humanisten Enea Silvio Piccolomini, der nach dem kurzen Intermezzo des spanischen Papstes Calixtus III. auf dem päpstlichen Stuhl nachfolgte.

Es war also eine allgemeine Bewegung, die politische Interessen in den Hintergrund treten ließ und Künste und Literatur so zwingend in das Blickfeld schob, daß selbst Fürsten und Päpste sich der neuen Woge nicht zu entziehen vermochten. Und da durch ein bisher unerklärtes Phänomen die Begabungen, die diesem Kunstverlangen genügende Objekte hervorbrachten, in beinahe allen Teilen Italiens auftraten, von Sizilien bis in die Südtäler der Alpen, erfaßte jener mäzenatisch gespeiste kreative Rausch eine Welt, die bis dahin den strengen Gesetzen der Kirchenkunst und dem spanischen Stiefel mönchischer Ästhetik hatte gehorchen müssen. Die Unsicherheit der Forschung im Zusammenhang mit den Entwicklungsvorgängen von Frührenaissance und Humanismus ist selbst in umfangreichen Spezialuntersuchungen anzutreffen. Das geistige Erwachen des Bürgers nach der Schaffung befriedigender wirtschaftlicher Grundlagen erfährt das stimulierende Motiv der in Florenz vorhandenen Rivalitäten als Motor und Ergänzung: »Die Medici standen mit anderen Kaufherren und Bankiers auf den Gebieten der Kunst und der Wissenschaft in lebhaftem Wettbewerb. Die reichen Freunde und Gegner bemerkten bald, daß sie Gefahr liefen, von dem glanzvollen Betrieb in der Via Larga in den Schatten gestellt zu werden, wenn sie nicht ebenfalls als Förderer und Anreger ernsthafte Anstrengungen machten. Sie nahmen die Herausforderung an, weil sie als Florentiner (wie Oscar Wilde von den Athenern gesagt hat) zu einer Rasse von Liebhabern und Kritikern der Kunst gehörten« (Marcel Brion).

Dieser durchaus begrüßenswerte Wetteifer, zu dem es in späteren Phasen bürgerlicher Kulturblüte bestätigende Parallelen gibt, versorgte nicht nur die schaffenden Künstler mit Aufträgen, sondern nötigte sie auch, sich zu organisieren und ihre Arbeit zumindest im Umfeld des kreativen Aktes neu zu durchdenken. Auch hier liefert uns Boccaccio wieder einen Beweis für die neuen Verhältnisse, indem er den Bohemien Buffalmacco als eine Art unterhaltsames Relikt aus früheren Zeiten darstellt –

nicht seiner Kunst wegen, die eilte ja, wie die Freskenentdeckungen erwiesen haben, eher seiner Zeit voraus –, aber als Wanderkünstler ohne feste Arbeitszeiten, ohne Verträge, als da und dort auftretendes, bald allein, bald in Gesellschaft arbeitendes Genie, unstet im Äußerlichen wie innerlich.

Für Vasari beginnt die große florentinische Malerei, ja die Erneuerung der italienischen Malerei und ihre Befreiung von byzantinischen Mustern, mit Giotto, der wohl um 1265 geboren wurde und schon hundert Jahre tot war, als Cosimo der Ältere aus seiner kurzen Verbannung zurückkehrte – weil, »nachdem gute Malerei und Zeichnung durch die Verheerungen der Kriege lange Jahre ganz zugrunde gegangen waren, durch die Gnade des Himmels er allein, obwohl unter noch ungeschickten Meistern geboren, die fast erstorbene Kunst wiedererweckte« (Vasari). Unter diesen noch ungeschickten Meistern war aber zumindest ein Genius, nämlich Cimabue (1240–1302) aus Florenz, der sich den in Vespignano geborenen begabten Jungen als Schüler holte. Im Werk des Cimabue ist die langsame Befreiung von den byzantinischen Mustern auf sehr reizvolle Weise zu verfolgen, bei Giotto ist sie vollzogen, aber bei beiden Malern ist unser Urteil dadurch erschwert, daß durch Brände, Neu- und Umbauten große Teile ihres Werkes verlorengingen und daß wir zumindest bei Cimabue für so manche Zuschreibung nur die Aussage von Vasari als Anhaltspunkt haben (zum Beispiel bei den drei Madonnenbildern auf Goldgrund, ursprünglich für Santa Maria Novella bestimmt).

In einer Zeit der »ungeschickten« Maler, wie Vasari sich ausdrückt, mußte sich der Ruhm des Florentiners Cimabue schnell verbreiten. Er gewann Schüler vor allem in der Toskana, unter denen Duccio di Buoninsegna in Siena und Giotto die größten wurden, so daß im Lauf ihrer schnellen Entwicklung zur Meisterschaft bald Einflüsse von ihnen an Cimabue zurückflossen.

Cosimo fand also eine toskanische Malerei vor, deren Meister voneinander wußten, sich aufeinander bezogen, Werkstätten unterhielten und dank der Wanderung von Schülern und Gesellen eine gewisse Verwandtschaft, wenn schon nicht Einheitlichkeit, bei der Ausführung von Aufträgen erkennen lassen. Die Einzelheiten dieses emsigen Künstlerdaseins und seine Regeln hat uns, wie so oft, keines der großen Genies enthüllt, sondern der halb vergessene Cennino di Drea Cennini, der im florentinischen Schuldturm die Muße hatte, sein Wissen zu Papier zu bringen: eine Anweisung zur Zubereitung der Farben (Vasari rügt nur, daß er die Erdfarben vergißt) mit beachtlichem technischen Raffinement, das Legen von Mosaiken, die Lehrzeiten und ihre Unterteilung und vieles mehr, das uns Späteren unschätzbare Aufschlüsse gibt und Erklärung für den sehr unterschiedlichen Erhaltungszustand der Renaissancemalerei liefert. Der Trattato della pittura hat den Maler, von dem wir nur ein einziges Werk kennen, unsterblich gemacht. Er wurde italienisch, englisch und deutsch mehrfach wiederaufgelegt und ist nicht nur in der Sache unendlich wertvoll, sondern auch in der Seelenhaltung dieses bescheidenen Malers, der sich nur als kleinen Zuträger in Dingen der Kunst ansieht und den Traktat, nach Aufzählung Gottes und einiger Heiligen, dem Andenken Giottos und seines Lehrers Agnolo Gaddi widmet.

Zum Unterschied von Cennino di Drea hinterließ sein verehrter Lehrer Agnolo Gaddi das ungeheure Vermögen von fünfzigtausend Dukaten, was man noch verstehen kann, wenn man annimmt, daß der bis ins hohe Alter brav arbeitende Cennino tatsächlich nur ein mittelmäßiges Talent gewesen sei. Aber auch ein Masaccio – nach Schmarsow der Begründer des klassischen Stils der italienischen Malerei – blieb trotz bedeutender Arbeiten in kaum erklärlicher Weise unbeachtet, starb knapp achtundzwanzig Jahre alt und wurde erst von Leonardo und anderen Nachkommenden nach Verdienst gewürdigt. Es scheint sich also ein kunstsinniges Publikum, es scheint sich vor allem die Kunstkennerschaft langsamer herausgebildet zu haben als die Fülle der Talente, und die Maler und Bildhauer waren sich durchaus

Die sieben großen und die vierzehn kleinen Zünfte in ihren Wappen

der Tatsache bewußt, daß sie füreinander die besten und kundigsten Kritiker seien. Dies erfolgte anders als unter Literaten fast stets in kollegialem, meist sogar in freundschaftlichem Geist, auch schon vor der Begründung spezieller Vereine wie Der Kessel oder Die Pfanne, Namen, die erkennen lassen, daß diese Jahrhundertbegabungen den irdischen Genüssen einer wohlbesetzten Tafel keineswegs abgeneigt waren, wenn sie sich in den Lokalen in der Nähe von Santa Maria Nuova trafen.

Vielleicht wußten sie auch, daß sie in der gleichen Zunft tätig waren, in die auch Dante sich einst eintrug, weil man in Florenz nur jemand war, wenn man einer dieser Organisationen, arte genannt, angehörte. Die Arte dei Medici e Speziali ließ Raum für Dichter-Politiker wie Dante, sie hatte auch Platz für Maler, Bildhauer und Dekorateure, weswegen schon Giotto mit Ärzten und Apothekern fraternisierte und nach ihm auch seine Schüler wie Bernardo Daddi und Agnolo di Taddeo Gaddi. Es war aber eine der minderen Zünfte gegenüber Kaufleuten und Bankiers und diesen nur kurzzeitig, im Gefolge des Ciompi-Aufstands, gleichgestellt. H. Th. van Veen, der sich mit der Zeit der Medici in verschiedenen Büchern und zahlreichen Aufsätzen befaßt hat, weist darum auf die Gründung einer beinahe religiös zu nennenden Bruderschaft wie der Lukasgilde hin, die ihre Mitglieder zur Befolgung der Gebote und zum praktizierenden Katholizismus verpflichtete und damit die Künstler nicht nur vom Odium des lockeren Lebens befreite, sondern auch gegenüber den anderen Zünften aufwertete. Die Lukasgilde war keine florentinische Besonderheit, sondern hatte Parallelen und Vorbilder vor allem im deutschen Raum von Flandern bis Prag, wo in diese Gilde auch andere mißachtete Berufe wie etwa die Barbiere aufgenommen wurden und Gelegenheit erhielten, unter ihrem Schutzpatron, dem heiligen Lukas, frommes Leben und Anständigkeit zu beweisen (der Evangelist gilt als Schutzpatron auch der Buchbinder, der Feldscher und der Sticker). Im Buch der Malerzeche von Prag finden sich schon 1348 genaue Angaben über Ausbildungsfragen, über das Verhältnis vom Meister zum Schüler und andere Themen, die auch Cennino di Drea behandelte.

Es läßt sich schwer beurteilen, ob die Zahl der Maler schneller stieg als die der Mäzene, ob die Kapazität der vereinigten Künstler den erwachten Bedürfnissen eines mit den Medici rivalisierenden Bürgertums von Anfang an gewachsen war oder ihr erst nach und nach entsprach. Denn bis heute ist nicht völlig zu erklären, warum der eine Künstler gefragt und umworben ist (Giotto hatte zeitweise Anträge von verschiedenen Höfen), während andere am Hungertuch nagten. Daß die überbeschäftigten Berühmtheiten sich von weniger glücklichen Zunftgenossen, deren Fähigkeiten sie jedoch kannten, bei zeitraubenden Arbeiten helfen ließen, geht schon aus der Existenz eines Buffalmacco und vieler anderer hervor, wird aber auch durch die in vielen Verträgen festzustellende Bedingung erwiesen, daß der Meister das Auftragswerk selbst ausführen müsse. Es geschah, wie wir wissen, keineswegs immer, so daß bei zahlreichen Arbeiten etwa des Donatello der Gelehrtenstreit über die Frage »Eigenhändig oder Werkstattarbeit?« noch nicht verstummt ist.

Wollte man solchen Engpässen entrinnen, mußte man Kunstverstand haben, genug Kennerschaft besitzen, um sich über die Fama hinwegzusetzen und einen begabten Meister zu entdecken, der noch nicht überlaufen war. Dies gelang unter den Medici-Konkurrenten zum Beispiel der Familie Brancacci, »von den niederen über die mittleren schließlich in die vornehmsten Zünfte emporgeklettert … Aufsteiger par excellence« (Leonida Pandimiglio). Felice Brancacci, Schwiegersohn von Palla Strozzi, ließ die Familienkapelle Santa Maria del Carmine durch Masolino und dessen Schüler Masaccio mit heute berühmten Fresken ausschmücken (die allerdings Filippino Lippi vollenden mußte, da Masaccio die Arbeit hatte liegenlassen und zum Anno Santo nach Rom gereist war. Die Arbeitsanteile von Masolino da Panicale, der etwa zwanzig Jahre älter war, und Masaccio sind erst 1940 durch Longhi voneinander unterschieden worden).

Durch ihre berühmte Kapelle haben die mit den Strozzi in die Acht geratenen, aus ihr aber im Grunde nie wieder wirklich aufgetauchten Brancacci zumindest im Bereich der Kunst ein Denkmal in Auftrag gegeben, das sich neben den Initiativen ihres großen Gegners Cosimo durchaus sehen lassen kann.

Trotz dieser Brancacci-Initiativen blieben natürlich die Strozzi die bedeutendsten Rivalen des Hauses Medici und der alte Palla Strozzi die gleichwertig-gewichtige Persönlichkeit in dem großen florentinischen Aufbruch des fünfzehnten Jahrhunderts. In allen Künsten gehörte der Primat der Architektur, denn das Bauen war in Florenz mehr als Kunst, es war Existenzsicherung, es war Selbstverteidigung, weswegen die großen Familien nicht einzelne Palazzi ihr eigen nannten, sondern die Bauten, die sie anregten oder aufführten, zusammenfaßten, als Ganzes planten. Man zögert, diese punktuellen Verteidigungs- und Fluchtanlagen innerhalb einer blühenden und pulsierenden Stadt als Festungen zu bezeichnen, und sie waren es im Wortsinn auch nicht; am ehesten trifft noch der schweizerische Begriff Reduit, also eine befestigte Rückzugszone das, was am eindrucksvollsten (aber keineswegs als einzige) die Strozzi sich schufen.

Auf Palla Strozzi geht wohl noch der sogenannte Drei-Tore-Palast zurück, als kleinster der Strozzi-Paläste auch Palazzo dello Strozzino genannt. Er wurde 1920 oder wenig später weitgehend zerstört, doch hat man die Fassade gerettet, die in den unteren Geschoßteilen von Michelozzo di Bartolommeo entworfen worden war, in den Obergeschossen von Giuliano da Maiano. Hatten auch die großen Familien ihre Hausarchitekten – schon wegen der oft auf viele Jahre hinaus festliegenden Planungen und der Bauaufsicht –, so zeigt dieses Beispiel doch, daß die bedeutendsten Baumeister über den Parteien standen und sowohl für Medici als auch für Strozzi arbeiten konnten (Piazza Strozzi Nr. 2).

An der Ecke der Via del Proconsolo und des Borgo degli Albizzi liegt der Unvollendete Palast, trotz dieses Beinamens eine besonders geglückte, vornehm-zurückhaltende Schöpfung, und in der nahen Via Tornabuoni Nr. 5 der Palazzo Strozzi del Poeta. Die Florentiner haben auch den Strozzi ihre Liebe bewahrt und erinnern sich mit dieser Bezeichnung an Giovanni Battista Strozzi (1551–1634), der mit diesem Bauwerk lange nach Palla Strozzi und Cosimo de' Medici ein großartiges Beispiel toskanischer Barockarchitektur an eine der Hauptgeschäftsstraßen von Florenz stellte. Es gibt dann noch den Palast der hundert Fenster aus dem frühen achtzehnten Jahrhundert, aber der Palazzo Strozzi im heutigen Verständnis ist der imposante Würfel, den der in der Verbannung zu großem Vergnügen gelangte Filippo di Matteo Strozzi 1489 zu bauen begonnen hatte. Leitender Architekt war der Bildhauer Benedetto da Maiano (1442–97), von dem auch die Marmortür im Audienzsaal des Palazzo Vecchio stammt, die Marmorkanzel in Santa Croce und bedeutende Werke außerhalb von Florenz. Da sein Auftraggeber nur noch zwei Jahre zu leben hatte, vollendete Benedetto da Maiano auch noch das Grabmal Filippos in Santa Maria Novella, ehe er selbst starb. Seine Arbeit am Palast setzten sein Bruder Giuliano, vor allem aber Cronaca fort (eigentlich Simone del Pollaiuolo). Filippo hatte zwei Jahrzehnte gebraucht, um die Grundstücke für diesen Großbau zusammenzubringen, und hatte bis unmittelbar vor seinem Tod auf das Baugeschehen Einfluß genommen.

Die bedeutendsten Maler im Umkreis der Strozzi waren Gentile da Fabriano (um 1370–1427) und Fra Angelico (1387–1455). Schon 1423, also geraume Zeit vor dem Aufstieg des Cosimo de' Medici, hatte Palla Strozzi an Gentile dreihundert Dukaten ausbezahlen lassen, ein gutes Honorar für dessen Anbetung der Heiligen Drei Könige in der Strozzi-Kapelle, deren wesentliche Teile sich heute in den Uffizien befinden. Der Maler aus der Mark Ancona war erst unmittelbar zuvor, vielleicht auf Betreiben Pallas, in die florentinische Malerzunft aufgenommen worden, und sein großartiges Bild bewies schon bald darauf, daß mit ihm ein originelles und richtungweisendes Talent an den Arno gekommen sei.

Vor allem die Beseelung der Gesichter war zu diesem frühen Zeitpunkt in Florenz noch neu, der gelöste, beinahe heitere Gesichtsausdruck, wie er später durch die umbrische Malerei zum Charakteristikum erhoben wurde. Gentile setzte Farben und Gold überreich ein, weswegen auch die Gewölbe der Kapelle in Azur und Gold leuchten mußten. Kurz vor seinem Exil gab Palla Strozzi noch eine Kreuzabnahme in Auftrag. Sie war für die Kapelle von Santa Trinità bestimmt (an der Via Tornabuoni, nahe dem Arnoufer) und gelangte im Zuge der Sicherungsmaßnahmen – gegen Diebe und gegen Überschwemmungen – inzwischen ins San-Marco-Museum. Fra Angelico, auch Fra Giovanni da Fiesole genannt, hieß eigentlich Guido di Pietro und stammte aus dem Florentiner Umland, dem Mugellotal. Seine ersten florentinischen Arbeiten waren für den Masolino-Schüler die Fresken des Dominikanerklosters von San Marco 1436–42. Den Beinamen Angelico trug ihm die Tatsache ein, daß seine Engels- und Heiligenfiguren einen besonderen, gleichsam überirdischen Ausdruck der Verzückung in den Gesichtern hatten, was seine Zeitgenossen darauf zurückführten, daß er vor Arbeitsbeginn, die Pinsel schon in der Hand, stets noch ein Gebet sprach. Sein Triptychon mit der thronenden Madonna ist eine Zierde der Uffizien, doch hat Fra Angelico, den Oddo Colonna (Papst Martin V.) sehr schätzte, auch viel in Rom gearbeitet. Der einzige Papst aus dieser großen Familie übertrug ihm die Ausstattung der Nikolauskapelle im Vatikan.

Eine der reichen Familien, die ursprünglich Distanz zu den Medici hielt, nach jahrzehntelangem Zögern dann aber zu ihrer Partei überging, waren die Rucellai, die mit Giovanni Rucellai (1403–81) einen mächtigen und einflußreichen Konkurrenten für Cosimo de' Medici aufbauten, da er mit fünfundzwanzig Jahren Jacopa Strozzi, die Tochter Pallas, heiratete. Rucellai wurde zwar nicht verbannt, blieb aber verdächtig und spielte politisch keine Rolle mehr, was seinem geschäftlichen Erfolg offenbar aber zugute kam. 1466, als es zur Versöhnung mit den Medici und zur Heirat des Bernardo Rucellai mit Nannina, einer Enkelin des Cosimo, kam, besaßen die Rucellai Niederlassungen in Venedig, Pisa, Genua und Neapel und betrieben Wollwerkstätten und Färbereien, aber auch Banken mit so großem Erfolg, daß sie das drittgrößte florentinische Vermögen besaßen. Urheber dieses Reichtums war allerdings weder Giovanni noch gar Bernardo, sondern jener ihrer Ahnen, der auf einer Kleinasienreise im dreizehnten Jahrhundert auf eine Flechte namens Oricella uriniert haben soll, worauf sich die Blätter des Gewächses kardinalrot färbten. Ebendiese einzigartige, für Prunkgewänder besonders geeignete Farbe aber machte später den Ruhm der florentinischen Textilindustrie aus. (Francis William Kent, dem wir diese Anekdote verdanken, warnt selbst davor, sie allzu ernst zu nehmen.)

Schon in der ersten Hälfte des vierzehnten Jahrhunderts konnten die Rucellai eine eigene Familienkapelle errichten lassen – sie war der heiligen Katharina geweiht und besaß in der Madonna Rucellai von 1285 (heute in den Uffizien) ihr Glanzstück. Es stammte von Orlanduccio di Buoninsegna, kurz Duccio genannt, und man muß wieder einmal die Informiertheit dieser großen Kaufleute bewundern, die – wenn Cimabue und Giotto zu beschäftigt waren – den dritten Großen der frühen toskanischen Malerei zu finden wußten, auch wenn er in Siena malte und keinen berühmten Meister gehabt hatte. Da wir keine Kunstgeschichte schreiben, belassen wir es dabei, um so mehr, als das unbegreifliche Negativurteil von Bernard Berenson über Duccio längst überholt ist, seine Einflüsse auf Cimabue und Giotto erkannt, sein Genius nicht mehr in Frage gestellt wird. Die Zeitgenossen hatten da offenbar das bessere Urteil, denn wenn eines der großen Duccio-Bilder an seinen Platz in einem Gotteshaus gebracht wurde, dann war das kein bloßer technischer Vorgang, sondern eine festliche Inthronisation. Er lebte vermutlich von 1260 bis 1319; eine seiner letzten, vielleicht die größte der späten Arbeiten war das Polyptychon Madonna und die Heiligen für seine Heimatstadt Siena – wenn sein Todesdatum stimmt: Die Sienesen wollten nämlich ihren großen Maler nicht sterben lassen, sondern erzählten Vasari, Duccio habe noch im Jahr 1348 Zeichnungen für eine Kapelle auf dem Paglio-Platz angefertigt.

Duccio soll mit Grabplatten begonnen haben, mit einem von ihm selbst entwickelten kunstvollen Verfahren, Steinmuster grau in grau auf den Boden zu bringen. Im Fußboden der Rucellai-Kapelle ist eine Grabplatte eingelassen, die Lorenzo Ghiberti für einen in Florenz berühmten und beliebten Priester geschaffen hatte, für Leonardo Dati oder Daddi. Ghiberti (1378–1455) kennt die Welt als den Schöpfer zweier Bronzetüren am Baptisterium, den Goldschmied und Erzgießer, von dessen Darstellungen aus dem Neuen Testament auf zwanzig Hauptfeldern Michelangelo sagte, sie seien würdig, die Pforte des Paradieses zu schmücken. In Konkurrenz mit Jacopo della Quercia und Brunelleschi hatte er den ehrenvollen Auftrag erhalten, für den er aus dem Rimini der Malatesta in seine Heimatstadt zurückgekehrt war. Bei der Arbeit an der zweiten Tür stand ihm sein Sohn Vittorio zur Seite, der sie 1452 vollendete. Ghiberti beweist in seinen vielfältigen, die verschiedensten Materialien nutzenden Schöpfungen den Triumph einer Ästhetik, die sich auch die Gebrauchskunst, ja das Handwerk unterwarf, von Grabplatten und Sarkophagen bis zu Statuen und Taufbecken, ja selbst Glasfenstern. Um sich vollends als ein Beispiel für den uomo universale des Zeitalters zu präsentieren, begann Ghiberti auch noch zu schreiben, Traktate über sich selbst und seine Kunst, aber auch über seine Zeitgenossen (die Manuskripte befinden sich in der Biblioteca Magliabechiana zu Florenz).

Eine Etage tiefer als das Grab des Monsignore Dati erinnert ein Fresko an den Patriarchen Josephus von Jerusalem, der trotz hohen Alters noch die anstrengende Reise zu dem ökumenischen Konzil nach Ferrara auf sich nahm. Wie schlecht sein Gesundheitszustand schon war, läßt sich aus dem Vergleich seiner Reisezeiten zwischen Venedig und Ferrara-Florenz mit dem Marschtempo des Metropoliten von Moskau ablesen. Josephus überlebte dann auch das Konzil nicht und wurde in der Arnostadt begraben.

Der Rundblick unter den großen Rivalen der Medici fördert merkwürdige Verhaltensweisen zutage, merkwürdig, weil sie zur Familientradition werden und ganze Generationenreihen in ihrem Verhalten zu Kunst und Geisteskultur kennzeichnen. Zwischen den Kaufherren und Bankiers hatten einzelne Familien der noblesse de robe den materiellen Aufstieg geschafft, weil man, wo viel gebaut und mit Grundstücken gehandelt wird, auch als Notar reich werden kann. Dies gelang einigen Generationen der Salviati vor allem, als sie sich rechtskundig auch in den Zünften engagierten und an die Medici anschlossen. Sie pflegten auch einträgliche private Verbindungen und erreichten den Gipfel ihrer Geltung, als sich Jacopo Salviati die Hand von Lucrezia de' Medici erringen konnte, die Tochter Lorenzos des Prächtigen (il Magnifico).

Im schützenden Schatten der Medici fühlten die Salviati sich offensichtlich der Verpflichtung enthoben, selbst als Mäzene aufzutreten. Erst im sechzehnten Jahrhundert, als die Salviati schon drei Kardinäle in ihren Reihen haben, finden wir einen namhaften Künstler in ihrem Umkreis, nämlich Francesco de' Rosso (1510–63), einen der ersten Manieristen.

Dank Vermögen und Kennerschaft waren die Medici im ersten ihrer großen Jahrhunderte offensichtlich nicht zu besiegen, wenn auch manche Konkurrenten dank der Fülle von Talenten in und um Florenz zu bis heute ebenbürtig wirkenden architektonischen und bildkünstlerischen Schöpfungen gelangten. Das Geld war eben in verschiedenen Familien vorhanden, und da es in Florenz von Genialität nur so brodelte, war der offensichtliche Mißgriff, der Auftrag an einen Unbegabten außerordentlich selten.

Ungleich erstaunlicher als diese Triumphe des Mäzenatentums ist das Aufbrechen der Kreativität innerhalb der Wollhändler-

und Bankiersfamilien selbst, die zum Teil in jeder Generation ernsthafte Denker, Historiker und Schriftsteller zum Wettbewerb mit dem engeren Kreis der Humanisten antreten lassen wie Donato Acciaiuoli (1429–78), Alessandro Gregorio Capponi, Francesco Guicciardini (1483–1540) und viele andere. Dieser Vorgang ist so bemerkenswert, weil er das italienische Großbürgertum in eine deutliche Vorrangstellung gegenüber anderen europäischen Eliten hebt. In Frankreich wird es – von der Ausnahme-Erscheinung eines Jacques Cœur im Spätmittelalter abgesehen – ebenso wie in England erst im achtzehnten Jahrhundert zu jenem großen Erwachen kommen, das dem reichen Bürgertum seine Aufgaben zeigt, wobei die Briten mit ihren wohldotierten gelehrten Gesellschaften und Forschungsreisen stärker auftrumpfen als die ersten bürgerlichen Salons in Frankreich. Und der deutsche Kaufmann, er wird zwischen Hanseepoche und Gründerzeit das Odium des Pfeffersacks nicht von sich abschütteln können, trotz so kräftiger Okuliervorgänge wie durch die Hugenotten und das aufkommende Judentum. Wie singulär nehmen sich noch die Herren der eingewanderten Familie Brentano oder Johann Jakob von Willemer selbst in der Goethezeit aus!

Und diese Wetteiferer im Geiste egalisierten Akademie- und Bibliotheksgründungen Cosimos durch ihre ureigene geistige Leistung, schreibend, übersetzend, edierend, kommentierend und als Sammler – die ersten Bürger, die ersten Städter, die ersten Europäer, die aus ihren wirtschaftlichen Möglichkeiten Verpflichtungen nicht nur zum Mäzenatentum ableiten, sondern zur aktiven Teilnahme an dem Abenteuer des Geistes, das im allgemeinen doch so wenig einbringt. Nicht viele von ihnen sind in die ersten Ränge, in die säkulare Berühmtheit vorgestoßen, aber das ist nicht wichtig; man weiß um die Bedeutung von Anregerexistenzen, Mittlerfiguren als eifrige Korrespondenten, Helfer und Berater. Neben dem expliziten Werk hat gerade in der Renaissance der Brief eine seit der Antike nicht mehr festzustellende Bedeutung erlangt, Ergänzung zur Kreativprosa im engeren Sinn, Ergänzung auch zu den nun nicht mehr ganz seltenen Tagebüchern und privaten Chroniken.

Donato Acciaiuoli (1429–78) machte das Beste aus dem Wiederaufstieg seiner alten Familie, die im Bankrott der Bardi und Peruzzi beinahe zugrunde gegangen wäre, durch Bischof Angelo Acciaiuoli jedoch gerettet wurde: Er bemühte sich, als Stubengelehrter die republikanischen Ideen zu propagieren und damit dem siegreichen Cosimo de' Medici heimlich entgegenzuarbeiten. Seine Studienbereiche waren die Moralphilosophie nach antiken Quellen, dazu Rhetorik und Geschichte (mit ausgewählten Fragestellungen). 1455 tritt Donato in engere Beziehungen zu dem aufmüpfigen Poggio Bracciolini, verläßt seine Gelehrtenstube, unternimmt Gesandtschaftsreisen und überträgt trotz dieser neuen, aktiven Formen seiner Existenz Leonardo Brunis Geschichte von Florenz aus dem Lateinischen ins volgare florentin. Erwähnenswert ist auch Zanobi Acciaiuoli (1461–1519), ein Freund des Angelo Poliziano, vor allem aber auch des bedeutenden Denkers Marsilio Ficino (1433–99), der an der von Cosimo begründeten Akademie lehrte. Zanobi wurde in seinen letzten Lebensjahren Bibliothekar und Archivar des Medici-Papstes Leo X.

Der kurioseste Acciaiuoli ist aber zweifellos einer der letzten der Familie namens Filippo (1637–1700), einer der größten florentinischen Reisenden. Giovanni Silvano berichtet uns in einer Kurzdarstellung dieser interessanten Sippe, daß es Filippo schon früh in andere Kontinente getrieben habe – nach Indien, Afrika und sogar Amerika – und daß er nach der Heimkehr ein Marionettentheater begründete, das über Italien hinaus berühmt wurde. Das wiederum brachte Filippo dazu, auch eigene Stücke zu verfassen, ja er soll sogar Opern komponiert haben, versöhnliches Ende einer Familiengeschichte, die mit einem großen Feldherrn wie Niccolò (1310–1365 oder 66) begonnen hatte, einem Diener des in Florenz nicht sonderlich beliebten Hauses Anjou (aber schon dieser Politmilitarist von hohen Graden erwies sich für dichtende Zeitgenossen wie Petrarca und Boccaccio als treuer und hilfreicher Freund).

Einer der engsten Vertrauensleute des Cosimo de' Medici, Freund und Berater, war Piero Guicciardini (1370–1441), aus einer Seidenhändlerfamilie, die schon im dreizehnten Jahrhundert eine gewisse Rolle in Florenz gespielt hatte. Obwohl nicht alle Männer der Familie an der Seite der Medici blieben, hielt sich das gute Verhältnis zu der herrschenden Familie im großen und ganzen ungetrübt, und 1483 wurde dann Francesco Guicciardini geboren, der große Historiker nicht nur der Stadt Florenz, von der er in seinen persönlichen Erinnerungen viel spricht, sondern des ganzen Italien. Er hatte in Florenz, Padua und Ferrara die Rechte studiert, ließ sich am Arno als Rechtsanwalt nieder und wurde nach verschiedenen diplomatischen Verwendungen für die Kurie unter dem Medici-Papst Klemens VII. schließlich Kardinal-Staatssekretär, also gleichsam der Außenminister des Vatikans. Stärker als sein Freund Machiavelli blieb er den Realitäten des Lebens zugewandt und ist mit seiner großen Storia d'Italia der erste der neueren Geschichtsschreiber, denen Erfahrung und Vernunftdenken wichtiger war als Ideologien oder moralische Maximen. Obwohl er nur siebenundfünfzig Jahre alt wurde, fand er auch noch Gelegenheit, die Grundsätze seiner Weltsicht und seiner Arbeit in einem Band von Maximen zusammenzufassen (Discorsi).

Die Tatsache, daß uns diese großen Kaufmannsfamilien zwar eine Anzahl von Archivaren, Bibliothekaren, Übersetzern und als bedeutendste Einzelerscheinung einen großen Historiker bescheren, legt den Schluß nahe, daß sie in den verspielten Humanismus der Dichter und Intellektuellen eine erdhaft-ernsthafte Note wirklichkeitsnaher Solidität und Zielsicherheit einbringen, was freilich an weiteren Beispielen dargelegt zu werden verdiente. Denn der Florentiner Humanismus zeigt stärker als andere Zentren in Wien oder Prag die Tendenz, aus einer Haltung der übergroßen Selbstsicherheit heraus die neue Richtung zu einer Mode zu stilisieren. Der französische Kulturhistoriker Philippe Monnier (1864–1911), dem wir das bis heute lebendigste Buch über Venedig im 18. Jahrhundert verdanken, hat sich auch mit dem Quattrocento beschäftigt und geschrieben: »Der Humanismus war nicht einfach die Hinneigung zum Altertum, sondern ein Kult, der mit dem Altertum getrieben wurde und von bloßer Verehrung bis zu Versuchen der Wiederbelebung reichte. Der Humanist studierte nicht einfach die Klassiker … er war von ihrer Bedeutung so durchdrungen, daß er sie nachahmte und wiederholte, ihre Vorbilder und Gewohnheiten, ihre Gleichnisse und ihre Götter, ihre Denkweise und ihre Sprache übernahm.«

Obwohl damit eine gewollte, ja kokett betonte Distanz zum Gegenwartsgeschehen einherging, maßten sich die meisten der humanistischen Schriftsteller auch politische Urteile an und Kritik an der Stadtverwaltung, an öffentlichen Maßnahmen, an der Kirche und dem Staatswesen. Marsilio Ficino, der den Medici sehr nahestand, proklamierte diesen Solipsismus am deutlichsten in seiner Platonischen Theologie. In dem Haus in Careggi, das Cosimo de' Medici ihm geschenkt hatte, trafen sich die Humanisten in einem elitären Kreis, während der vielseitig begabte Leone Battista Alberti (1404–72) aus Genua, aber oft und lange in Florenz tätig, für die Werte der Erfahrung eintrat und – trotz seines makellosen Lateins – für die florentinische Volkssprache, die er zu ordnen und zu veredeln verstand.

Zwischen diesen unterschiedlichen Strömungen hatten die aus dem Kaufmannsstand hervorgegangenen Humanisten, hatten diese Söhne und Brüder von Seiden-, Woll- und Lederhändlern, diese Fernkaufleute und Bankiers keinen leichten Stand, aber eine wichtige Rolle inne. Da die florentinische Verfassung sie alle immer wieder und in verschiedenen Ämtern an politischen, militärischen und Verwaltungsaufgaben beteiligte, war ihre Kritik an der weltabgewandten humanistischen Essayistik ein unentbehrliches Korrektiv. Sie erinnerten an den größten unter allen Vorläufern, an den Dichter Dante, der Todesurteil, Vermögensverlust und Verbannung auf sich genommen und in seinem Zeit- und Weltgedicht ein menschliches Dokument in vollendete dichterische Form gegossen hatte. Das Mäzenatentum der Renaissance enthob viele Humanisten der Sorge um das tägliche Leben und ersparte ihnen die Kontakte mit dem Alltag der Straße und des florentinischen Lebens. »Wer sein Leben völlig den Genüssen des Geistes und der Literatur widmete«, schrieb der Frühhumanist Vergrerio (der Ältere), »mag von sich selbst eine noch so hohe Meinung haben – für den Staat wird er, ob Adeliger oder Bürger, nur von geringem Wert sein.« Die Stadt, in der bis dahin das Vermögen und die Bürgertugenden Maßstab der Geltung und der Achtung gewesen waren, warf sich einem Zeitalter an die Brust, das all diese Werte des republikanischen Florenz relativierte, und dennoch geschah alles mit einer beinahe delirierenden Begeisterung; ja man dankte Gott dafür, »in einer Zeit leben zu dürfen, die alle verständigen Menschen für die größte halten, die unsere Stadt je gesehen hat« – wie kein Sandalenphilosoph und kein wandernder Fassadenmaler sagte, sondern der reiche Kaufmann Giovanni Rucellai, der Mäzen von Santa Maria Novella.

VON DER MACHT ZUR PRACHT

Auf dem Höhepunkt seiner Geltung und seiner persönlichen Erfolge mußte Cosimo de' Medici das Schlimmste hinnehmen, was einem Vater widerfahren kann: Sein Sohn Giovanni starb nur wenig über vierzig Jahre alt. Es scheint, daß der alte Löwe Cosimo von diesem Augenblick zu sterben begann, wenn man den Verlust der Lebensfreude als den Beginn des irdischen Todes ansehen darf. Vespasiano da Bisticci schildert ihn uns »oft in Sinnen verloren; er sprach mitunter stundenlang nicht und dachte nur nach. Von seiner Frau über sein Schweigen befragt, antwortete er: Wenn du aufs Land gehen willst, so hast du vierzehn Tage lang alle Hände voll zu tun, um den Umzug vorzubereiten; da ich nun aus diesem Leben in ein anderes hinüberwandern will, scheint es dir nicht, daß ich da einiges zu bedenken habe?«

Piero, der 1416 geborene ältere Sohn, überlebte seinen Vater nur um fünf Jahre, die nicht wirklich glanzvoll zu nennen sind, andererseits aber auch nicht jenen radikalen Abstieg brachten, den man nach dem Tod eines so großen Vaters befürchten mußte. Er beging einen verhängnisvollen Fehler, indem er sich auf die Außenpolitik konzentrierte und die florentinischen Geschäfte seinem Berater Dietisalvi Neroni überließ, einem von der Opposition gegen die Medici gekauften Mann. Man brauchte nicht viel Phantasie, sich auszumalen, daß nach Cosimos Tod eine Revolte in der Luft lag. Sie war so lange zum Scheitern verurteilt, als auch Piero, trotz seiner gichtverkrümmten, wenig einnehmenden Gestalt, die Liebe der Florentiner hatte. Neroni gab Piero darum den diabolischen Rat, die drohende Gegenstimmung durch eine große Einschüchterungskampagne zum Schweigen zu bringen und alle Kredite zu kündigen, die noch Cosimo gewährt hatte. Tatsächlich brachte das eine gewisse Unruhe in die große Gefolgschaft des Medici-Clans, aber Piero brach die Maßnahme eben noch rechtzeitig ab.

Während eines schweren Gichtanfalls, der Piero an sein Schmerzenslager in Careggi fesselte, schlugen im August 1466 die Verschwörer zu, zogen Truppen aus Ferrara heran und legten sich an der Straße von Careggi nach Florenz in einen Hinterhalt. Lorenzo, Pieros ältester Sohn, war schon als Vierzehnjähriger von Cosimo mit Geschäften und Politik vertraut gemacht worden – im Hinblick auf Pieros angegriffene Gesundheit und geringe Lebenserwartung. Zum Zeitpunkt des Anschlags siebzehnjährig, handelte Lorenzo mit der divinatorischen Sicherheit seiner Jugend, ahnte den Hinterhalt, lenkte die Bravi geschickt ab, dirigierte den Wagen und die Begleitung seines Vaters auf einem sicheren Umweg nach Florenz und war mit Piero im festen Palazzo an der Via Larga, ehe die Verschwörer noch wußten, wie ihnen geschah.

Aber auch Piero bewies trotz körperlicher Hinfälligkeit erstaunliche Energie. Zufällig in der Nähe befindliche Truppen des Herzogs von Mailand wurden zur Hilfe gerufen, und die nun in der Minderzahl befindlichen Ferraresen zogen es vor, in ihre Vaterstadt zurückzukehren. Die schon seit Jahrzehnten den Medici ergebenen Florentiner bildeten eine neue Signoria, und diese nun untadelige Leitung der Stadt zauderte nicht, die Häupter der Verschwörung zum Tod zu verurteilen. Es waren bekannte Namen unter ihnen, wie Agnolo Acciaiuoli und Luca Pitti, dazu der verräterische Dietisalvi Neroni, der dieses Urteil schon wegen seiner Untreue gegen seinen Herrn verdient hatte. Dazu kam noch Niccolò Soderini, der ebenso wie Pitti einer Familie angehörte, die sich in früheren Jahren eng an die Medici angeschlossen und damit ihr Glück gemacht hatte.

Von Verwandten und Freunden verraten worden zu sein überforderte Piero deutlich: Er bewirkte selbst für den undankbaren Verräter Neroni eine Begnadigung, und den Pitti widerfuhr so wenig, daß Luca, der seit Jahren Grundstücke zusammengekauft hatte, seinen Palastbau vollenden konnte, der darauf angelegt war, den Palast der Medici zu übertrumpfen, und insofern die geheime Gegnerschaft des Luca Pitti verriet. Der seit 1457 in den fertiggestellten Teilen bewohnte Palast war die Keimzelle der Opposition gegen die Medici und Treffpunkt der Verschwörer gewesen und seit Cosimos Tod stärker frequentiert als der verwaiste Medici-Palast an der Via Larga.

Als Piero il Gottoso (der Schlagflüssige, der Gichtkranke) schon 1469 die Augen schloß, war sein noch von Cosimo dem Alten zu dieser Rolle aufgebaute Nachfolger Lorenzo knappe zwanzig Jahre alt. Seine Mutter war Lucrezia Tornabuoni, deren Familie sich bis heute mit den Strozzi und den Ruccellai in Santa Maria Novella ein Stelldichein gibt. Als Giovanni Tornabuoni den Brüdern Domenico und Davide Ghirlandaio den Auftrag gab, die Hauptchor-Kapelle dieser herrlichen Kirche mit Fresken zu schmücken, hatte Lorenzo il Magnifico tatsächlich alle seine Gegner besiegt und einen doppelten oder dreifachen Ruhm errungen, als Herr von Florenz, als Chef des Hauses Medici und – auf literarischem Gebiet. Da es heute nicht mehr ganz einfach ist, die relative Rangordnung unter den vielen Autoren eines gemeinsamen Stils und Lebensgefühls zu ermitteln, gibt es Historiker, die Lorenzos Lyrik als guten Durchschnitt und seine Prosa als gepflegte Routine bezeichnen. Die jüngsten Stimmen jedoch gelangen wieder zu jenem Urteil, das sich Lorenzo schon zu seinen Lebzeiten von den Zeitgenossen gerne servieren ließ: »Selbst ein hervorragender Dichter und Prosaschriftsteller (Liebeslyrik, religiöse Dichtungen, Karnevals- und Tanzlieder, Eklogen, Idyllen, mythologische Verserzählungen, platonisierende didaktische Gedichte u.a.), ist il Magnifico durch sein umfassendes Mäzenatentum als das Modell eines Renaissancefürsten und Schirmherrn der Künste und Wissenschaften in die Geschichte eingegangen« (M. Luzatti, 1992).

Es ist verblüffend, wie sich die Weisheit einer Familie durch starke und schwache Glieder und Generationen getreulich weiter fortpflanzt, so wie die Maler der Renaissance ihre Farbmischungen als Geheimnisse den Söhnen und Schwiegersöhnen weitergaben. Cosimo des Älteren lautlose Meisterschaft, seine Technik der verdeckten Einflußnahme, entwickelt Lorenzo weiter, indem er auf den verworrenen Verfassungstraditionen der Stadt Florenz wie auf einem Klavier virtuos spielt. Es war noch viel von den frühen Bankiers des Hauses in ihm, ja er war unbarmherziger als sein Großvater, wenn es darum ging, Konkurrenten auszuschalten oder Opponenten wirtschaftlich zu schwächen. Das Geld und das Geschäft blieben auch für diesen Medici die Basis der Macht, so gut er dies auch durch die Eleganz seines Auftretens, durch seine Bildung und seine Prachtentfaltung kaschierte. Noch immer war es für die Medici ein spielerisches Vergnügen, Mitbewerber um das große florentinische Geld in die Enge zu treiben, sobald sie in Schwierigkeiten geraten waren, aufzukaufen oder durch Beteiligungen Einfluß zu gewinnen und dann, gestützt auf die weitverzweigte Weltfirma, den marode erworbenen Konkurrenten unter den Fittichen der Medici gnädigst wiederaufsteigen zu lassen. Und da sie ja als Freunde und Gegner auch wieder nur Geschäftsleute hatten, wurde dieses Treiben immer wieder durchschaut, in der noch immer kleinen Welt der Arnostadt registriert und zu einem Potential der Opposition verdichtet.

Nach kleinen Schwierigkeiten mit gegnerischen Gruppen in Prato und in der Alaunstadt Volterra, die ihre Gewinne nicht mehr an den Großinvestor Medici abführen wollte, kam es im April 1478 zu jener gewalttätigen Verschwörung, die sich in der Geschichte nur noch mit dem Namen Pazzi verbindet, die jedoch ein Anschlag des Papstes auf die Republik Florenz war.

Das unheilvolle Geschehen vom 26. April 1478 gleicht verblüffend den großen Meucheleien aus Geschichte und Sage, der Ermordung eines Cäsar, eines Siegfried oder auch Thomas Becketts, und wie in diesen Fällen fehlte es nicht an großen Dichtern, die sich des Ereignisses angenommen haben: Vittorio Alfieri, Eduard Stucken und Grillparzer, bei dem die blutige Affäre ein Fragment blieb. Berühmte Chronisten wie Stefano Infessura und Luca Landucci haben uns den Hergang geschildert, der eine nicht alltägliche Mischung von Intrige, Heuchelei, Grausamkeit und Zufällen bildet.

Der große Heuchler war Papst Sixtus IV. (1471–84), aus kleinen Verhältnissen dank der Energie der ihm angeheirateten Sippe Riario zum höchsten Amt der Kirche aufgestiegen, der erste der rücksichtslosen Renaissancepäpste, in den Händen seiner gierigen Neffen und von Jahr zu Jahr seines Pontifikats unbedenklicher: Noch im Jahr der Pazzi-Verschwörung wird er die spanische Inquisition begründen und das Ungeheuer Torquemada zum Großinquisitor ernennen.

Um dem drängenden Girolamo Riario ein Fürstentum zu schaffen, deckte Sixtus den Verschwörern aus dem Hause Pazzi nicht nur den Rücken, sondern stellte ihnen auch einen erprobten Haudegen als sicheren Mörder zur Verfügung, nämlich Giovanni Battista de Montesecco aus der Garde des Papstes. Daß Sixtus sich zugleich ausbedang, es dürfe kein Blut fließen, ist die eigentliche Heuchelei, denn wenn nicht gemordet werden sollte, brauchte es auch Montesecco nicht. Ihn begleitete der junge Kardinal Raffaele Riario, Großneffe des Papstes, nach Florenz, der Hauptanstifter Girolamo blieb wohlweislich im sicheren Rom.

Vielleicht war es dieser Umstand, der Lorenzo de' Medici arglos machte, und ein Pazzi war ja als Gemahl von Bianca de' Medici Lorenzos Schwager. Also zeigte man den Gästen aus Rom den ob seiner Kunstschätze sehenswerten Palast an der Via Larga, gab ihnen Festmähler und setzte für drei Uhr nachmittags des Sonntags das große Hochamt im Dom an.

Giuliano, der junge, schöne und ungemein beliebte Bruder Lorenzos, litt noch an einer lästigen Verletzung, die ihn hinderte, sich zu gürten und ein Schwert zu tragen, und nahm an den Empfängen und Mählern nicht teil, weswegen bei diesen an sich günstigen Gelegenheiten auch keine Anschläge erfolgten. Erst am Hochamt werde er teilnehmen, wurde bekannt, worauf die Verschwörer sich entschlossen, den Doppelmord im Dom auszuführen. Das freilich wollte Montesecco nicht auf sich nehmen: Ein Mord, ohne weiteres, aber doch nicht während eines Hochamtes, da käme ja zur politischen Tat die große Sünde hinzu.

Da auf jeden der Medici-Brüder zur Sicherheit zwei Mörder angesetzt werden sollten, suchte man in aller Eile nach einem Ersatz für Montesecco, was schwierig war, weil niemand eingeweiht werden sollte. Zwei dem Papst ergebene Priester erklärten sich bereit, Lorenzo zu töten, und man begab sich zum Dom. Francesco Pazzi, Freund und Verwandter Lorenzos, legte diesem dabei freundschaftlich den Arm um die Schultern, um herauszufinden, ob das Mordopfer unter dem Festkleid ein Koller trage, und als beim Empfang der Hostie die Knienden die Köpfe hoben, schlugen die Mörder zu. Pazzi und Bernardo Bandini töteten Giuliano in einem wahren Rausch von Haß und Wut – der Leichnam wies nicht weniger als neunzehn Wunden auf. Die beiden mit den Waffen weniger geübten Priester hingegen verletzten Lorenzo nur am Nacken. Er warf den Umhang ab, wickelte ihn um den linken Arm, parierte mit dem Wulst und verteidigte sich mit dem Schwert gegen die beiden Angreifer, bis er Raum genug hatte, über das Chorgitter zu springen, am Hochaltar entlangzulaufen und sich in die Sakristei zu flüchten.

Die Mörder seines Bruders setzten ihm nach und töteten dabei Lorenzos Freund Francesco Nori, der sich ihnen entgegenstellte. Der kleine Zeitgewinn reichte zu, die schwere Sakristeitüre zuzuwerfen und die Nackenwunde zu versorgen (ein Mann namens Antonio Ridolfi saugte sie aus, weil man wußte, daß der Papst mit Gift arbeitete).

Nicht ahnend, daß der Anschlag im wesentlichen mißglückt war, begaben sich die Häupter der Verschwörung in den Palazzo della Signoria: Francesco Salviati, Bischof von Pisa, der sich schon als Bischof von Florenz wähnte, ein weiterer Salviati, dazu Herren aus dem Hause Pazzi …

Der Gonfaloniere, also das Haupt der Stadtverwaltung und der Exekutive, war ein Petrucci aus der politisch sehr erfahrenen sienesischen Familie. Er hielt die siegessichere Delegation durch einen Vorwand in einem Vorzimmer auf, entsandte einen Boten zum nahen Dom, um sich über die Lage zu informieren, und eröffnete den schließlich Eintretenden, daß sie allesamt verhaftet seien. Die Sachlage – akute Gefahr für die Republik – nutzend, verzichtete er auf Verhandlungen und Prozesse, sondern ließ die großen Herren an sechs Fenstern des Palastes aufknüpfen, den Bischof von Pisa im vollen Ornat am Eckfenster an der Nordfront des großen Beratungssaales, was Leonardo da Vinci das Motiv einer seiner berühmtesten Zeichnungen lieferte.

Angesichts dieser Maßnahmen von überraschender Entschlossenheit, radikal wie in den blutigsten Zeiten der florentinischen Parteienkämpfe, drängte die Begleitung der Verschwörer die Treppe hinab ins Freie, wurde aber meist von den Wachen niedergemacht; wer dennoch entrann, fiel der inzwischen einsetzenden allgemeinen Jagd auf die Verschwörer zum Opfer, die das Volk von Florenz mit Hochrufen auf das Wappen der Medici begonnen hatte. Da Lorenzo, in seinen Palast geleitet und von dort aus das Volk beschwichtigend, dringend gebeten hatte, keine private Rache zu üben und die erkannten Verschwörer an die Signoria auszuliefern, blieb es bei achtzig Toten. Der sechs- oder achtundzwanzigjährige Kardinal Raffaele Riario, der sich in der Asylzone des Hochaltars verborgen hatte, wäre ebenfalls erschlagen worden, hätte nicht Lorenzo aus dem Palast Bewaffnete in den Dom geschickt und den jugendlichen Verschwörer – der beteuerte, von nichts gewußt zu haben – in seine Obhut genommen.

Die blutige Geheimdiplomatie war also gescheitert, das Volk glühender auf der Seite der Medici denn je, da man ihm den beliebten Giuliano getötet hatte. Wollte man die Medici stürzen, so gab es nur noch den offenen Krieg gegen Florenz. Nun war es nicht so einfach, gegen eine reiche Stadt Krieg zu führen, die sich die besten Heerführer der Zeit wie wenige Jahre zuvor erst Federigo da Montefeltro leisten konnte. Der Papst mußte also nicht Städte, sondern Staaten aufbieten; er aktivierte sein drei Jahre altes Bündnis mit Neapel, und die stets zum Plündern aufgelegten neapolitanischen Truppen drangen tatsächlich gegen den Fluß Elsa vor, einen linken Nebenfluß des Arno.

Lorenzo konnte seinen Mitbürgern vertrauen; selbst international hatte der Anschlag auf die Brüder de' Medici nur Abscheu ausgelöst, und der Sultan hatte den nach Istanbul geflohenen Doppelmörder Bandini entgegen seinen sonstigen Gewohnheiten ausgeliefert, so daß er vor dem Bargello enthauptet werden konnte. Selbst Montesecco, der ja nur die Mordabsicht gehabt, aber keinen Schwertstreich geführt hatte, hatte man ebenso hingerichtet wie die beiden Priester Maffei und Stefano, die Lorenzo nur verwundet hatten. Zu tief war die Trauer über den Tod des strahlenden Giuliano, zu tief auch die Empörung darüber, daß die Verschwörer Hilfstruppen rund um Florenz hatten aufmarschieren lassen, die sich freilich, als die Nachricht von der Rettung Lorenzos sich verbreitete, schnell wieder in ihre Heimatorte zurückgezogen hatten.

Über Ferrante von Neapel, den neuen Gegner, war Lorenzo gewiß nicht weniger gut informiert als der Papst, und Florenz hatte den großen Vorteil, für Neapel weit weniger gefährlich zu sein als der unter dem Tatendrang der Papstneffen schier explodierende Kirchenstaat. Nach Sondierungen, die freilich keine wirkliche Sicherheit boten, begab sich Lorenzo selbst in die Hauptstadt seines neuen Gegners Ferrante I., König von Neapel, Sizilien, Jerusalem und Ungarn, Herzog von Kalabrien (1423–94). Ferrante hatte als König einer Seemacht Ärger mit den Türken, die es gewagt hatten, sich in Otranto, also auf italienischem Boden, festzusetzen, und Flottenrüstung kostet Geld. In Gelddingen hatten die Medici keine Mühe, den Papst auszustechen, vor allem aber fand Ferrante, ein unehelich geborener hochbegabter Abenteurer, Gefallen an Person und Manieren des hochgebildeten Florentiners. Es gelang Lorenzo, dem König die wahre Situation klarzumachen und auch, daß er, Lorenzo, keineswegs ein beutegieriger Tyrann, sondern mit Florenz und seinen mediceischen Geschäften durchaus zufrieden sei. »Meine einzige Schuld«, soll Lorenzo gesagt (und wiederholt geschrieben) haben, »bestand darin, nicht ermordet worden zu sein.« Und da die florentinischen Gelder für Neapel natürlich nur dann fließen konnten, wenn Lorenzo heil in seine Vaterstadt zurückkehrte, konnte man im März 1480 am Arno selig feiern: Die Kriegsgefahr war gebannt, die stets opportunistischen Rivalen wie Venedig und Lucca sprangen von der antiflorentinischen Koalition ab (was der Stadt Venedig den Papstbann eintrug), und Lorenzo wurde gefeiert wie noch nie.

Zu dieser Entwicklung trug zweifellos bei, daß die Kritik an Papst und Kirche stärker und kundiger geworden war. Daß der Inhaber des Stuhles Petri im Rahmen höchst irdischer Machtpolitik den Bannstrahl erst gegen Florenz und dann gegen Venedig schleudern konnte, Städte mit vielen Tausenden braver und gläubiger Bürger, das wurde ebensowenig hingenommen wie die Bereicherungspolitik des Papstes und seiner Neffen. Was früher undenkbar war, geschah: Alle Bischöfe der Toskana versammelten sich im Dom von Florenz zu einem Konzil, approbierten die Haltung Lorenzos und seiner Stadt und – exkommunizierten den Papst! Aber auch die Humanisten hatten das Ihre zur Desillusionierung beigetragen, nicht nur durch die allgemeine Relativierung der kirchlichen Gebote, sondern auch durch ein noch wenig bekanntes Gelehrtenwerk, die mit rein philologischen Methoden geführte Untersuchung des Textes der Donatio Constantini, mit der Kaiser Konstantin schon im vierten Jahrhundert dem Papst die Herrschaft über die Stadt Rom, Italien und das Weströmische Reich übertragen haben sollte. Es war Lorenzo Valla, Verfasser von sechs Büchern über die Vorzüge der lateinischen Sprache, der in den Jahren seiner Tätigkeit als Sekretär des Papstes den Nachweis führte, daß jener fundamentale Text nicht im vierten, sondern erst im achten Jahrhundert abgefaßt und niedergeschrieben worden sei (nach heutiger Annahme vermutlich im Jahr 754 im Kloster von Saint-Denis bei Paris). Alle Anmaßungen der Päpste, unter denen sich Bonifatius VIII. und Sixtus IV. ja als die Herren der Erde gebärdet hatten, beruhten somit auf einer frommen, aber gewinnträchtigen Fälschung.

Die Satiriker der Zeit hatten ihre Freude an der Verständigung zwischen Lorenzo, den die päpstlichen Schmähschriften ja des orgiastischen Wohllebens und anderer Sünden beschuldigten, und König Ferrante, der mit seiner reichen Nachkommenschaft aus zwei Ehen und mindestens neun unehelichen Kindern in Europa gleichsam allgegenwärtig war. Wichtiger aber wurde, daß Lorenzo durch diesen Erfolg, vielleicht aber auch durch das monatelange Beisammensein mit Ferrante, fern von Florenz, sich vom Verlust seines Bruders zu distanzieren vermochte. Wie sein Großvater Cosimo ein wenig zur Melancholie neigend, wie so mancher reiche Mann durch die eigene Unabhängigkeit in Versuchung geführt, sich zurückzuziehen, sich selbst zu leben, hatte Lorenzo in dieser Begegnung mit einem intellektuell ebenbürtigen, aber moralisch völlig verkommenen Monarchen den Rückweg zu seiner eigenen großen Aufgabe gefunden.

In einer bei großen Familien seltenen Eintracht hatten Lorenzo und Giuliano de' Medici frei von Eifersucht und Rivalitäten nebeneinander in Florenz gelebt; der Jüngere hatte den Älteren bedingungslos verehrt, Lorenzo den schönen Bruder mit allen Fasern seines Herzens geliebt. Dieser Tod allein war schon schlimm genug gewesen für einen feinfühligen Menschen. Dazu kamen Verrat fähiger und gut bekannter Männer am Haus Medici und die Vermögensnachteile (Einziehung allen römischen Vermögens durch den Papst), und alles aus purer Willkür. Aber es war, als hätte sich die Welt verschworen, Lorenzo zu trösten und Florenz mit diesen Mißhelligkeiten zu versöhnen, eine Welt, die inzwischen festgestellt hatte, was in Rom vor sich ging. Dort kämpfte ein Papst gegen die altangesehenen Colonna, weil sie eben reich waren und ihren Besitz gegen ihn verteidigten, und das Haupt der Colonna, den Protonotar Lorenzo, ließ er in der

Engelsburg umbringen. Ja ein reformfreudiger kroatischer Bischof machte allen Ernstes den Versuch, das Konzil von Basel wiederaufleben und auf ihm Papst Sixtus IV. absetzen zu lassen, was diesen so sehr verärgerte, daß er im August 1484 starb, zu früh für den machtbesessenen Kardinal Giuliano della Rovere, der zu diesem Zeitpunkt noch keine Chance hatte, als Nachfolger gewählt zu werden.

Das gab Lorenzo de' Medici sechs Jahre Zeit, die miserable Finanzlage des Heiligen Stuhles für sich zu nutzen. In Rom lebte Papst Innozenz VIII. inmitten seiner noch vom Vorgänger ernannten völlig bedeutungslosen, aber genußsüchtigen Kardinäle wie ein weltlicher Fürst; Neapel bezahlte keine Abgaben an die Kirche, den Bannfluch nahm niemand mehr ernst, seit man wußte, wie es in Rom zuging.

Lorenzo il Magnifico tat, was schon Größere vor ihm getan hatten: Er opferte eine Tochter Maddalena (1472–1519) und gab sie Franceschetto Cibo, dem verkommenen Sohn des Papstes, zur Frau, wobei die Mitgift aus dem Hause Medici zweifellos am Tiber sehr willkommen war. Sie reichte auch noch für einen Kardinalshut, den Innozenz VIII. dem erst dreizehnjährigen zweitgeborenen Sohn Lorenzos aufs Haupt setzte: Giovanni de' Medici wurde Kardinaldiakon, er sollte 1513 als Leo X. nicht nur der erste Papst aus der Familie Medici werden, sondern auch einer der größten Päpste überhaupt.

Lorenzo hatte mehr erreicht als Giovanni, genannt Bizzi, und Cosimo, genannt Pater Patriae, und es wird Zeit, auf das triumphierende Florenz dieser Jahre einen Blick zu werfen, nicht nur in die Paläste und Kirchen, sondern auch auf die Plätze, in die Gassen. Denn der Glanz des Magnifico hat sich auch seiner Stadt mitgeteilt.

Es tut gut, das Florenz des Quattrocento im Geist vor Augen zu haben, denn es ist heute nicht mehr so ohne weiteres aufzufinden. Stendhal begegnete es, ohne daß er es suchen mußte, noch im achtzehnten Jahrhundert, und Gerhart Hauptmann, Paul

Klee, Giorgio de Chirico und viele andere fühlten sich noch zu Beginn unseres Jahrhunderts von ähnlichen Erlebnissen beglückt. Sie sind inzwischen selten und dürftig geworden, man konnte in dreißig Jahren häufig wiederholter Besuche schließlich die Furcht, daß sie völlig ausbleiben würden, kaum noch besiegen.

Aber es sind noch die Straßen von Florenz, ja mehr, es sind zu einem guten Teil jene Straßen und Plätze, die ein vorausschauender und energischer Podestà wie Rubaconte da Mandello schon im dreizehnten Jahrhundert pflastern ließ, der Mann, der Florenz auch eine vierte Brücke schenkte. Abweichend von anderen alten Pflasterungen gab es in Florenz nicht jene provinzielle Mittelrinne, in der, für alle sichtbar, die Abwässer sich zwischen den Menschen ihren Weg bahnten, sondern zwei Rinnen an den Seiten und eine leichte Wölbung in der Mitte. Mit ihren elf Toren wetteiferte die Stadt mit dem zwölftorigen Vineta und übertraf bei weitem das siebentorige Theben, und der Überfluß des Reichtums in der Stadt gestattete es sogar, daß einzelne dieser Tore Fresken großer Künstler trugen wie die Porta alla Croce jene des Ghirlandaio.

Die Stadt des Humanismus und der heidnischen Koketterien verfügte dennoch über ein solides christliches Fundament mit ihren hundert Klöstern und Tausenden von Mönchen und Nonnen, die natürlich auch im Straßenbild in Erscheinung traten; Klöster, Kirchen, Hospitäler waren auch noch immer jene Gebäude, an denen die meisten der einheimischen und zuwandernden Künstler tätig wurden, und hier konnte man auch sehen, hier konnte das ganze Volk bewundern, was sie geschaffen hatten. In die Paläste kamen zwar Gäste und Freunde, das Volk aber eben doch nicht.

Diese Paläste, so viele es inzwischen auch geworden waren, sind das Novum in der Stadt, in der noch immer einige der alten Geschlechtertürme aufragen. Jean Lucas-Dubreton berichtet, daß in den dreißig Jahren vor der Pazzi-Verschwörung auch beinahe dreißig Paläste in Florenz gebaut wurden, von denen der früheste jener der Pitti war, der letzte jener Ära aber der Palazzo Pazzi-Quaratesi (heute: Via Proconsolo Nr. 11), als dessen Architekt Giuliano da Sangallo gilt. Unnötig zu betonen, daß die Pazzi von diesem Prachtbau nicht mehr viel hatten: Die Republik beschlagnahmte ihn, wie in früheren Jahren, nur daß man inzwischen vernünftig genug war, ihn nicht niederzureißen, wie es so vielen Türmen mißliebiger Geschlechter widerfahren war.

Da man von einem Palast nicht leben kann, verfügten die großen Familien über insgesamt dreiunddreißig Banken, nicht gerechnet die kleinen Wechselstuben und Pfandleihen. Benedetto Dei, dessen Chronik wir diese Ziffern verdanken, nennt auch noch 270 Wollmanufakturen (Kämmen, Spinnen, Weben) und dreiundachtzig Seidenwebereien und -färbereien, die zwar zu hohen Preisen arbeiteten, aber dank ihrer internationalen Verbindungen florierten. Interessant ist, daß Benedetto Dei auch für das Stichjahr 1472, aus dem er berichtet, noch Adrianopel nennt und Brussa am Marmarameer, die Stadt, die später selbst durch ihre Seidenexporte berühmt wurde; die Medici hatten sich also mit dem Sultan vollkommen arrangiert und lieferten wie vor der Eroberung von Byzanz. Dei weiß auch, daß die Transporte all dieser Waren inzwischen auf florentinischen Schiffen erfolgen, sehr zum Ärger der Genuesen und Venezianer. Aber es war schlicht eine Notwendigkeit, denn Venedig befand sich in einem gelegentlich blutig und grausam aufflackernden Dauerkonflikt mit der Pforte, und es wäre nicht einfach gewesen, nach der Kaperung venezianischer Schiffe durch die Piraten der Barbareskenstädte die mitverladenen florentinischen Waren aus dem Desaster zu retten. Diese Entwicklung war es, die den Fuggern und anderen deutschen Fernhandelshäusern gestattete, in Venedig den Platz der Florentiner Großhändler einzunehmen, vor allem, als auch die Zahl der Wollmanufakturen zu Beginn des sechzehnten Jahrhunderts in Florenz stark absank.

Wirtschaftliche Schwankungen trafen Große wie Kleine; aber während die Medici-Bank es aushielt, während der Regie-

Wollarbeiter beim Kämmen und Frau am Webstuhl

rungsjahre eines feindseligen Papstes auf einen freundlicher gesinnten Nachfolger zu warten, der ihr seine Geschäfte wieder anvertraute, gab es beim kleinen Volk mitunter Jahre der Not. Sie führten zur Fluktuation, die stärker war, als man im allgemeinen annimmt, weil Besitzlose wenig mitzuschleppen haben, weil die Verhältnisse im vielfach geteilten Italien sehr unterschiedlich waren und ein gut Teil der Florentiner ländliche Wurzeln hatte, Verwandte, zu denen man zurückkehren konnte. Auch waren die Florentiner, wenn auch nicht in dem Maß wie die Neapolitaner, durchaus gewöhnt, auf der Straße zu leben. Das Klima der Toskana, das herrliche Licht von Florenz, das lockte aus den schwach erhellten, oft im Souterrain von Großbauten liegenden

Getreidekauf

Wohnungen. Warum sollte man sich bei schlechtem Licht in die Wange schneiden lassen, wenn der Barbier in der Sonne eines der fünfzig Plätze sein Handwerk fehlerlos ausüben konnte, ganz zu schweigen von jenen Kaufleuten, die noch heute in der für den Süden so charakteristischen Weise ihre Stände im Freien aufbauen, an belebten Straßen oder auf den Märkten.

Anders als Venedig, das auf den in den Sumpfgrund versenkten Fundamenten eng zusammenrücken mußte, anders als Paris, das Mauern und Festungswerke einschnürten, ehe der Sonnenkönig die Boulevards schuf, gestattete sich Florenz den Luxus, Raum zu haben. Reichte er nicht mehr, so wurde eben eine neue Stadtmauer gebaut, schließlich hatte man Geld genug. Innerhalb der Mauern lagen die Stadthäuser, bei den großen Familien nun Palazzi zu nennen, und die Kontore der Banken und Firmen; außerhalb der Mauern breiteten sich auf den Hügeln der Toskana und an den Ufern des Sieve ganze Säume von Villen. Man zählte bis zu achthundert solche Landsitze, vom prächtigen Schloßgut bis zum bescheidenen Landhaus, wie es die Gelehrten bewohnten, Niccolò Niccoli zur Zeit Cosimos des Alten, Machiavelli zur Zeit Lorenzos des Prächtigen, um nur zwei Beispiele zu nennen.

Alle Freunde der Medici schildern uns das Florenz jener Zeit als ein Paradies jener besonderen Art, in dem zu den natürlichen Genüssen und dem Frieden der üppigen Natur noch die Künste hinzukamen und das Raffinement der Festivitäten, in deren Inszenierung Lorenzo ein Meister war. Diese Fähigkeit setzte er bewußt ein, als er sich mit einer römischen Fürstin verband, statt eine der Florentinerinnen an seine Seite zu holen. Clarissa Orsini war eine strahlendschöne Rothaarige, ihre Familie eine der ersten des ganzen Italien, und die Hochzeit, die Lorenzos Mitbürger versöhnen sollte, entsprechend prächtig. Auch als ein Pazzi eine Medici-Tochter zur Frau erhielt, wurde das Ungewöhnliche dieser Verbindung im Festtrubel kaschiert (und der Medici-Schwager aus dem Hause Pazzi auch aus dem großen Rachefeldzug nach dem Mord an Giuliano mit heiler Haut geborgen). Die Feste also waren ein Teil von Lorenzos Methode, jene unmittelbare Verbindung zum Volk zu erhalten, die sein Großvater Cosimo aufgebaut hatte und die wichtiger war als das Verhältnis zu der käuflichen und wankelmütigen Intelligenz in den Ämtern.

Es gab jedoch auch Feste, bei denen die Zuschauer nicht erwünscht waren. Geld macht sinnlich, und wenn es das Geld allein nicht vermocht hätte, so war es der rigorose Katholizismus seiner schönen Römerin, die im freigeistigen Florenz nicht heimisch wurde, sich abschloß und ihren Lorenzo oft seinen florentinischen Verbindungen überließ. Es gibt Chronisten wie Luca Landucci, die Lorenzo, aber auch andere reiche Florentiner als Opfer ihres Reichtums, ihrer Bauwut, ihres luxuriösen Lebenswandels sehen und Lorenzos frühen Tod mit seinen Ausschweifungen in Zusammenhang bringen. Tatsächlich scheint der sexuelle Appetit dieses nicht schönen, aber faszinierenden Mannes, der in der von ihm beherrschten Stadt wohl leichtes Spiel hatte, erheblich stärker gewesen zu sein als bei seinem Vater und bei seinem Großvater, so daß die drei wichtigsten seiner Geliebten für viele andere Frauen stehen.

Aus einer der großen florentinischen Familien kam Lucrezia Donati, der Lorenzo einige seiner schönsten Verse widmete. Andere Gedichte priesen Simonetta Cattaneo, Base jenes Amerigo Vespucci, mit dem sich Florenz ruhmvoll in die Entdeckungsgeschichte eintrug, nicht zuletzt, weil sein Vorname der Name des neu entdeckten Doppelkontinents wurde. Simonetta war eine verheiratete Frau und die Geliebte von Lorenzos Bruder Giuliano, so daß Lorenzo sie wohl respektiert haben wird. Sie galt als eine der schönsten Frauen ihrer Zeit und wurde unter anderen von Antonio del Pollaiuolo gemalt. Sie mußte die Ermordung des Geliebten nicht erleben, sondern starb schon zwei Jahre vor ihm, wie man es damals nannte: an der Schwindsucht. Von den hübschen Bauernmädchen, denen Lorenzo in der Umgebung seines Landgutes begegnete, fand Nencia da Barberino zu seinem Herzen, und die letzte bekannte Geliebte des Magnifico war wieder eine verheiratete Frau. Sie hieß Bartolommea de' Nasi, gehörte zu einer patrizischen, politisch sehr aktiven Familie und hatte Lorenzo so sehr in ihren Bann geschlagen, daß der von der ererbten Gicht Geplagte nicht selten noch nachts von seinem Landsitz nach Florenz hinein ritt, zu ihr, und vor Tagesanbruch wieder zu Hause war – eine Lebensweise, die auch einem Jüngeren und Gesünderen erheblich zugesetzt hätte. Im Falle Lorenzos beschleunigte sie zweifellos das Ende eines früh verbrauchten, von Sorgen und Rückschlägen und wohl auch von Selbstvorwürfen zermürbten Mannes.

In früheren Jahren hatte er Trost in den Büchern gefunden; als er älter wurde, mußten ihm die Frauen bestätigen, daß er im ganzen richtig gehandelt habe, gegen Volterra, wo er achtzehn Bürger des Alaunpreises wegen hinrichten ließ, im Falle der Pazzi, als nahe und nächste, freilich nicht aufrichtige Freunde den Tod fanden, und bei manchem anderen Todesurteil, das der mißtrauisch gewordene Herr seiner Stadt vielleicht zu schnell und vom Argwohn befangen auch gegen weniger Schuldige hatte verhängen und vollstrecken lassen.

Lorenzo ließ den strengsten Beichtvater rufen, den Florenz zu bieten hatte, den etwa vierzigjährigen Girolamo Savonarola aus Ferrara, seit etwa einem Jahr Prior von San Marco in Florenz, ein glühender Kämpfer gegen die Sünden in der lebenslustigen Arnostadt, aber auch in der an Haupt und Gliedern dringend reformbedürftigen katholischen Kirche.

Die lange Sterbeszene des großen Medici ist seit vielen Jahrzehnten Gegenstand heftiger Kontroversen, ähnlich der Frage, ob Kaiser Konstantin in seinen letzten Stunden noch dem Arianismus abgeschworen habe. Im Falle der glanzvollen Sünder dieses fünfzehnten Jahrhunderts ist die Quellenlage allerdings erheblich günstiger. Wir wissen ziemlich genau Bescheid über die späte Einkehr Ludwigs XI. von Frankreich, der Franz von Paula schon seit geraumer Zeit an seiner Seite hatte, um trotz aller Grausamkeiten und Morde sich vielleicht doch noch in den Himmel stehlen zu können, und auch Lorenzo hatte sich einen stimmgewaltigen Fürsprecher gewählt, denn die Bußpredigten des Dominikaners griffen schon seit Jahren, auch ehe Savonarola Abt geworden war, die Medici heftig an, ohne daß sie ihm darob Schwierigkeiten bereitet hätten, so daß Lorenzo in seiner Todesstunde auf Milde hoffen durfte. Aber er ließ auch Pico della Mirandola zu sich bitten, den großen Denker, dem man auch viel geheimes Wissen nachsagte und mit dem Lorenzo schon früher Gespräche über das Leben nach dem Tode geführt hatte – den großen Humanisten als Widerpart des Bußpredigers.

Luca Landucci erwähnt beide nicht, er ist vor allem von allerlei Himmelszeichen und schaurigen Ereignissen beeindruckt, die den Tod des Großen in der Nacht vom 8. zum 9. April 1492 angekündigt und begleitet haben sollen. Angelo Poliziano, Lorenzos enger Freund Parenti und andere bestätigen jedoch die folgende, in Pasquale Villaris Savonarola-Biographie gegebene Darstellung: Danach hätte Savonarola den Sterbenden zunächst mit dem Hinweis auf die Gnade Gottes beruhigt, dann aber die Absolution von drei Verpflichtungen Lorenzos abhängig ge-

Vom Palazzo Vecchio aus wurden vom 14. bis 16. Jahrhundert die Geschicke von Florenz gelenkt. Seit 1872 beherbergt das Gebäude erneut die Stadtverwaltung.

Blick auf Florenz. Das Panorama wird beherrscht vom Dom und dem Campanile.

Der von Taddeo Gaddi 1345 konstruierte Ponte Vecchio ist die älteste existierende Brücke von Florenz. Der obere Teil der Brücke, der sogenannte Korridor, stammt von Vasari und verbindet den Palazzo Vecchio mit dem Palazzo Pitti.

Die Barockkirche San Frediano in Cestello wurde 1680 bis 1689 nach Plänen von Cerutti errichtet. Die Kuppel stammt von Antonio Maria Ferri.

Die Fassade von S. Miniato al Monte ist ein hervorragendes Beispiel für den Florentiner Inkrustationsstil des Trecento. Die Ornamente sind aus weißem Carraramarmor und grünem Serpentinstein gefertigt.

Der Palazzo Medici wurde ab 1444 im Auftrag von Cosimo dem Älteren durch Michelozzo errichtet. Großherzog Ferdinand II. verkaufte das Gebäude im 17. Jahrhundert an die Marchesi Riccardi, die den Renaissance-Palast im barocken Stil umbauen ließen.

Der Palazzo Pitti wurde Mitte des 15. Jahrhunderts nach Plänen von Brunelleschi erbaut. Die Medici kauften den Palast hundert Jahre später. In ihrem Auftrag gestaltete Bartolomeo Ammannati die Fassade neu und schuf so einen der schönsten Innenhöfe der Renaissance-Zeit.

Die Kuppel des Baptisteriums ist mit Mosaiken venezianischer und Florentiner Meister des 14. Jahrhunderts ausgeschmückt. Im Zentrum thront der Weltenrichter auf dem Regenbogen, umgeben von der Darstellung des Jüngsten Gerichts.

macht: vom Bekenntnis zum wahren Glauben (das Lorenzo bejahte), von der Wiedergutmachung an Geschädigte und Gekränkte durch Lorenzos Sohn Piero (was Lorenzo nach einigem Zaudern ebenfalls versprach) und schließlich vom Verzicht der Medici auf die Herrschaft über Florenz, so daß die Stadt wieder eine freie Republik werden könne. Auf diese Forderung hin, die mit der christlichen Einkehr der letzten Stunde ganz und gar nichts zu tun hatte, kehrte sich Lorenzo zur Wand. Savonarola wartete noch eine Weile, erhob sich dann und ließ Lorenzo ohne Absolution sterben. (Über die Kontroversen wird referiert in einer sehr ausführlichen Fußnote von Marie Herzfeld in ihrer Luca-Landucci-Ausgabe und in dem Savonarola-Artikel der Encyclopaedia Britannica von Pasquale und Luigi Villari.)

»Und am genannten Tag brachten sie ihn nach Florenz, um drei Uhr in der Nacht, und legten ihn in San Marco nella Compagnia [nieder]; und hier blieb er den ganzen 9., welcher ein Montag war. Und am 10. Dienstag begrub man ihn in San Lorenzo, ungefähr um 20 Uhr.«

Landucci zählt dann alle Verdienste und Würden Lorenzos auf, seine Fähigkeiten und seinen Ruhm weit über Florenz hinaus und schließt: »Nicht so sehr hat er sein Haus geadelt wie die ganze Stadt Florenz, und mit all diesen Dingen hat er seinem Leben nicht eine Stunde zulegen können, als das Ende kam.«

Ist die Kriegsgefahr beseitigt, sind die Seuchen erloschen, wachsen Wohlstand, Lebensfreude und Zuversicht schüchtern von neuem in einem Gemeinwesen, so schlägt die Stunde der Bußprediger. Mehr oder weniger wortgewaltige, mit bemerkenswerter Kondition begabte Kanzelredner verkünden den geduckten Häuptern der Zuhörer, daß sie den vergangenen Heimsuchungen nur durch die besondere Gnade des Allerhöchsten entronnen seien, daß neue Strafen ihrer harrten und daß ihre kurze Freude am Dasein mit Freunden, Familie, geliebten Menschen und heiteren Gefährten eine einzige Kette fürchterlicher Versündigungen sei.

Da die katholische Kirche vor allem vor der großen Reform des sechzehnten Jahrhunderts eigenes Wohlleben mit deutlichem Vergnügen an der Sünde vorexerzierte, hatten diese Bußprediger in Italien in der Regel kein langes Leben; wir kennen sie daher vor allem aus den puritanischen Gegenden Schottlands und Neuenglands, wo es zu Einschüchterungsmonologen von acht Stunden Dauer gekommen sein soll, wonach dann Redner wie Gemeinde gleichermaßen am Ende der Kräfte waren. Katholiken wie Protestanten bezogen die fürchterlichsten Visionen dieses Kanzeldonners aus dem genialsten Kapitel des Neuen Testaments, aus der Offenbarung des Johannes mit ihren kosmischen Schrecknissen und prophetischen Drohungen.

Die wohlhabende und gut lebende florentinische Gesellschaft ließ sich, späteren Eliten darin nicht unähnlich, derlei nicht ungerne gefallen, weil man sich selbst ja nicht betroffen fühlte und dem Mitmenschen den Sermon sehr wohl gönnte (und auch wußte, daß er ihn verdiente). Besonders beliebt war darum Fra Bernardino da Feltre, der 1487 durch seine Fastenpredigten im Dom berühmt geworden war. Er nämlich sah alles Unheil von den Juden herkommen. Von diesen hatte die Stadt Florenz nur siebzig Familien in ihren Mauern, damit den einheimischen Banken keine Konkurrenz erwachse. Fra Bernardino brachte tatsächlich einige hundert Jugendliche – die Zahl dreitausend ist gewiß übertrieben – so weit, daß sie vor das Haus des Geldverleihers Manultino zogen, das in der Vacca, am Rand des Ghettos lag. Sie machten Miene, zu plündern und den Juden zu erschlagen, aber die Sbirren waren schnell zur Stelle, jede Gewalttat wurde bei Todesstrafe verboten und der Pater ins Kloster von San Miniato geschickt. Über Nacht scheint man jedoch Lorenzo de' Medici konsultiert zu haben mit dem Ergebnis, daß jener (inzwischen seliggesprochene) Prediger unter Bewachung an ein Stadttor gebracht und für immer aus Florenz verwiesen wurde.

Luca Landucci, der diesem Zwischenfall zwei Seiten widmet, scheint mit dieser Aktion »der Acht«, also der höchsten Körperschaft, ganz und gar nicht einverstanden gewesen zu sein; er schildert uns, wie die Mitglieder dieses Rates einer um den anderen schnelle und gewaltsame Tode starben, und deutet an, daß es die Juden gewesen seien, die Lorenzo bestochen hätten.

Man verstand also, mit Bußpredigern umzugehen, und auch Savonarola konnte Jahr um Jahr gegen die Medici wettern, ohne daß mehr geschah als die eine oder andere freundliche Abmahnung durch Mittelsmänner, hatte er doch einen eleganten und der florentinischen Gesellschaft seiner guten Manieren wegen sehr teuren Konkurrenten, der sich viel besser ausdrückte als der in seiner Wut stotternde und fuchtelnde Ferrarese. Aber das kleine Volk lief ihm zu und hörte ihm zu und entsann sich einer ganzen langen Kette von Tatsachen, die den Florentinern weit besser bekannt waren als dem frommen Eiferer. Nach und nach festigte sich in der nach dem Tod Lorenzos gleichsam vaterlos gewordenen Unterschicht die Überzeugung, daß die Reichen es doch etwas zu arg getrieben hätten und daß nun einiges anders werden sollte. Zu genau kannten sie alle das prächtige Haus an einem Platz nahe der Porta San Gallo, ein Haus, das kein Geringerer als Rosso Fiorentino (einige Jahrzehnte später) dekorieren wird.

Hier verkehrten die Herren aus den Familien Strozzi, Medici, Albizzi und andere bei jungen Damen, die nur mit ihren Vornamen in die Geschichte eingegangen sind und allenfalls später, als sie dann wirklich berühmt waren, noch die Stätte ihres Wirkens als Ruhmestitel führten. Aber auch Männer, die keineswegs reich waren, die wie Machiavelli auf einem ererbten kleinen Landgut bescheiden dahinlebten und sich fortwährend den Mächtigen empfahlen, frequentierten ein Genre von jungen Frauen, für das es zu keiner Zeit eine wirklich zutreffende Bezeichnung gab, weil sie zwischen allen Geschenken, von denen sie lebten, doch auch immer wieder tatsächlich liebten, und weil ihre Briefe munter und unterhaltsam sind und neben den großen Briefschreiberinnen des Jahrhunderts einigermaßen bestehen können. So schrieb Machiavelli an den ihm befreundeten Diplomaten Paolo Vettori: »Die ganze Gesellschaft empfiehlt sich Euch, von Tommaso del Bene bis zu unserem Donato. Alle Tage sind wir in dem Hause irgendeiner jungen Dame, um uns zu erholen. Erst gestern waren wir im Hause der Sandra, der Tochter des Piero ... So verbringen wir hier die liebe Zeit in dieser allgemeinen Glückseligkeit und genießen wie im Traum, was uns vom Leben übrigbleibt.«

Savonarola hatte also Stoff genug, als er von der Verurteilung der vielen prächtigen Bauten, auf die auch das kleine Volk stolz war, zu wirksameren Themen überging und seinen Hörern versicherte, es seien ihre mühsam erarbeiteten Steuergroschen und die Gewinne aus Wuchergeschäften, mit denen die Reichen ihre Festmähler, ihre Landhäuser und die Kurtisanen bezahlten. Die Schar jener, die ihm lauschten, wuchs so, daß man ihm schließlich die schweren Tore des Domes öffnen mußte, und nun malte Savonarola der Stadt, deren Oberhaupt nur noch wenige Monate zu leben hatte und die einem unbegabten Nachfolger ausgeliefert sein würde, ihren nahe bevorstehenden Untergang mit allen Schreckensszenen aus, wie sie in jenen bewegten Zeiten ja jeder irgendwann erlebt hatte.

Ein nur knapp fehlgeschlagenes Attentat auf Lorenzos Sohn Giovanni (1475–1521) und andere düstere Ereignisse scheinen ihm recht zu geben, denn Gewalt zieht allenthalben herauf, nicht nur gegen den jungen Kardinal aus dem Haus Medici, sondern auch gegen den jüdischen Leibarzt Lorenzos, dessen Leichnam in einem Brunnen gefunden wird. Es geht das Gerücht um, er habe als ultima ratio dem Sterbenden zerstoßene Edelsteine verabreicht, den hellen Aquamarin, um dem Schlagfluß vorzubeugen, den braunen Korund, um die Seele im Körper zu halten. Aber selbst diese kostbarste Medizin hatte mehr geschadet, als daß sie geholfen hätte.

Lorenzos ältester Sohn Piero (1471–1503) war beim Tod seines Vaters etwa in dem Alter, in dem auch Lorenzo die Staatsgeschäfte übernommen hatte. Aber während Lorenzo sich bitter über seine eigene Unerfahrenheit beklagte und Fehler einräumte, traute Piero, der wie sein Vater mit einer Orsini verheiratet war, sich offensichtlich viel zuviel zu. Als das durch Ludwig XI. geeinigte Frankreich sich stark genug fühlte, dynastische Erbansprüche auf der italienischen Halbinsel wahrzunehmen, setzte Piero nicht auf den mittel- und norditalienischen Staatenbund, den Urgroßvater und Vater zustande gebracht hatten, sondern spielte die französische Karte, versuchte die starken französischen Armeen vor den eigenen Karren zu spannen und verkannte die Abneigung der Florentiner gegen Fremdherrschaft. Als Piero den Invasoren Geld und Stützpunkte zur Verfügung stellte, ging die Saat Savonarolas auf: Piero wurde als Verräter angeklagt, selbst sein Bruder Giovanni mußte eilends aus Florenz fliehen, der Palast an der Via Larga wurde geplündert. Savonarola scheint ziemlich genau gewußt zu haben, was seine Jünger bei diesen Aktionen finden würden, denn er ermunterte sie, gründlich zu suchen, und was an Luxuswaren, Genußmitteln, gewagter Kleidung und Unterkleidung und allerlei Werkzeug für Perversionen und Orgien in den Wohnungen der Medici und ihrer Anhänger zum Vorschein kam, das wurde in wütendem Triumph durch die Straßen getragen und höhnisch kommentiert – zumindest von jenen, die wußten, wie man mit derlei umging.

Plötzlich war alles falsch, ja verbrecherisch, was man den Medici bis dahin als Verdienst angerechnet hatte. Die Findelhäuser, die sie eingerichtet hatten, sanktionierten nur die Sünde, die freie Liebe und retteten deren sündige Frucht. Die Künstler hätten, unter dem Vorwand, heilige Sujets darzustellen, Heidentum und heidnische Nacktheit an die Wände von Klöstern und Kirchen gepinselt und erst recht natürlich in den Palästen und Landhäusern verherrlicht, wo sie sich diesbezüglich keinen Zwang antun mußten. Die blauäugigen Madonnen des Luca della Robbia waren in ihrer sinnlichen Schönheit eine Herausforderung an das Andenken der reinen Gottesmutter, und die glasierten Terrakotten nach Lucas Geheimrezept waren der schiere Teufelsglanz in der frommen Dunkelheit der florentinischen Gotteshäuser. Ähnliche Teufelsbündler waren Piero della Francesca und Paolo Uccello mit ihren Bildern, die eine räumliche Tiefe vorgaukelten, die den schlichten Sinn der Betrachter nur verwirren mußte. Und Benozzo Gozzoli? Hatte er nicht an den Wänden des Palazzo Medici die Heiligen Drei Könige als wunderschöne junge Ritter dargestellt, die biblischen Landschaften in die gefälligsten Täler und Hügel der Toskana transponiert?

Nahm man dem Zeitalter die Gedankenfreiheit, wie sie die Humanisten eingeläutet hatten, so wurde anstößig, was bis dahin beglückt hatte, und im höchsten Maße natürlich der begnadete Großmeister der ätherischen Schönheit und zeitlosen Verführung, Sandro Botticelli (1445–1510). Seine Allegorie des Frühlings ließ unschuldige Engel über eine Gesellschaft hinfliegen, in der nackte und bekleidete Menschen nebeneinander feierten und tanzten, so wie es der Phantasie des Pornographen Angelo Poliziano entsprungen war und wie es sich Lorenzo der Prächtige für die Villa di Castello gewünscht hatte, ganz zu schweigen von der im gleichen Jahrzehnt entstandenen und vermutlich für das gleiche Landhaus bestimmten, plötzlich als der Skandal der Skandale geltenden Geburt der Venus, ein Bild, auf dem eine schöne nackte Frau, ohne Schleier oder Beiwerk, auf einer Muschel an einen Strand gleitet und festlich empfangen wird.

Hätte Savonarola dieses Bild, eines der herrlichsten der Kunstgeschichte der Völker, in die Hände bekommen, es wäre am 7. Februar 1497 oder am Faschingsdienstag des darauffolgenden Jahres auf der Piazza della Signoria öffentlich verbrannt worden. Dort nämlich ließ Savonarola all die unheiligen, unsittlichen und lästerlichen Dinge zusammentragen, die seine jugendlichen Plündererbanden aus den Häusern der Reichen heranschafften, vom venezianischen Spiegel bis zum Aktbild, von transparenten Gewändern bis zu Perücken, nackten Statuetten und unzüchtigen oder ganz einfach nur heidnischen Schriften. Über den Pergamenten mit den Übersetzungen oder Abschriften der großen Gelehrten der Antike thronten ganz oben auf dem Scheiterhaufen die Werke der florentiner Künstler, soweit man ihrer habhaft werden konnte, und verbrannten als letztes Dokument der engstirnigen Prüderie und des unausrottbaren Fanatismus der Selbstgerechten, die nicht einzusehen vermögen, daß sie damit, mit der Absage an Lust und Leben, selbst der abscheulichsten Perversion huldigten.

Mutiger als bei späteren Verbrennungsaktionen dieser Art protestierte das von den Medici zu Kunstverstand und Bildung geführte Bürgertum von Florenz, und ein venezianischer Kaufmann, der ein Schnäppchen zu machen gedachte, bot für den ersten Scheiterhaufen im Ganzen die sehr hohe Summe von 22000 Golddukaten – womit jene kirchlichen Stimmen widerlegt erscheinen, die behaupten, jenen Aktionen sei nur wertloses Zeug zum Opfer gefallen, ein angeblicher Müllberg von zwanzig Metern Höhe. Die Florentiner aber sagten sich, daß es sich in einer Republik unter einem eifernden Fundamentalisten keineswegs besser lebe als unter den vertriebenen Medici.

Man muß Piero oder Pietro Medici (die Schreibweisen wechseln) zubilligen, daß er in dieser Zeit so ziemlich alles tat, um sich seinen Beinamen »der Unglückliche« (oder besser: der Glücklose) tatsächlich zu verdienen. Haltlos wanderte er durch Italien, haltlos schwankte er zwischen den Geschlechtern – nicht einmal in der Perversion war er konsequent –, und am haltlosesten erwies er sich in der Politik. Er maßregelte seinen mutigen und klugen Bruder, den jungen Kardinal Giovanni, weil er im Konklave gegen den späteren Papst Alexander VI. Borgia gestimmt habe, obwohl man doch schon wußte, was mit den Borgia auf die Kirche zukam, und er unternahm nicht weniger als drei schlecht vorbereitete Versuche, die Macht in Florenz wieder zu erringen, mit immer wechselnden Verbündeten. Schließlich marschierte er mit den Franzosen – in der größten Armee, die Italien seit Jahrhunderten gesehen hatte, war schließlich auch ein Verfemter seines Lebens sicher – und ging mit ihr zugrunde: Das Lirital, heute noch eine Idylle und eines der schönsten Quertäler des Apennin, wurde in seinem unteren Teil, wo der Talfluß schon Garigliano heißt, Schauplatz einer mörderischen Schlacht. Die große französische Armee hatte sich zu lange in Italien aufgehalten. In jenem Winter von 1503 auf 1504 war sie nur noch ein verlauster Haufen syphiliskranker Marodeure mit ein paar vereinzelten Helden, an denen sie sich immer wieder aufrichtete. Die Spanier hatten, um Neapel zu Hilfe zu kommen, einen ihrer harten Generale nach Italien geschickt, den tüchtigen Gonzalo de Córdoba, und er vernichtete die Franzosen unter dem Marchese di Saluzzo am 27. Dezember 1503 vollständig. Um sich vor den Spaniern zu retten, warfen sich viele in den hochgehenden Fluß. Piero der Glücklose gedachte es besonders gut zu machen, als er nicht in die reißenden Fluten sprang, sondern sich auf einen Ponton schwang, der vier Kanonen trug. Aber das belastete Unding schlug um, zwischen schweren Rohren und Gestänge gefangen hatte Piero keine Chance.

Zu diesem Zeitpunkt hatte die Partei der römischen Kirche, die ihre Kritiker damals noch mit Feuer und Schwert verfolgte, den Fra Girolamo Savonarola längst in den Genuß jenes Martyriums gebracht, das er einem Bischofsornat, ja selbst dem heimlich angebotenen Kardinalshut vorgezogen hatte: Nach immer wieder erneuten Foltern war er schließlich am 23. Mai 1498 mit zwei Gefährten erdrosselt und danach verbrannt worden.

Kaum einer der vielen Bußprediger, die ja bis heute nicht völlig ausgestorben sind und von deren düsteren Visionen ganze Sekten leben, hat sich dem Gedächtnis in dem Maß eingeprägt wie der schlanke, ekstatische Girolamo Savonarola, und er hätte eine dankbare Hauptrolle für so manchen großen Tragöden von Iffland bis Ewald Balser abgegeben, nur fehlte es an den großen dramatischen Bearbeitungen seines Lebens. Der namhafteste Dichter, der sich an ihm versuchte, war Thomas Mann, und er ist mit keinem seiner Werke so vollkommen durchgefallen wie mit Fiorenza (1906). Besser gelang Thomas Mann die Novelle Gladius Dei, und auch Isolde Kurz wählte diese Darstellungsform. In der Malerei wagte sich Fra Bartolomeo schon 1497 an den heiklen Gegenstand. Die Münchner Neue Pinakothek besitzt Savonarola in seiner Zelle von François-Marius Granet (1775–1849).

In den vielen Berichten, die wir über das Wirken Savonarolas besitzen, fällt auf, daß seine Hauptanhängerschaft nicht, wie bei anderen großen Predigern, aus Frauen bestand, sondern aus Jugendlichen und Kindern und sozial gesehen aus der namenlosen Unterschicht der Stadt, dem Gesinde. Arbeiterfamilien freilich hatten kaum die Möglichkeit, an seinen Auftritten teilzunehmen, und die Männer der Mittel- und Oberschicht hielten sich ebenfalls fern, während einzelne Künstler, beeindruckbar und optisch angeregt durch das Massenspektakel seiner Reden, Anzeichen von Unsicherheit erkennen lassen und auf Gewagtes verzichten. (Freilich ging nur ein einziger so weit, seine Aktstudien selbst auf den Scheiterhaufen zu tragen, der geistliche Maler Fra Bartolomeo.)

Die Dienstboten wurden – genau wie später im puritanischen Neuengland und im Spanien der Inquisition – dazu angehalten, ihre Herrschaft zu bespitzeln und Verstöße gegen die neuen strengen Moralgesetze, das frühe Schließen der Gaststätten, die Reglementierung häuslicher Geselligkeit und dergleichen mehr dem Prediger und seinen Mitarbeitern zu melden, der dann seine Jugendbanden losschickte. Man durfte sich also auch in den eigenen vier Wänden nicht mehr unbeobachtet fühlen, Savonarola, der große Bruder, sah und hörte alles und bestrafte unmäßig, weil es ja keinen Codex, sondern nur seine Emphase als Richtschnur gab.

Daraus müßte man nun schließen, daß auch die vielbesprochene Emanzipation der Frau im Renaissance-Florenz beendet war und in ihr Gegenteil verkehrt wurde, mußten die Frauen doch ihren Schmuck ablegen, ihre Kleidung düster und reizlos gestalten und ihren Umgang auf das sorgfältigste kontrollieren. Wären die Frauen im Quattrocento tatsächlich schon aus den Zwängen des Mittelalters befreit gewesen, so hätte es wohl eine

Art Revolution gegeben, denn im Unterschied zu den Männern, die unter Savonarola ängstlich stillhielten, hätten die Frauen des selbstbewußten Bürgertums eine so radikale Beschneidung ihrer Rechte, eine so fühlbare Beschränkung in den Lebensgewohnheiten sicherlich nicht hingenommen. Aber wenn Savonarola auch die Schraube anzog, wenn die Kontrollen schärfer wurden und das Reglement deutlicher – ein wirklicher, schmerzlicher Unterschied zur angestammten Rolle der Frau im Florenz jener Tage bestand gar nicht. Die vielgepriesene Befreiung der Frau aus der Düsterkeit mittelalterlicher Verhältnisse hatte noch gar nicht stattgefunden, oder genauer: Die immer wieder zitierten Beispiele dafür sind nicht repräsentativ.

In fast allen Aufsatzsammlungen über die großen Frauen der Geschichte findet sich jene Vittoria Colonna, die, aus einer der großen Familien Italiens stammend, im Todesjahr des Lorenzo de' Medici geboren wurde, eine große Dichterin war und durch ihre Geistfreundschaft mit Michelangelo aus ihren Geschlechtsgenossinnen zusätzlich herausgehoben erscheint. Auch die anderen donne illustre, um einen Sammelbegriff von Lorenzos Zeitgenossen Vespasiano da Bisticci zu gebrauchen, entstammen großen Familien wie den Bardi, Strozzi, Gonzaga, Acciaiuoli, und jene Madonna Battista, die in Gegenwart des Papstes (Martin V.) und des Kaisers Sigismund eine öffentliche Ansprache in makellosem Latein hielt, war eine Tochter des Hauses Malatesta.

Immerhin empfand Bisticci doch die Verpflichtung, seinem wertvollen Buch mit den Lebensbeschreibungen berühmter Männer des Quattrocento einen Anhang über die donne illustre anzufügen. In ihm aber müssen sich die Damen – allesamt von vorbildlicher Sittlichkeit – mit wenigen Zeilen gedrängter Darstellung begnügen, während den Herren der Schöpfung bis zu vierzig Seiten eingeräumt werden. Nach diesen Lebensabrissen zieht Vespasiano die Summe in einem Kurzessay über das Benehmen verheirateter Frauen, und diese Ausführungen sind reinstes Mittelalter, Maximen, in die nicht das zarteste Licht des Humanismus gefallen ist: »Die Frau, die in den Ehestand getreten ist, sollte vor allem in all ihren Handlungen ein Spiegel der Ehrbarkeit sein ... Sie sei in allen Dingen bescheiden und gelassen, spreche wenig (!), und das, was sie sagt, sei gut bedacht, vor allem in Gegenwart der Söhne und Töchter ... Die weiblichen Kinder lasse man nicht mit eitlen Mädchen umgehen und reden; auch vom siebenten (!) Jahre an nicht mehr mit männlichen Wesen sprechen, auch nicht mit den eigenen Brüdern (!). Man lasse sie vor allen Dingen lernen, was für das Haus nötig ist, auch Handarbeiten, damit sie, wenn sie in ein anderes Haus (gemeint ist: das des Gatten) kommen, zu befehlen und anzuleiten verstehen.«

Bisticci, Bibliothekar und in einem gewissen Ausmaß auch Buchhändler, mahnte dann gleichsam contre cœur, man gebe Frauen und Mädchen (sofern sie überhaupt lesen können) weder die Werke des Petrarca in die Hand noch auch den Novellino. »Lasset sie vielmehr Erbauungsschriften lesen, Lebensbeschreibungen der Heiligen und Geschichtsbücher, auf daß sie Leben und Verhalten regeln lernen und sich dem Ernste statt dem Leichtsinn zuwenden.«

Petrarca wurde durch Generationen mehr gelesen als Dante, und der Novellino, auch als die Hundert alten Novellen bekannt, war überhaupt der beliebteste Lesestoff der Florentiner: eine bis heute immer wieder neu aufgelegte Sammlung von anekdotenhaft dargebotenem Erzählstoff, gleichsam die Nußschale der europäischen Motivgeschichte, mit Novellistischem aus der Bibel, aus der antiken Sagenwelt, den französischen Ritterromanen und anonym tradiertem Erzählgut, von einem unbekannt gebliebenen Autor der Arnostadt kompiliert und nacherzählt und seit dem dreizehnten Jahrhundert ungeheuer verbreitet. Den Frauen solche Literatur zu verbieten bedeutete, sie aus der gängigen Konversation auszuschließen, sie zu stummen Statisten der Gesellschaft zu degradieren.

»Bis zu den späten Dezennien des fünfzehnten Jahrhunderts«, sagt Reumont, der beste Kenner jener Zeit, »sind die florentinischen Frauen vom Geiste der Renaissance kaum berührt worden ... Wir wissen von keiner Florentinerin, die an einem der damals in Italien so zahlreichen Fürstenhöfe eine Rolle gespielt hätte; wir finden aber auch keine, die gleich Cecilia Gonzaga von Mantua höchste literarische Bildung und Grazie mit dem unbesiegbaren Hang zur klösterlichen Abgeschiedenheit vereint hätte ... Zu keiner anderen Zeit haben hochstehende Frauen innerhalb des häuslichen und des Familienkreises den Ernst des Lebens in höherem Maße kennengelernt als die Frauen der Verbannten in dem von Parteikämpfen zerrissenen Florenz. Vom 13. Jahrhundert an hatten diese Parteien einander nicht nur die Macht streitig gemacht, sondern auch den Besitz, ja die Heimat ... Selbst als die Sitten milder wurden und man sich nicht mehr in den mit Eisenketten gesperrten Gassen zerfleischte, dauerte diese Unversöhnlichkeit fort. Das Ausland war voll von Florentinern, von denen dort so mancher zu einer hohen Stellung, ja zu Reichtum gelangte und neue Firmen und Familien gründete. Betrachtet man diese Zahlen, so staunt man über die Quellkraft eines Stadtbodens, der solch fortwährenden Aderlaß ertragen und doch auch weiterhin reiche Früchte aufweisen konnte ... Die Frau des Verbannten blieb frei und unbehindert in der Stadt, wenn sie dies wollte ... aber dies schloß nicht aus, daß sie mit Beschränkungen, Druck und Gegnerschaft zu kämpfen hatte.«

Die Strenge, mit der so gut wie alle ethischen Schriften vor allem den Müttern und Erziehern zusetzen, wird verständlich, wenn wir bei einem bekannten Prediger vom Beginn des Quattrocento, bei Fra Giovanni Dominici, die Warnung ausgesprochen finden: »Laß die Söhne im Lesen unterweisen, so gut wie möglich. So, wie die Welt heutzutage beschaffen ist, wirst du sie großen Gefahren preisgeben, wenn du sie zu Klosterbrüdern oder Klerikern zum Lernen sendest ... Schickst du sie in die öffentlichen Schulen, wo eine Menge zuchtloser und verkommener Buben zusammenströmt, so besteht die Gefahr, in einem einzigen Jahr zu verlieren, worum man sich sieben Jahre lang bemüht hat« (in seinem berühmten langen Brief an Bartolommea Alberti) – also zwei wenig verlockende Alternativen, denen nur entrann, wer sich einen Hauslehrer leisten konnte.

Unter diesen Hauslehrern waren nicht wenige bekannte oder später bekannt gewordene Humanisten nicht nur der Mittelschicht, sondern auch solche, die später zur ersten Garnitur gezählt wurden, was nur den verwundern kann, der vergessen hat, wie Hamann, Herder, Kant, Lenz oder Hehn ihre Karriere begannen. Andererseits war die auf diese Weise entstandene Elite nur klein und die tüchtigen Hauslehrer, aber auch die beliebten, gesellschaftlich vorzeigbaren Prediger so rar, daß es als ein Gunstbeweis unter Gleichgestellten galt, wenn diese Koryphäen die Erlaubnis zu Gastspielen erhielten wie der wortgewandte, ja wegen seiner Geistreicheleien beinahe schon sprichwörtliche Augustinerpater Fra Mariano, gegen den sich Savonarola nur sehr langsam hatte durchsetzen können: Lodovico il Moro, Herr von Mailand aus dem Hause Sforza, hatte seinem Volk eine Predigt »des Engels Gottes auf Erden«, wie man den Prediger nannte, fest zugesagt und erbat von Lorenzo dem Prächtigen, zu dessen Haus Fra Mariano gezählt wurde, die Erlaubnis für diese Reise.

Einen gewissen Fortschritt für die Frau und ihre Lage brachte jedoch die nun kultiviertere Geselligkeit, die größere Rolle, die ein gepflegtes Hauswesen spielte, weil man einen Rahmen für die Gespräche und die Gastmähler ohne eine Hausfrau von Format damals ebensowenig schaffen konnte wie heute. In der mittelalterlichen Enge der Verhältnisse oft gar nicht zum Zug gekommen, entfaltete die Herrin eines großen Hauses – war der Patron nun Bankier, Textilkaufmann oder Fernhändler – die angestammten Gaben der Frau und schuf eine Atmosphäre, in der zumindest den Einsichtigen klar wurde, daß man sich selbst beraubt hatte, als man der Frau nur dienende und stumme Funktionen zubilligte. Der Blickpunkt bleibt jedoch maskulin in dem Sinn, daß die Rolle der Frau ausschließlich auf den Mann bezogen wird und alles, was sie zu bieten hat, das Leben des Mannes verschönern und bereichern soll. »Wer wüßte nicht, daß ohne die Frauen unser Leben roh wäre, bar aller Süße und schlimmer als das wilder Tiere? Wer wüßte nicht, daß die Frauen alle niederen Gedanken aus unseren Herzen bannen, allen Kummer, alles Elend und alle Traurigkeit? Die Frauen sind es, die unser Gemüt auf das Erhabene lenken.«

Was die Frauen selbst dabei empfinden, wie es um sie steht, wenn sie aus einem Raubtier einen gesitteten Gemahl zu machen versuchen, das interessiert Baldassare Graf Castiglione (1478–1525) weit weniger, zumindest in seinem bis heute berühmten Buch über den (adeligen) Höfling, sein Benehmen und seinen Bildungshintergrund. Sein Libro del cortegiano entstand an dem Musenhof der Elisabetta Gonzaga, Gemahlin des Herzogs Guidobaldo von Urbino, wo dank der Dauerpräsenz dieser bemerkenswerten Frau feinere Sitten herrschten als im bürgerlichen Florenz.

Im allgemeinen aber betrachteten gerade die Humanisten, sosehr sie weibliche Gesellschaft schätzten, die Frau doch noch immer als Objekt, oder genauer gesagt: Nach dem keuschen Mittelalter entdeckten die an der Antike geschulten Ästheten nun zugleich mit der Frau als Gastgeberin und Gesprächspartnerin den Körper der Frau. Die Traktate über weibliche Schönheit kann man Malern und Bildhauern wie Dürer, Leonardo oder Michelangelo nicht verübeln, ihre Zeichnungen beweisen ja, wie ernsthaft sie sich mit einer Anatomie beschäftigten, von der bis dahin nur dann etwas zu sehen war, wenn eine Dirne aus dem Haus gestäupt wurde. Aber auch die Dichter und Philosophen fühlten sich bemüßigt, klassifizierende Schemata aufzustellen, Boccaccio natürlich allen voran, denn von häßlichen Frauen hätte er nicht in hundert Novellen berichten können. Und schon der Florentiner Agnolo Firenzuola (1493–1543) geht ungleich tiefer ins Detail, wobei es ihn offensichtlich nicht störte, daß er als Abt eines Klosters bei Prato seinen Mitbrüdern derlei Wunschbilder besser nicht vor Augen geführt hätte. Die bevorzugte Haarfarbe ist auch bei ihm – wie in Venedig – blond, die Beine sollen lang sein, aber nicht mager.

Die Erfahrungsbasis für solche Regeln ließ sich natürlich nicht bei Besuchen unter Gleichgestellten gewinnen, sondern nur bei den leichten Mädchen der Arnostadt, so daß sich mancher Besucher von auswärts wunderte, wie gut man hier mit den Kurtisanen über Künste, Literatur und philosophische Fragen sprechen könne, wenn sie auch naturgemäß die leichtere und unterhaltsame Lektüre der Geschichtenerzähler oder der Skandalautoren wie Aretino der ernsthaften Literatur vorzogen. Aus den Briefen des Aretino (1492–1556) wissen wir, daß Firenzuola an den Gelagen und Orgien teilnahm, die von der berühmten Kurtisane Camilla veranstaltet wurden und bei denen es so wild zuging, daß eine Haushälterin (die nicht mitmachen wollte) entsetzt aus dem Fenster sprang. In der wertvollen Sammlung von Renaissancebriefen, die Lothar Schmidt 1909 herausgegeben hat, finden sich noch andere, nicht minder offenherzige Bekenntnisse: »Ihr haltet mich für sehr reich. Ich gebe zu, ich führe ein großes Haus; darin habe ich so um die zweiundzwanzig Weiber, manchmal sogar mit ihren Säuglingen an der Brust. So zahlreiches Volk genießt die Frucht meiner Feder ... Ich hoffe, von Karl V. die Mitgift zu bekommen, die er meiner Tochter Austria (!) versprochen hat, und solange Fürsten, Herzöge und Kaiser meine Kasse mit Dukaten füllen, wird es mir ein Vergnügen sein, sie in königlicher Weise auszugeben.«

Dies tat Aretino freilich lieber in Venedig als in Florenz, wo auch nach Savonarola doch so mancher gefunden hätte, daß er es zu arg treibe. In seinem Palazzo am Canal Grande scherte sich niemand um seinen Harem, und sein Humor verließ ihn nur dann, wenn man seinem Gesinde zu Leibe ging: Im Haus des Kardinals Niccolò Gaddi (der Prälat genießt heute die Ehre eines Grabes in Santa Maria Novella) nahm Filippo Strozzi im Spiel

Aretinos Sekretär sechshundert Dukaten ab, die er für seinen Herrn kassiert, aber noch nicht abgeliefert hatte. In seiner Wut verfaßt Aretino einen jener unvorsichtigen Briefe, die ihn als den großen »Erpresser mit Tinte« in die Literaturgeschichte werden eingehen lassen.

Die emsige Beschäftigung mit der Frau, so äußerlich, ja sexistisch sie uns heute anmutet, führte bei den tieferen Gemütern und bei den stärksten Begabungen jenes Jahrhunderts doch auch zu der Überlegung, daß die an den Frauen so deutlich werdende Macht der körperlichen Schönheit, aber auch die Grazie einer Gesamterscheinung ihren besonderen Sinn in der Schöpfung haben müßten. Aus marxistischer Sicht ist die Lukács-Schülerin Agnes Heller der Frage nachgegangen, in einem fürchterlich gescheiten Buch (Der Mensch der Renaissance, Köln 1982), von dem ich den Eindruck gewann, daß auch der bemühte Übersetzer aus dem Ungarischen nicht alles verstanden habe. Frau Heller greift den Satz des Ficino auf, daß das Maß der Liebe dem Maß der Schönheit entspricht, und postuliert »die Tatsache, daß sich Maß und Schönheit stets voraussetzen«, und sie fährt fort: »Maßvoll zu sein, Maß zu halten, mit Maß zu leben, ist nicht nur gut und schön, sondern auch nützlich für den Menschen. Am selbstverständlichsten ist diese Einheit in Florenz … Zwischen der antiken Maß-Periode und der modernen bürgerlichen Nützlichkeitsperiode erstreckt sich die Welt der Renaissance … Diese Welt ist, vor allem in Florenz, gleichzeitig eine Welt der Schönheit … Wenn das Schönheitsideal in der Philosophie, in der Kunst und im zwischenmenschlichen Verkehr eine zentrale Stellung einnimmt, so ist das ein vergleichsweise aristokratischer Protest gegen die Alleinherrschaft der Nützlichkeit.« Wenn Pico della Mirandola und Michelangelo den Thesen des Savonarola auch eine gewisse Sympathie entgegenbrachten, so gab es doch einen Punkt, den sie keinesfalls mit ihm gemein haben wollten – das Verhältnis zur Schönheit (Heller, a. a. O., S. 286).

Agnes Heller nennt Savonarolas Einstellung zur Schönheit plebejisch, das Mäzenatentum der Medici und ihrer Miteiferer bürgerlich, den von aller Nützlichkeit losgelösten Schönheitsbegriff der an die Antike gemahnenden akademischen Zirkel und Künstlerfreunde hingegen aristokratisch (als Arbeitsbegriff): de facto ist die Aristokratie des Quattrocento in ihrem Verhältnis zur Kunst von den bürgerlichen Vorreitern abhängig geblieben. Tatsächlich steht am Beginn des ganzen so fruchtbaren Mäzenatentums in Florenz und anderen Handelsstädten der bürgerliche Reichtum im Verein mit dem durchaus kaufmännischen Gedanken, Objekte des täglichen Bedarfs wie Stadtwohnungen, Palazzi, Landhäuser, aber auch Prestigebauten wie die Familienkapellen oder die Viertelspfarre mit den Insignien dieses Reichtums zu versehen. Alle diese Investitionen fußen auch auf dem nur nach und nach abgemilderten Brauch, sich auf dem Sterbebett unzulässiger oder überhöhter Gewinne zu entäußern, ein spanischer Stiefel, der dem florentinischen Kaufmann des hohen Mittelalters ebensoviel Schmerzen bereitete wie das biblische Verbot, Zinsen zu nehmen.

Das Licht in dieser von Sünden und Ängsten erfüllten, von Bußpredigern zusätzlich verdüsterten Existenz war nun, war auf einmal der strahlende Leib einer schönen Frau. Sie ging in dieser Welt am Ausgang des Mittelalters wie ein Geschenk aus anderen Sphären auf, ein Eindruck, den Botticellis Geburt der Venus mit ihrem byzantinisch-mykenischen Glanz sehr deutlich werden läßt. Aber auch aus vielen, vielen anderen Gemälden der Epoche leuchtet der nackte Frauenleib als eine neue Sonne, die man nicht ohne weiteres irdisch zu nennen wagt. Es ist, als hätten die Maler, ohne es sich einzugestehen oder es gar jemandem mitzuteilen, für die Mutter Maria, die sie als Kirchenmaler so oft in ihren schlichten Gewändern hatten darstellen müssen, eine neue Erscheinungsform gefunden, keine Gottesmutter mehr, auch keine antike Göttin, sondern jene bis dahin nur zu oft übersehene und stumm gewesene Hälfte der

Junges Mädchen aus florentinischem Adel, nach einem Fresco des Ghirlandaio

Menschheit und Hälfte des Lebens, die Frau, die ihre Schönheit und den ästhetischen Triumph ihrer Daseinsform nicht mehr verbirgt. Wer diese Bilder sah, durfte lieben, das machte den Unterschied: Gottesmutter und Heilige in der goldenen Aura hatten von Altarbildern und Deckenfresken herabgeleuchtet; die schöne Frau des Quattrocento war die Menschenmutter Eva in nackter Wiedergeburt.

FRANZÖSISCHE GESCHENKE

Die kriegerischen Päpste aus dem Hause Rovere und Borgia hatten Italien mit so viel innerer Unruhe erfüllt, daß die Abwehrkraft der italienischen Klein- und Mittelstaaten nach außen geringer geworden war als jemals seit langobardischen Zeiten. Der französische König Karl VIII., schwächlicher Sohn des großen Ludwig XI., hatte Italien bis hinunter nach Neapel durchzogen, war aber schon mit siebenundzwanzig Jahren gestorben. Nach ihm drangen die Truppen Ludwigs XII. in Italien ein und setzten sich hier ebenso fest wie die Spanier, die an den Küsten von Ferrantes Königreich gelandet waren, ohne daß der Nachfolger dieses genialen Schurken imstande gewesen wäre, die kampfgewohnten Maurenbezwinger in ihre Schiffe zurückzutreiben.

Fremdes Kriegsvolk auf dem alten Römerboden, das war zunächst eine Demütigung, aber auch eine Herausforderung. Curzio Malaparte hat es uns unvergleichlich geschildert, auf welche Weise die zu allen Zeiten militärisch untüchtigen Italiener sich an den strammen Siegerarmeen rächten, und ein wenig davon scheint schon im Quattrocento und an der Schwelle zum sechzehnten Jahrhundert praktiziert worden zu sein. Jedenfalls gerieten die französischen Truppen, bei denen sich auch deutsche Regimenter befanden, schon nach kurzer Kriegsdauer in einen jämmerlichen Zustand, herbeigeführt durch die Sumpffieber, die Belagerungskrankheiten (Durchfälle, Nierenbeckenentzündungen) und ein neues Übel, für dessen Ankunft in Europa man die glorreichen Konquistadoren verantwortlich machte: Sie selbst und ihre Halsabschneider hätten sich die widerliche Lustseuche bei den Indianerinnen geholt, auf dem Feldzug gegen Neapel nach Italien gebracht und durch die allen gemeinsamen Hurentrosse der maroden Armeen an die Franzosen weitergegeben, die schließlich für den Transport nach Mitteleuropa sorgten, wo die Krankheit nicht ganz folgerichtig »die Franzosen« genannt wurde. Soweit die lange Zeit geltende Auffassung. Seit einiger Zeit aber weiß man, daß man sich »die Franzosen« in den Hafenorten am östlichen Mittelmeer und am Roten Meer holen konnte, daß also die Wiege der Menschheit Afrika auch die Wege der Krankheiten aller Art gewesen sei. Nur war der Reiseverkehr in diese Länder noch vergleichsweise dürftig, bediente sich, da es den Sueskanal ja noch nicht gab, auch oft des Landweges über Täbris zum Persischen Golf und brachte keine Menschenmengen, sondern nur Einzelreisende ins Abendland. Heller und Sticker sagen denn auch in ihrer grundlegenden Geschichte der Ausbreitung der Geschlechtskrankheiten (Berlin 1931): »Von Krankheitsverbreitungen durch die Zigeuner, indische Tschandales, Aussätzige aus dem Sindlande (d.h. aus China), wissen wir im einzelnen wenig.« Hingegen galten die Marranen schon den Ärzten des achtzehnten Jahrhunderts als die eigentlichen Ausbreiter der Lustseuche (Gottfried Christian Gruner u.a.), denn sie wurden in Massen von insgesamt etwa 500000 Menschen aus Spanien vertrieben. Der Begriff hat zwar einen wechselnden Inhalt, manche Autoren verstehen darunter nur die getauften Mauren, die ihrem Glauben heimlich anhingen, andere auch die zwangsgetauften Juden Spaniens, die aber, wie man weiß, fast alle ihre Bräuche im Schutz ihrer vier Wände weiter pflegten und 1492 beim großen Auswanderungsdekret meist nach Nordafrika und auf die Balearen auswanderten, aber auch nach Italien. Heller/Sticker glauben aber auch das nicht und sagen: »In den Tagen der Marranenflucht war der Morbus gallicus (die Syphilis) überall in Europa im aussätzigen Gesindel der Landstraßen und der Freudenhäuser.« Auf die bekannten Chronisten der römischen Sittengeschichte – Infessura und den Papsthofmeister Burchard – gestützt, führen die beiden Ärzte aus: »Das Malum francicum des kaiserlichen Ediktes (gemeint ist Kaiser Maximilian I.), der morbo gallico der Italiener, wurde nicht einstimmig den Franzosen zur Last gelegt. Manche klagten die spanischen Marranen als die Vermittler und Verbreiter der neuen Krankheit an. Im Juli 1487 hatte der Papst Innozenz VIII. (1484–92) eine Bulle erlassen wider gewisse spanische Juden und Mauren und andere Ketzer, die in der Volkssprache Maranos hießen. Zwei Kardinäle, Roderigo Borgia und (der Franzose) Balue, leiteten die Inquisition. Man erzählte, der König Ferdinand von Spanien habe die Verfolgung angeordnet und mehr als zweitausend von ihnen in Valencia und weiterhin in Spanien verbrannt. Viele dieser Verfolgten flüchteten nach Rom und brachten dort, in der Kirche Gottes, Ämter an sich als Protonotare, als Sekretäre und als Janitscharen der päpstlichen Leibwache. Der Papst selber war ein Wüstling. Die Prostitution in der Heiligen Stadt nahm unter ihm so zu, daß im Jahre 1490 dort 6800 öffentliche Dirnen gezählt wurden, ungerechnet die heimlichen Dirnen, die im Konkubinat lebten oder in kleinen Häusern mit fünf oder sechs anderen ihr Handwerk ausübten. Der Papst erkrankte an einer heimlichen Krankheit; es versprach ihm ein jüdischer Arzt die Heilung durch Knabenblut; die drei Knaben von zehn Jahren, denen dieser Arzt das Blut entnahm, starben. Der Jude floh. Der Papst ist nicht gesund geworden, sondern seinem Leiden erlegen. Sein Nachfolger wurde Roderigo Borgia, Nepote des Papstes Calixtus III. unter dem Namen Alexander VI. (1492–1503). Er selber und seine spanisch-römische Familie waren vom morbo gallico durchseucht. Seinen Leibärzten Torella und Pintor verdanken wir wichtige Aufschlüsse, dem ersten vielleicht die wichtigsten, über die neue Krankheit.«

Da wir vom Florenz der Früh- und der Hochrenaissance bei so vielen Autoren lesen mußten, es sei eine Stadt der Sünde gewesen, gestatten wir uns einen Exkurs über den Tod Alexanders VI., nicht zuletzt, weil damit zwei Päpsten der Weg bereitet wurde, welche die Stadt Florenz wieder in ihre Rechte einsetzten, dem Befreier Italiens, il terribile Julius II., und dem Medici-Papst Leo X.

Alexander VI. stand in dem Ruf, reiche Prälaten mit einer gewissen Nachhilfe zu beerben; darum folgten diese seinen Einladungen stets mit einem gewissen Bangen. Bei dem Schicksalsmahl im Landhaus des Kardinals Adriano Castellesi waren trotzdem noch der spanische Kardinal Francesco Romolin anwesend und der Spanier Juan Ortega, der als Datar (Verwalter der Gnadenakte) eines der einträglichsten Ämter der Kurie bekleidete. »So stand er zu seinem Unheil im Ruf eines reichen Mannes und sollte wie schon sein Amtsvorgänger, der Kardinal Ferrari, nunmehr auch den Weg gehen, welchen alle beschreiten mußten, wenn sie fett genug waren« (Pasquale Villari). Weiters waren der junge Geheimkämmerer Pietro Carafa anwesend (der spätere Papst Paul IV.) und der Kommandant der päpstlichen Leibwache.

Alle sieben Teilnehmer zeigten sofort die Wirkung des Giftes. In kurzen Abständen starben der Papst, danach Ortega und schließlich der Offizier. Romolin erkrankte so schwer, daß sich das Gerücht von seinem Tod verbreitete, doch erholte er sich nach Wochen wieder, ähnlich wie die jüngsten Teilnehmer Carafa und Cesare Borgia. Auch im Küchenpersonal, das wohl genascht hatte, gab es Todesfälle. Die Cantarella, wie jenes süße und todbringende Gift wohllautend genannt wurde, war vermutlich in einem Weißwein von den Abruzzen, dem Trebbiano, gereicht worden, zumindest haben die Diener Cesares dies ausgesagt. Bis heute aber ist nicht klar, wie der vergiftete Wein in die Villa des Kardinals gelangte, ohne daß der Gastgeber Verdacht schöpfte, und warum der Mundschenk des Papstes, der ja eingeweiht sein mußte, seinen Herrn ebenfalls aus den todbringenden Flaschen bediente.

Von all diesen Übeln – dem Gift, den Seuchen und der neuen Pest, der Franzosenkrankheit – blieb Florenz weitgehend verschont; eine kurze Pestepidemie, die sich zu Ende des Jahrhunderts in der Stadt bemerkbar machte, forderte nur wenige Opfer, ehe sie erlosch. Die Franzosen fühlten sich nämlich in der

Wappen der Wollhändler nach Luca della Robbia

großen und lebhaften Stadt nicht sonderlich wohl. Sie hatten zwar gelegentlich ihres festlichen Einmarsches die vielen hohen Steinhäuser und die prächtigen Paläste und Brücken bestaunt, es war dann aber zu einem Ereignis gekommen, das die Besatzungssoldaten ziemlich schnell wieder aus der Stadt abströmen ließ. Durch ein Versehen oder eine kalkulierte Warnübung waren eines Tages die Sturmglocken in Florenz geläutet worden. Unter den Augen der verblüfften Franzosen zogen die im Häuserkampf und Bürgerkrieg außerordentlich geübten Florentiner blitzschnell ihre Ketten quer über die Straßen, zerrten die vorbereiteten Barrikaden aus Toren und Sackgassen und besetzten die Sperren mit so vielen Bewaffneten, daß den Franzosen klar wurde: wenn die Florentiner wollten, konnten diese erfahrenen und wohlorganisierten Straßenkämpfer ihnen in einer einzigen Nacht den Garaus machen.

Fortan ließen sich in Florenz nur noch Delegationen und Unterhändler, Diplomaten und Verbindungsoffiziere blicken, und es konnte jener Mann ungehindert arbeiten, der als Gonfaloniere auf Lebenszeit gewählt worden war – Pietro Soderini, ein rechtschaffener Kaufmann und guter Verwalter, vielleicht etwas zu nüchtern nach den Medici, aber dankbar begrüßt von seinen Mitbürgern, schlich doch noch immer Piero der Glücklose um die Mauern und versuchte, die Macht wiederzuerlangen. Zehn Jahre später jedoch verließ Soderini ungekränkt die Stadt, denn der kriegerische Papst Julius II. hatte – Siege und Bündnisse geschickt kombinierend – die Franzosen aus Italien hinausgedrängt, und im Schatten dieser Erfolge hatte der Kardinal Giovanni de' Medici, Piero des Glücklosen jüngerer Bruder, geschickt und konsequent für eine Rückkehr seiner Familie nach Florenz gearbeitet. Dabei hatte Lorenzo der Prächtige um diesen Sohn mehr Angst gehabt, Schlimmeres für ihn gefürchtet als für den älteren Piero, denn Giovanni hatte er nicht mehr unter seinen Fittichen. Der war mit siebzehn Jahren als Kardinaldiakon nach Rom gegangen, und in einem der erschütterndsten Briefe Lorenzos warnt er den Jüngling vor den Versuchungen und Verderbtheiten des Sündenpfuhles am Tiber. Der sehr lange Brief, wenige Wochen vor dem Tod geschrieben, ist wohl nicht mehr zur Gänze Lorenzos eigenes Werk, er enthält Allgemeines, Gemeinplätze, Lebensregeln nach Art der humanistischen Pädagogen; aber im Kern des Schreibens steht stets zweierlei: die tiefe, wühlende Sorge um den Sohn und die hilflose Abscheu vor der Entwicklung, die Papsttum und Kirche in jenem Zeitalter genommen haben, das für Florenz eine Ära des Lichtes, der Schönheit und der gesteigerten Lebensqualität geworden war.

Giovanni jedoch, als der jüngere Sohn wohl mehr nach der Mutter geraten als Piero, findet sich in der Heimat der Orsini gut zurecht; Clarissa hat ihrem Sohn zu dem Mut des Vaters die schneidende Intelligenz und das jahrhundertealte Überlegenheitsgefühl der Orsini mit auf den Weg gegeben. Als nach Lorenzos Tod der ältere Sohn dem jungen Bruder Ratschläge erteilen und Vorschriften machen will, antwortet Giovanni trotzig, er bitte sich mehr Ehrfurcht aus, schließlich sei er Kardinal.

Als im Jahr 1512 fünftausend Spanier vor Florenz stehen und der Stadt nur die Wahl lassen, geplündert zu werden oder aber mit 140000 Dukaten den Abzug der Spanier zu erkaufen und die Medici wiedereinzusetzen, ist Giovanni kein Jüngling mehr, sondern mit siebenunddreißig Jahren auf der Höhe seiner persönlichen Entwicklung. Nur Monate trennen ihn noch von jenem Konklave, das ihn im März 1513 ohne Bestechungen und andere Winkelzüge auf den Stuhl Petri erheben wird, ein Amt, daß diesem ersten Medici-Papst dann alle Möglichkeiten eröffnet, die Macht der Medici wiederherzustellen, ja im Grunde Florenz selbst zu regieren, auch von Rom aus.

Nur achtzehn Jahre lang war die Herrschaft der Medici unterbrochen, doch der Schaden für die Familie und ihr Vermögen ist beträchtlich; daran ändert es auch nichts mehr, daß Soderini in die Verbannung geht und sein Ratgeber Machiavelli ausführlich gefoltert wird – so manches unersetzliche Stück hat sich in den Wirren unwiederbringlich verloren: »Und am 11. des besagten (August 1495) und in all diesen Tagen verkaufte man in Or San Michele Eigentum des Piero de' Medici im Aufschlag (d.h. in Form einer Versteigerung), wobei Bettdecken waren, aus Sammet und mit Stickereien in Gold und viele und verschiedene Sachen, Malereien, Bildwerke und sehr schöne Dinge.« Während Luca Landucci an seine summarische Aufzählung die bei ihm so häufigen frommen Ermahnungen über die Vergänglichkeit des Besitzes schließt, haben andere Beobachter der Verkäufe uns mitgeteilt, was unter anderem damals in fremde Hände kam: ein heiliger Paulus und ein heiliger Petrus, beide auf Holz von Masaccio, eine Anbetung der Heiligen Drei Könige von Fra Angelico, weitere Heiligenbilder von Francesco Squarcione (1397–1474) und von Andreino del Castagno (1421–57), einem Bauernsohn aus den Bergen der Toskana, den ein Verwandter Lorenzos für die Kunst entdeckt hatte. Sujets aus der griechischen Mythologie hatte vor allem Antonio de Pollaiuolo für Lorenzo gemalt (drei große Gemälde aus dem Herakles-Zyklus), und wenn wir lesen, welche Botticelli-Gemälde hier dem Zufall überantwortet wurden, dann läuft es einem kalt den Rücken hinunter (Frühling, Die Geburt der Venus, Venus und Mars, Pallas Athene in zwei Versionen, Der trunkene Bacchus). Die Liste ist noch lang, Fra Filippo Lippi figuriert auf ihr ebenso wie Donatello, Luca Signorelli, Domenico Veneziano, Piero de Cosimo, Mino da Fiesole, dazu Majolikaarbeiten von Luca della Robbia, zahllose Münzen, Medaillen, Gemmen und Gobelins; die Leichenfledderer kamen vor allem vom reichen Hof der Sforza aus Mailand. Lodovico il Moro allerdings konnte sich der bei dieser Gelegenheit erstandenen Schätze nicht mehr lange erfreuen: Im Jahr 1500 verrieten ihn seine Schweizer Söldner, und er verbrachte seine letzten Lebensjahre in den Kerkern von Loches. Nach acht Jahren Finsternis begnadigt, taumelte er ins Freie, rief »Licht ... Luft«, fiel hin und starb – ein Mann, der die Farben der Renaissance, die große Kunst der Quattrocento-Maler ebenso heiß geliebt hatte wie Lorenzo.

Aber auch die Künstler selbst hatten sich aus dem Umkreis der Medici verlaufen, nicht etwa, weil Piero weniger Sinn für die Künste gehabt hätte, er verstand sich sogar ausgezeichnet mit dem neben ihm im Palast Lorenzos aufgewachsenen Michelangelo. Aber es waren ebendiese Nähe, die Familienzugehörigkeit und die Unbeherrschtheit des Pöbels unter der Anführung von Savonarola, die 1494 Michelangelo zur Flucht aus Florenz bewogen hatte. Danach kehrte er nur noch kurz an den Arno zurück, weil Papst Julius II. ihn in Rom mit bedeutenden Aufträgen beschäftigte (Grabmal des Papstes, Sixtinische Kapelle). Es spricht für Soderini, daß er Michelangelo die Zugehörigkeit zum Hause der Medici nicht nachtrug, sondern ihm gemeinsam mit Leonardo da Vinci (1452–1519) den großen Auftrag zur

Ausschmückung des Versammlungssaales im Palazzo Vecchio gab. Seltsamerweise kamen aber die beiden Größten ihres Jahrhunderts bei diesem offiziellen Auftrag über die Entwürfe nicht hinaus; ihre Kartons dienten noch einigen Generationen von Schülern als Studienobjekt.

Hingegen machte sich Michelangelo 1501–03 in Florenz an jenen gewaltigen Marmorblock, der schon seit Jahren schließlich fast unbeachtet in der Stadt lagerte, und schuf aus ihm jenen David, der Michelangelos Ruhm bei den Zeitgenossen und weit über Florenz hinaus begründete (soviel Kritik seither auch an den Proportionen dieser Statue laut geworden ist).

Giovanni de' Medici, nun Papst Leo X., hatte in seinem Florentiner Palast mehr Schäden erlitten als sein Bruder. Er bemühte sich sogleich um Michelangelo und beauftragte ihn mit der Fassade der Medici-Kirche San Lorenzo. Aber auch diese Arbeit kam nicht recht voran, Michelangelo zeigte wenig Lust, die Arbeiten in Florenz selbst zu überwachen, und nahm nach dem Tod des Papstes gleich wieder die Arbeit an dem herrlichen Grabmal für Julius II. auf.

Allein diese Wanderschaften – auch Raffael ging 1506 von Florenz nach Rom – lassen die Veränderungen erkennen, die sich durch den Tod des großen Lorenzo de' Medici auf der einen, das Aufkommen eines nach irdischer Macht und Fürstenglanz strebenden Papsttums auf der anderen Seite ergeben hatten. Die Macht der Sforza war zu jung, Frankreich zu nahe an Mailand, als daß diese heute mit Rom rivalisierende Stadt schon in das große Quartett hätte eintreten können. Aber neben Venedig und Florenz hatte das päpstliche Rom eine weit über das Religiöse hinausgehende Bedeutung erlangt. Daß nun ein Medici auf dem Heiligen Stuhl saß, daß man ihm von Florenz aus alle wichtigen Entscheidungen unterbreitete, das schuf ein Italien mit zwei Brennpunkten, denn Ludwig XII. und erst recht Franz I. von Frankreich führten immer neue Armeen gegen die Lombardei heran, und Venedig war mit allen Kräften gegen die Osmanen engagiert.

In dieser Lage erwies sich Leo X. als ein Papst von der moralischen Unbedenklichkeit seines Vorgängers; er führte Krieg gegen Urbino, wo ein Rovere, also ein Günstling des Papstes Julius' II., als Herzog residierte, und als es nicht gelang, das Bergherzogtum mit der Waffe zu erobern, nutzte er die Finanzüberlegenheit seines Hauses und seiner Kirchenposition, um Urbino doch noch in seine Gewalt zu bringen, als sich die Soldtruppen des früheren Herzogs mangels Löhnung verlaufen hatten. Damit saßen die Medici nun in Rom, in Florenz, im wiedergewonnenen Pisa und in Urbino: Dort herrschte von 1516 an Lorenzo, der Sohn des glücklosen Piero, also ein Enkel Lorenzos des Prächtigen. Selbst die Nachkommen jenes unglücklichen Giuliano de' Medici, der 1478 im Dom zu Florenz ermordet worden war, gelangten zu unerwarteten Ehren: Der Sohn des in Florenz so beliebten jungen Patriziers tauchte in Begleitung des Papstes in Florenz auf, und Leo X. sorgte für einen schnellen Aufstieg des Vetters. Er macht Giulio zum Kardinal, dann zum Bischof von Florenz und schuf damit alle Voraussetzungen, daß dieser vergessene Vetter 1523 als Klemens VII. zum zweiten Papst aus dem Hause Medici werden konnte. Da Giulio als Priester naturgemäß nur eine illegitime Nachkommenschaft haben konnte, spricht es sehr deutlich für die wiedererlangte Geltung der Medici, daß dieser uneheliche Sohn, er hieß Alessandro, in Margarete von Österreich eine Tochter von Kaiser Karl V. zur Frau bekam …

Im wiedergewonnenen Florenz bewiesen die Medici eine erstaunliche und innerhalb der Familie wie auch der Anhängerschaft umstrittene Zurückhaltung, waren bei solchen Gelegenheiten doch früher Hinrichtungen und Hauszerstörungen selbstverständlich gewesen. Aber weder Giuliano, der jüngste Bruder Piero des Glücklosen, noch Lorenzo, Sohn des davongejagten Piero, zeigten, wie ihnen zumute war, ließen sich feiern und trafen gemeinsam etwa jene Maßnahmen, die in solcher Lage der große Lorenzo getroffen hätte: Die Amtszeit des Gonfaloniere wurde so radikal eingeschränkt, daß sich keine Hausmacht gegen die Medici bilden konnte, auf alle Rückerstattungen aus dem geraubten Familienvermögen wurde verzichtet, Soderini – wie berichtet – nicht ernsthaft verfolgt. Da fiel in einem Augenblick der allgemeinen Erleichterung einem etwas zerstreuten Gelehrten und leidenschaftlichen Humanisten eine Liste mit immerhin achtzehn Namen aus der Tasche, und einer der in solchen Dingen sehr erfahrenen Florentiner brachte den Zettel den wiedereingesetzten Herren. Es war eine Verschwörung! Sie sollte nach altem, schlechtem Muster mit der Ermordung von Onkel und Neffe beginnen, und darauf stand nun natürlich die Todesstrafe. Der Zettelverlierer, er hieß Boscoli, und das Haupt der Verschwörung, ein Capponi, wurden hingerichtet; Machiavelli, der auch hier mitgemischt hatte, brachte das Kunststück fertig, sich noch auf der Folter herauszureden, auch war er schon eine Art kuriose Berühmtheit, so daß man nach einem Savonarola nicht auch noch einen Machiavelli hinrichten wollte.

Aber er blieb verfemt, was bedeutete: Niemand gab ihm etwas zu verdienen, und der Wenigbeschäftigte hatte Muße, auf seinem Gütchen in der toskanischen Volkssprache seine großen Werke zu schreiben: Schon im Jahr nach der Folter begann er das Buch Il Principe (Der Fürst) und etwa gleichzeitig, also in seiner schwersten Zeit, die bis heute vielbesprochene Komödie Mandragora (so in vielen Lexika), richtiger aber Mandragola (Die Springwurz), nach vielen die bedeutendste italienische Komödie des Jahrhunderts, weil sie nicht nur durch geistreiche Dialoge besticht, sondern in ihrer originellen Handlung auch keine antiken Vorbilder hat. Die Springwurz ist das angebliche Heilmittel gegen die Unfruchtbarkeit, mit dem diabolischen Nebeneffekt, daß der erste Mann, der nach der Einnahme des Springwurz-Zaubertranks dem jungen Weibchen beiwohnt, unweigerlich sterben muß. Da der Ehemann im Zweifel zwischen Hahnreitum und frühem Tod die Unehre wählt, kommt ein junger Elegant ans Ziel (und bleibt natürlich am Leben). In beiden Werken, dem Buch vom Fürsten und der Komödie, spiegelt sich das eigenartige florentinische Staatswesen, in dem zwar Florenz an sich alle anderen Themen überragt, in den Patrizierhäusern aber der schrankenlose Eigennutz und das nüchterne Zweckdenken die Maximen bleiben.

Zu den weniger gewichtigen Vorwürfen, die man Leo X. macht, gehört, daß er die Komödie des Medici-Gegners Machiavelli trotz ihrer Frivolität aufführen ließ; aber da sein enger Vertrauter und Sekretär Bernardo Dovizi, bekannter als Kardinal Bibbiena, eine etwas weniger geistvolle, dafür aber viel unanständigere Komödie – die berüchtigte Calandria – geschrieben hatte, die Leo ebenfalls aufführte, erschien der Florentiner Denker und Spötter weitgehend exkulpiert. Diese und viele andere Freizügigkeiten des Papstes erwecken den Anschein, als habe er für sich und das Haus Medici ein zweites Florenz am Tiber zu errichten versucht. Sein großer Vorgänger Julius II. hatte einen wohlgefüllten Schatz in der Engelsburg zurückgelassen, dem Vernehmen nach 700 000 Dukaten. Nach den Krönungsfeierlichkeiten für den ersten Medici-Papst waren es nur noch 600 000, und davon wurde in den folgenden Jahren noch manches runde Sümmchen für Ausgrabungen antiker Bauwerke ausgegeben, für Aufträge an Künstler und Architekten, aber auch für Jagden, Feste, schöne Frauen und nicht zuletzt für den Neubau der Peterskirche, für den, nach Leos Wunsch, keine Römersteine verwendet werden sollten. Eine diesbezügliche Instruktion an Raffael ist, dreihundert Jahre vor der Ära der wissenschaftlichen Archäologie, ein sehr bemerkenswertes Zeugnis. Wie dieses Oberhaupt der Kirche eine heidnische Vergangenheit achtete, ihrer geschichtlichen und ästhetischen Bedeutung wegen, das stellt ihn turmhoch über leider sehr, sehr viele andere Prälaten, die sich frömmer dünkten als er und diese Frömmigkeit durch die Verbrennung antiker, arianischer, germanischer und jüdischer Schriftdenkmäler beweisen wollten.

Außenpolitisch hatte sich Leo X. durch seinen Eroberungszug gegen Urbino als ein Nachfahre Alexanders VI. und Julius' II. deklariert und hatte keinen Anspruch mehr auf die Rücksichten, die seine Umgebung bis dahin genommen hatte. Vor allem die alte sienesische Gegnerschaft gegen Florenz brach wieder auf, als sich der junge Kardinal Alfonso Petrucci an die Spitze einer Verschwörung setzte, der mit Sicherheit noch andere Kardinäle wie de Saulis, Riario, Farnese, Castellesi und Soderini angehörten, als Mitwisser und Nutznießer. Der Medici aber, der schon früher Geistesgegenwart und Mut bewiesen hatte, als er auf dem Po in einer Barke der französischen Gefangenschaft entrann, der Papst also schaffte es, zwei der Verschworenen in einem kleinen Gemach einzuschließen und die Wache zu alarmieren, ehe die anderen einen Entschluß gefaßt hatten. Auf der Folter nannte Petrucci, wenn auch erst nach langen und teuflischen Martern, so viele Mitverschworene, daß der Papst die Wahl hatte, wen er hinrichten oder kaltstellen wollte – alle zu verurteilen wäre faktisch unmöglich gewesen, auch waren nicht alle Namen, die Petrucci in der Pein genannt hatte, wirklich glaubhaft. Immerhin ernannte Leo X., um seine Hausmacht zu stärken und die Kassen nach dem verlustreichen Krieg gegen Urbino wieder aufzufüllen, nicht weniger als einunddreißig neue Kardinäle, darunter, wie nicht anders zu erwarten, Neffen und Medici-Anhänger aus befreundeten Familien (Piccolomini, Rossi, Salviati, Ridolfi u.a.).

Um die öffentliche Meinung zu beeinflussen, griff er auf ein altes Rezept seines Vaters Lorenzo zurück und nahm – allerdings heimlich – Literaten in seine Dienste, seriöse wie den großen florentinischen Historiker Guicciardini oder den venezianischen Adeligen Pietro Bembo (1470–1547), der trotz seiner Herkunft aus der Lagunenstadt zu einem eifrigen Propagator des volgare wurde, es gegen das Lateinische befürwortete und die Lektüre von Dante, Petrarca und Boccaccio empfahl. Der fleißigste Fürsprecher des Papstes freilich war Aretino, zu dem sich Leo X. öffentlich nicht bekennen konnte, der aber mehr gelesen wurde als die gelehrten Freunde des Papstes. Im ganzen war es ein Schwarm von Poeten, der den gutmütigen Papst durch alle seine Gemächer verfolgte und Unterstützungen erbat, und die Schlimmsten waren seine eigenen Landsleute, die Florentiner. Natürlich hatte auch schon vorher jeder Papst einen gewissen Anhang aus seiner Heimat mitgebracht, aber die Invasion an Florentinern, die in der Umgebung Leos X. festzustellen war, hatte nicht ihresgleichen. Der höfliche und liebenswürdige, aber zum Neinsagen unfähige Papst, der obendrein das Geld nicht beisammenhalten konnte, vermochte sich der Bittsteller vom Arno schlechter zu erwehren als andere, und wenn sein Haushalt schließlich doppelt soviel kostete wie unter dem ebenfalls prachtliebenden Julius II., so machte man den florentinischen Heuschreckenschwarm dafür verantwortlich.

Aretino war aus dem Haus des großzügigen und kultivierten Bankiers Chigi in die Umgebung des Papstes abgewandert, wo er sich vor allem an den Vetter des Papstes aus dem Hause Medici, an den Kardinal Giulio de' Medici, eng anschloß, den späteren Papst Klemens VII. Nach dem überraschend kurzen Pontifikat Leos X., der nur drei Jahre älter wurde als sein Vater Lorenzo de' Medici, und dem noch kürzeren Pontifikat Hadrians wurde die gute Beziehung zu jenem anderen Medici für den Skandalpoeten Aretino besonders wichtig.

Florenz hat seine Fühler und seinen Machtstrahl weit über die Toskana hinaus wirksam werden lassen, und die Beziehungen der Toskana nach Rom sind vielfältig geworden, nicht nur durch die Medici, auch durch die Chigi von Siena, die große römische Bankiers geworden sind, Mäzene und geachtete Persönlichkeiten, und aus deren Reihen im nächsten Jahrhundert auch ein Papst hervorgehen wird. Die Diaspora der Interessen und Familienmitglieder zieht jene der Künstler nach sich, denn die Kunst geht nach Brot. Noch ist es Florenz, wo Leonardo da Vinci die schöne Frau des Kaufmanns Francesco del Giocondo porträtiert, jene Mona Lisa, die das berühmteste Gemälde der Zeit bleiben wird, eines geheimnisvollen Lächelns wegen. Aber mehr als die Bürger können die Kirche und die Könige an Aufträgen vergeben, und darum beginnt nun in stärkerem Maß als je zuvor die Wanderung der Genies durch Italien und über den Alpenbogen nach Süddeutschland, nach Mittelfrankreich, ja sogar nach Spanien. Das »lebte und starb in Florenz« in den Biographien wird selten; neue, unerhörte Namen schieben sich ins Blickfeld von Amboise bis Toledo, von Wien bis Burgund.

Angesichts der Vermehrung der Schauplätze und des Auftritts neuer Generationen ist ein Blick auf die breite Stammtafel der Medici angezeigt. Noch haben sie – was den Überblick dankenswert erleichtert – nicht jene Fülle männlicher Nachkommen aufzuweisen wie die Pazzi, deren viele Männer geradezu ein Verschwörerpotential schaffen. Aber der Wechsel geschieht schnell, denn die Herren sterben jung und die Damen noch jünger. Patriarchen sind die große Ausnahme, nicht so sehr wegen der Gifte und der Dolche als wegen der Malaria und wegen jener geheimnisvollen Erschöpfungen, die den reichen Mann schneller aus seinem Genußleben herausreißen als den armen Wollwäscher oder Seidenweber aus der kärglichen Existenz am Arno.

Cosimo der Alte, jener, der den Ehrennamen »Vater des Vaterlands« erhielt, hatte einen jüngeren Bruder, der leider bereits Lorenzo hieß wie sein berühmter Großneffe. Dieser ältere Lorenzo lebte von 1395 bis 1440, und man könnte ihn eigentlich vergessen – ja man durfte ihn einige Jahrzehnte hindurch vergessen, hätte er nicht mit Donna Ginevra aus der großen Familie der Cavalcanti eine zweite, nun nach und nach zum Zuge kommende Linie der Medici begründet. Ein Cavalcanti war schon der glanzvoll-geistreiche Freund Dantes gewesen, und das vereinte Erbe der Medici und der Cavalcanti steht hinter einer mächtigen Bankherrendynastie zunächst ohne politische Ambitionen. Nur die Namen der Gemahlinnen verraten uns, daß es so nicht bleiben wird, denn der Enkel jenes älteren Lorenzo, Großneffe also des alten Cosimo Pater Patriae, geht als florentinischer Gesandter an den zeitweise befreundeten Hof der Sforza nach Mailand und heiratet dort die fünf Jahre ältere Caterina Sforza, Herzogin von Forli und Imola. Ihr Sohn ist in die Geschichte mit dem malerischen, ja romantischen Namen Giovanni dalle Bande Nere eingegangen, er ist unter Dutzenden von Kaufleuten und Bankiers mit einemmal der bedeutendste Condottiere seiner Zeit, mit Florenz verbunden durch seinen eigenen Namen Medici und durch den seiner Frau, der Maria Salviati aus dem alten Geschlecht von Fiesole und Florenz. Der Sohn dieses großen Kriegsmannes erhält wieder einen der Traditionsnamen der Medici, einen der anspruchsvollen und verpflichtenden Namen: Cosimo (1519–74), und er wird das Geschlecht, das bald den zweiten Papst stellen wird, das die herzoglichen Throne von Urbino und Nemours innehat, vollends hoffähig machen als erster Großherzog der Toskana.

ZUM LETZTENMAL REPUBLIK

Die dritte Vertreibung der Medici aus ihrer Stadt Florenz ist das letzte Aufbäumen der standhaften Republikaner, die sich die Arnostadt nicht anders vorstellen können, als sie seit jeher war: frei, von den Bürgern regiert, stolz und allein – und reich. Aber dieses Zwischenspiel der Jahre 1527–30 war ein Anachronismus. In ganz Europa waren die Staaten erstarkt, hatte sich die Zentralmacht den regionalen Zentren als überlegen erwiesen, hatte selbst der Adel seine Besitztümer und Herrschaften nur halten können, wenn er gute Verbindungen zu den Herrschern unterhielt. Und daß die Pfeffersäcke am Arno nicht irgendeinem tüchtigen Condottiere zur Beute geworden, einem der kriegerischen Geschlechter in Urbino, Mantua oder Mailand zum Opfer gefallen waren, das verdankten sie eben ausschließlich dem Haus Medici, das sich anschickte, die erste und letzte aus dem Bürgertum aufgestiegene große europäische Dynastie zu werden, Kaufherrenenkel, die Kaisertöchter, Königsnichten, Herrscherschwestern heirateten und die Herzogthrone noch mit ihren seltsamsten Männern besetzten, wie etwa mit dem dunkelhäutigen, mit wulstigen Lippen ausgestatteten Alessandro de' Medici, den Papst Klemens VII. (Giulio de' Medici) mit einer hübschen Mulattin gezeugt hatte, als sie seine Haussklavin war.

Die Großmächte explodierten vor Aktivität in diesem ersten Jahrhundertviertel, in dem Florenz sich noch einmal als Republik und Bürgerstaat etablierte, und da der Medici-Papst Leo X. die alte heilige Kirche ebensowenig reformiert hatte wie seine Vorgänger, war in Deutschland und in der Schweiz die überfällige Reformation gewaltsam und auf breiter Front ausgebrochen. Nun kam der päpstliche Bannstrahl gegen Luther, man schrieb das Jahr 1521, und in der Umgebung des Papstes wußte jeder, daß der Tod Raffaels im Jahr zuvor den Medici-Papst tiefer bewegt hatte als die barbarischen Querelen um einen sächsischen Mönch irgendwo in Deutschland.

Franz I. von Frankreich, der kunstsinnige Valois-König, Erbauer der schönsten Loireschlösser und des Prunksitzes Fontainebleau, dieser hochbegabte und ungeduldige Monarch, verstand sich mit der Kunststadt am Arno so prächtig, daß allerlei gemeinsame Pläne geschmiedet wurden. Aber die kriegerische Tüchtigkeit der Kaufherren hatte sich stets auf Degenduelle in den Gassen beschränkt, schon die Feldzüge gegen Nachbarstädte hatten oft im Fiasko geendet, und so überblickten die Medici und ihr Anhang die Weltlage wohl nicht hinreichend, als sie Franz I. ermunterten, sich das reiche Norditalien einzuverleiben und endlich einen Riegel zwischen Deutschland und Rom zu schieben.

Es ist eines der Daten, die sich leicht merken lassen, und es war einer der schwärzesten Tage des Papstes, der nun Klemens VII. hieß, aber wiederum ein Medici war, als am 24. Februar 1525 die kaiserliche Landsknechtarmee bei Pavia die Franzosen unter König Franz I. vernichtend schlug und der elegante und verwöhnte König als Gefangener nach Spanien abtransportiert wurde. Karl V. zürnte der ganzen Familie Medici, in deren Intrigenspiel er nicht ohne Grund die Ursache für seine italienischen Schwierigkeiten sah, Probleme, die ihn nötigten, weit im Süden Krieg zu führen, statt in Deutschland das schnell um sich greifende Luthertum zu bekämpfen. Lange Kriege kosten Geld, die Landsknechte des Herrn von Frundsberg ließen sich nicht mit leeren Versprechungen abspeisen, sie wußten, wo das Geld des Kontinents zuhauf lag, und sie waren – unter einem erzkatholischen Kaiser – zu einem gut Teil bereits Lutheraner, die vom Herrn Papst in Rom nicht mehr allzuviel hielten.

Es war so gut wie ausgeschlossen, diese hungrigen Scharen nach Deutschland zurückzuführen, über die Berge in eine gärende Heimat. Also versprachen ihre Feldherren ihnen das einzige, was in diesen düsteren Kriegsjahren noch immer leuchtete:

das Geld der Kardinäle, den Goldschatz in der Engelsburg, die Plünderung der Paläste und Villen am Tiber.

Auch dieser Romzug eines deutschen Kaisers fünfhundert Jahre nach Heinrich IV. ist ein Anachronismus, und wenn die zeitgenössischen Chronisten, aber auch spätere Historiker ihn mit den Plünderungen der Tiberstadt durch die Goten Alarichs und die Vandalen Geiserichs vergleichen, dann wird wohl auch daraus klar, daß sich die alte Geschichte nur zaudernd aus einer Welt verabschiedet, die längst nach neuen Kontinenten blickt.

Der Sacco di Roma, heute nur noch im Zusammenhang mit den Schäden an großen Kunstwerken genannt, verdient einen Exkurs, weil der Papst ein Medici war und weil die Verbindungen zwischen Florenz und Rom nie enger waren als zu jenen Zeiten – und weil es an ein Wunder grenzt, daß die beutegierigen Scharen aus dem Norden die Stadt Florenz ungeschoren ließen. Es handelte sich um zwanzigtausend Deutsche, die zum Großteil Lutheraner waren, um sechstausend Spanier, gute Kämpfer und glühende Katholiken mit dem Schwung der Reconquista im Blut, und um nicht sonderlich kampftüchtigen Zulauf aus Mailand und anderen Städten der Lombardei, Opportunisten, die sich dem imposanten Heereszug angeschlossen hatten, weil offensichtlich in Rom viel zu holen war. Im Troß reisten nicht nur wie üblich die Huren mit, sondern auch Ehefrauen und Kinder nicht weniger Landsknechte, als versprächen sie sich ein Volksfest in der Tiberstadt.

Daß dieser Heerwurm sich in nur drei Monaten bis vor die Mauern von Rom wälzte, war das Werk des größten Heerführers jener Tage, des Konnetabels von Bourbon, Herzog und Sieger in vielen Schlachten erst für Franz I., danach, wegen eines Rechtsstreits, gegen diesen König. Bourbon hatte bei Pavia gesiegt, danach Mailand erobert und begann am 6. Mai 1527 den Sturm auf die Ewige Stadt in vorderster Linie, wie man behauptete, um seinen Verrat an Frankreich durch den Schlachtentod zu büßen. Er fiel denn auch als einer der ersten, der Schuß einer Hakenbüchse durchquerte seinen Leib. Es war befohlen, seinen Tod zu verschweigen, und drei Stunden später drangen zunächst die Spanier über eine Gartenzone, dann die Deutschen durch ein Haus, das eine Schwachstelle in der Stadtmauer bildete, gegen den Tiber vor. Der in die Engelsburg geflohene Papst wurde durch Scheinverhandlungen so lange hingehalten, bis die Tiberbrücken von den Angreifern besetzt waren, und dann begann die sprichwörtlich gewordene, in ihrer furchtbaren Dauer von mehr als sieben Monaten einzigartige Plünderung der heiligen Stadt. Der Augenzeuge, der eine der eindrücklichsten und glaubhaftesten Schilderungen abgab, war Florentiner, nämlich Jacopo Buonaparte, Domherr von San Miniato.

Trotz des ja wohl nicht unbemerkt gebliebenen Anmarsches, trotz der präzisen Voraussagen des Lumpenpropheten Brandano, war der Papst unvorbereitet, die Engelsburg ohne Vorräte, die Kurie ohne Flucht- oder Notpläne. Als die Spanier einen engen Ring um die Engelsburg schlossen, die einzunehmen nach ersten blutigen Verlusten nicht mehr versucht wurde, traten für Seine Heiligkeit und hundert Mitgefangene sehr ungewohnte Verhältnisse ein, und doch ging es den Eingeschlossenen noch sehr viel besser als der Stadtbevölkerung. Die bewaffneten Verteidiger waren tot, ihre Eltern standen in Trauerkleidung in den Türen ihrer Wohnungen und baten um Schonung, aber zumindest in den ersten Tagen wurde nirgends Pardon gewährt.

»Niemand war auf derlei vorbereitet gewesen. Die Händler aus Florenz, die Prälaten und andere Einwohner liefen hierhin und dorthin, um Schutz zu suchen, und aus Rom vermochte niemand zu entrinnen, denn die Stadttore waren geschlossen.« Die einzige sichere Zuflucht waren die Häuser der Familie Colonna, denn ihr hatte der Papst kurz zuvor in einem eiskalten Beutekrieg schweren Schaden zugefügt, weswegen sie auf der Seite der Angreifer stand. Kardinal Pompeo Colonna (1479–1532), streitbar und hochherzig, nahm vor allem Frauen und Mädchen in seinen Palast auf, um sie vor Vergewaltigungen zu schützen. Im übrigen aber war Rom schutzlos einer gierigen Meute preisgegeben, da der einzige Mann, auf den diese zusammengewürfelte Armee gehört hätte, der Konnetabel, ja tot war.

Im Unterschied zu der Plünderung durch die Goten wurden diesmal auch die Kirchen mit ihren Schätzen nicht geschont. Die Klöster wurden vollständig ausgeplündert, doch gab es unter den Mönchen, die kaum Widerstand leisteten, nur wenige Tote. Ärger setzten Frundsbergs Landsknechte den Nonnenklöstern zu, da schützte kein Ordensgewand und oft nicht einmal ehrwürdiges Alter die Trägerinnen. Überhaupt waren die Vergewaltigungen der Punkt, wo das barocke Rom sich in diesen Stunden dem antiken am stärksten annäherte, wenn man bei Buonaparte liest, daß Frauen und Mädchen sich aus den Fenstern ihrer Häuser auf die Gassen stürzten, um der Entehrung zu entgehen, oder daß Väter ihre Töchter durch einen schnellen Dolchstich töteten, um ihnen solches Schicksal zu ersparen. Die neuen Anführer nach dem Tod des Herzogs von Bourbon scheinen keinen mäßigenden Einfluß auf ihre Truppen genommen zu haben, weder der Oberkommandierende Philibert von Oranje, ein Flame, noch Ludwig von Gonzaga aus der mantuanischen Fürstenfamilie, den man wegen seiner Angriffslust und seiner großen Reden Rodomonte nannte (nach einer Figur aus Ariosts Rasendem Roland, die solche Eigenschaften zeigt). Ein spezielles Kontingent engagierter Papstgegner hatte Fabrizio Maramaldo da Sciarra-Colonna nach Rom geführt, aber diese Soldaten, unter denen viele Römer waren, bemühten sich unter dem Eindruck der Verwüstungen und des tiefen Unglücks der Ewigen Stadt, das Leid zu lindern, was oft nicht ungefährlich war: In der Plünderungswut kam es zu zahlreichen kleinen Scharmützeln zwischen den Eroberern.

Als der offenbare Reichtum den Weg in die Schnappsäcke der Sieger gefunden hatte, ging es um die Geldverstecke, und nun begannen jene Martern, in denen die Spanier aus der Neuen Welt einige Übung hatten, aber auch die Deutschen und Italiener beteiligten sich an den grausigen Schauspielen. Ein Offizier des

Kardinals Cibo wurde von den Spaniern seiner vermeintlichen Schätze wegen so grauenvoll gemartert, daß er in einem unbewachten Augenblick durch das Fenster sprang, mit dem Kopf aufschlug und so seinen Peinigern entronnen war. Giovanni Ansaldi, ein Kaufmann aus Florenz, ging, um seinen Leiden ein Ende zu machen, todesmutig mit einem Holzscheit auf den ärgsten Folterer los, so daß dieser ihn mit dem Degen schnell ins Jenseits befördern mußte. Die Marchesa von Mantua bot fünfzigtausend Taler an, wenn man sie und ihren Palazzo verschone. Die Summe wurde gemeinschaftlich aufgebracht – von der Marchesa und jenen, die sich in ihren Schutz geflüchtet hatten –, und es ging das Gerücht, daß ihr eigener Sohn, Don Francesco, sich nicht gescheut habe, von dieser Summe zehntausend Taler an sich zu bringen.

Auffällig ist das positive Urteil jenes Augenzeugen über die Deutschen. Er schildert zwar mißbilligend, wie sie sich über die Prälaten lustig machten und diese im vollen Ornat durch die Gassen trieben mit dem Auftrag, Lösegeld zu erbetteln, sagt aber auch: »Die Spanier respektierten zwar die geweihten Stätten, aber sie übertrafen die Deutschen an Grausamkeit und Schlechtigkeit. Als die erste Wut verraucht war, ließen die Deutschen ihre Gefangenen in Ruhe und gaben sich mit dem zufrieden, was ihnen freiwillig als Lösegeld angeboten wurde. Eine große Anzahl deutscher Landsknechte bekundete nun sogar ein gewisses Mitleid mit den jungen Frauen, zumindest wenn diese hübsch waren, und brachten sie in ihren Quartieren in Sicherheit ... Daraus sollte man nicht schließen, daß die Deutschen so arm gewesen seien, daß die kleinen Lösegeldsummen für sie schon sehr viel bedeuteten. Dieser milde Umgang mit den Wehrlosen gründete sich vielmehr auf ein höheres Maß an Menschlichkeit und Gerechtigkeitssinn (un plus grand fond d'humanité et d'équité, nach der Übersetzung durch Louis Bonaparte).«

Dabei waren Frundsbergs Landsknechte in erbärmlicher Verfassung nach Rom gelangt, ohne Schuhwerk, in Lumpen und halb verhungert. Nun trugen sie seidene Gewänder und hatten auch ihre Troßweiber entsprechend eingekleidet. Sie wünschten sich nichts anderes, als mit ihrer Beute gesund heimzukehren, aber da brach angesichts der zahllosen unbestatteten Toten in den Straßen die Pest aus, ja sie griff selbst hinein in die Engelsburg, die man so streng bewachte, daß nicht einmal ein wenig Gemüse oder Milch hineingelangte.

Diese Lage schuf auf beiden Seiten eine gewisse Bereitschaft zu Verhandlungen, litten doch auch die Sieger inzwischen Hunger, weil sich kein Bauer mit seiner Fuhre in die Stadt wagte. Klemens VII. suchte als ein echter Medici die Lösung im Geld, ließ alles an Edelmetallen zusammenbringen, was sich in der Engelsburg fand, und befahl, Münzen zu prägen – die päpstliche Münze befand sich ja seit geraumer Zeit an diesem geschützten Ort. Es sollen 300000 Taler zusammengekommen sein, genug, um die höchsten Offiziere freundlich zu stimmen. Man bot Klemens eine gewisse Freizügigkeit an, falls er Geiseln stellen werde, aber es mußten wichtigste und engste Mitarbeiter der Kurienspitze sein. Klemens zauderte nicht, die Erzbischöfe von Manfredonia und Pisa und die Bischöfe von Pistoia und Verona einem ungewissen Schicksal auszuliefern; schwerer dürfte es ihm gefallen sein, dieses Quartett, auf das er notfalls verzichtet hätte, durch Verwandte wie Jacopo Salviati und Lorenzo Ridolfi zu ergänzen, zwei Herren von großen Allüren und beträchtlichem Vermögen. Die Deutschen sprangen mit ihnen entsprechend hart um, schleppten sie dreimal auf einen Hinrichtungsacker, ließen sie dort um ihr Leben flehen und gewährten schließlich eine Nacht Aufschub. Das genügte, um den Bewachern eine reichliche Mahlzeit und Wein mit Opium servieren zu lassen, so daß die sechs Geiseln entkommen konnten. Sie flohen bis nach Urbino und blieben dort bis zum Abzug der Kaiserlichen.

Verärgert verlangten die Deutschen nun bündig Geld vom Papst (es ging um ihre rückständige Löhnung, wofür Klemens freilich nichts konnte), und dieser verkaufte, was noch verkauft werden konnte, einschließlich einiger Kardinalshüte und anderer Kirchenränge, für die sich seltsamerweise sogar in der Armee der Sieger nicht wenige Herren von Stand interessierten. Pompeo Colonna führte die entscheidenden Verhandlungen als Vermittler, und nach sieben Monaten Gefangenschaft in der Engelsburg war Giulio de' Medici, der Papst Klemens VII., wieder frei. Mit Hilfe des Ludovico de Gonzaga, dessen jüngeren Bruder er zum Kardinal ernannt hatte, floh der Papst durch die Gärten von Sankt Peter ins Hügelland im Norden von Rom, nur von einem wegekundigen Diener begleitet und in einer Verkleidung, die ihn unkenntlich machte. Dennoch wagte er nicht, die ganze lange Strecke bis Florenz auf sich zu nehmen, sondern gab in Orvieto auf, der Hügelstadt, die sich gut verteidigen ließ, die aber niemand angriff. Denn da der Papst alle Reichtümer zurückgelassen hatte, interessierten sich die Sieger nicht mehr sonderlich für ihn.

In Florenz jedoch verfolgte man die ganze Entwicklung mit um so stärkerer Anteilnahme, und die seit nun beinahe hundert Jahren vor den Medici katzbuckelnden Stadtväter warteten nicht lange mit ihrer Rache. Kaum hatte die Nachricht von der Einschließung des Papstes in der Engelsburg Florenz erreicht, erklärten die Mitglieder der Signoria die halb heimliche, halb öffentliche Herrschaft der Familie Medici über die Stadt als beendet und verbannten am 19. Mai 1527, nicht einmal zwei Wochen nach der Einnahme der Stadt Rom, alle Medici aus Florenz; es war die dritte Verbannung! Ganz Norditalien war politisch und militärisch wieder in Bewegung geraten, denn der Kirchenstaat, seit Papst Alexander VI. aus dem Hause Borgia ein Machtfaktor ersten Ranges auf der Halbinsel, hatte mit Soldtruppen und Feldherren wie Cesare Borgia seine Grenzen weiter ausgedehnt, als dies mit dem Amt von Gottes Statthalter vereinbar gewesen war, und Julius II., selbst ein tüchtiger Kriegsmann, hatte diese Expansionspolitik, wie in einem Machtrausch, fortgesetzt. Dank des kaiserlichen Sieges in Rom witterten die lauernden Gegner des Papstes Morgenluft. Venedig als der Großmeister opportunistischer Politik sicherte sich Ravenna und andere adria-nahe Gebiete aus dem Kirchenstaat. Urbino und Ferrara besetzten die Territorien, die das Papsttum ihnen vordem abgenommen hatte, und die reiche Händlerstadt Florenz wurde wieder zu einer sehr speziellen Art von Demokratie, und das in einem ziemlich friedlichen Ablauf, denn inzwischen wußte man sich schließlich zu benehmen. Im Medici-Palast saßen diesmal allerdings keine ernstzunehmenden Gegner, denn wegen der vielen frühen Todesfälle gab es außer dem fernen Papst so gut wie keine erwachsenen und handlungsfähigen männlichen Mitglieder dieser einst so mächtigen Familie. Es gab den Papstsohn und Quarteronen Alessandro, also einen Bastard von noch nicht siebzehn Jahren, dazu den ebenfalls illegitimen Ippolito, Sohn von Guiliano, dem jüngsten Bruder von Piero lo Sfortunato, achtzehn oder neunzehn Jahre alt, und schließlich das Kind Caterina, Enkelin von Piero lo Sfortunato, legitim, aber ein Mädchen, die künftige Königin von Frankreich.

Ahnte auch noch niemand, welche große historische Rolle, glanzvoll, gewalttätig und als Mutter des großen Unheils, ihr beschieden sein würde, so gab es doch neben diesen legitimen und illegitimen Medici eine junge Frau, in der sich in dieser schweren Stunde der Familie alle Energien ihres Großvaters, Lorenzo des Prächtigen, noch einmal zu sammeln schienen. Es war Clarissa, Tochter des unglücklichen Piero und der Alfonsina Orsini, und auch ihre Großmutter auf der väterlichen Seite war eine Orsini, ein Erbe, das ihr Stolz und Selbstvertrauen des alten römischen Fürstengeschlechts zur Kaufmannsklugheit der Medici hinzugab. Mitte Dreißig, längst standesgemäß verheiratet, war sie in diesem Augenblick doch völlig allein. Ihr Gemahl Filippo Strozzi, dem wir schon begegneten, war in der Engelsburg mit dem Papst eingeschlossen und wird bald als flüchtige Geisel durch die Berge Urbinos irren, aber auch wenn er an ihrer Seite gewesen wäre, viel Hilfe hätte der verwöhnte und wankelmütige Mann ihr nicht geben können.

Auf sich allein gestellt, trieb Clarissa ihre halbwüchsigen Halbverwandten ebenso aus dem Palast wie den alten Kardinal Passerini, dem der Medici-Papst die Aufsicht über die florentinischen Angelegenheiten anvertraut hatte. Danach bekannte die energische Frau sich als Republikanerin und schaffte es auch, ihren schließlich eintreffenden Gemahl von der Notwendigkeit dieser Schwenkung zu überzeugen. In einem wichtigen anderen Punkt aber war sie unterlegen: Sie hatte insgesamt zehn Kinder zur Welt bringen müssen und starb entkräftet mit erst fünfunddreißig Jahren. Sie ruht nicht bei den Medici in San Lorenzo, sondern in der Strozzi-Kapelle, der berühmtesten der Kirche Santa Maria Novella, und einige ihrer sieben Söhne sollten den alten, durch keine familiäre Verbindung wirklich aus der Welt geschafften Gegensatz zwischen den zwei größten Familien von Florenz wiederaufleben lassen.

Betrachtet man die Weltpolitik in jenem ersten Drittel des sechzehnten Jahrhunderts, so stellt man mit einer gewissen Verblüffung fest, daß die Entdeckung einer neuen Welt jenseits des Ozeans und die Verlagerung der Verkehrsströme vom Mittelmeer auf den Atlantik sich politisch nicht stärker auswirkten als in unseren Tagen eine geglückte Antarktisexpedition. Das machtloseste Territorium des ganzen Europa – die vielfach geteilte italienische Halbinsel – ist immer noch der Mittelpunkt allen Geschehens und das Aufmarschgebiet der Armeen, als wollten sie alle nur bei schönem Wetter und zwischen Weinbergen ihre Kriege führen. Und die Politik des Papstes ignoriert nach wie vor Luther, Zwingli und Calvin und ist vor allem darauf gerichtet, daß Florenz wieder eine Stadt der Medici werde. Mit einer damals noch nicht üblichen Reisefreude begibt sich Klemens VII. nach seinen Exilmonaten in Orvieto und Viterbo nach Barcelona, um sich dort in geheimer Konferenz mit Karl V. zu treffen, während im flandrischen Kambryk, heute Cambrai genannt, eine Tante des Kaisers und die Mutter König Franz' I. von Frankreich den sogenannten Damenfrieden vorbereiteten, um einen Krieg zu beenden, an dessen Zustandekommen der Papst nicht ganz unschuldig war. Dabei mußten nun die Kaiserlichen für die Medici antreten, und sei es um den Preis einer Versöhnung mit den Plünderern von Rom. Es gab sogar eine Kaiserkrönung, wenn auch nicht im heiligen Rom, so immerhin in der alten Gelehrtenstadt Bologna, und damit waren die Tage der florentinischen Republik gezählt. Sowohl in Barcelona wie in Bologna hatte es geheime Klauseln gegeben, deren Zustandekommen ohne weitere mediceische Geldflüsse wohl kaum möglich gewesen wäre – etwa die Verlobung zwischen Alessandro de' Medici, dem dunkelhäutigen Sohn des Papstes, mit der im Jahr 1530 der Kaiserkrönung erst achtjährigen Margarete, einer natürlichen Tochter Kaiser Karls von der schönen Flämin Johanna van den Gheynst. (Die Hochzeit der beiden folgte allerdings erst 1536, und elf Monate später wurde Alessandro ermordet.)

Klemens VII. gehört zu jenen nicht ganz wenigen Päpsten, die überwiegend negativ beurteilt werden, was uns nur darum beschäftigt, weil er eben ein Medici war. Man wirft ihm vor allem im Rückblick vor, daß er sich um Florenz viel mehr bekümmert habe als um das ganze gärende Mittel- und Nordeuropa. Der Norden fiel vor allem von der römischen Kirche ab, weil das große Reform- und Versöhnungskonzil, das Karl V. vom Papst erwartete und erbeten hatte, nicht zustande kam. Klemens, sagt der venezianische Gesandte in Rom, habe nichts so sehr gefürchtet wie das Konzil, von dem man in seiner Gegenwart gar nicht mehr sprechen durfte. Die venezianischen Diplomaten und ihre Berichte sind eine der wichtigsten Quellen der frühneuzeitlichen Geschichte, sie sind mitunter etwas wortreich, oft aber von bewundernswerter Luzidität. »Deshalb« – um das Konzil zu vermeiden, das ihn vielleicht zum Ketzerpapst gemacht hätte – »fand die Zusammenkunft [zwischen Kaiser und Papst] von Bologna statt, deshalb wurde der Bund zwischen Seiner Heiligkeit und Seiner Majestät dem Kaiser geschlossen, deshalb kam es zu der grausamen und schändlichen Belagerung und Unterwerfung von Florenz; deshalb versprach man die kaiserliche Prinzessin dem infamen Alessandro ...« (zitiert nach Young, a.a.O., S. 278).

Diese Belagerung von Florenz, wobei das Staats-, nicht das Stadtgebiet lose umschlossen wurde, bildet den Beschluß des originellen und heute noch unterhaltenden Chronikwerkes von Luca Landucci, und wenn man diesen Bericht liest, dann erschauert man vor der Vermessenheit eines Papstes, der die Verwüstung des Sacco di Roma miterlebt hatte und dennoch nicht zauderte, seiner Heimatstadt dasselbe Schicksal zu bereiten. Daß es schließlich nicht zu denselben Plünderungen und Greueltaten kommen würde wie in Rom, ließ sich ja keineswegs vorhersehen.

Florenz hatte in dieser Auseinandersetzung wenig Chancen, denn die Spanier waren zu jener Zeit die besten Soldaten der Welt, und Antonio de Leyva (1480–1536), der sie kommandierte, hatte Pavia gegen die Franzosen gehalten und Wien gegen die Türken verteidigt, ein großer Herr und erfahrener Truppenführer. Ihm hatte der florentiner Commissario Francesco Ferrucci nur seine persönliche Tapferkeit entgegenzusetzen. Seine Familie hatte zwar schon so manches Amt in der Stadt innegehabt, aber kein Vermögen gesammelt. Ferrucci selbst gehörte auch keineswegs den humanistischen oder den Künstlerkreisen an, er war ein harter Kriegsmann und hatte eben wieder einmal Volterra gezüchtigt, als Florenz ihn eilends zurückrief – nicht nur wegen seiner dreitausend Soldaten, sondern auch, um dem unsicheren Stadtkommandanten Malatesta Baglioni einen tapferen Widerpart im Kommando an die Seite zu stellen.

Aber wie im Falle Roms hatten sich auch, als das Gewitter sich über Florenz zusammenzog, große Banden die Stunde zunutze gemacht. Die schlimmste war die eines Mannes mit dem seltsamen Namen Maramau, vermutlich eine beleidigende Verballhornung von Maramaldo. Ferrucci hatte Volterra eben unterworfen, als die plünderungslüsternen Scharen der unbezahlten Briganten von Fabrizio Maramaldo in die Vororte einfielen. Sie zurückzuschlagen kostete Zeit, eine Erkrankung Ferruccis verschlang weitere zwei Wochen, und schließlich geriet er, vielleicht absichtlich schlecht durch die Berge geführt, mit seinen Leuten in einen Hinterhalt Maramaldos, der sich für die Niederlage vor Volterra rächen wollte. Ferrucci nahm keine der Fluchtmöglichkeiten wahr, sondern kämpfte bis zu einer schweren Verwundung und wurde als Gefangener von Maramaldo selbst getötet. Damit war Florenz auf Baglioni angewiesen, der schon so oft so geschickt verhandelt hatte, daß ihn viele im Sold des Papstes wähnten.

Auch nach der Ankunft der fünftausend Spanier und der Bildung des Belagerungsringes zeigte sich bald, daß der Feind über alle wesentlichen Vorgänge in der Stadt laufend unterrichtet wurde. Das muß nicht die Schuld Malatesta Baglionis gewesen sein; ganz offensichtlich besaßen auch die Medici und damit der Papst noch eine starke Anhängerschaft, und am 4. Juli 1530 wurde an einem Fenster des Bargello der Spion Lorenzo di Tommaso Soderini, also ein Mitglied einer angesehenen Familie, aufgeknüpft – er hatte Nachrichten aus der Stadt geschmuggelt wie auch ein Domherr von Santa Maria del Fiore. Toter Briefkasten war in diesem Fall eine der Schießscharten.

Obwohl fünftausend Soldaten eine so große, sich bis in die Hügel verzweigende Stadt nicht lückenlos einschließen konnten, stiegen bald alle Preise für Lebensmittel, und für die ärmeren Schichten wurde die Hungersnot groß. Luca Landucci gibt lange Tabellen über diese Preissteigerungen (darin seinem Pariser Pendant Pierre de l'Estoile vergleichbar, den auch die Preisentwicklung in der Seinestadt oft mehr beschäftigte als die politischen Vorgänge). Schließlich gab es so gut wie keine Katzen mehr in Florenz, und selbst für eine Maus wurde angeblich eine Silbermünze gegeben, wie uns die Landucci-Herausgeberin Marie Herzfeld, auf zeitgenössische Quellen gestützt, in ihren ausführlichen Anmerkungen versichert; auch die Reichsten mußten nun, wie 1527 der Papst in der Engelsburg, Eselsfleisch essen.

Nach dem Tod Ferruccis wagten die Spanier, sich im Vorfeld von Florenz freier zu bewegen, und eroberten die Stadt Empoli, deren Bauern sich bis dahin recht geschickt in die Arnostadt durchgeschlichen hatten. Nun wurde es ernst, und es war vielleicht ein Glück für die Stadt, daß Baglioni nichts Entscheidendes unternahm, keine Ausfälle riskierte und die ganze Auseinandersetzung nicht eskalieren ließ. Als schließlich im August die Stadtregierung entschlossene Gegenmaßnahmen und einen großen, befreienden Ausfall forderte, ließ Malatesta Baglioni die auf San Miniato und anderen Höhen postierten Geschütze auf die Stadt richten und erzwang auf diese Weise den Eintritt in Kapitulationsverhandlungen, wie man sagen muß: zum Heil der Stadt. Unter diesem Gesichtspunkt ist auch seine Haltung vertretbar; er hatte wiederholt, zum Teil in sehr erregten Szenen, geschworen, daß er Florenz retten werde, auch gegen den Willen der Stadtväter. Im übrigen ging Baglioni bei den nun geführten Verhandlungen völlig leer aus, wohl auf Befehl des Papstes, der sich offenbar einen vollständigeren Verrat erwartet hatte.

Die der Stadt auferlegte Buße war glimpflich. Von den ausbedungenen achtzigtausend Dukaten Brandschatzung mußten nur fünfzigtausend sofort ausbezahlt werden (die Plünderung Roms hatte summa summarum etwa eine Million Dukaten erbracht). Don Ferrante Gonzaga und der päpstliche Kommissar Baccio Valori garantierten den Bürgern Unversehrtheit an Leib, Leben und Eigentum, und die nach dem Abzug der Kampftruppen in die Stadt gelegte Besatzung von 2500 Mann stand unter dem Kommando eines Ehrenmannes, des österreichischen Grafen Ludwig Lodron. Er beschützte den im Palazzo Medici residierenden Vertreter des Papstes, nahm aber im übrigen auf das innere Geschehen in der Republik keinen Einfluß und ist nach allgemeinem Urteil unschuldig an den Vergeltungsmorden, die nach einer abgeschlossenen Kapitulationsverhandlung keinerlei Rechtsgrundlage hatten.

Papst Klemens, der Florenz seinem unehelichen und charakterlich unzuverlässigen Sohn Alessandro zuzuschanzen gedachte, stand vor der Notwendigkeit, diesem allen Lüsten ergebenen Jüngling die Herrschaft möglichst einfach zu machen, was zunächst bedeutete: die möglichen Gegner auszuschalten, ehe sie sich von dem Schock der Übergabe der Stadt erholt hatten. Entgegen allem militärischen Brauch wurden die Häupter der Verteidigung hingerichtet: Francesco Carducci, Jacopo Gherardi, Luigi di Pagolo Soderini, Bernardo di Dante da Castiglione und andere, zum Teil nach grausamsten Folterungen, die weitere Namen erpressen und die Reihen der Medici-Gegner weiter lichten sollten. Wagte man einen beliebten Mann nicht sofort hinzurichten, so wurde er im Kerker getötet wie Raffaello Girolami. Michelangelo, der an der technischen Vorbereitung der Verteidigung führend beteiligt gewesen war, hatte Florenz verlassen, ehe sich der Ring um die Stadt völlig geschlossen hatte, und war nach Ferrara und Venedig gegangen, wo man ihn höchst ehrenvoll aufgenommen hatte. Klemens VII. ließ ihm jedoch bald Nachricht zukommen, daß ihm Bestrafung für die seiner Vaterstadt geleisteten Dienste nicht drohe, wodurch Michelangelos bedeutendste Arbeiten möglich wurden, das Mediceer-Grabmal in Florenz, auf dem Lorenzo der Prächtige als il pensiero (der Denker) dargestellt ist, und das neunzehn Meter hohe Jüngste Gericht in der Sixtinischen Kapelle zu Rom. Die größten Künstler der Epoche wurden also offensichtlich mit mehr Verständnis behandelt als die großen Denker wie Galilei oder Giordano Bruno oder Miguel Serveto.

Insgesamt soll der Vergeltungsaktion für die dritte Austreibung der Medici aus Florenz eine größere Menge von Menschen zum Opfer gefallen sein, als jemals bei den innerstädtischen Konflikten das Leben verloren, doch ist die Zahl von tausend Toten, die man in der sonst sehr eingehenden Darstellung von Young lesen kann, mit Sicherheit zu hoch gegriffen. Der Papst selbst scheint nach der Beseitigung der wichtigsten Medici-Gegner nicht mehr eingegriffen zu haben. Ungleich heikler war für Klemens nämlich die Aufgabe, seinen wulstlippigen Alessandro den Florentinern als Erbherzog von den Gnaden eines fremden Herrschers zu präsentieren. Darum machte er ihn zunächst zum Herzog von Città di Penne, eine der kleinen Kronen, die der Papst mühelos vergeben konnte, weil sie nichts bedeuteten – vermutlich hat Alessandro die winzige, wenn auch uralte, auf einer Abruzzenanhöhe gelegene Stadt nie betreten. Im Februar 1531 wurde der vielversprechende Zwanzigjährige dann der Stadtverwaltung für alle Ämter (mit einem einzigen Vorbehalt) ans Herz gelegt, und schließlich erhob Karl V. den Papstsohn in die erbliche Herzogswürde in der Stadt Florenz.

In diesen letzten Tagen der Republik und in den ersten Monaten des Herzogtums stieg ein Geschlecht zu einem neuen Höhepunkt des Reichtums und der Geltung auf, das schon in den Zeiten Cosimos des Älteren mit den Medici erfolgreich rivalisiert hatte – die Strozzi. Bis heute erinnern uns die Paläste dieser Geschlechter an ihre große historische Rolle, und anders als die meisten adeligen Familien hatten diese beiden Kaufmannsgeschlechter Höhen und Tiefen im Wechsel der Generationen zu verzeichnen und stiegen abermals auf, wenn sie bereits totgesagt worden waren.

Der Palasterbauer war Filippo Strozzi der Ältere. Er legte 1489 nach einem ausführlichen Horoskop den Grundstein zu dem Palast und hatte, als er nur zwei Jahre später starb, in seinem Testament genau vorgesorgt, Gelder bereitgestellt und Andersverwendungen verboten, um das gewaltige Vorhaben zu sichern. Als er »nach einer entzündlichen Erkrankung« fünfundsechzigjährig die Augen geschlossen hatte, folgten die vielen Menschen, die an dem Bau gearbeitet hatten, gemeinsam in Trauerkleidung seinem Sarg nach Santa Maria Novella. Aber bis zur Fertigstellung des Palastes dauerte es trotz aller Vorsorge noch zweiundzwanzig Jahre.

In nächster Nähe des Medici-Papstes und mit einer Medici verheiratet, hatte Filippo Strozzi der Jüngere (1488–1538) ein sehr einträgliches Kirchenamt inne und führte die Handelsgeschäfte der Strozzi so glücklich weiter, daß er zeitweise als der reichste Kaufmann Italiens gelten durfte. Nach dem Tod seiner scharfzüngigen Frau, der Clarissa, geborenen Medici, vom Odium ihrer Medici-Gegnerschaft befreit, wurde er Berater des unfähigen und verkommenen Alessandro, ja er gab sogar das Geld für den Bau einer Zitadelle, in die sich bei Gefahr der jeweilige Herzog von Florenz vor dem Bürgerzorn flüchten konnte. Papst Klemens freilich ließ sich nicht täuschen, er wußte, daß man neben diesem schwachen Medici keinen so reichen Strozzi in Florenz belassen durfte, und gab Filippo Strozzi dem Jüngeren den ebenso ehrenvollen wie zeitraubenden Auftrag, das Reisegeleit für seine Nichte Caterina de' Medici nach Frankreich anzuführen und die schon im Backfischalter ziemlich rundliche Urenkelin Lorenzos des Prächtigen ihrem künftigen Gemahl zu übergeben. In Frankreich gelang es dem verwöhnten und charakterlich eher schwachen Filippo Strozzi, den florentinischen Familienbanden zu entrinnen und sich offen als Gegner der neuen Medici-Herrschaft über Florenz zu erklären, der tyrannischen Herrschaft eines lasterhaften Papstsohnes, die sich auf die Piken und Hakenbüchsen spanischer und österreichischer Regimenter stützte.

Diesem Gewaltakt des zweiten Medici-Papstes war ein vergleichbarer des ersten Medici auf dem Thron des Petrus vorangegangen: das kostspielige und umstrittene Unternehmen gegen Urbino, das Lorenzo, dem Sohn Pieros des Glücklosen, zwar eine schwere Verwundung einbrachte, aber auch den Herzogstitel von Urbino. Als Tochter dieses Lorenzo, der erst siebenundzwanzigjährig in ihrem Geburtsjahr gestorben war, stieg Caterina de' Medici zur Prinzessin von Urbino auf, aber das Naserümpfen am französischen Hof nahm dennoch kein Ende; zu viele schöne und hochgeborene Damen hatte der König um sich versammelt, zu glanzvoll war das Leben in den Loireschlössern und in Fontainebleau, als daß man die ferne Geldmetropole Florenz hätte ebenbürtig nennen wollen.

Dabei war Caterina keineswegs arm, selbst wenn man von der Medici-Mitgift absieht: Von ihrer im Kindbett verstorbenen Mutter Madeleine de la Tour d'Auvergne brachte sie der französischen Krone zwei Grafschaften, die Auvergne und das Lauraguais, und eine Reihe anderer Herrschaften zu. Nicht zuletzt darum hatte es schon eine Reihe namhafter Bewerber um die Hand der kleinen Medici-Waise gegeben: Philibert d'Oranje, Oberkommandierender der kaiserlichen Armee nach dem Tod des Connetable de Bourbon, weiters König Jakob V. von Schottland (1512–42) und nun den französischen Thronfolger, genannt der Dauphin, Herzog von Orléans und später Heinrich II., gestorben 1559 nach einer Verletzung in einem Turnier. Um ihre eigenen Neigungen hatte man sich, wie üblich, nicht gekümmert. Sie war bei den Nonnen von Murate aufgewachsen und bewahrte den frommen Frauen, die sie mit Liebe umgaben, lebenslang ein dankbares Gedenken. Der Mann aber, dem sie am liebsten angetraut worden wäre, war ein Verwandter: der zehn Jahre ältere Ippolito de' Medici, natürlicher Sohn von Giuliano (dem jüngeren Bruder des glücklosen Piero) mit einer namentlich nicht sicher bekannten Schönen aus der Hafenstadt Pesaro. Ippolito hielt sich aber für einen legitimen Nachkommen, hatte hochfliegende, durchaus weltliche Pläne, war, wie so mancher natürliche Sohn, eine prächtige Erscheinung und keineswegs glücklich darüber, daß man ihn zum Kardinal machte. Aber Caterina hätte ihn nicht lange an ihrer Seite gehabt: Er wurde 1535 im Alter von erst sechsundzwanzig Jahren vergiftet.

Also folgte sie Onkel Filippo Strozzi nach Frankreich, wo zu jener Zeit noch nicht mit italienischer Perfektion vergiftet und erdolcht wurde, das wurde erst unter dem Sonnenkönig nachgeholt. Selbst die Mitgift hatte der reiche Onkel vorgestreckt, nicht weniger als achtzigtausend Dukaten bezahlte die Strozzi-Bank gegen Sicherheiten, die der Papst angeboten hatte, Diamantenschmuck, Kunstwerke von Benvenuto Cellini, Prachtgewänder (die der nächste Papst Paul III. als der Kirche gehörig und nicht belehnbar zurückforderte), kurz, es war eine Riesentransaktion! Sie brachte der Familie Strozzi viel Ärger mit Paul III. und letztlich Verluste in großer Höhe ein, was vielleicht mit ein Grund für die schließlich abermalige Entzweiung zwischen den Strozzi und den Medici wurde.

Im Oktober 1533 wurde in Frankreich dann tatsächlich geheiratet, wovon trotz aller Pracht die große Politik zunächst kaum Kenntnis nahm, war doch Heinrich, Herzog von Orléans, noch nicht Thronfolger – er wurde es schon drei Jahre später, als des Königs ältester Sohn Franz im Auftrag Kaiser Karls V. auf eine ganz neue und geheimnisvolle Weise mit einem Glas scheinbar klaren Wassers vergiftet worden war. 1534 starb der Papst, der mächtige Schutzherr des reichen Filippo Strozzi, der ihm mit seinen vielen Dukaten so oft beigesprungen war (es muß sich um ein für jene Zeiten gigantisches Vermögen gehandelt haben, woraus man auf sehr umfangreiche Geschäfte vor allem in Lyon und Neapel schließen muß).

Die Händel zwischen den Medici und den Strozzi begannen nach echt florentinischer Manier mit Maskentreiben und Frauengeschichten, als einer der Günstlinge des jungen Herzogs Alessandro sich an die schöne und tugendhafte Tochter Luisa des Filippo Strozzi heranmachte, sie beleidigte und öffentlich erklärte, wenn er nur wolle, so werde sie die Seine sein – eine jungverheiratete Frau aus einer der großen Familien! Da Luisa energische Brüder hatte, blieb die Kränkung nur wenige Stunden ungesühnt: Noch am selben Abend – die Chronisten nennen den 13. März 1534 – überfielen drei Maskierte den Beleidiger, einen Salviati, und verletzten ihn so schwer, daß er sein Leben lang nur noch hinkte. Obwohl sich die Stadtväter erfolgreich dem Wunsch Herzog Alessandros widersetzten, die verdächtigten Jünglinge aus den Familien Strozzi und Pazzi durch die Folter zu einem Geständnis zu bewegen, verließen Leone, Piero und weitere Söhne des Filippo Strozzi eilends Florenz auf geheimen Pfaden, so daß die ihnen nachgesandten Bravi sie nicht fanden (oder dies zumindest behaupteten). In Florenz blieb freilich Luisa, um die es gegangen war, mit Luigi Capponi verheiratet und der Rache des Medici-Clans schutzlos preisgegeben, obwohl sie ja an der ganzen Affäre überhaupt keine Schuld trug: Sie starb am 4. Dezember 1534 an Gift, und die Täter streuten das Gerücht aus, einer ihrer Brüder habe Luise vergiftet, um nach ihrem Fehltritt die Familienehre wiederherzustellen. Nach allen ernstzunehmenden Zeugnissen der Zeit konnte freilich nicht davon die Rede sein, daß die junge Frau in ihrem Lebenskreis angesehener Verwandten und in ihrem gesicherten sozialen Umfeld auch nur die Absicht oder die Gelegenheit zu einem Ehebruch gehabt hätte.

Die Rache der Strozzi ließ drei Jahre auf sich warten, und dann wurde sie nicht von einem der wilden Söhne des reichen Filippo ausgeführt, sondern von einem Medici selbst, von Lorenzino (1514–47) aus jener politisch bislang wenig hervorgetretenen jüngeren Linie der großen Familie, die der jüngere Bruder von Cosimo Pater Patriae begründet hatte.

Lorenzino war durch all die frühen Männertode nicht nur im Hause Medici gleichsam unversehens zum Thronanwärter geworden, und da er einer tadellosen Linie ohne außerehelichen Nachwuchs entstammte, während Herzog Alessandro ein unehelich mit einer farbigen Magd gezeugter Sohn eines Priesters war, sah er mit einem gewissen Recht sich selbst als den rechtmäßigen Herzog von Florenz an und Alessandro als einen Usurpator, der ihm nicht nur gewisse Gnadenerweise zukommen lassen, sondern den Platz räumen sollte.

Die Situation ist historisch nicht ganz selten, und sie hat den unglücklichen Enterbten oder Entrechteten mitunter bizarre Schicksale beschert. In der Geschichtsschreibung meist kurz und verächtlich als Hofnarr Alessandros bezeichnet, ist dieser Lo-

renzino in Wahrheit in seiner Tragik und seinen verzweifelten Narreteien die bunteste Erscheinung dieser mächtigsten Doppelfamilie der Stadt Florenz.

Ohne die Inbrunst der Forschung wäre Lorenzino bis heute entweder als Hofnarr und Gelegenheitsverbrecher rubriziert oder überhaupt vergessen. Marie Herzfeld aber stellt ihn vor uns hin, den Jungen aus viel zu reichem Haus, auch von der Mutter her in die patrizischen Traditionen eingebunden, nur drei Jahre jünger als der verkommene Bastard auf dem Thron, den er zudem für den Ausgang eines Prozesses verantwortlich macht, der ihn seines gesamten Erbteils beraubt und zum armen Schnorrer macht. Dank einer Prinzenerziehung im Bankhaus Medici-Soderini hochgebildet, persönlich kultiviert, literarisch begabt, ist er plötzlich zum Bittsteller degradiert. Um die Gunst des Medici-Papstes mit der offenen Hand hat er sich aus Wut und Trotz gebracht: Er hatte einer Anzahl antiker Figuren am tausend Jahre alten Konstantinsbogen die Köpfe abgeschlagen, war von Hofliteraten des Papstes antiken Übeltätern und Ausgestoßenen gleichgestellt und bei Todesstrafe aus der Tiberstadt verbannt worden.

Was blieb ihm? Dem Thronräuber intellektuell, aber auch dank seiner florentinischen Beziehungen weit überlegen, wurde er zu dessen maître de plaisir und scheint, wenn Not am Mann oder an der Frau war, selbst Gastrollen in Alessandros Schlafzimmer gegeben zu haben. Das wäre Grund gewesen für einen Mord am Morgen, aus Ekel vor allem, wozu man sich hergegeben hatte; aber so war es nicht, wie wir wissen, weil Lorenzino, Held einer einzigen entscheidenden Tat, sie ausgiebig geschildert hat und der Dichter-Historiker Benedetto Varchi die Verpflichtung erkannte, die Vorgänge aufzuzeichnen. Danach war der Mord an Herzog Alessandro seit Wochen vorbereitet und wurde von Lorenzino und einem ihm blind ergebenen Helfer mit dem absurden Spitznamen Scoronconcolo ausgeführt, am 5. Januar 1537 in der Wohnung des Lorenzino, als sich Alessandro in angenehmsten Erwartungen dorthin begeben hatte (Lorenzino hatte ihm vorgelogen, seine junge und schöne Tante Caterina Soderini Ginori einem Abenteuer geneigt gemacht zu haben). Lorenzino hatte zunächst das Schwert Alessandros so präpariert, daß es sich nicht aus der Scheide ziehen ließ, und dann den ersten Stoß seines Kurzschwertes in das Zwerchfell des Herzogs geführt, danach hatte er Alessandro so lange festgehalten, bis Scoronconcolo das blutige Werk mit vielen Dolchstichen und einem letzten Schnitt in die Kehle vollendet hatte.

Es war tiefe Nacht, niemand ahnte das Verbrechen, und Lorenzino wie Scoronconcolo waren längst auf dem Weg nach Venedig, als es entdeckt wurde. Filippo Strozzi, die natürliche Zuflucht aller florentinischen Verschwörer, wollte Lorenzino zunächst nicht glauben, darum trat auch Mittäter und Zeuge Scoronconcolo im Fondaco der Strozzi zu Venedig auf, womit dann lebenslanger Unterhalt und Sicherheit vor Verfolgern gewährleistet erschienen. Ja, Filippo gab zweien seiner Söhne Schwestern des Lorenzino zur Frau, um auch die Sippe zu schützen. Lorenzino konnte nun, wenn auch fern von Florenz, das Leben führen, das er sich immer gewünscht hatte, reiste in die Türkei, hielt sich lange in Frankreich auf, studierte und dichtete und schuf »Meisterwerke der Beredsamkeit« (Herzfeld), ehe er zu seinem Unglück in ein Venedig zurückkehrte, in dem es keinen

Filippo Strozzi mehr gab und in dem ihn die Rache der Medici am 26. Februar 1548 ereilte: Die schnellen Dolche der Bravi respektierten keine Landesgrenzen, auch nicht die der Serenissima.

Filippo Strozzi und sein Sohn Piero, der spätere Marschall von Frankreich, haben dem Mörder Lorenzino, als er zu ihnen nach Venedig flüchtete, den Ehrentitel eines neuen Brutus, eines Brutus von Florenz verliehen, und sie glaubten wohl selbst, daß sie und die sich unwillkürlich um die Strozzi sammelnden Verbannten der Arnostadt nun den wahren Hort republikanischer Tradition darstellten. Solange die Söhne des reichen Filippo noch jung waren, nahm er an dieser Emigranten- und Renegatenpolitik kaum teil; als sie zu Männern heranwuchsen, waren sie es, die den allen Genüssen des Lebens ergebenen Vater zum Haupt jener großen Verschwörung machten, die den Tod Alessandros zu einem vollkommenen Umsturz in Florenz ummünzen sollte. Piero Strozzi (gefallen für Frankreich im Jahr 1558) hatte sich nach Frankreich orientiert und diente König Franz I., dem Erzfeind des Kaisers; darum galt Filippo Strozzi, als er nach dem Fehlschlagen seines Angriffs auf Florenz im August 1537 bei Montemurlo gefangengenommen wurde, als Gefangener des Kaisers. Einen Strozzi in Haft zu halten bedeutete viel, sehr viel Geld, und der Kaiser gestand, daß er bei einer Million Dukaten schwankend geworden wäre; die 200000, die Filippo bot, würden aber die Finanzlage des Kaisers nicht entscheidend verändern, darum bleibe er hart. (Zum Vergleich: Der Bau des Palazzo Strozzi hatte sechzigtausend Dukaten gekostet …)

So geschah, was Filippo gefürchtet hatte: Man folterte einen seiner Freunde so lange, bis er eine Verbindung Filippos mit dem Mord an Alessandro de' Medici herstellte; daß er dann zusammenbrach, sich bei Filippo wegen der Lüge entschuldigte, half nichts mehr. Filippo selbst wurde fünfzehnmal barbarisch gefoltert, ohne zu gestehen, was er ja doch nicht getan hatte, schickte seine Bewacher unter einem Vorwand weg und gab sich am

18. Dezember 1538 selbst den Tod, indem er sich zwei Schwerter in die Kehle stieß. Sein Abschiedsbrief, in dem er Gott als Befreier anruft und sich an seine Söhne wendet (die einen vergeblichen Befreiungsversuch unternommen hatten), erwähnt Cato nicht leichtfertig: Es ist ein Dokument von altrömischer Seelengröße und bemerkenswert als letzte Äußerung eines Mannes, der sein Leben lang nichts entbehren mußte, sich nichts versagt hatte und, als er mit den Schattenseiten des Lebens konfrontiert wurde, nur noch sechzehn Monate, und diese in Gefangenschaft, vor sich hatte. Dazu paßte es, daß seine letzte Lektüre ein Traktat des Plutarch war, überschrieben: »Von jenen, die von den Göttern spät bestraft werden«. Als sich die Nachricht von seinem Tod im Kerker verbreitete, sagte man: Nun ist der letzte Florentiner gestorben.

Filippos mannhafter Tod im Kerker zeigt, daß die Tragödien sich fester im Gedächtnis verankern als Komödien und Intrigen. Der Vergleich mit Cato begleitete Filippo Strozzi durch die Jahrhunderte, aber auch die Überzeugungen, daß sein Tod ein Beispiel gab für die Würde des Menschen und seine Kraft gegen Willkür und Grausamkeit. Die Briten, die ja Florenz besonders lieben, haben sich eifriger als andere Nationen Filippos angenommen, und schon 1860 gab der fruchtbare Anthony Trollope seiner Biographie des Filippo Strozzi den Untertitel A History of the last Days of the old Italian Liberty – auch wenn es nur die Freiheit war, sich selbst den Tod zu geben.

Drittes Buch
HAUPTSTADT, HERZOGSTADT, RESIDENZ

NEUES JAHRHUNDERT, NEUE WÜRDEN

Müssen wir nun, da die Toskana Herzogtum geworden ist, da die Welt sich dem Jahrhundert des barocco zuwendet, vom Florenz der Renaissance Abschied nehmen? Wird der bürgerliche Sinnenrausch im adeligen Absolutismus verebben oder ersterben? Wird an die Stelle der naiven Genußsucht reicher Bürgersöhne selbstgefällige Etikette treten wie im Frankreich des Sonnenkönigs?

Trotz aller Abgrenzungsschwierigkeiten darf gesagt werden, daß Florenz, das seinerzeit das Licht ins Mittelalter hineintrug, sich mit dem Übergang in dieses starre und blutige Jahrhundert gemeineuropäischer Fanatismen ahnungsvoll Zeit ließ. Florenz leuchtete noch, als Europa im Dreißigjährigen Krieg ertrank, als die Rauchschwaden der Autodafés den Himmel über Spanien verdüsterten und die türkischen Armeen Europa bis an die obere Donau verheerten.

Waren wir bisher oft den Persönlichkeiten aus dem Hause Medici gefolgt, obwohl sie in ihrer Heimatstadt noch keine offiziellen Ämter innehatten, so prägten sie sich nun dem Zeitalter auf, weil die erfolgreiche und weitverzweigte Familie die Herrscher des neuen Staatsgebildes stellt, beginnend mit dem achtzehnjährig zur Herrschaft gelangten Cosimo I.

Sein Vater war eine jener Gestalten, die von den Geschichtsschreibern mit besonderer Liebe, ja mit einer gewissen Zärtlichkeit behandelt werden: Giovanni dalle Bande Nere (1498–1526), der letzte unter den großen Condottieri, Sohn des Giovanni il Popolano de' Medici und der Caterina Sforza (1463–1509), der Frau, die 1484 im Handstreich die Engelsburg erobert hatte, um eine ihr genehme Papstwahl herbeizuführen. Vier Jahre später bewies sie jenen Verschwörern, die ihre Kinder zu Geiseln genommen hatten, durch entsprechendes Lüften ihrer Kleidung, daß sie jung und schön genug sei, weitere Kinder zu empfangen und zu gebären.

Denkt man an diese Frau, so muß man der Meinung beipflichten, Giovanni dalle Bande Nere sei mehr ein Sforza denn ein Medici gewesen, die ja große Krieger nicht hervorgebracht hatten, während die Sforza sich aus dem Nichts aufsteigend Mailand eroberten. Der Letzte einer seither ausgestorbenen Spezies begegnet stets einem achtungsvollen Mitgefühl, der letzte Ritter, der letzte Florentiner, der letzte Condottiere. Als Giovanni dalle Bande Nere trotz der Kürze seiner Laufbahn berühmt geworden war, sah Machiavelli in ihm die einzige Hoffnung Italiens: Nur er könne, da Cesare Borgia längst tot war, ein Nationalheer aufstellen und die Halbinsel von allen fremden Machthabern befreien. Aber das waren eben mehr philosophische denn politische Utopien, und der junge Kämpfer diente sich von Hundertschaften zu einem Fähnlein von dreihundert Mann hinauf, ehe er schließlich kleine Armeen für den Papst Leo X., also einen Medici, für König Franz von Frankreich oder auch für Kaiser Karl V. ins Feld führte. Und es ist gewiß eine Überschätzung dieses jungen Helden, wenn Semerau sagt: »Aber sein Streben ging doch dahin, keinen der Fremden zu mächtig werden zu lassen ... Was er hat tun können, um sein Vaterland vor der Knechtschaft zu bewahren, tat er unermüdlich und mit aller Kraft« (Die Condottieri, S. 392).

Nur: Es war schon spät, sehr spät geworden für den Einzelkämpfer heroischen Zuschnitts, und als Leo X. starb, als die Leute Giovannis sich die schwarzen Bänder der Trauer um den Kopf wanden, da gab es eigentlich nur noch die großen Mächte und die große Politik, so daß Tapferkei sich als eine achtbare und glanzvolle Form von Dummheit erweisen mußte. Für den klugen und kunstsinnigen, phantasievollen und großzügigen Medici-Papst war Giovanni noch jemand; er bezahlte seine Schulden, er löste seine Güter aus, er war wie ein Vater für den jungen Heißsporn. Die Monarchen hingegen bedienten sich seiner, wenn König Franz I. auch sagte, er hätte bei Pavia Schlacht und Freiheit nicht verloren, wäre Giovanni an seiner Seite gestanden.

Das Ende kommt schnell: Nach mangelhafter Aufklärung reitet Giovanni ungestüm bei Mantua gegen Frundsberg, aber die Kaiserlichen haben – niemand wußte es – Geschütze mitgeführt, und eine Kugel aus einer Feldschlange zerschmetterte dem ungestümen Angreifer ein Bein. Qualvolle Wochen folgen: Transport des Schwerverletzten auf Bergpfaden durch Schneetreiben und Stürme, bis er endlich im festen Schloß des Luigi Gonzaga zu Mantua in Sicherheit ist. Er muß an eine Amputation denken, seinen kleinen Sohn zu sich rufen, den Freund Aretino als Tröster und Unterhalter ans Schmerzenslager holen. Aber Abraham, der jüdische Feldscher, setzt die Säge falsch an, die grauenvolle Marter einer Oberschenkelamputation ohne Narkose ist umsonst, der Stumpf wird brandig, die Schmerzen kehren wieder. Aretino liest dem Todgeweihten vor, bis er hinüberschlummert, Giulio Romano nimmt die Totenmaske des jungen Helden ab. Cosimo, der spätere Großherzog, ist gerade sieben Jahre alt … An solchen Todesfällen läßt sich der Wandel der Zeiten ablesen: Kein Dolch tötet den unbändigen Reiterführer, keine Hellebarde, sondern die Kugel aus einem leichten Feldgeschütz.

Ein Jahrzehnt später wird Filippo Strozzi ähnlich arglos in eine Falle gehen, die er in gewissem Sinn selbst aufgestellt hat in Vertrauensseligkeit, Nonchalance und der grenzenlosen Selbstsicherheit, wie sie jungen Männern alter Geschlechter oft eigen ist. Überzeugt von seiner Fortune, hatte er schönen Frauen wie der Camilla Fisana oder der Tullia d'Aragona alles anvertraut, was ihn bewegte, was er plante oder auch nur erträumte. Niemand konnte dem reichsten Mann Italiens, da er so früh verwitwet war, den Umgang mit der vielleicht nicht schönsten, mit Sicherheit aber intelligentesten der florentinischen Kurtisanen vorwerfen, war sie doch beinahe ebenbürtig als uneheliche Tochter des Kardinals Luigi d'Aragona und aufgewachsen in einem üppigen Kurtisanenhaushalt, in dem nur leider die Wände Ohren hatten.

Die Stadt der reichsten Männer und der besten Köpfe hatte etwa dreihundert Jahre lang ganz Europa glauben gemacht, daß nur die Toskaner etwas von Geld verstünden und von den Wegen des Geldes durch die bekannte Welt, woran das eigentlich Erstaunliche in der Tatsache besteht, daß es nicht jüdische Wechsler waren, die die Kreditbrief-Organisationen aufbauten. Da sie in den meisten christlichen Staaten und Städten noch keinen Grundbesitz erwerben durften, boten sie wohl zu geringe Sicherheiten. Das Geschäft, mit dem sie im Mittelalter das große Geld gemacht hatten – der Sklavenhandel zwischen Ostsee und Niger, zwischen Alhambra und Bagdad –, war zwar sehr langsam zum Erliegen gekommen, weil ja selbst Bischöfe an ihm mitverdient hatten; schließlich aber war er, der Heidenstädte an der Ostsee als Stützpunkte beraubt, doch eingeschlafen, und neue Ressourcen für den Aufstieg der jüdischen Kaufleute stellten sich nicht ein, zu unstet waren die Schicksale der bald aus Spanien, bald vom Rhein, bald aus den elsässischen Städten ausgetriebenen Juden.

Dagegen waren die Toskaner große Herren, spätestens seit König Franz I. gesellschaftsfähig, in der Schleppe einer Medici nach Frankreich gelangt als Künstler, Ärzte, Astrologen und vor allem als Fernhändler und Bankiers. Die Eierschalen des Mittelalters klebten dem einen oder anderen wohl noch am Allerwertesten, etwa wenn der Bankier Odo Castellani sich gegen die übermächtige Konkurrenz eines Grandseigneurs wie Jacques Cœur dadurch zu wehren versuchte, daß er eine Arnohexe, eine Wachspuppe nach dem Bilde des königlichen Kaufmanns formen und unter Beschwörungsformeln durchbohren ließ. Aber schon der rücksichtslose Einsatz der bei den Medici, den Borgia und in anderen Familien zur geheimen Tradition gewordenen Gifte bewies die geglückte Emanzipation vom christlichen Glauben: Hier war die Welt der Geschäfte, dort die der guten Mutter Kirche, säuberlich getrennt wie bei den Mafiosi unserer Tage. Die Illusionen empfahlen sich, die Welt war durchschaut.

Machiavelli und Guicciardini sind die klugen, ja großen Theoretiker, die in ihren Schriften das so auffällige Vorwalten

Jüdische Wechselstube nach einem Holzschnitt von 1486

der florentinischen Stadtkultur und Weltsicht zu erklären versuchen, Guicciardini, indem er kaschiert und entschuldigt, Machiavelli, indem er auch dem Verwerflichen noch Prinzipien unterlegt. »Die Debatten zwischen Petrarca und Karl IV., zwischen Machiavelli und Guicciardini am Anfang und am Ende der Epoche, die man immer noch Renaissance nennt, zeigen, wie die neue italienische Stadtkultur sich konkret auf ihre lateinische Vorgängerin bezog – und dies in einer Situation, in der die weltumspannenden Institutionen von Kaisertum und Papsttum sich regionalisierten und die christlichen Geschichtsbilder verblaßten. In diesem ökonomisch-politischen Zusammenhang, in der lateinisch-romanischen Tradition von Stadtkultur ist die konkrete Konstellation zu finden, von der aus die Renaissance ihren europäischen Aufstieg begann. Die lange daliegenden Elemente konnten durch den Reichtum Italiens Macht gewinnen: Kunst und Literatur gewannen Autonomie durch ein neues Laienpublikum, Politik wurde diesseitig und empirisch, die Antike menschlich und fremd zugleich, die Gegenwart zu einer neuen Aufgabe« (Gustav Seibt im November 1991 in einer Besprechung von Büchern der Autoren Huizinga, Braudel und Muhlack).

Kunst und Wissenschaft waren die unverdächtigen Vorreiter an die Höfe in Madrid, Paris, Brügge, Gent, Wien und Prag. Der Geldfluß wurde urplötzlich so leicht und problemlos in den Händen der weltgewandten Herren aus Lucca, Florenz, Pisa und Siena, und wenn es irgendwo Stockungen gab, dann ließ der verschuldete Kaiser seine Landsknechte aufmarschieren. Wer Cosimo, den ersten Großherzog von Florenz, an dem Medici mißt, dessen Namen er trug, am Pater Patriae, der muß sich auch die Frage gefallen lassen, ob Giovanni und Cosimo, die Medici der ersten Stunde, in diese Welt noch gepaßt hätten.

Cosimo hatte als Knabe mit ansehen müssen, wie der tapferste Mann des Zeitalters der Condotta, sein Vater Giovanni dalle Bande Nere, von einem Ding, von einer Sache aus Blei, aus dem Leben gerissen und binnen Sekunden machtlos, ja zum Opfer geworden war. Auch die alten Tugenden eines ritterlichen Gegners, der ihm die Tore seiner Festung öffnete und ihm Pflege angedeihen ließ, vermochten das Schicksal nicht zu wenden, das Schicksal in Gestalt einer zittrig und falsch angesetzten Knochensäge. Es waren Lehren, die sich dem sehr jungen Herzog tief eingebrannt haben mögen; sie ließen die Härte seiner Mutter und seiner Großmutter in ihm erwachen, der Nonna Sforza aus dem großen Kämpfergeschlecht und der Maria Salviati, die, während ihr Mann auf dem Schmerzenslager delirierte, dem Papst in Rom furchtlos ihre Meinung sagte, das Geld für den rückständigen Sold aus den Kirchenkassen verlangte und bekam und die gefürchtete Truppe mit den schwarzen Trauerbinden endlich entlohnte. Auf diese Weise hielt Maria eine schlagkräftige Mannschaft für ihren Giovanni bereit, falls er trotz aller düsteren Ahnungen doch noch genesen sollte.

Neben den Medici und Strozzi traten damit die Salviati in die Genealogie der florentinischen Herrscher ein, noblesse de robe, die erst spät zur Geschäftswelt vorstieß und die ihren Aufstieg der geistvollen Anmut ihrer Frauen verdankte: Cassandra Salviati war im Königsschloß von Blois an der Loire die umschwärmte Sehnsuchtsfrau des großen Dichters Ronsard, und Diana Salviati erhörte den Hexenmeister und Literaten Agrippa d'Aubigné, Feldherr Heinrichs von Navarra, Historiker, Verfemter. Maria Salviati (1499–1543) hatte zwanzigjährig den künftigen Großherzog Cosimo geboren, eine halbvergessene Nebenlinie der Medici führte Florenz in ein neues Zeitalter.

Mit annähernd siebenunddreißig Jahren war seine Herrschaft über Florenz nicht nur für jene Zeiten außerordentlich lang, und sie läßt eine seltene Entwicklung seiner Person erkennen: Statt wie andere Selbstherrscher im Lauf der Jahre härter und unduldsamer zu werden, beginnt er mit grausamer Entschlossenheit, die bei einem Achtzehnjährigen beinahe als pathologischer Spieltrieb erscheint, entwickelt sich dann aber sehr schnell, schon binnen des nächsten Jahrzehnts, zu einem tatkräftigen Herrscher, der in diesem blutigen Jahrhundert wiederholt Beispiele erstaunlicher Milde und Schonung der Besiegten zeigt.

Nach dem Mord an seinem Vetter Alessandro, inmitten einer gärenden Stadt zum Herzog erhoben, hatte er wohl keine andere Wahl, als ganz ähnlich wie im alten Florenz des späten Mittelalters Verschworene und Verdächtige gefangenzusetzen, und auch daß er sie in eindrucksvoller Konsequenz nacheinander enthaupten ließ, war wohl eher Demonstration als wütende Reaktion. Sein Vater hatte im Feld und bei Eroberungen so manchen über die Klinge springen lassen, und seine Mutter lebte ja noch während der ersten sechs Jahre seiner so plötzlichen Erhebung, sie war ihm die unbeugsame Ratgeberin.

Seine erste Niederlage bereitete ihm der große Freund der Medici, der nunmehr in zwei Kontinenten herrschende Kaiser Karl V., als er den durchaus begreiflichen und vernünftigen Antrag Cosimos, die Bitte um die Hand der jungen Witwe des ermordeten Alessandro, nicht nur in sehr deutlichen Wendungen ablehnte, sondern für seine Tochter Margarete auch erhebliche Vermögenswerte aus dem Erbe des Alessandro verlangte. Der Vorgang ist aus heutiger Sicht nur schwer zu verstehen. Margarete von Österreich, um die es ging, war eine uneheliche Tochter des Kaisers, und ihre Mutter Jeanne van den Gheynst mag noch so schön gewesen sein, sie war ein Bauernmädchen, das van den bedeutet im Flämischen keinen Adel. Cosimo hingegen war ehelich geboren und hatte namhafte Ahnen aus den größten Familien Italiens (Medici, Cavalcanti, Acciaiuoli, Sforza, Salviati), womit er gewiß höher einzuschätzen war als der uneheliche Papstsohn, an dessen Seite die blutjunge Margarete einem sehr düsteren, vermutlich sogar grausamen Schicksal entgegengegangen wäre. Aber Karl hatte mit diesem Kind, hochbegabt wie ja auch sein natürlicher Sohn Don Juan d'Austria, inzwischen sehr präzise Pläne. Die Medici hatte er sicher, die Farnese von Parma waren noch zu gewinnen. Die zweite Ehe Margaretens wurde nicht glücklich, Ottavio Farnese ließ sich von seiner klugen jungen Frau nicht nur nicht beeinflussen, sondern fühlte sich unter anderem auch durch die ehelichen Konflikte ins französische Lager gedrängt. Zwanzig Jahre vergingen, ehe erst gegen Ende von Karls Regierungszeit der Konflikt notdürftig gelöst werden konnte. Florenz war ohne Not und ohne Sinn einer guten Landesmutter aus dem Erzhaus beraubt worden.

Der aus seinen vielen sehr unterschiedlichen Vergnügungen so plötzlich zur Verantwortung berufene Cosimo zürnte dem Kaiser allenfalls heimlich; tatsächlich blieb er bei der kaiserlichen Partei, obwohl Frankreich unablässig mit dem Säbel rasselte, und suchte sich, da es keine Kaisertochter sein konnte, die Erbin eines Vizekönigs: Eleonora von Toledo, Tochter des Pedro Alvarez de Toledo, Marques von Villafranca, ein kluges und sehr reiches Mädchen, etwa drei Jahre jünger als der Duca di Firenze. Sie wird ihm zwischen 1540 und 1554 nicht weniger als elf Kinder schenken, von denen zwei als Großherzöge der Toskana herrschen werden.

Es scheint, als sei der Sohn des großen Condottiere als Ehemann mit einemmal vorsichtig geworden. Der Medici-Palast an der Via Larga mochte der Spanierin wohl gefallen haben, aber hier lauerten hinter jeder Ecke die Männer, die den elenden Freitod des beliebten und großzügigen Filippo Strozzi im Kerker nicht vergessen hatten und rächen wollten. Sicherer war da schon der frei aus seinem Platz aufragende, hohe und leicht zu verteidigende Palazzo Vecchio, eine Burg inmitten der Stadt. Sie wurde für beinahe zehn Jahre die Wohnung des Herzogs und seiner Familie, bis der großzügige Palast am Fuß der Boboli-Hügel bezugsfertig war, der strenge Palazzo Pitti, den wir heute zweimal bewundern können: einmal in Florenz und einmal in München, wo König Ludwig I. ihn kopieren ließ.

In den zehn Jahren, die Cosimo mit seiner spanischen Frau und den erstgeborenen Kindern im Palazzo Vecchio zubrachte, war das unzufriedene Geraune der Florentiner nicht verstummt. Für sie war der stolze Bau immer noch der Sitz der republikanischen Stadtregierung, der Signoria. Heute ist dieser alte Name völlig vergessen. Und der Palazzo Pitti ist heute ebenso selbstverständlich ein Teil von Florenz wie die anderen Palazzi, auch wenn er erst nach der großen Zeit der bürgerlichen Baukunst am Arno errichtet wurde. Die Pitti waren eine reiche, aber keineswegs berühmte Familie des Quattrocento in Florenz; auch das gab es, Familien, die über ihre Kontobücher nicht hinausblickten und keine besondere Geltung anstrebten.

Einer tat es dann doch, er hieß Luca Pitti und ließ sich einen Wohnpalast eher im römischen denn im toskanischen Stil erbauen, was zwischen 1457–66, also in verhältnismäßig kurzer Zeit geschah und auf Grundstücken, auf die von den alten Geschlechtern kein besonderer Wert gelegt wurde, weil gleich hinter dem Bau das Terrain uneben wurde, ja anstieg. Ebendiese

Lage aber, il poggio (die Erhebung) genannt, wurde zum Schlagwort für die Opposition gegen die Medici. Um den alten Palazzo Pitti, den Kern des jetzigen Riesenbaues, sammelten sich Unzufriedene und allerlei Gelichter, und aus dem vorsichtigen, wenn auch sehr vermögenden Luca Pitti war unversehens das Haupt von Gruppierungen geworden, die unhöfliche Historiker einfach Banden nennen.

Luca Pitti hat mit ihnen nie viel mehr erreicht, als ein wenig Unruhe zu stiften, aber diese Besonderheiten der Lage waren doch der Grund, daß Cosimo, als er an einen neuen, sicheren Wohn- und Amtssitz dachte, nicht selbst als Erwerber auftrat, sondern seine Gemahlin vorschickte: Was mit dem Vermögen der Villafranca erworben war, konnte man einem Medici nicht wegnehmen …

Der Palastkern geht auf Luca Fancelli (um 1430–1495) zurück, dem aller Wahrscheinlichkeit nach Entwürfe von Brunelleschi vorlagen. Fancelli war bei Baubeginn also noch sehr jung, und da Brunelleschi 1446 gestorben war, lastete eine ungeheure Verantwortung auf ihm, doch scheint es heute sicher, daß er als der Baumeister des berühmten Palastes anzusprechen ist und das Wesentliche geschehen war, als er sich nach Mantua wandte, wo später seine wichtigsten Arbeiten ausgeführt wurden. Als Fancelli nur noch ausnahmsweise in Florenz weilte, nahm sich Bartolommeo Ammanati (1511–92) des Bauwerks an und schuf insbesondere den Innenhof mit seinen Arkaden und den Säulenanordnungen in drei Stilen. Ist diese Arbeit heute auch umstritten, so erwies sich Ammanati doch als eines jener Universalgenies mit technisch-künstlerischer Begabung, als er nach der gewaltigen Überschwemmung im Jahr 1558 den zerstörten Ponte Santa Trinità bravourös wieder aufbaute. Überhaupt stand er mit dem Wasser auf gutem Fuß: Die Leistungen Ammanatis, die man heute noch bewundern kann, sind Brunnen: Jener auf der Piazza della Signoria war als Wettbewerb ausgeschrieben worden, und Ammanati hatte gegen Giovanni da Bologna, aber auch gegen Benvenuto Cellini gesiegt, und der Fonte dell'Ammanati, für Papst Julius III. und dessen römische Villa vor der Porta del Popolo ausgeführt, trägt heute noch den Namen des Künstlers. Nur die ersten Aus- und Umbauaufträge gehen auf Cosimo I. und Eleonora von Toledo zurück; praktisch wurde an dem wachsenden Palast und seinen Nebengebäuden, aber auch an den Gärten, Ummauerungen und Bauten im Garten bis ins vorige Jahrhundert gearbeitet und herumgebessert.

Das aber war nun nicht mehr Festungsbau aus dem Bedürfnis nach mehr Sicherheit, sondern das waren die unvermeidlichen Erweiterungen der großherzoglichen Verwaltung unter den Nachfolgern Cosimos I.

Daß dieser zweite Herzog und spätere Großherzog sich auch im Schutz des Kaisers nicht ganz sicher fühlte, denn Florenz war unruhig und der Kaiser war weit weg, beweist uns unter anderem die Loggia de' Lanzi, so benannt nach Lanzen und Piken seiner Schweizergarde, die seinem persönlichen Schutz dienen sollte und nicht dem Kaiser unterstand.

Die Gründe für diese Ängste saßen tief und waren in dem grausigen, ja sadistischen Ende begründet, das Lorenzino de' Medici dem Vorgänger Cosimos I., dem ersten Herzog und Papstsohn Alessandro, bereitet hatte. Derlei verliert sich nicht, erstens, weil sich der blutige Vorgang dem damals Achtzehnjährigen tief eingeprägt hatte, und zweitens, weil der flüchtige Mörder ja der Hauptlinie der Medici entstammte und einen besseren Thronanspruch hatte als Cosimo selbst. Zehn Jahre lang ließ Cosimo den gefährlichen Vetter, der immer noch seine Anhängerschaft hatte, in allen Ländern Europas und des Vorderen Orients suchen. Er wußte also, wie man Mörder engagierte und auf eine Spur setzte, und Lorenzino wußte es auch, weil in Florenz seit jeher ja nichts hatte wirklich geheim bleiben können. Als Lorenzino schließlich mit seiner Mutter, einer Soderini, in Venedig unterschlüpfte, war es ein Leben im Versteck und in Angst. Er betrat keine Straße, sondern verließ das Haus nur in einer Gondel, aber auch das konnte ihn schließlich nicht retten. Ob Cosimo nach diesem Mord dann ruhiger schlief, ist nicht überliefert.

Er offenbart immerhin einen seltsamen Zehnjahresrhythmus der florentinischen Geschichte: 1537 wurde Alessandro de' Medici ermordet, 1547 ereilte das gleiche Schicksal seinen Mörder, und 1557 schien der Arno gleich beide Untaten in einem rächen zu wollen, als er in einer der schlimmsten seiner Hochfluten alle Brücken von Florenz bis auf den von Häusern stabilisierten Ponte Vecchio hinwegspülte. (Zu den Rätseln der Florenz-Literatur gehört, daß für diese Arnohochflut auch das Jahr 1558 angegeben wird und daß manche Quellen behaupten, neben dem Ponte Vecchio habe auch die Rubacontebrücke das Hochwasser überstanden, nur die Häuser an den beiden Brückenköpfen seien zerstört worden.)

Andere Widersprüche walten in der Beurteilung des ersten Großherzogs und seiner Leistung für Florenz. Daß nach der großen Überschwemmung Bartolommeo Ammanati die Santa-Trinità-Brücke schöner wieder aufbaute, als sie je gewesen war, ja nach Meinung der Florentiner die schönste Brücke der Welt schuf, beweist, daß er künstlerisches Urteil und bedeutenden Sachverstand vereinigte, denn Ammanati war keineswegs unumstritten, und Vasari zum Beispiel drückt sich um eine ausführlichere Bewertung seiner Leistungen mit dem Bemerken herum, er sei mit dem Künstler zu gut befreundet. Auch muß man, wenn man Cosimo I. etwa mit der Bautätigkeit seines Namensvorfahren Cosimo Pater Patriae oder mit Lorenzo dem Prächtigen vergleicht, doch wohl bedenken, daß sich die große Ära der Kunststadt Florenz dem Ende zuneigte, daß der greise Michelangelo in Rom wirkte und auch andere Talente abgewandert waren. Selbst das Reiterstandbild Cosimos I. von Giovanni da Bologna auf der Piazza della Signoria ist das Werk eines Siebzigjährigen – und keines Italieners: Giambologna, wie die Zeitgenossen ihn nannten, hieß eigentlich Jean de Boulogne, war Flame und wurde in

Tuchscherer an der Arbeit

Italien einer der begabtesten und fruchtbarsten Schüler Michelangelos. Er war 1524 in Douai zur Welt gekommen und starb 1608 in Florenz. Auch für Cosimos Nachfolger Francesco I. mußte Giambologna, von dem es so reizende Venusstatuen und so elegante Gruppen gibt, noch ein großes Reiterstandbild schaffen …

Deutlicher werden Initiative und Urteilskraft Cosimos, wenn man sich mit seinen Manufakturgründungen beschäftigt. Dieses Zauberwort des sechzehnten Jahrhunderts bezeichnet genaugenommen den Beginn der Industrialisierung in Europa, und gerade die Florentiner hatten nicht weit zu diesen neuen Lösungen, die schließlich nichts anderes bedeuteten als die Zusammenfassung der Heimarbeiter, die schon in der Zeit der großen Wollexporte und der Wollbearbeitung den Reichtum der Arnostadt ausgemacht hatten. Zu den erfolgreichsten Erzeugnissen der neuen Werkstätten gehörten kunstvolle Gobelins und andere Wandbehänge, die nach dem Hauptexportzentrum dieser Ware, der nordfranzösischen Stadt Arras, in Italien allgemein als a razzi bezeichnet wurden, mit Arezzo aber ebensowenig zu tun hatten wie Giambologna mit der Stadt Bologna.

Die Florentiner Wandteppiche wurden im Lauf der nächsten Jahrzehnte ein so außerordentlicher Exporterfolg, daß sich nicht wenige Legenden an sie knüpfen, ganz ähnlich wie bei den Gobelins, die gewiß nicht von der Färberfamilie Gobelin erfunden, sondern lediglich in ihrem Haus gefertigt wurden – aber das war hundert Jahre später. Die Arazzeria Medici ist eine Gründung der Jahre 1546–49. Cosimo I. war also noch nicht einmal dreißig Jahre alt, und er mußte nicht sonderlich weit reisen, um zu erfahren, worum es sich bei diesen neuen Wunderwerken handelte – sie wurden nämlich schon seit einigen Jahren im nahen Ferrara hergestellt. Nicht die Medici, sondern die Este hatten die flämische Kunst des Bildteppich-Wirkens nach Italien gebracht, aber das Gold der Medici lockte die großen Könner aus den heute französischen Provinzen des kunstreichen flämischen Landes nach Florenz: die Brüder Jan und Nicholas Karcher und den Brüsseler Jan Rostel, der auch Rost oder Rosto geschrieben erscheint. Einer der Karcher-Brüder ging nach einem kurzen Aufenthalt in Florenz weiter nach Mantua, die anderen beiden Flamen zogen für Cosimo I. eine lukrative Manufaktur auf, allerdings nach Kartons, also Entwürfen und Vorlagen florentinischer Meister wie Salviati, Bronzino und Alessandro Allori.

Es war ein Zusammenklang, wie er anderswo kaum möglich gewesen wäre; erst viel später, als die Manufaktur der spanischen Bourbonen nach den Kartons von Goya arbeiten wird, ist Florenz übertroffen. Die Szenen sind meist mythologisch, weil dies die Darstellung nackter Leiber gestattet, den zu allen Zeiten attraktivsten Dekor für Wohn- und Repräsentationsräume. Aber es gesellen sich auch Auftragsarbeiten mit bestimmten historischen Szenen hinzu und vereinzelt sogar biblische Motive. Es war ein erneuter großer Erfolg für Florenz, waren doch die Bildteppiche nach Raffaels Zeichnungen mit Themen der Apostelgeschichte noch in Brüssel hergestellt worden, unter der Leitung des Pieter van Aelst (heute im Vatikan).

Es scheint, daß Cosimo I. sich persönlich für diese neue Kunst begeisterte, denn in den verschiedenen Palästen und Landsitzen der Familie Medici zählte man gegen Ende des Jahrhunderts nicht weniger als 124 solcher Bildteppiche.

Hundert Jahre vor Colbert benimmt sich Cosimo I., in seiner Amtsführung zweifellos kalt und tyrannisch, wie ein Fürst des frühen Merkantilismus. Über den Teppichen werden die angestammten Gewerbe der Seiden- und Wollverarbeitung gepflegt und eine neue Verbindung nach Lyon aufgebaut, obwohl Frankreich noch immer der Feind des kaiserlichen Italien ist. Im Schutz des Kaisers befindet man sich hingegen beim Handel mit Spanien und Neapel, bei der so blutig erkämpften Auswertung der Alaunvorkommen und neuer Reichtümer aus den Bergen wie dem Silbererz von Pietra Santa. Nicht Politik, sondern schlichtes Geld war es auch, das Cosimo einen wichtigen Landstrich auf der Eiseninsel Elba eintrug. Schon die Römer kannten die ergiebigen Erzgruben, nach langem Streit der Küstenstädte hatten schließlich die Sforza sich der Insel bemächtigt, aber den Nutzen hatte doch erst Cosimo I., weil er Porto Ferraio (zu deutsch: Eisenhafen) gründete und damit die Voraussetzung für die günstige Verschiffung der Erze schuf.

Man staunt, diesen durchaus modernen Fürsten, der auch ein großer Arbeiter war, gelegentlich mit so nutzlosen Dingen wie Kriegen beschäftigt zu sehen, und tatsächlich führte er sie auch nur, wenn es um so alte Feinde wie Siena ging. Die Hügelstadt hätte dem Medici keinen größeren Gefallen tun können, als in ihren Mauern französische Truppen aufzunehmen und gegen den Kaiser aufzumucken, denn 1260 hatten die Sienesen bei Montaperti den Florentinern eine vernichtende Niederlage beigebracht, und diese Rechnung war noch offen. Cosimo, der täglich alle Verbrechen studierte, die sich in und um Florenz ereigneten, der seine Schergen in den Kerker werfen ließ, wenn sie die Übeltäter nicht binnen achtundvierzig Stunden fingen, Cosimo hatte sich auch eine Armee geschaffen: Die Keimzelle war die Miliz, die noch auf Machiavelli zurückging, die aber durch Soldtruppen aus Deutschland und der Schweiz verstärkt worden war. Diesem Heer standen die französischen Soldaten in Siena gegenüber und die tapferen Einwohner der Stadt, entschlossen, die Freiheit der alten Republik gegen den Erbfeind und Rivalen zu verteidigen. Der Grund, nach zahlreichen Nachbarschaftskämpfen, Scharmützeln und Schlachten ohne bleibende Bedeutung nun von der Belagerung von Siena zu sprechen, sind aber die beteiligten Kapitäne, wie man damals sagte, die bemerkenswerten Feldherren, von denen einer uns eine denkwürdige Schilderung der Ereignisse gegeben hat: Blaise de Monluc, 1502–77 (den wir so schreiben wie die schöne Ausgabe seiner Commentaires in der Bibliothèque de la Pleiade), Piero Strozzi und der Marchese von Marignano, der die Belagerungstruppen kommandierte.

Durch einen Zufall der Geschichte hieß auch der Marchese eigentlich Medici und führte, ohne mit der Bankiersfamilie verwandt zu sein, ihr Wappen; als sein Kriegsruhm ihn bekannt machte, wurde aus Medici Medichino. Seine Laufbahn hatte mit einem Mord begonnen: Er hatte für den Herzog Francesco Sforza den gefährlichen und mit besseren Rechten ausgestatteten Ettore Visconti aus dem Weg geräumt. Gewarnt, daß Sforza auch ihn zum Schweigen bringen werde, floh Medichino aus Mailand, warf sich mit getreuen Knechten in die Bergfestung Muzzo und erwarb sich die Sympathie Kaiser Karls V., als er vor der Schlacht von Pavia den Franzosen schwächende Scharmützel lieferte: Sein Angriff auf Chiavenna hatte die Schweizer dazu bewogen, die Reihen der Franzosen zu verlassen, was möglicherweise schlachtentscheidend war. Seit 1528 war er dann geachteter Armeeführer in Diensten Karls V., und der Aufstieg seiner Familie brachte seinen Bruder Gianangelo als Pius IV. 1559 auf den Papstthron, dem er durchaus Ehre machte.

Ranghöchster Feldherr dieser Begegnung war jedoch Piero Strozzi, Maréchal de France, der den Tod seines Vaters, des reichen Filippo Strozzi, rächen wollte. Filippo nämlich war Gefangener des Kaisers, nicht der Medici, gewesen, seine Söhne hatten vergeblich 200000 Dukaten Lösegeld geboten und wohl kaum mehr aufbringen können, waren doch alle Vermögenswerte der Familie in den Grenzen des florentinischen Einflußbereichs von Cosimo I. beschlagnahmt worden.

Die Jahre 1554/55 und der Raum Siena sahen also die große Begleichung alter Rechnungen, und zumindest die Sienesen wurden aus allen ihren Träumen gerissen, als sich im Karneval, mitten hinein in ihre Spottgesänge auf den Medichino (Marignano), zu der völlig ungebräuchlichen Winterzeit ein Heerwurm auf Siena zuwand. Trotz Regens und aufgeweichter Wege viertausend Mann und Belagerungsgerät heranzuschaffen war schon der erste Beweis für die Tüchtigkeit des assassino di strada, wie man in Siena Marignano nannte, weil er von Muzzo aus die Comer-See-Uferstraßen wie ein Raubritter gesperrt hatte.

Der aus bitterster Armut aufgestiegene Monluc und der hochgebildete und reiche Strozzi arbeiteten ausgezeichnet zusammen. Monluc organisierte die Verteidigung der Stadt, die er in acht Kampfabschnitte eingeteilt hatte, und Strozzi hinderte die Florentiner an der völligen Einschließung von Siena, um möglichst lange Lebensmittel und Munition nach Siena bringen zu können. Als der Belagerungsring dann doch geschlossen war, führte Strozzi seine Truppen auf den Festungshügel von Montalcino, von wo aus er in unablässigen Angriffen den Ring der Belagerer zu sprengen versuchte. Aber die spanische Reiterei des Marchese von Marignano trieb die Franzosen zu Paaren, und nach einer mörderischen Schlacht, bei der Strozzi über viertausend Mann verlor, war das Schicksal Sienas praktisch schon besiegelt.

Die Stadt hielt dennoch länger als sieben Monate stand, unter unmenschlichen Bedingungen. Marignano ließ jeden hängen, der Lebensmittel nach Siena schmuggelte – insgesamt etwa 1500 Männer und Frauen. Als Siena die Nichtkombattanten ins Vorfeld schickte, Kinder, Schwangere und alte Leute, machten die Spanier, also eine kaiserliche Truppe, Jagd auf diese Unglücklichen, schnitten ihnen die Hände und die Ohren ab und schickten sie in die Stadt zurück. Der Augenzeuge Sozzini, der diese Grausamkeiten in seiner Chronik berichtete, gestand, daß er tagelang nichts essen konnte, als ihm die Tatsache bekanntgeworden war.

Strozzi im freien Feld litt nicht soviel unter dem Hunger; er tat alles, um Kämpfer aus dem Belagerungsring abzuziehen, aber der wurde darum kaum durchlässiger, und in der Stadt starben die ersten Menschen an Hunger. Monluc, der selbst durch Krankheiten geschwächt war und fieberte, schilderte in einem eigenen Abschnitt die Tapferkeit der Frauen von Siena (»O le bel exemple que voicy et que je veux coucher par escrit afin de servir de miroir à ceux qui voudront conserver leur liberté«: Welch prachtvolles Beispiel wurde hier gegeben, und ich will es schriftlich festhalten als Ermutigung für jene, die künftig für ihre Freiheit kämpfen werden). Die Damen hatten drei Tausendschaften gebildet, die sich eigene Uniformen gaben, in Violett, Fleischfarben und Weiß, »en façon d'une nymphe, court«, was trotz des Ernstes der Stunde recht attraktiv ausgesehen haben muß und die Männer auf den Mauern stimulierte, eine Kreation von Amazonenuniformen, für die es ja kein Vorbild gab. Monluc erwähnt auch ein Mädchen, das für den verwundeten Bruder mit Lederkoller und Hellebarde auf Wache gegangen war.

Als sich die Nachricht verbreitete, daß Marignano zu einem Generalangriff ansetze, wurden die letzten Fässer mit griechischem (!) Wein geöffnet, und Männer wie Frauen von Siena schlugen in ihrer Hochstimmung den Angriff auf die Mauern blutig zurück. Das erwies sich als entscheidend. Cosimo fürchtete, daß bei noch längerer Dauer der Belagerung der Kaiser seine Truppen an die Hauptfront gegen Frankreich verlegen werde, und bot Friedensgespräche an, unter Wahrung der Verfassung von Siena und Straffreiheit für alle Überlebenden; nur die Oberhoheit von Florenz müsse anerkannt werden. Nach einem Feldzug von insgesamt sechzehn Monaten wurde der Vertrag unterzeichnet und von den Siegern auch eingehalten; keine Hand erhob sich gegen den Elendszug der Kapitulanten, die, Cosimo mißtrauend, Siena verließen und sich nach Montalcino begaben nach dem Grundsatz, wo sie seien, dort sei auch Siena. Sie konnten unter dem unbeugsamen Strozzi dort noch vier weitere Jahre ihre Freiheit bewahren. Siena, das vor Beginn der Feindseligkeiten über vierzigtausend Einwohner gehabt hatte, glich einer leeren Karkasse, in der nur noch achttausend Menschen lebten.

Blaise de Monluc verließ die Stadt zu Pferd und mit seinen Waffen, und als er an den Spaniern vorbeiritt, stiegen die Hauptleute ab, und die Kommandeure zogen ihre Hüte. Der Marchese von Marignano aber umarmte den Gegner von gestern, versicherte, er habe eine Menge Kriegslisten von ihm gelernt und sei dank der schmalen Kost der Belagerer auch seine Gicht losgeworden. Überdies sei es ein Fehler gewesen, die Stadt durch einen nächtlichen Generalsturm nehmen zu wollen: Die Sienesen, die jeden Stein ihrer Mauern kannten, seien im Dunkel natürlich im Vorteil gewesen: »Signor, un altra volta sarò più savio« – beim nächstenmal werde ich mich klüger verhalten.

Marignano gab Monluc und den Seinen nicht nur Marschverpflegung, sondern auch sicheres Geleit bis zu den Vorposten Strozzis, und als die Franzosen schließlich auch Montalcino verließen, um heimzukehren, bezahlte Strozzi, der in diesem Kampf seinen Bruder verloren hatte, ihnen vier Monate rückständigen Soldes. Auf der höchsten Ebene also war man ritterlich, ja großzügig; das kleine Volk, die Namenlosen, litten unendlich und in furchtbarer Gleichförmigkeit in jedem Jahrhundert. Jean Giono aber hat dargelegt, daß das Wort vom blutigen Monluc (Monluc, homme de sang) eine ungerechtfertigte Heraushebung sei, hatten sich doch vor allem in den Hugenottenkriegen Feldherren beider Seiten und mit großen Namen wie Durfort, Sire de Duras, ganz ähnlich verhalten.

Mit siebzig Jahren erklimmt Monluc, man schreibt den 23. Juli 1570, eine Sturmleiter an den Mauern von Rabastens im Tarn. Eine Musketenkugel trifft ihn mitten ins Gesicht, die Knochensplitter von Nase und Wangenbein entfernt der Feldscher, und Monluc ist nun nicht mehr nur der Schrecken der Hugenotten, er sieht auch so aus, er trägt eine schaurige Maske. Die schwere Verwundung und die Entstellung scheinen den Gascogner insoweit zur Einsicht zu bringen, als er beginnt, seine Erinnerungen, Commentaires genannt, niederzuschreiben, und obwohl sie im Lauf der ihm noch verbleibenden sieben Lebensjahre auf beinahe tausend Seiten anwuchsen, gilt die Schilderung der Belagerung von Siena bis heute als der Höhepunkt des Erinnerungswerkes. Heinrich IV. von Frankreich hat es als die Bibel des Soldaten bezeichnet, Kriegsgeschichte und Kriegstechnik haben aus dem Klassiker des einfachen Jungen aus Sainte-Gemme bei Auch ebensoviel gewonnen wie die Geschichtsschreiber. Marignano, der Sieger von Siena, starb noch im selben Jahr, Monluc führte noch mehr als zwanzig Jahre Krieg und wurde erst drei Jahre vor seinem Tod Maréchal de France, da er aus dem Nichts gekommen war, keine Familie hinter sich hatte und sein Leben lang zuwenig Geld.

Cosimo I. Medici, Herzog und bald Großherzog, hatte den besten Part erwählt. Während die Kaufleute von Florenz heimlich Geld nach Siena schickten, weil sie den Sturz des Medici herbeisehnten, befreite er Florenz von allen äußeren Gegnern und siegte über die ewige Rivalin Siena. Auf dem Höhepunkt der allgemeinen Verzweiflung erschien Cosimo den Sienesen wie der deux ex machina und beendete ihre Leiden mit einem einzigen Brief; mehr hätten auch der Kaiser oder der Papst nicht zu tun vermocht, und selbst die Zusage, in der Stadt keine Zwingburg, keine Zitadelle zu errichten, wurde gegenüber den Machtlosen eingehalten: Cosimos Statthalter Niccolini errichtete seine Festung außerhalb von Siena, im Nordwesten, nannte sie Santa Barbara nach einer auch den Sienesen vertrauten Heiligen und bereitete so den heutigen Zustand vor, in dem sich die Backsteinbastionen der vierhundert Jahre alten Festung aus der Parkanlage La Lizza in den Himmel erheben.

Es ist in gewissem Sinn noch ein heroisches Jahrhundert, nicht nur wegen der Konquistadoren, die ihre kleinen Scharen goldgieriger Desperados durch die Dschungel von Mittel- und Südamerika führen, sondern wohl auch wegen der Kapitäne, die noch selbst in vorderster Reihe kämpfen, auf den Sturmleitern wie der Konnetabel von Bourbon oder Monluc, unter den Mauern wie Giovanni dalle Bande Nere oder Cesare Borgia. Der erste Krieger der neuen Zeit ist Cosimo I., der arbeitsame Tyrann, dem in seiner Zeit allenfalls Elisabeth I. von England an die Seite zu stellen ist. Santa Barbara bei Siena ist nämlich nur eine Festung eines wohldurchdachten Planes, der die gesamte nun florentinische oder mediceische Toskana gegen Feinde sichern soll, und manche seiner Festungsbauten sind so beispielhaft gewesen, daß man sie ebendarum als Marksteine der Fortifikationsarchitektur bis heute bestehen ließ: San Martino etwa, vier Kilometer von Borgo San Lorenzo auf einem Hügel gelegen, den der Sieve umfließt. An dem ingeniösen Bauwerk haben Bernardo Buontalenti und der uns schon bekannte Ammanati zusammengearbeitet, der eine planend, der andere ausführend, eine erstaunliche Anlage in verschiedenen Ebenen, zwischen drohenden Basteien, mit einer Zitadelle und einer Innentreppe, die sogar für Pferde gangbar war, damit man diese nächtlicherweile zum Sieve hinunterbringen und dort tränken konnte.

Ist es auch eine unbarmherzige Tatsache, daß gute Straßen nicht nur dem Verteidiger, sondern auch dem Angreifer nützen, so verbesserte Cosimo doch sehr überlegt die Wegeverhältnisse in der Toskana. Noch zum großen Konzil des Jahres 1439 waren die Prälaten äußerst mühsam aus Venedig, Mantua und Ancona angereist; das änderte sich nun ebenso wie die Verhältnisse von Hafenstädten wie Livorno oder meernahen Städten wie Pisa. Da Cosimo wohl wußte, daß Florenz an dieser Nachbarstadt einiges gutzumachen habe, weilte er oft in Pisa und stiftete dort den Stephaniterorden, dessen Kirche Vasari entwarf, während den Ordenspalast Niccolò Pisano erbaute (1562 und Folgejahre).

Sowohl Livorno als auch Pisa waren nach Belagerungen, Seeräuberüberfällen und Sumpffieber nicht gerade ausgestorben, aber in deutlichem Niedergang begriffen. Cosimos energische und umfassende Maßnahmen wie die Trockenlegung der Fiebersümpfe und der Flottenbau bewirkten für beide Orte einen langsamen Wiederanstieg auch der Bevölkerungszahlen und des städtischen Lebens. Und da Kriege wie der gegen Siena und Sanierungen und Dränagebauten so ziemlich das Teuerste sind, was ein Staat zu bewältigen hat, wurden den Untertanen Cosimos auch hohe Steuern abverlangt und das Aufkommen an Zöllen mit Härte überwacht. Im übrigen hatte Cosimo einen sehr triftigen und bitteren Grund, die Malaria zu bekämpfen, hatte er doch in dem einzigen Jahr 1562 zuerst seine Tochter Lucrezia und danach seine Gemahlin Eleonore und die Söhne Giovanni und Garcia durch die tödlichen Fieber verloren. Giovanni war wie schon so mancher Medici Kardinal gewesen, und eine Verbindung zur Kurie war unerläßlich. Also mußte Cosimo seinen ganzen Einfluß aufbieten, damit Ferdinand, der erst Vierzehnjährige (!), zum Kardinal ernannt würde. Papst Pius IV. kam Cosimo in diesem und in anderen Fällen weit entgegen, nur weil Cosimo ihm und seinem Bruder, dem Marchese von Marignano, gestattet hatte, das Wappen der Medici zu führen und sich als Seitenlinie der berühmten Familie zu bezeichnen.

Waren auch frühe Todesfälle, vor allem durch Krankheiten, damals außerordentlich häufig, so ist es doch nur natürlich, daß Cosimo, der Mann, dem so vieles gelungen war, sich fortan noch verschlossener zeigte und, wenn auch nicht wirklich grausam, so doch mit kompromißloser Härte regierte. Er konnte noch den großen Seesieg der christlichen Flotten über die Flotte des Sultans und der nordafrikanischen Seeräuberstädte miterleben, den Don Juan d'Austria unter kräftiger Mitwirkung des jungen Ordens der Stephaniter und der Malteserritter 1571 bei Lepanto erfochten hatte, und starb im April 1574.

Die Todesstunden dieser großen Herren, ob sie nun Tyrannen waren wie Cosimo I., Autokraten wie Lorenzo il Magnifico oder gekrönte Ungeheuer wie Ludwig XI., konfrontieren uns mit der nach allem, was sie taten, doch recht überraschenden Tatsache ihres tiefen Glaubens und ihrer Höllenängste. Sie ziehen Heilige wie Franz von Paula oder Savonarola in ihre Nähe, sie stiften Kirchen und Klöster, sie bezahlen Seelenmessen auf Jahrzehnte und Jahrhunderte voraus. Sie kämpfen für ihren Glauben auch dann, wenn sie wie Symphorien de Durfort, Sire de Duras, bei Agen an der Garonne den Frauen der katholischen Stadt die Scheide mit Schwarzpulver vollstopfen und die Ärmsten in die Luft sprengen lassen, oder wenn Monluc in der Markthalle der Hügelstadt Targon siebzig Hugenotten nebeneinander aufhängen läßt.

Dem Großherzog von Papstes Gnaden muß auf seinem Totenbett mehr als das Schicksal seiner Gegner und Opfer der Verrat an einem treuen Freund und Berater zu schaffen gemacht haben, an dem Waldenser Pietro Carnesecchi. Dieser bedeutende und selbständige Denker war unter dem Medici-Papst Klemens VII. in Rom Protonotar gewesen, hatte also ein hohes Kirchenamt bekleidet und tiefe Einblicke gewonnen. Königin Katharina von Frankreich hatte den hochbegabten Landsmann an ihre Seite geholt, und es war das Frankreich der Valois, wo Carnesecchi die Lehren der Waldenser kennenlernte. Fortan vertrat er in seinen Schriften und im Gedankenaustausch mit anderen italienischen Protestanten Ideen, die nicht nur damals lebensgefährlich waren: Der Papst sei lediglich der Bischof von Rom, nicht mehr; das Keuschheitsgebot der Priester sei Heuchelei und ungesund und liefere sie geheimen Lastern aus; Ablaß und Fegefeuer seien nichts anderes als zweckdienliche Erfindungen usw. Katharina, die in Frankreichs Bartholomäusnächten mindestens viertausend Morde zu verantworten haben wird, rettete Carnesecchi durch ihre Fürsprache bei dem milden Papst Pius IV., auch Cosimo I. intervenierte zweimal für den oft in Florenz weilenden Freund und Berater. Als im Januar 1566 jedoch der Inquisitor von Como und Bergamo, ein ehemaliger Schafhirte namens Ghislieri, zum Papst gewählt wurde und mit gnadenlosen Inquisitionsverfahren begann, denen er selbst beiwohnte, stellte Cosimo die guten Beziehungen zum Papst über Freundestreue und Menschlichkeit und lieferte Carnesecchi, der sich in der Residenz Cosimos sicher gefühlt hatte, an die päpstliche Justiz aus. 1567 wurde Pietro Carnesecchi in Rom zum Ketzertod verurteilt und öffentlich verbrannt; drei Jahre später revanchierte sich der Papst, indem er – ohne jegliche Befugnis – Cosimo zum Großherzog krönte, was weder Spanien noch Deutschland anerkannten; nur die Königinnen von Frankreich und von England gratulierten …

DIE HERRSCHAFT DER SÖHNE

Die intellektuell gut ausgestatteten und vielseitig begabten Söhne Francesco und Fernando, die nacheinander auf Cosimo folgten, liefern deutliche Beweise dafür, daß auch hochintelligente und gebildete Männer schlechte Herrscher sein können und daß die Macht im Lauf der Jahre eine Hemmung nach der anderen hinwegfegt.

Francesco (1541–87) hatte schon vier Jahre vor dem Tod Cosimos von ihm die Regierungsgeschäfte im Innenbereich übernommen. Solange Cosimo noch lebte und seine Schergen und Henker aktionsbereit auf neue Opfer warteten, war dies auch ganz gut gegangen. Kaum aber hatte der Großherzog die Augen geschlossen, wagte sich die Korruption vor, und sie hatte in einem Staat der Geld- und Kaufleute viele Gesichter. Francesco brachte sich um so manche Sympathie dadurch, daß er die junge Witwe, die zweite Frau seines Vaters, sofort aus dem Palast verwies und in ein Kloster steckte, das sie lebendig nicht mehr verließ. Sie war eine bürgerliche Kaufmannstochter und hieß Camilla Martelli; ihre unter den Medici aufgestiegene Familie hatte stets treu zum Clan gehalten, und auch sie selbst, sechsundzwanzig Jahre jünger als Cosimo, war dem früh gealterten und kranken Großherzog in seinen letzten Lebensjahren eine liebevolle Stütze gewesen, wofür sie nun Undank erntete.

Francesco hingegen hatte nicht aus Liebe heiraten dürfen, sondern war in die Machtpolitik seines Vaters völlig eingebunden und mit der jüngsten Tochter des Kaisers Ferdinand I. vermählt. Sie hieß Johanna, war sechs Jahre jünger als Francesco und ging mit achtzehn Jahren in die Ehe. Nach den Ehen mit unehelichen Kindern der großen Häuser hatten die Medici nun also Anschluß an den europäischen Hochadel gefunden und durften mit vollbürtigen Söhnen und Töchtern vor den Altar treten. Johanna, so jung sie war, hatte vom Erzhaus die Gewohnheit großzügiger Hofhaltung mitgebracht; Francesco mußte in der einstigen Stadtrepublik großes Zeremoniell und sehr viel Personal einführen, was ebenfalls die Kritik herausforderte.

Aus den Künsten hatte sich einiger Glanz verflüchtigt: 1564 war Michelangelo gestorben, 1571 Benvenuto Cellini und 1574 Giorgio Vasari. Alle drei waren das, was man heute Multitalente nennt, wofür das Italien des Quattrocento aber den schönen Begriff des uomo universale geprägt hatte. Er wurde zwar vor allem auf so leuchtende Erscheinungen wie Leone Battista Alberti und Leonardo da Vinci angewendet, aber die Tatsache, daß Michelangelo vom Palastfenster bis zum Grabmal und von der Brücke bis zur Festung alles entwerfen mußte, was man in Rom oder Florenz bauen wollte, reiht ihn zu diesen vielseitigen Begabungen ein. Cellini war eher ein Meister der kleinen Formen, aber sie entzücken uns bis heute durch eine besondere Grazie, mit der die ausklingende Renaissance ins Barock hinübergleitet. Und Vasari, selbst ein bedeutender Maler und Architekt, hat sich unsterblich und unentbehrlich gemacht durch seine Lebensgeschichten der »ausgezeichnetsten Maler, Bildhauer und Baumeister«, wie er sich ausdrückt, ein singuläres Werk, das uns heute in einem achtbändigen Reprint vorliegt. Als 1576 auch noch Tizian, beinahe hundertjährig, der Pest erlag, waren die großen Zeiten endgültig vorüber. Tintoretto vermochte in Kolossalgemälden festzuhalten, was von ihnen noch übrig war, und Paolo Veronese (1528–88), wenn er auch nach Venedig gehört, schuf ein Bildnis des neuen Großherzogs, das ihn würdig in die Reihe der anderen Medici-Porträtisten – Pontormo, Tizian, Mino da Fiesole, Botticelli und Bronzino – stellt.

Gleich vier oder noch mehr Maler aber verewigten die milden Züge der Bianca Capello, der jungen Venezianerin, an die man heute mehr denkt als an den Großherzog, der sie in zweiter Ehe an seine Seite zog, als die Habsburgerin schon mit einunddreißig Jahren gestorben war. Bianca entstammte einer venezianischen Patrizierfamilie, war von dem Abenteurer Piero Buonaventura verführt worden und hatte, als sie sich schwanger wußte, Venedig auf dem klassischen Fluchtweg des Kanals von Fusina verlassen. Die schöne Bianca fiel im Fluchtort Florenz Francesco de' Medici auf, der keine Mühe hatte, den in Venedig zum Tod verurteilten Buonaventura zur Duldung eines Verhältnisses zu bewegen: Ein hübsches Stadthaus, ein Hofamt, mehr brauchte es nicht, um den bis dahin in ärmlichsten Verhältnissen lebenden Buonaventura größenwahnsinnig zu machen. Als Gemahl der Frau, der Francesco, der Erbprinz, so völlig verfallen war, fühlte Buonaventura sich unangreifbar, endete aber nach Querelen und Rodomontaden höchst unrühmlich durch einen Dolchstich in einer dunklen Gasse.

Alles, was in Francesco groß und gut war, wandte sich der reinen Schönheit der Bianca Capello zu, einer jener Mätressen, die wie etwa Agnes Sorel aus ihrer diskutablen Position unendlich viel mehr machten als so manche legitime Gemahlin aus ihrem unbestrittenen Rang. Während die Habsburgerin auf die Medici stets herabgeblickt hatte, verehrte Bianca ihren Francesco, und mehr als das: Sie versuchte auch, den Stachel aus seiner Seele zu nehmen und das durch härtesten Zwist getrübte Verhältnis zu seinem Bruder, dem Kardinal Ferdinand, zu verbessern und immer wieder Versöhnungen herbeizuführen.

Nach dem Tod von Francescos erster Gemahlin sofort zunächst heimlich, dann aber mit großem Gepränge offiziell geehelicht, wurde diese Tochter aus einem den Medici zweifellos gleichwertigen Patriziergeschlecht zwar in Florenz geachtet, aber die vielen Feinde der Medici, oft auch Feinde noch aus Cosimos Zeiten, sahen in diesem schönen und stillen Geschöpf im Irrglauben jener Zeiten eine Frau mit geheimen Kräften. So wie die abstoßende Häßlichkeit hexenhaft wirkt, so war es auch die von einem Tizian oder Bronzino verewigte Schönheit der Bianca Capello, die so manchem geweihten Einflüsterer schon ihrer zwingenden Macht wegen als teuflisch erschien, und wer weiß, welches Schicksal ihr der Kardinal Ferdinand bereitet hätte, wären nicht sie und Francesco beinahe zugleich gestorben, nach einem Jagdausflug, bei dem sie sich erkältet hatten.

Da Ferdinand den Bruder, dem fünf Jahre zuvor der Thronerbe Filippo gestorben war, mit diesem Augenblick beerben mußte, geriet naturgemäß er in Verdacht, aber angesichts der Unfähigkeit der Ärzte, selbst eine fiebrige Lungenaffektion zu heilen, gilt heute der natürliche Tod Francescos und Biancas als sicher. Dennoch ist die Tatsache, daß sogleich ein Doppelmord vermutet wurde und als Verdacht jahrelang nicht ausgeräumt werden konnte, sehr bezeichnend für das Klima der toskanischen, ja der italienischen Städte überhaupt; es kennzeichnet eine Atmosphäre der Unsicherheit, in der Mord als eine naheliegende Möglichkeit als gegeben hingenommen wird.

Die besondere Seelenlage der Florentiner wird freilich begreiflich, wenn man sich vor Augen führt, was sich rund um die anderen Kinder des Großherzogs Cosimo in diesen Jahren abgespielt hatte. Da gab es den jüngsten Sohn Pietro, verheiratet mit einer spanischen Adeligen namens Leonore, einem frommen Geschöpf, das ihm mit sechzehn Jahren angetraut worden war, ohne Rücksicht auf die Tatsache, daß der junge Medici zu diesem Zeitpunkt schon die unglaublichsten Ausschweifungen hinter sich hatte. Die junge Frau war für ihn nur eine lästige Behinderung, er vernachlässigte sie, und als sie ihr Herz einem jungen Florentiner aus dem angesehenen Haus Antinori zuwandte, hob die Tragödie an: Bernardino Antinori wurde in einen Ehrenhandel verstrickt, tötete seinen Gegner und wurde nach Elba verbannt; ein Brief, den er von dort an Leonore schrieb, wurde von der Geheimpolizei – die so gut funktionierte wie unter Cosimo – aufgefangen und dem Großherzog Francesco ausgehändigt, der ihn als Beweis eines Ehebruchs wertete, Antinori zum Tod verurteilte und hinrichten ließ. Leonore aber wurde von ihrem Mann in das Landhaus Caffagiolo bestellt. Ahnungsvoll nahm sie Abschied von ihrem kleinen Sohn Cosimo und wurde vom eigenen Gatten mit dem Schwert getötet. Die einzige Strafe, die

Francesco über den Bruder verhängte, war die Entsendung auf einen diplomatischen Posten nach Spanien. Der verlassene kleine Cosimo brauchte die Mutter nicht lange zu betrauern, er folgte ihr bald in den Tod nach.

Francescos Schwester Isabella war mit einem Orsini aus dem mächtigen römischen Fürstengeschlecht verheiratet. Obwohl sie als ein Muster an weiblichen Tugenden und geistigen Vorzügen galt, geriet ihr Mann in die Netze der schönen und leichtlebigen Vittoria Accorombona, von der sich im übrigen einige Gedichte erhalten haben. Sie gab sich mit der Liebe des Fürsten nicht zufrieden, sondern wollte selbst Fürstin werden, was nur über die Leiche der alles ahnenden Isabella de' Medici möglich war. Noch ehe Isabella in das Exil flüchten konnte, das ihr Katharina von Medici in Frankreich anbot, erhielt auch sie die rituelle Einladung auf einen Landsitz der Orsini bei Empoli. Dort, in Ceretto Guidi, war alles diabolisch vorbereitet, und als ihr Mann sie im dunklen Schlafgemach küßte, streifte er ihr eine Schlinge um den Hals, die gedungene Helfer durch eine vorbereitete Öffnung in der Decke nach oben zogen – eine Todesart, die zur Vertuschung der Mordtat besser geeignet war als blutige Wunden. Nicht lange darauf ereilte auch Vittoria Accorombonas Gemahl Peretti das gleiche Schicksal, und nun wäre der Weg frei gewesen für die schuldhaft Liebenden, wäre nicht Perettis Onkel inzwischen Großinquisitor geworden und 1585 sogar Papst. Sixtus V., der eiserne Papst genannt, ging noch entschlossener gegen die Schuldigen vor als sein Vorgänger Gregor XIII. In Panik floh Orsini nach Venedig, und da er wußte, daß die Häscher des Papstes ihn auch dort finden würden, vermachte er seinen ganzen Besitz der geliebten Vittoria Accorombona. Dies hatte jedoch nichts anderes zur Folge, als daß sie nach seinem Tod von einem der enterbten Orsini umgebracht wurde, den wiederum die strengen Venezianer dafür hinrichteten …

Mord und Totschlag, Intrigen, Flucht und Verbrechen in ganzen zusammenhängenden Ketten beeindruckten nicht nur die

Italiener jener Zeit, sondern beschäftigten, da es sich ja um berühmte Familien und die Elite jener Kulturstaaten handelte, bald auch ganz Europa. Schon 1608, als Augenzeugen noch lebten, brachte John Webster (1580–1625) die Schicksale der Vittoria Accorombona auf die englischen Bühnen; Ludwig Tiecks großer Roman machte die Tragödie in Deutschland bekannt, drei Jahre nachdem Stendhal sie in seinen Chroniques Italiennes von 1837 aufgezeichnet hatte.

Liest man die Namen der Familien, die mit diesen und anderen Verbrechen verbunden sind, so könnte man zu der irrigen Überlegung gelangen, die alten florentinischen Geschlechter, ja die der Toskana oder des barocken Italien überhaupt, seien in eine Ära besonderer Verworfenheit geraten, durch ihren Reichtum, durch ihre Machtgier, durch die Erweckung besonderer Gelüste dank der neuen Lehren von der Lebenslust und dem Genuß der Kunstwerke. Richtig ist jedoch, daß Verbrechen in Kreisen, auf die alle Blicke sich sammeln, nicht verborgen bleiben und länger und ausgiebiger besprochen werden. Die Kriminalität war damals keineswegs höher als heute, sie wurde nur im Glanz eines Großherzogtums besonders sichtbar.

Man kann nicht einmal von einer besonderen Verrohung der Sitten sprechen, als hätten Gift- und Gattenmorde ein ganzes Volk abgestumpft; sowohl Francesco de' Medici als auch sein Nachfolger auf dem Thron, sein jüngerer Bruder Ferdinand oder Fernando, waren Fürsten von höchster persönlicher Kultur und einer Bildung, die heutige Regierungsmitglieder nur noch ganz ausnahmsweise in ihr Amt mitbringen. Francesco hatte sich, seiner Zeit weit vorauseilend, besonders für physikalische und chemische Experimente interessiert, hatte praktisch durchaus verwertbare Verfahren in der Steinschneide- und Porzellantechnik erfunden und sich mit der Accademia della Crusca zur Reinigung der italienischen Sprache ein einzigartiges Denkmal gesetzt – nämlich den Sieg des Toskanischen über die anderen italienischen Sprachen, und seien diese auch noch so verbreitet wie das Neapolitanische oder so geschmeidig und originell wie das Venezianische.

Fernando (1549–1609) war schon mit vierzehn Jahren Kardinal geworden, hatte jedoch nie die Weihen empfangen, vielleicht in der Erwartung, daß seine Stunde in Florenz noch kommen und er als Großherzog herrschen würde. Aber auch ohne die plötzliche Wendung am Arno, den frühen und wohl nie mehr zu klärenden Tod des älteren Bruders, hätte Fernando sich der Geschichte eingeprägt, denn er ging durch die römischen Intrigen schon so selbstsicher und unbeeindruckt, als habe er Fürstenmacht hinter sich, bot Papst Sixtus V. die Stirn, trug gegen das Verbot stets Waffen und verblüffte die anderen Herren des Kollegiums dadurch, daß er sich keineswegs in Würde und Reichtum sonnte, sondern mit großer Begabung in verschiedenen Bereichen der kirchlichen Verwaltung tätig wurde. Eine der folgenreichsten Institutionen der katholischen Kirche, das Propagandakollegium, wie es wenig später von der Piazza d'Espagna aus die Welt eroberte, geht auf seine Initiative zurück. Er muß seine Zeit weise eingeteilt haben, denn er hatte auch alle Hände voll zu tun, die unter uninteressierten Päpsten in Gefahr geratenen oder verstreut verwahrten Kunstwerke aus der großen Zeit der Renaissancepäpste zu retten und ihre Pflege für die Nachwelt zu sichern. Allerdings zeigte er, ebenso wie sein Bruder in den Naturwissenschaften, dabei einen gewissen Eigensinn und kümmerte sich mehr um Werke der Bildhauerkunst als um jene der Malerei. Von jenen Bildwerken, die den Deutschen spätestens durch Winckelmann und durch Goethes Begeisterung nahegebracht wurden, sind die berühmtesten wie die Gruppe der Niobe, der tanzende Faun und die Mediceische Venus durch diesen energischen, reichen und kunstverständigen Kardinal an einem würdigen und sicheren Ort gesammelt worden – eben in der Villa Medici, die Fernando zu diesem Zweck erwarb. (Erbaut hatte sie 1544 der Kardinal Ricci di Montepulciano.)

Damit und mit der Aufeinanderfolge zweier intelligenter und gebildeter Brüder auf einem Herzogsthron hob sich Florenz aus anderen Fürstentümern ähnlich heraus wie die Päpste aus der Reihe der weltlichen Herrscher, und trotz des scheinbar allgegenwärtigen Giftes und der blitzenden Dolche der gedungenen Mörder wirkt Italien in der Rückschau noch immer als eine von Geist und Künsten erhellte Insel in einem Erdteil, der sich anschickt, tiefer als bisher in Bluttaten und Grausamkeiten zu versinken – in den Religionskriegen und in der fürchterlichen Verirrung der Hexenprozesse mit Martern und Morden.

Es waren die langwährenden religiösen Auseinandersetzungen in Europa, vor allem aber in Frankreich, die Fernando de' Medici in eine weltpolitische Rolle hineinzwangen. In der Stadt Florenz hatte seine starke Autorität, hatte auch sein eigener untadeliger Lebenswandel genügt, um neue Verhältnisse einkehren zu lassen. Aber die Welt war nicht mehr so, daß ihr reichster Fürst abseits stehen konnte. Fernando, obwohl einst Kardinal und aktiver Kirchenpolitiker, entschied sich in seiner Parteinahme gegen das in ganz Europa wühlende, den Großangriff auf das ketzerische England vorbereitende Spanien Philipps II. und für Frankreich. Ohne die Dukaten aus Florenz hätte Heinrich von Navarra den Kampf gegen die katholische Partei Frankreichs nie gewinnen, nie zu Heinrich IV. werden können. Daß er zum Ende des Jahrhunderts mit Maria de' Medici eine Nichte des Großherzogs zur Frau nahm, war die Folge einer durch Jahre bewährten engen Zusammenarbeit und brachte der Stadt Florenz Festivitäten einer neuen Art: Die Metropole der Bildhauerkunst, der Renaissancemalerei und der Architektur setzte nun auch Akzente in der Musikgeschichte.

Im Palast der Bardi, einer der großen Kaufmannsfamilien aus der Frühzeit des florentinischen Fernhandels, kam schon seit einiger Zeit eine Runde von Musikenthusiasten zusammen, nicht im Schatten des Großherzogs, da ihr auch traditionelle Medici-Gegner angehörten, schließlich aber mit seiner interessierten

Förderung. Ihre kreativen Köpfe waren der Dichter Ottavio Rinuccini, vor allem aber ein hochbegabter Kauz, den man seiner seltsamen Haartracht wegen den Zottelkopf nannte. Il Zazzerino, heute bekannt als Jacopo Peri (1561–1633), war Römer, agierte in Florenz zunächst als Sänger und trat umjubelt auf, als der Großherzog 1589 seine Hochzeit mit Christine von Lothringen beging. Seine wirkliche Begabung offenbarte Peri aber als Komponist. Seine Pastorale Dafne nach Texten von Rinuccini entstand noch in Zusammenarbeit mit Jacopo Corsi und gilt (obwohl nur zum Teil erhalten) heute als die erste Oper überhaupt; seine zweite Oper Euridice ist ganz sein Eigentum.

Da der Stoff die große und den Tod besiegende Liebe darstellt, mag es sich um ein Auftragswerk zur Feier der Hochzeit von Heinrich IV. mit Maria von Medici gehandelt haben, und die festliche Premiere im Jahr 1600 im großen Saal der Uffizien rückte auch die bis dahin stille Gemeinschaftsarbeit der Camerata Fiorentina ins Licht der Öffentlichkeit. Die um den Grafen Bardi und zunächst in seinem Palast versammelten gebildeten Dilettanten hatten die antike Musik entdeckt und mit ihr die Wirkung der Arie und des Rezitativs, was sie zur Oper führte. Als Bardi beim Großherzog in Ungnade fiel, übersiedelte die Gesellschaft ins Haus des Komponisten Corsi, womit die früheren allgemein-philosophischen Zielsetzungen gegenüber der Musik vollends in den Hintergrund traten. Die Oper Euridice, am 6. Oktober 1600 vor dem königlichen Hochzeitspaar uraufgeführt, wurde ein großer Erfolg, und als der Junge Hofmusiker Marco da Gagliano im Jahr 1607 die Accademia degli Elevati gleichsam als Fortsetzung der Camerata begründete, da hatte sich eine Tradition gefestigt, die in unseren Tagen im Maggio musicale gipfelte. Die Hochzeitsfeierlichkeiten scheinen noch für eine Weile besondere Gelegenheit für die Großauftritte dieser Vereinigungen gegeben zu haben, denn 1608 verpflichtete auch Ferdinand II., Herzog von Guastalla und Markgraf von Mantua, diese Opernschule bei der Feier seiner Vermählung mit

Vittoria Doria. Bei dieser Gelegenheit stieß Claudio Monteverdi zu den Florentinern, nur ist seine damals erstaufgeführte Oper Arianna bis auf eine große Arie verloren; erhalten blieb hingegen der bei dieser Gelegenheit ebenfalls gespielte Ballo delle ingrate. Monteverdi verließ fünf Jahre später Mantua im Streit und ging nach Venedig, vielleicht ein Grund dafür, daß sich seine ganze in Mantua geschaffene Kirchenmusik ebensowenig erhalten hat wie die Oper Arianna.

Für Fernando de' Medici eröffneten diese Kontakte die Möglichkeit zu fördernden Aktivitäten, die dem Mäzenatentum der Medici ein neues Gebiet hinzugewannen.

Was die Stadt Florenz betrifft, so hatten sich allerdings die Akzente des Zusammenlebens zwischen ihr und den Medici verschoben. Es war eines, als reiches und ungekröntes Oberhaupt den freiwilligen Mäzen abzugeben und zu fördern, was eben gefiel, und es ist nun ein anderes, als Landesfürst eine Hauptstadt zu beherrschen, die nicht nur im schicksalhaften Umfeld, sondern in der ganzen Toskana wurzelt. Wie klein war einst das festumrissene Florenz: Selbst mit Fiesole, mit Prato lag es in Kriegen, Pisa war beinahe durch Jahrhunderte Rivale und Feind, wenn auch nicht wie Siena, und wurde erst spät dauernd zum Verbündeten. Diese Ära der Stadtinteressen, des begrenzten Blickes ging unter Fernando de' Medici nun eindeutig zu Ende.

Eines der Kardinalprobleme Italiens von den Medici bis herauf zu Mussolini war die Malaria, waren die ausgedehnten, meernahen, von brackigem Grundwasser erfüllten Sumpflandschaften, gigantische Bruthalden für die Überträger der Malaria. Ausgedehnte Erdarbeiten waren ohne Maschinenpark nicht möglich, die Fülle von Sklavenarbeitern, wie sie der alte Orient an Großbaustellen im Niltal oder im Zweistromland einsetzte, hatte Fernando nicht zur Verfügung, und man muß auch bezweifeln, daß er wirklich kundige Ingenieure verpflichten konnte, denn diese standen damals nur in den Niederlanden zur Verfügung. Darum war sein Kampf gegen Sümpfe und die Stechmückenwildnis einiger Täler rund um Florenz nicht zu gewinnen, er vermochte die Lage aber entscheidend zu bessern.

Die schwierigste Aufgabe hatte ihm der Fluß Chiana bereitet. Viele kleine Zuflüsse aus dem Apennin hatten Schotter herangebracht, die ohnedies schwache Gefällstrecke blockiert und zwischen Arezzo und Chiusi einen einzigen großen Sumpf entstehen lassen, der arnoaufwärts von Florenz lag und die Gesundheit in der Hauptstadt gefährdete. Es war ein gigantisches Vorhaben, das erst 1823, also Jahrhunderte später, unter dem energischen Grafen Fossombroni zum Abschluß kam.

Mehr Erfolg hatte Fernando im westlichen Vorfeld von Florenz, in der Ebene von Fucecchio. Die schnurgeraden Entwässerungskanäle, denen wir heute dort begegnen, stammen zwar aus späterer Zeit und sind erst im Zusammenhang mit dem Autobahnbau im Raum von Montecatini-Terme in ihren heutigen Bauzustand gebracht worden; aber die Medici besaßen seit Generationen ausgedehnte Landgüter am Osthang des Albanoberges, in Poggio di Caiano und Umgebung, und darum hatte sich diese ganze Gegend zu einer Erholungslandschaft für die Florentiner Gesellschaft entwickelt. Das aus beinahe unbesiedelten und verwahrlosten Schilflandschaften bestehende westliche Vorland des Monte Albano hatte trotz der Mückenplage so manchem, der das Gesetz zu fürchten hatte, als Zuflucht gedient, vom nahen Meer waren entlaufene Sklaven und anderes Gelichter hinzugekommen, kurz, die Sanierung hier diente einem doppelten Zweck (wenn auch böse Zungen behaupteten, dem Großherzog sei es mehr um die Razzia gegangen als um die Mücken).

All diese Bemühungen gipfelten in einer unbestreitbaren, von der ganzen Welt anerkannten Leistung: im Ausbau des Fischerdorfes Livorno zu einem leistungsfähigen Hafen, der durch einen schiffbaren Kanal mit dem inzwischen versandeten Pisa verbunden wurde. Pisa konnte damit zwar nicht an seine große Zeit vor den Niederlagen gegen Genua und Florenz anknüpfen. Ja, es wirkt selbst heute noch so, als hätte es sich überlebt, aber zumindest den umgeladenen Frachten war nun der Weg in die Lagerhäuser von Pisa wieder eröffnet, und zudem hatte die Stadt durch eine 1601 erbaute Wasserleitung endlich gutes Trinkwasser aus den Bergen. Livorno aber wurde der Haupthafen der Toskana, der Kriegshafen der toskanischen Flotte und Sitz jener Mönchsorden, die sich mit dem Freikauf der zahlreichen Christensklaven aus den Barbareskenstädten beschäftigten. Fernandos Kriegsschiffe wurden mit den Galeeren der Malteserritter die gefährlichsten Gegner der nordafrikanischen Seeräuber; darum erhob die nun starke Position der Großherzöge Livorno zu einem zentralen Kontaktplatz mit den Bays von Tunis, Bône, Algier und Oran.

Sümpfe trockenzulegen, Kanäle zu bauen und eine Flotte aufzurüsten, das sind kostspielige Unternehmungen, für die es zudem weitgehend an den technischen Voraussetzungen fehlte. Um diese gewaltigen Vorhaben ohne bedenkliche Staatsverschuldung bewältigen zu können, mußte Fernando die innere Verwaltung von allen Unsitten säubern, die sich unter seinem an praktischen Dingen nicht sonderlich interessierten Bruder eingeschlichen hatten; Gefälligkeiten und Bestechungen verschwanden aus dem öffentlichen Leben von Stadt und Land, und der neue Hafen Livorno wurde durch begünstigende Vorschriften aus der Konkurrenz der ligurischen Hafenorte herausgehoben. Fernando verfiel auf einen Kunstgriff, der im Europa der Intoleranz und der gnadenlosen Gegenreformation besonderen Erfolg haben mußte: Er versicherte in einem eigenen Bündel von Bestimmungen, als La Livornina bekannt geworden, daß die Einwohner und Besucher der neuen Hafenstadt von religiösen Verfolgungen jeglicher Art frei sein würden und sich unbesorgt dort niederlassen dürften. Nach allem, was sich im Spanien Philipps II. und im Deutschland der einsetzenden Gegenreformation begab, war dies eine Garantie für schnellen Aufschwung, denn die

Geächteten Frankreichs – die Hugenotten – und die Geächteten aus Spanien, die Juden, zählten zu jener Zeit zu den aktivsten Gewerbetreibenden des ganzen Kontinents, und die aus dem protestantischen England zuwandernden Katholiken vervollständigten eine internationale Mischung, die für intensiven Handel und kühne Seefahrt alle Voraussetzungen mitbrachte.

Diese sehr gemischte, aber vor Gründermentalität und Erwerbstrieb gleichsam brodelnde neue Gemeinschaft wirkte naturgemäß auch auf Florenz zurück, wo sie zwar in die alten Geschlechter nicht eindrang, aber durch zunächst geschäftliche und bald auch gesellschaftliche Verbindungen ein neues Klima heraufziehen ließ.

Zunächst aber gelang es Fernando de' Medici, seine aus dem Kaufmannsstand aufgestiegene Familie mit den Großen des alten Europa noch einmal zu verbinden: Sein ältester Sohn, der den verpflichtenden Namen Cosimo trug, heiratete am 19. Oktober 1608 Maria Magdalena, die um ein Jahr ältere Tochter des Erzherzogs Karl von Österreich. Daß diese Verbindung mit einer Schwägerin König Philipps III. von Spanien und einer Schwester des künftigen Kaisers Ferdinand zustande kam, war ein wenig auch eine Folge der neuen Seegeltung der Toskana, denn da es keine Kreuzzüge zum Heiligen Grab mehr gab, war der Kampf gegen die mohammedanischen Piratenstädte die vornehmste Aufgabe der christlichen Staaten, und die Schiffe aus Livorno hatten 1607 und 1608 aufsehenerregende Erfolge errungen. 1607 waren die Schiffe des Großherzogs vor der Hafenstadt Bône in Nordafrika aufgekreuzt; die Stephansritter und die Malteserritter hatten neun Galeeren, fünf Transportschiffe und zweitausend Mann Infanterie zusammengebracht. Die Überraschung von Bône gelang, die Stadt wurde erobert, viele Hunderte von Sklaven befreit, erbeutete Waren aus früheren Raubzügen der Algerier abtransportiert, und dies alles mit nur zweiundvierzig Toten auf seiten der christlichen Seefahrt. Es war ein weiterer Höhepunkt in der Geschichte der Arnostadt, als im Herbst 1608 ein Teil der Stadtmauer niedergelegt wurde, um dem Gepränge eines habsburgischen Einzugs in Florenz Raum zu schaffen.

Die religiösen Zeremonien fanden in der Hauskirche der Medici, in San Lorenzo, statt, wo seit vier Jahren auch das prunkvolle Mausoleum der großherzoglichen Familie im Entstehen war – vollendet sollte es freilich erst hundert Jahre später werden. Mit der Krönung des jungen Paares war nun zu der Lothringerin, die Fernando geheiratet hatte, eine Habsburgerin aus Wien gekommen. Die Schicksalsmächte der Toskana in den kommenden Jahrhunderten hatten Stellung bezogen.

Da Bianca Capello nur wenige Tage herrschte, sofern man dies überhaupt so nennen will, sind die Lothringerin Christine und die Habsburgerin Maria Magdalena die ersten mächtigen Frauen in der Geschichte der Arnostadt. Jünger als die Städte Etruriens, aber auch als Rom, hat Florenz nicht jene Wurzeln, die in Frühzeiten eines Matriarchats zurückreichen, keine Muttergöttinnen, keine Ilia, keine Dido, nicht einmal eine Baubo. Interessant sind darum Christine wie Maria Magdalena, Christine aber, in Florenz Cristina genannt, hatte mehr Zeit, sich dem Gedächtnis ihrer Untertanen einzuprägen. Sie war am 6. August 1565 geboren worden und hatte vom Vater deutsches und dänisches Blut und hieß auch nach der dänischen Großmutter; ihre Mutter war eine Tochter des unglücklichen Heinrich II. von Frankreich, und da dieser mit Katharina von Medici verheiratet gewesen war, hatte sie also neben der dänischen auch eine florentinische Großmutter. Erbe überspringt gerne eine Generation, und es ist wohl kein Zufall, daß wir Energie, Arbeitskraft und Ehrgeiz der Großmutter in Cristina in dem Augenblick auftrumpfen sehen, da ihr Mann Fernando de' Medici im Februar des Jahres 1609 die Augen schließt. Mit vierundvierzig Jahren ist sie im besten Alter, die kleine Habsburgerin. Weltfremd wie alle allzu braven Wienerinnen, stört sie niemanden, trotz der großherzoglichen Würde, denn Cristina war von Katharina de' Medici in Blois erzogen worden, sie hatte das Lebensgefühl und den Glanz der Valois-Herrscher in sich, deren Affinität zu Florenz entscheidend wurde. Wien und das spanische Hofzeremoniell, die Gegenreformation an der Donau, die so manchen guten Kopf nach Florenz, Pisa und Livorno abwandern ließ, das waren im Gegensatz dazu schwer zu vereinbarende Welten. Die Florentiner akzeptierten Cristina als die grande dame durch beinahe ein halbes Jahrhundert lieber als die nun schnell wechselnden Großherzöge, die an ihre Vorgänger nicht heranreichten. Sie besaßen eigentlich nur einen Rückhalt, die in der alten Festung San Giorgio, nun Belvedere genannt, ruhenden Millionen, die Fernando den Piraten abgenommen hatte, in einer einzigen Seeschlacht des Jahres 1608, angeblich (und wohl übertrieben) zwei Millionen Dukaten. Richtig aber ist, daß in diesem festen Bau, den Bernardo Buontalenti auch gegen die neuen Geschütze bewehrt hatte, unermeßliche Reichtümer lagerten, denn Fernando, so rechtlich er sonst auch dachte, betrachtete alles, was seine tapferen Stephansritter auf hoher See ergatterten, als sein Eigentum, das heißt: Brachte die toskanische Flotte Seeräuberschiffe auf, so wurden die auf ihnen gefundenen Waren nicht an die rechtmäßigen Eigentümer zurückgegeben, sondern hinter den dicken Mauern von Belvedere verborgen. Nur britische Geschwader gestatteten sich ein- oder zweimal, dagegen aufzumucken und aufgrund der Versicherungslisten, die inzwischen in allen Hafenorten geführt wurden, Entschädigung zu verlangen; für die anderen war der Großherzog ein zu mächtiger Herr.

Diesem Erbe stand nun Cristina vor, im Grunde auch während der ganzen Regierungszeit ihres Sohnes Cosimo II. (1590–1620), der erst dreißigjährig starb. Ja man munkelte in Florenz, daß Bernardo Buontalenti, der nur wenige Monate vor seinem Herrn, dem Großherzog Fernando, gestorben war, ihr, nicht dem Thronfolger, alle Geheimnisse von Belvedere, die geheimsten Schatzkammern und die Scheinabmauerungen entschleiert habe, gegen eine bedeutende Stiftung zugunsten seiner Architektenschule in seinem Haus in Nr. 37 der Via Maggio.

Bernardo Buontalenti (1536–1608), der so gut wie sein ganzes Leben in der Toskana tätig gewesen war, hatte sich im Umkreis des Großherzogs Fernando bewegen dürfen wie ein Familienmitglied, vor allem in der Zeit, da er die Villa Pratolino für ihn baute, die man fälschlich ein Versailles der Medici genannt hat: Die Villa in ihrer majestätischen Ausdehnung, in ihrer einfallsreichen Ausstattung mit Grotten, Wasserkünsten, Statuen und Lustbauten entstand nämlich seit 1570, Versailles mit seiner Bauzeit von 1662–88 ist beinahe hundert Jahre jünger. Versailles aber wurde im neunzehnten Jahrhundert gerettet und wiederhergestellt; von der einfachen, aber großzügigen Villa Pratolino auf einem T-förmigen Grundriß hat sich hingegen nichts erhalten als ein paar zeitgenössische Ansichten, aus denen das vielseitige Talent des Buontalenti erkennbar wird. Die Zeitgenossen bewunderten diesen Architekten, Maler und Bildhauer so maßlos, daß sie ihm die Erfindung eines perpetuum mobile zuschrieben und über seine Inszenierung von Festspielen, Feuerwerken und Barock-Schauopern begeisterte Gedichte verfaßten.

Maria Magdalena, die Habsburgerprinzessin an der Seite eines so jungen Thronfolgers wie Cosimo II., hatte es neben einer untadeligen, selbstbewußten und hochkultivierten Frau von Welt wie der Herzoginmutter Cristina zweifellos nicht leicht, doch kamen die Spannungen zwischen den Damen nur selten und dann gleichsam zufällig ans Licht, etwa wenn Maria Magdalena Bezeichnungen wie imperiale, also kaiserlich, als Beinamen von Bauwerken einführte, die für sie errichtet wurden, oder wenn sie sich nahe der Kirche SS. Annunziata, also mitten in Florenz, einen so ausgedehnten Komplex wie den Palazzo della Crocetta errichten ließ. (Er beherbergt seit 1870 das vor allem wegen seiner etruskischen Sammlungen bemerkenswerte archäologische Museum.)

Cosimo II. und seine Gemahlin hatten mit solchem Habsburgerstolz offensichtlich keine Schwierigkeiten; allerdings war Cosimo nicht mehr am Leben, als Maria Magdalena die nahe bei

Auf dem Fischmarkt

Florenz gelegene Villa Baroncelli kaufte, die Fassade mit habsburgischen Wappenmotiven dekorieren und den lateinischen Spruch Villa Imperialis ab Austriacis nomen consecuta usw. anbringen ließ. Die Freskenzyklen im Innern des großzügigen Bauwerks beziehen sich wohl auf das Leben ihres kurz zuvor verstorbenen Gemahls, der zu kurz regiert hatte, um wirklich Bedeutendes zu leisten, aber auch auf große Taten des Hauses Österreich, das als von Gott zur höchsten länderübergreifenden Herrschaft erwählt dargestellt wird. Die Motive hatte zweifellos Maria Magdalena selbst vorgegeben, denn keiner der Florentiner Künstler wußte etwas von Rudolf I., der die habsburgische Größe begründete, oder von der damals erst kurz zurückliegenden Schlacht am Weißen Berge bei Prag zu Beginn des Dreißigjährigen Krieges. Die große Fleißaufgabe ist denn auch vermutlich nicht von einem einzigen gelöst worden, sondern von der Schule des Matteo Rosselli (1578–1650), der nach dem Urteil der Kunstgeschichte als Lehrer bedeutender war denn durch seine eigenen Schöpfungen und in Lorenzo Lippi, Vignali, Furini, Mannozzi und anderen Malern Schüler hatte, die ihn bald übertreffen sollten. (Poggio Imperiale ist nur nach Anmeldung zu besichtigen, Rosselli ist aber auch in der Stadt selbst in vielen Kirchen und einigen Museen mit seinen Werken vertreten.)

Im späten sechzehnten und im ganzen siebzehnten Jahrhundert war das europäische Geistesleben vor allem durch den Selbstbehauptungskampf der katholischen Religion gekennzeichnet, einen Kampf, in dem der bedrängten Kirche jedes Mittel recht war. Daraus ergab sich für die aufgeklärten Fürsten und ihre besten Minister die Verpflichtung, starke, unabhängige und schöpferische Geister, wo immer sie lebten, vor dem Zugriff der Inquisition zu schützen und gegebenenfalls zu retten. Aber nur ganz wenige Persönlichkeiten unter den Mächtigen des siebzehnten Jahrhunderts haben die säkulare Chance genutzt, als Schutzherren des Fortschritts und der Menschlichkeit mit dem Genius in die Geistesgeschichte einzugehen. Dabei wäre kaum einer dieser Potentaten persönlich gefährdet gewesen, und großen materiellen Aufwands hätte es auch nicht bedurft, man denke an Luthers Turmstübchen auf der Wartburg oder Giordano Brunos Mansarde in Paris. Die Medici, in jeder Generation Förderer der Künste, hatten in diesen Auseinandersetzungen keine weiße Weste und stets nur nach ihren Interessen gehandelt, auch wenn dies manchen aufrechten Mann und Freund der Stadt das Leben gekostet hatte. Mit dem Pisaner Galileo Galilei (1564–1642), Sohn eines Florentiner Mathematikers und Musiktheoretikers, bot sich Cosimo II. und seiner Frau die Gelegenheit, so manche Scharte früherer Mediceer auszuwetzen. Seit Galileis Versuchen von 1589, die erstmals auch den Nutzen eines schiefen Turmes demonstrierten, hatte der Gelehrte gegen zahlreiche Anfeindungen (zunächst noch mehr aus dem Kollegenkreis als von seiten der Kirche) zu kämpfen, und der Großherzog hätte ihn spätestens 1590 unter seine Fittiche nehmen müssen, als Galilei sich in einem Gutachten für den Medici-Prinzen Giovanni auf heikles Terrain vorgewagt hatte. Aber Cosimo ließ ihn nach Padua ziehen, wo Galilei freilich Hörer aus allen Ländern Europas zu Füßen saßen, war die Universität doch mit Paris die berühmteste ihrer Zeit.

Leben und Lehre Galileis, vor allem aber seine jahrzehntelangen Kämpfe mit den Falken des Papstes, den Jesuiten, füllen inzwischen eine stattliche Bibliothek, und da es heute feststeht, daß durch nachträgliche Fälschungen von Dokumenten und Protokollen dieser für die Kirche so beschämende Kampf gegen einen großen Gelehrten gerechtfertigt werden sollte, atmete die Welt auf, als Papst Johannes Paul II. im Jahr 2002 endlich die Schuld der Kirche und ihren großen Irrtum einbekannte. Galilei hatte den begreiflichen Wunsch, seine eigenen Forschungsergebnisse und Beobachtungen, vor allem aber auch die von ihm als richtig erkannte kopernikanische Lehre in seinen Schriften bekannt zu machen und in der gelehrten Welt zum Sieg zu führen. In diesem Bestreben haben Genies wie er vor und nach seiner Zeit jede Gefahr mißachtet, und so war es wohl Galilei selbst, der sich immer wieder nach Rom aufmachte, um das päpstliche Imprimatur für seine Schriften zu erlangen. Cosimo II., der junge Großherzog, schätzte, ja liebte wie seine Frau den verehrungswürdigen Physiker und Astronomen, vermochte ihn aber nicht im sicheren Florenz zu halten und wagte es wohl auch nicht, seine Arbeiten mit einem florentinischen Imprimatur zu publizieren (es wurde nur für einige Werke erteilt). Immerhin lebte Galilei auch in Rom auf Medici-Grund, in der Villa Medici, und später in Arcetri bei Florenz.

Insofern ist es bestimmt unrichtig zu behaupten, die Medici hätten mit Galilei nichts zu tun gehabt. Er war seit 1610, also schon sehr bald nach dem Tod des vorsichtigen Großherzogs Fernando, von Cosimo II. und Maria Magdalena zum großherzoglichen Hofphilosophen und -mathematiker ernannt und in dieser Eigenschaft nach Florenz gerufen worden, und man kann sich leicht ausmalen, wie es ihm ergangen wäre, hätte er wie so mancher andere freie Geist jener Zeit an einer Universität schutzlos seine Lehren vorgetragen und veröffentlicht. Denn Galilei war unvorsichtig; er hatte sich durch die stillschweigende Zustimmung einiger scharfsinniger Jesuiten in Rom in Sicherheit wiegen lassen, ohne zu bedenken, daß die domini canes, die Schweißhunde des Herrn, nicht nur mit den Jesuiten rivalisierten, sondern auch die gefährlichsten Zutreiber der Inquisition waren.

Ein Brief, in dem Galilei in aller Frömmigkeit dargelegt hatte, daß es Sache der Theologen sei, die neuen Erkenntnisse der Naturwissenschaft mit den Aussagen der Bibel in Übereinstimmung zu bringen, wurde abgefangen (!) und von dem Dominikanerpater Lorini der Inquisition zugeleitet. Wenige Monate später wurde die (kopernikanische) Lehre von der Bewegung der Erde um die Sonne als »töricht und absurd vom philosophischen Standpunkt und als teilweise formal ketzerisch« erklärt, und nur die Tatsache, daß Galilei in der Villa Bellosguardo bei Florenz zurückgezogen und auf toskanischem Hoheitsgebiet lebte, bewahrte ihn vor dem Zugriff der Inquisition. Mit dem Raffinement, das die Kirche in solchen Auseinandersetzungen bis heute beweist, wurde der Jesuit Grassi vorgeschickt, um Galilei in Pamphleten zu provozieren. Es gelang, und das förmliche Inquisitionsverfahren wurde 1616 eröffnet. Es glückte Cosimo II. und nach ihm Fernando II., ernsthafte Verfolgungen bis 1633 (!) hinauszuschieben, und auch dann durfte Galilei in Rom zunächst im Palazzo Niccolini (der florentinischen Gesandtschaft) wohnen, so daß die eigentliche Haft in den Händen der Inquisition nur fünfundzwanzig Tage währte, immer noch viel für einen Siebenundsechzigjährigen.

Es ist bis heute umstritten, ob der alte Gelehrte in diesen Tagen gefoltert wurde, aber schon die Kerker jener Tage waren Folter genug, und es bedurfte des großen Einflusses der Medici, den am 22. Juni 1633 von der Inquisition zu Kerkerhaft Verurteilten schließlich wenigstens so weit freizubekommen, daß diese Haft in einen Aufenthalt in der römischen Villa Medici umgewandelt wurde. Als sich dem Drängen des Großherzogs noch der Erzbischof von Siena anschloß, war für Galileo Galilei das Schlimmste vorüber. Er wurde im Bischofspalast des Ascanio Piccolomini freundschaftlich empfangen und durfte bald in seine Villa bei Arcetri, einem Dorf nahe Florenz, weiterreisen. Galilei blieb aber für den Rest seines Lebens unter Aufsicht der Inquisition. Sie rügte in vielsagender Einschätzung der Medici-Einflüsse Galileis Aufenthalte in Florenz, kontrollierte diese, soweit es ihren Sbirren möglich war, und fand immer wieder Vorwände und Argumente, um den Gelehrten zur Abkürzung der sorgenfreien florentinischen Wochen und Monate zu nötigen. Uns liefern eben diese Intrigen den Beweis dafür, daß die Familie ihre damals lebenswichtigen Beziehungen zum Klerus auf das Spiel setzte, um ein Gelehrtenschicksal milder zu gestalten.

Ich beharre auf diesen Tatsachen, weil Fernando II. (1610–70), der älteste Sohn aus der Verbindung Cosimos II. mit der Habsburgerin, jeden positiven Akzent seiner Herrschaft dringend braucht. Nach einer langen Reihe von Mediceern, vor denen keine hübsche Florentinerin sicher war, hatte Fernando II. in sich nämlich homoerotische Neigungen entdeckt und gab ihnen ungeniert nach. Seine Untertanen, die seit Jahrhunderten unter den Medici gut lebten und die Welt ringsum in Kriegsnöten und Religionswirren versinken sahen, hätten ihm dies nicht weiter übelgenommen; aber so schön die jungen Grafen waren, mit denen Fernando II. sich auch abgab, einen Thronerben konnte ihm doch nur seine Gemahlin bescheren, eine frigide und arrogante Schönheit aus der in der Sittengeschichte der Renaissance höchst unrühmlich bekannt gewordenen Familie della Rovere. Nach zwei Kindern, die nur wenige Monate zu leben hatten, kam endlich im August 1642 der Thronerbe zur Welt, und fortan nahm – außer Vittoria della Rovere – niemand mehr Anstoß an den hübschen Pagen in der Umgebung des Großherzogs.

VERSUCHUNGEN UND STRAFEN

In unserer Welt, in der die Mächtigen uns oft als vergreist erscheinen, in der so mancher, von dem Millionen abhängen, sein eigenes Leben hinter sich hat, läßt sich das dynastische Schicksal früherer Zeiten nur noch schwer vorstellen: ein Thronfolger, der erst zehn Jahre zählt, als sein Vater die Augen schließt, ein König wie der fünfzehnte Ludwig von Frankreich, der auf seinen Urgroßvater folgt, weil die Generationen dazwischen von Seuchen dahingerafft wurden.

Fernando II., der wegen seiner Homoerotik ähnlich wie Heinrich III. von Frankreich jahrhundertelang geschmähte Monarch, war wie viele Männer seiner Veranlagung ein Mann von großem Feingefühl, umfassender Bildung und hohen Zielen. Als er im Juli 1627 von seiner Kavalierstour nach Rom und nach Wien in seine Residenz zurückkehrte, übernahm er die Regierungsgeschäfte von seiner Mutter und einem kleinen Regentschaftsrat; er war zu diesem Zeitpunkt ganze siebzehn Jahre alt, und es war nur natürlich, daß er sich von Helfern und Beratern nicht plötzlich zu lösen versuchte. Nur eine große Herausforderung nahm er ganz persönlich an – die neue Welle der Pest, die Florenz um 1630 erreichte und schnell zu katastrophalen Verhältnissen führte. Zwar wird die Zahl der Toten nur mit neuntausend angegeben, was etwa einem Zehntel der Bevölkerung entsprochen haben mag (während die Seuche im vierzehnten Jahrhundert in den betroffenen Städten bis zu einem Drittel der Einwohner hinweggerafft hatte). Aber für eine auf Importe angewiesene große Stadt brachte das Grauen vor dem Schwarzen Tod extreme Versorgungsschwierigkeiten mit sich und einen Niedergang der Produktion an Seidenstoffen und anderen Textilien. Hunger, Arbeitslosigkeit und Not breiteten sich in einer Stadt aus, die als die reichste der Welt galt und es wohl auch war; doch alles Gold in den Kasematten von Belvedere vermochte die Seuche nicht zu besiegen.

Fernando II. bewies in dieser Lage großen persönlichen Mut, blieb in der Stadt und überwachte die wichtigsten sanitären Maßnahmen, ohne die Ansteckung zu fürchten. Auf dem heiligen Hügel von San Miniato wurde ein Pestspital errichtet, ein anderes in Fiesole, woraus man erkennen kann, daß der Fürst versuchte, die Kranken aus der Peststadt selbst in bessere Luft zu bringen. Andererseits aber brachten das Heranholen von Hilfspersonal aus den gesunden Landstrichen und die Notwendigkeit, Lebensmittel aus der ganzen Toskana heranzukarren zu lassen, sehr bald die Ausbreitung der Seuche auf das ganze Gebiet des Großherzogtums mit sich.

Eingeschleppt war die Pest über Livorno worden, das war die Kehrseite eines blühenden Seehandels; andere große Hafenorte wie Marseille oder Hamburg konnten ähnliches bis herauf ins neunzehnte Jahrhundert nicht vermeiden. Livorno war nun tatsächlich ein Welthafen geworden; florentinische Händler wie Filippo Sassetti oder Francesco Carletti waren durch ihre Weltreisen berühmt geworden. Sassetti war in Goa gestorben, Carletti aber hatte seine Tage als Kammerherr am großherzoglichen Hof abgeschlossen und das Wissen von den Reichen des Ostens und von der Neuen Welt im Westen in der florentinischen Gesellschaft verbreitet. Nun aber war die Geißel der Menschheit auf dem gleichen Weg in die Arnostadt gekommen, die Ärzte waren weitgehend machtlos, und als nach Jahren die Pest endlich erlosch, wußte eigentlich niemand, ob die Gebete der Mönche und Priester sie besiegt hatten oder ob das große Strafgericht über die reiche und sündige Stadt mit ihrem perversen Fürsten endlich als ausreichend befunden worden war.

Unter Hinweis auf seine eigenen Schwierigkeiten hatte Fernando II. sich bemüht, dem Dreißigjährigen Krieg fernzubleiben, in dem die katholischen Mächte immer wieder an Florenz appellierten, sich in die hart ringende Liga einzugliedern. Da aber Spanien und Frankreich nicht nur Soldaten brauchten, sondern auch Geld, gelang es dem Großherzog, seine Truppen und seine Landeskinder weitgehend aus dem großen Morden herauszuhalten. Nur um das Erbe von Urbino mußte er einige übrigens erfolgreiche Schlachten schlagen, nach denen der Papst dann doch die wertvolle Erbschaft einheimste. Fernando II. hatte, wenn man so will, die stolze Vittoria della Rovere, der dereinst Urbino zufallen sollte, umsonst geheiratet. Es war ein Krieg, den Fernando nicht gewinnen konnte, denn sein Gegner, Papst Urban VIII., war ebenfalls Florentiner, hieß Maffeo Barberini und hatte das ganze Erbe eines Patriziers der Arnostadt in sich, die kalkulierende Schläue, den Sinn für das Geld, das Wissen um die Macht eines Clans und wie man ihn pflegt. Die Herkunft der Barberini ähnelte bis in Kleinigkeiten jener der Medici, die Zuwanderung aus einem Florenz nahen Tal, der erfolgreiche Tuchhandel im vierzehnten Jahrhundert, die Vermögensbildung durch sieben Generationen ungestörten Aufstiegs, wobei sich die Barberini verwandtschaftlich mit den Rucellai, den Acciaiuoli und den Bardi verbanden. Ihre Grabkapelle lag in Santa Croce nicht ganz so prächtig wie die der Medici in San Lorenzo. Vielleicht war es ein Akt später Rache, daß sich Urban VIII. so unversöhnlich zeigte, Rache dafür, daß zwei Barberini neunzig Jahre vor dem Urbino-Krieg Florenz verlassen mußten, weil sie sich gegen Cosimo I. exponiert hatten, und aus dem Tuchhandel in den Orienthandel mit Firmensitz in Ancona wechselten, was sie nicht rettete: 1559 wurde Antonio Barberini, ein Freund des Medici-Gegners Piero Strozzi, in Rom auf offener Straße niedergestochen. Auftraggeber der Bravi war der Botschafter des Großherzogtums Florenz gewesen.

Als Maffeo Barberini 1623 Papst wurde, hatte sich seine Familie zwar in Rom ein neues Machtzentrum aufgebaut, aber es waren durchwegs Künstler aus ihrer Heimat Florenz und aus der Toskana, die in San Andrea della Valle die Familienkapelle der Barberini gestalteten. Daß Urban VIII. für seine Neffen prestigeträchtige Fürstentitel der Häuser Orsini und Colonna für sehr viel Geld erwarb, zeigt ihn auf dem Weg der weltlichen Rivalität mit den Medici; er führte ihn schließlich zum offenen Krieg gegen eine toskanisch-venezianische Koalition, in dem Taddeo Barberini mit zahlenmäßig überlegenen päpstlichen Truppen einige schmähliche Niederlagen hinnehmen mußte. Schließlich war papa gabello (der Steuerpapst) noch froh, Urbino behalten zu können, und verzichtete auf weitreichende, auf Castro und Parma zielende Pläne.

Das mit einundzwanzig Jahren ungewöhnlich lange Pontifikat Urbans VIII. hatte eine vor Jahrzehnten mächtige, inzwischen von den Medici aber längst ausgestochene florentinische Patrizierfamilie mit neuem Mut zu Rivalitäten erfüllt. Aber die große Zeit der Renaissancepäpste war vorüber, der Papst wurde von den Weltmächten nicht mehr als oberste Instanz angesehen, wie es noch Bonifatius VIII. verlangt hatte. Urban VIII. war zweifellos eine herausragende Erscheinung, poetisch begabt wie Pius II., künstlerisch interessiert, als Person den späten Mediceern weit überlegen. Nur hatten diese Habsburg hinter sich, die kaiserliche Familie, die sich in der Neuen Welt eine zweite Machtbasis geschaffen hatte und auch in Europa der Ära ihres größten Glanzes entgegenging.

Diese Verbindungen zwischen Florenz und dem Erzhaus hatten sich weniger durch die Männer als durch die Frauen der Familie Medici unerwartet eng gestaltet und durch den Charakter dieser aus einer selbstbewußten Metropole kommenden Damen zu besonderer Bedeutung entwickelt. Die jüngste Schwester Cosimos II., Claudia de' Medici (1604–48), war in einer ersten kurzen Ehe mit dem Herzog von Urbino verbunden gewesen und schon mit neunzehn Jahren Witwe; auch ihre zweite Ehe mit Erzherzog Leopold V. von Österreich-Tirol währte nur sechs Jahre, und so sah sich die Florentinerin 1632, auf dem Höhepunkt des Dreißigjährigen Krieges, als Witwe mit minderjährigen Kindern als Herrin von Tirol. Als Erzherzogin Claudia ist sie den Tirolern bis heute unvergessen. Sie kämpfte hart, um ihr Land von den feindlichen Armeen und den Marodeuren freizuhalten, konnte allerdings das Eindringen der großen Pest von 1635 nicht verhindern. Die Grenzfestung bei Scharnitz, Porta Claudia genannt, und der Claudiasaal in der Innsbrucker Altstadt erinnern bis heute an sie; die Innsbrucker Theatertradition hat ihr, die an die glanzvollen Barockaufführungen in Urbino und Florenz gewöhnt war, das erste feste Opernhaus und Hoftheater zu verdanken.

Daß man nicht nur in der Toskana zu intrigieren verstand, sondern auch in Tirol, erfuhr sie in jahrelangen Auseinandersetzungen mit den Ständen und im Kampf für die Bozener Messe gegen rivalisierende Interessen. Der Mann, den sie dabei an ihrer Seite hatte, der Hofkanzler Dr. Wilhelm Biener (um 1590–1651), wurde als Kanzler von Tirol zur Legende; drei Jahre nach Claudias Tod rächten sich die Stände an ihm, erhoben unbegründete Anklagen und erreichten seine Enthauptung in Rattenberg. Der zweibändige Roman von Hermann von Schmid ist als einziges Werk des fruchtbaren oberösterreichischen Volksschriftstellers bis heute lebendig geblieben und ein eindrucksvolles Zeitgemälde rund um die Erzherzogin Claudia. Zunächst ihr Gegner, schließlich aber ihr Verbündeter, war der Graubündner Volksheld Jürg Jenatsch bei einem Gelage von einem Planta, dessen Vater er getötet hatte, ermordet worden und unsterblich durch Conrad Ferdinand Meyer.

Man sieht, die große Literatur verlagert sich nach Norden, auch die Alpen werden mündig, und die Töchter, die Florenz in die Welt hinausgeschickt hat, leben nicht mehr als Verbannte in kalten und barbarischen Gegenden. Anna von Medici (1616–76), mit einem großen Troß wie die Tiroler fanden nichtsnutziger Landsleute nach Innsbruck gekommen, gebar dem Erzherzog Ferdinand Carl nur Töchter. Aber unter diesen war immerhin eine, die Kaiserin wurde: Claudia Felicitas heiratete im Oktober 1673, eben zwanzig Jahre alt, Kaiser Leopold I., starb aber schon drei Jahre darauf. Sie war die letzte Fürstin der in gewissem Sinn überraschenden und schicksalhaften Verbindung zwischen der leuchtenden Stadt am Arno und Innsbruck, der Residenz zwischen den Tiroler Bergen. Wie sehr sie auch als Kaiserin noch an ihrer Heimat Florenz hing, zeigt die Tatsache, daß sie sich von dem Florentiner Giovanni Maria Morandi (1622–1717) porträtieren ließ. Er malte die schöne junge Frau als Göttin Diana, aber natürlich, da es sich um eine Fürstin handelte, nicht nackt wie die anderen Dianen der Kunstgeschichte, sondern verschwenderisch in Tuche des berühmten florentinischen Rottons gekleidet (Wien, Kunsthist. Museum).

Bedenkt man, daß die Frauen der Medici früher von einem Bronzino, einem Ghirlandaio gemalt worden waren, so ist der Übergang zu Morandi oder auch zu Gaeta und Sustermans, der sechzig Jahre lang alles malte, was zum großherzoglichen Hof gehörte, das deutlichste Zeichen dafür, daß auch der großzügigste Mäzen Genies nur fördern, nicht aber hervorbringen kann. Das galt natürlich auch für die Dichtung; die zweite große Pest von Florenz hatte keinen Boccaccio gefunden, von Petrarca ganz zu schweigen. An die Stelle der Neuschöpfungen war eine rege Übersetzungstätigkeit getreten, die nach den großen Dichtungen der Antike sich nun um die griechische und römische Sachliteratur verdient machte: Jacopo Nardi übersetzte Livius, Marcello Adriani den Plutarch, und Firenzuola (1493–1543) wagte sich an den Goldenen Esel des Apulejus, der seinem eigenen novellistischen Temperament am meisten entsprach. Seine Nachahmung des Decamerone blieb unvollendet, obwohl er seine drei erzählenden Damen nur sechs Tage lang beisammen sein ließ. Immerhin bescheinigte man ihm besondere Reinheit des Florentinischen, und Floerke hat ihn durch die Aufnahme einiger Geschichten in seine berühmte dreibändige Sammlung der Renaissancenovellistik geadelt.

Das Interesse Fernandos I. und die gewaltige Persönlichkeit des Galileo Galilei hatten jedoch den Naturwissenschaften starken Auftrieb gegeben, und in den jahrzehntelangen Auseinandersetzungen um den großen Gelehrten hatte sich in Florenz eine Gruppe begabter Galilei-Schüler formieren können. Sie war zwar außerstande, in den Kampf gegen die Inquisition einzugreifen, aber sie pflegte sein Werk, edierte im sicheren Florenz seine

Schriften und vereinigte sich schließlich zu einer Akademie. Sie nannte sich bescheiden Accademia del Cimento (des Versuchs) und stützte sich auf Begabungen, die im Schatten Galileis nicht viel Aufsehen erregt hatten: Vincenzo Viviani, Francesco Redi, Gian-Alfonso Borelli und Lorenzo Magalotti, den Sekretär der Akademie. Sie genoß Förderung und Schutz durch den jüngsten Bruder des Großherzogs, Leopoldo de' Medici (1617–75), der selbst Schüler Galileis gewesen war und unter den Spätlingen der großen Familie gewiß eine besonders sympathische Erscheinung ist: Begabt, interessiert und gebildet, fand er freilich in seinem Jahrhundert und nach den Gepflogenheiten der herrschenden Familien keine andere Aufgabe als die kirchliche Laufbahn vor, denn fürstliche Condottieri waren nicht mehr gefragt. Als Leopoldo Kardinal wurde und nach Rom ging, erlosch allerdings auch die allerhöchste Förderung der Naturwissenschaft. Bis dahin hatte auch der Großherzog mit interessierten Mitgliedern des Hofes an den Sitzungen der Akademie teilgenommen, was sich vielleicht nicht allzu günstig auswirkte: Die Herren Gelehrten versuchten, vor dem Souverän und seinen Damen zu glänzen, debattierten hitzig und anhaltend über Gegenstände, deren Bedeutung Jahrhunderte zurücklag, und entfernten sich immer weiter von den drängenden Aufgaben jener Naturwissenschaften, die eben ihre ersten Erfolge erzielt hatten. Statt sich mit dem Danziger Erfinder-Astronomen Hevelius, den revolutionierenden Lehren des Kopernikus oder den vielen galileischen Schriften zu befassen, stritt man über das Lieblingsthema des Mittelalters, den großen Avicenna aus Buchara, der inzwischen sechshundert Jahre tot war.

Einer anderen Einrichtung des mediceischen Florenz war hingegen eine beinahe von Jahr zu Jahr wachsende Bedeutung beschieden: der Galerie der Uffizien. Als der Kardinal Leopoldo ihr seine reiche Sammlung von Kameen stiftete, aber auch die Sammlung an Medaillen ergänzte und zahlreiche Porträts berühmter Meister den Uffizien überließ, waren sie erst seit einem Menschenalter Kunstmuseum und -galerie: seit 1581. Es war ein Gedanke, wie er nur einem Medici kommen konnte: nach dem Sieg über Siena, wie ihn Florenz trotz Monluc errungen hatte, dem Schicksal durch eine mäzenatische Großtat zu danken. Es waren sehr irdische Überlegungen, denn während andere Souveräne nach großen Siegen Kirchen bauten, ließ Cosimo I. die Kirche San Piero Scheraggio – eine der ältesten von Florenz – ihrer Bedeutung entkleiden und in einen neuen Verwaltungskomplex, eine Ämterstadt, einbeziehen.

Die mehr als heikle Aufgabe, hier, im ältesten Florenz und am Nord-Brückenkopf des Ponte Vecchio, so gewaltige Veränderungen vorzunehmen, wurde dem Mann anvertraut, der sich durch seine Vielwisserei und seine unübertrefflichen Verbindungen in diese große Verantwortung selbst hineinmanövriert hatte: Giorgio Vasari (1511–74) aus Arezzo.

Aus einem Abendgespräch im Palazzo des Kardinals Farnese war Vasari die große Aufgabe zugewachsen, die Sammlung eines kunstsinnigen Monsignore mit erläuternden Notizen und Verzeichnissen über die Künstler zu kommentieren, die Keimzelle seines großen biographischen Sammelwerkes, das noch heute in aller Munde und unentbehrlich ist. Und als Cosimo einen ordnenden Geist für die neue Verwaltungsstadt mit ihren offenbaren und geheimen Vorzügen suchte, da konnte Vasari allenfalls sein Alter vorschützen, denn mit fünfzig galt ein Mann damals schon als am Ende seiner Leistungsfähigkeit angelangt. Aber er wagte es nicht, denn »für meine Mühen, wie anhaltend und groß sie auch gewesen waren, wurde mir reicher Lohn durch die Freigebigkeit des Herzogs, von dem ich außer meinem Gehalt bedeutende Geschenke erhielt. Er gab mir ein gutes, bequemes Haus in Florenz und eines auf dem Lande, damit ich ihm mit mehr Gemächlichkeit dienen könne, verschaffte mir in Arezzo, meiner Vaterstadt, das oberste Amt eines Gonfaloniere und andere Stellen, unter dem Vorbehalt, daß ich sie durch einen Bürger jenes Ortes verwalten lassen dürfe; gab in Florenz meinem Bruder Piero einträgliche Ämter und erwies meinen Angehörigen in

Arezzo außerordentliche Gunstbezeigungen, so daß ich nie ermüden werde, auszusprechen, welch große Verpflichtung ich diesem Fürsten für so viel Güte schulde« (VI, 284 f.).

Die Ungnade Cosimos I. hätte also nicht nur Vasari selbst getroffen, der inzwischen berühmt genug war, um in Mantua oder Rom oder auch in Frankreich weiterzuarbeiten; es wäre ein Familienschicksal auf dem Spiel gestanden, und so machte sich Vasari denn an die Aufgabe, um deren Tücken er schon wußte, denn jeder in Florenz arbeitende Architekt kannte die Beschaffenheit der Arnoufer; und da das Vorhaben ja nicht völlig unerwartet kam, hatte es auch schon Untersuchungen des ausersehenen Baugrunds gegeben. »Ziemlich viel Zeit brachte ich damit zu«, seufzt Vasari in seinem Lebensbericht, den er bescheiden an das Ende der Biographienreihe gestellt hat, »indem ich die früher von mir begonnene Loggia und das große Magistratsgebäude [d.h. die neue Verwaltungsmetropole] weiterführen ließ, welches nach dem Arnofluß gewendet ist; es wurde der schwierigste und gefährlichste Bau, den ich je übernommen, da die Fundamente im Fluß zu liegen kamen und es [d.h. das Gebäude selbst] gleichsam in der Luft schwebte. Dies aber mußte geschehen [anderer Ursachen nicht zu gedenken], damit der große Korridor erbaut werden könne, der über den Fluß fort vom herzoglichen Palast nach dem Palazzo Pitti und seinen Gärten führt.« Und Vasari ahnt, daß er, wenn all dies vollbracht sei, »alt und schwach genug sein werde, um der Ruhe pflegen zu müssen«.

Tatsächlich konnte Vasari das große Werk nicht mehr vollenden, den kunstvollen, auf Bogen in Leichtbauweise errichteten Palast. Ein anderer Alleskönner der Medici, nämlich Buontalenti, folgte ihm in den Bemühungen nach, und Francesco I., Fernando I. und der kunstsinnige und reiche Kardinal Leopoldo de' Medici sorgten für die Grundausstattung eines Museums, das damals eigentlich noch gar keines war, sondern eben ein Palast, in dem Kunstschätze versammelt wurden. Der Korridor des Vasari aber, eine aufreibende Arbeit von fünf Monaten, heute mit tausend Bildern behangen, wird inzwischen als ein Fluchtweg aus der Stadt in die Pitti-Gärten und weiter zur Belvederefestung gedeutet. Er führte einst über den Arno hinweg in den Palazzo Pitti und durch die Gärten hinter dem Palast zur Festung San Giorgio, auch Fortezza di Belvedere genannt. Vasari schreibt in der Darstellung seines eigenen Lebens, daß dieser Korridor mit seinen Ausläufern eigentlich eine Arbeit für fünf Jahre gewesen sei, die er aber in jenen fünf Monaten ausgeführt habe, das heißt: Der Großherzog saß ihm im Nacken und hatte allerhöchste Eile befohlen. Und diese wiederum beweist, daß die Medici, auch in diesen höchsten Würden und als Souveräne installiert, ihrer Herrschaft über die ewig unruhige Stadt Florenz nicht wirklich sicher sein durften.

Zu Revolten und Fluchten ist es, wie man weiß, dann doch nicht mehr gekommen, aber so manches, was sich unter den Nachfahren Cosimos I. im Haus Medici zutrug, hatte das Licht der Öffentlichkeit zu scheuen, und da kam es den Mitgliedern der großherzoglichen Familie und ihrem Beraterstab doch sehr zustatten, daß sie in diesem Korridor ungesehen und ungehindert zirkulieren konnten. Die Damen sollen bei dieser Gelegenheit in eigens konstruierten einachsigen Wägelchen von Dienern gezogen worden sein.

Heute ist der Vasari-Korridor nicht gerade ein Depot der Uffizien, aber doch jener Teil der berühmten Galerien, den man wie auch die Reste der romanischen Kirche San Pietro Scheraggio und andere Teile des verschachtelten Palastes nicht so ohne weiteres besichtigen kann. Der Zwang zu geführter Besichtigung, Sperren wegen Personalmangels und Bombenschäden breiten noch immer eine Art Geheimnis über den Korridor, von dem man nicht einmal weiß, wie viele Gemälde er zur Zeit birgt, siebenhundert oder gar tausend.

1581–84 wurden die Uffizien zu einem geschlossenen Museumsbau, die Loggien im Obergeschoß wurden vermauert (was wegen des nun sehr viel größeren Gewichts der Mauern sehr riskant war) und die Gewölbe ausgemalt. Herzraum des Gebäudes mit seiner neuen Widmung wurde die Tribüne, kein Werk Vasaris mehr und auch nicht von ihm entworfen, sondern eine Schöpfung des Bernardo Buontalenti (1536–1608). Im Unterschied zu seinem Lehrer Vasari war er ein Florentiner und so vollständig an seine Stadt gebunden, daß er bis ins höchste Alter mit den Wünschen aus der Familie Medici alle Hände voll zu tun hatte. Die Tribuna war der Ort, wo die damals als besonders wertvoll geltenden Gemälde nun in eindeutig musealer Zusammenstellung aufgehängt wurden.

Damit werden die Uffizien, auch wenn ihre Entstehung vergleichsweise spät in die Stadtgeschichte eingeschrieben ist, mit Dom, Baptisterium und Palazzo Vecchio zum Herzen von Florenz und dienen dem Ruhm der Stadt heute in höherem Maße als jede andere ihrer Sehenswürdigkeiten. Als an der Wende zum dritten Jahrtausend nicht zuletzt durch die Hochwasserschäden und neue Sicherungsmaßnahmen der lange hinausgeschobene große Um- und Erneuerungsbau eine lange Schließung der Sammlungen notwendig machte, war dies, als scheine die Sonne nur noch mit halber Kraft auf die Arnostadt. Vergessen ist heute, daß die Uffizien für die Medici gleichsam eine Stadt in der Stadt waren, ein Mikrokosmos, in dem sie sich mehr zu Hause fühlten als in ihren weitläufigen Palästen. Seit dem Großherzog Francesco gab es hier ein Theater, seit Fernando I. durften sich ausgewählte Handwerker und Gebrauchskünstler hier zusammendrängen und all das verfertigen, was zum weiten Bereich der angewandten Kunst gehört, die Gemmenschneider, die Steinschleifer, die Uhrmacher und die Juweliere. Und es gab auch eine Offizin voll von geheimnisvollen Krügen, Vasen und Phiolen, die Hausapotheke der großherzoglichen Familie, wo nicht nur Medikamente, Pflästerchen, Tränke und Kosmetika für die Medici hergestellt wurden, sondern auch – wie man in ganz Florenz wußte – die Gifte und die Gegengifte, die zur Erhaltung der Macht nicht wenig beigetragen haben.

DER LANGE ABSCHIED

Als Fernando II. im Jahr 1670 die Augen schloß, waren die großen Schrecknisse des Jahrhunderts zwar noch nicht vergessen, aber weitgehend überwunden. Selbst in der leidgeprüften Mitte des Kontinents, in den vom Dreißigjährigen Krieg am schwersten heimgesuchten deutschen Ländern, hatten dank einiger tüchtiger Fürsten der Wiederaufbau und die Wiederbevölkerung eingesetzt.

Die Länder, die an dem großen Morden verdient hatten wie das von Richelieu genial geführte Frankreich oder die emsig exportierenden italienischen Kleinstaaten, erlebten ein Goldenes Zeitalter des Fürstenglanzes. Das Zunftwesen löste sich langsam, aber unaufhaltsam auf, die Machtpositionen des Bürgertums wurden abgeschwächt, Adel und Souverän distanzierten sich vom Odium der Geschäfte, und die durch ihre Bankgeschäfte reich gewordenen Medici schlossen noch unter Fernando II. die Schalter der Geldinstitute, um nur noch Fürsten zu sein und die Eierschalen des Bürgertums endgültig loszuwerden.

Europa war geblendet, große und kleine deutsche Fürsten blickten nach Versailles, und einer, der sich vom Vorbild des Sonnenkönigs überhaupt nicht mehr lösen konnte, war Cosimo III. de' Medici (1642–1723), der 1670 mit achtundzwanzig Jahren zur Herrschaft gelangte und zweiundfünfzig Jahre lang regierte, die längste aller Regierungszeiten im unruhigen Florenz für den beschränktesten Fürsten aus der einst so verdienstvollen und ruhmreichen Familie.

Als Sohn eines homosexuellen Vaters und einer frigiden Mutter mit dem biologischen Minimum an Chancen ausgestattet, hatte er zudem eine Prinzessin aus dem Hause Orléans ehelichen müssen: die drei Jahre jüngere Margarete Luise, Tochter des Herzogs Gaston d'Orléans und damit eine Enkelin der Maria von Medici. Die Orléans sind als Familie sehr viel interessanter als die Bourbonen, und unter ihnen ist dieser Gaston (gest. 1660) wieder der größte Intrigant, der elendeste Charakter, ein Ausbund an Feigheit und Verräterei, wie ihn sich kein Romancier ausdenken könnte. Er hatte alle Verschwörungen, denen er beigetreten war oder die er angezettelt hatte, heil überstanden, weil er jedesmal alle Mitverschworenen verriet, belastete, preisgab, darunter den strahlenden Jüngling Cinq Mars. Aus seiner zweiten Ehe hatte er vier Töchter, von denen drei am Leben blieben und zwei große Partien machten. Die eine heiratete in das Haus Savoyen, dem ja eine große Zukunft beschieden war, die andere in das Haus Medici, das seine große Zeit hinter sich hatte.

Margarete Luise brachte aus Frankreich alles mit, was besser in Paris geblieben wäre. Den maßlosen Stolz, wie er nur in Nebenlinien gedeiht, die persönlichen Ansprüche, wie sie an einem glanzvollen Hof entstehen mußten, und das Erbe gedoppelter Amoral von Vater und Großmutter. Dies schuf einen unüberbrückbaren Gegensatz zum Wesen ihres Gatten, dessen dürftige Geistesgaben sich dank mütterlicher Bigotterie so gut wie gar nicht entwickelt hatten. Blickt man auf frühere Jahrhunderte der Stadt Florenz zurück, so muß man diese Konstellation als tragisch empfinden und beklagen. Die lebhafte, geistvolle und gebildete Prinzessin aus Frankreich wäre für beinahe alle Vorgänger des dritten Cosimo eine prachtvolle Ergänzung gewesen und für die Stadt Florenz ein Glücksfall. Aber die Florentiner waren bald die einzigen, die das verwöhnte und verspielte Wesen von der Seine liebten, die der schönen Frau ihre Launen nachsahen.

Es war eine Zeit der Wende und der Neuverteilung der Chancen in einem Europa, in dem die während der Entdeckungszeit zu kurz gekommenen germanischen Völker ihre Ansprüche anmeldeten und sich Briten wie Holländer nicht nur auf den Weltmeeren durchsetzten, sondern auch im Welthandel neue Verhältnisse schufen. Die große Seefahrts- und Händlernation Toskana jedoch hatte keinen einzigen Politiker, der fähig gewesen wäre, etwa während des Spanischen Erbfolgekrieges Interessen von

Florenz und Livorno geltend zu machen. Während Rom und Venedig mit spätem Glanz in das neue Jahrhundert hineinwuchsen, wurde Florenz zur bigotten Provinz, und die Fürstin, die dies hätte ändern können, ekelte sich vor ihrem dicken Betbruder so nachhaltig, daß sie gewiß auch durch eigenes Mitverschulden seine Ehe zu einer bedauerlichen Farce machte und ihn dem Gespött Europas preisgab.

Man muß es sagen: Cosimo und vor allem sein Vater Fernando waren gewarnt worden. Die Mutter der hübschen Margarete Luise hatte nach Florenz berichtet, daß ihre fünfzehnjährige Tochter bereits viel zu eng mit einem lothringischen Prinzen befreundet sei. Da sie obendrein wegen der Schulden des alten Gaston d'Orléans nur eine sehr spärliche Mitgift einbrachte, hätten jene Medici, die noch zuvörderst kaufmännisch und nüchtern dachten, solch einen riskanten Import vermutlich abgelehnt. Aber der Sonnenkönig, gegen den auch außerhalb Frankreichs nicht viele aufzumucken wagten, favorisierte die Verbindung, um die allzu muntere Prinzessin des ohnedies stets schwierigen Hauses Orléans aus Paris zu entfernen und die Gefahr ihrer Verbindung mit einem Lothringer zu bannen.

Die Peripetien dieser Ehe sind traurig und beschämend für alle Beteiligten, und selbst Wunderheiler aus Frankreich wie ein besonders weltläufiger Kardinal aus Marseille oder die besonders wortgewandte Madame du Deffand vermochten nichts gegen die Aversion, die Cosimos schwitzende Fülle, seine ausdauernden Nachtgebete und seine Freßorgien der eleganten Pariserin einflößten. Erst, als sie nach milder Haft im Landhaus von Poggio a Caiano in einem Pariser Kloster Feuer legte, weil die hochadelige Äbtissin ihre Lebensweise nicht dulden wollte, ging Ludwig XIV. auf, welches Danaergeschenk er den Florentinern gemacht hatte. Bis dahin hatte sie ihrem Gatten in wütenden Briefen versichert, daß sie sich jeder nur denkbaren Ausschweifung hingeben werde, nur um ihn zu kränken. Sie hatte die Familienjuwelen der Medici an sich gebracht und nach

Frankreich geschmuggelt, auf welchem Weg sie allerdings aufgefangen wurden, und hatte, woher immer, drei Schwangerschaften zuwege gebracht, aus denen zwei Söhne und eine Tochter hervorgegangen waren, die keinerlei Ähnlichkeit mit ihrem Vater aufwiesen und von diesem denn auch vom ersten Augenblick an gehaßt und unterdrückt wurden.

Wäre dies alles hundert Jahre früher vor sich gegangen, es wäre mit ein paar Tropfen Gift, einer gelegentlich aus dem Plafond herniederschwebenden Seilschlinge oder durch schnelle Dolche als Problem bereinigt worden, und Karl von Lothringen wäre es gewiß nicht besser gegangen als seiner Geliebten, die er noch zu besuchen wagte, als sie längst in Florenz und vermählt war. Gewiß darf man den Methoden der Mediceer aus ihrer harten Aufstiegszeit nicht das Wort reden, aber die Florentiner hätten den Vorteil davon gehabt, wenn ihr Fürst den Kopf freibekommen hätte für die Forderungen seiner Zeit und Florenz als Handelsmacht weiter aufgestiegen wäre.

Aber Cosimo III. fand seine Sicherheit eben im Gespräch mit dem Beichtvater, er hatte keine Verbindung mehr zu seinem Volk, er verschloß sich vor der Wirklichkeit und begegnete jedem offenen Wort nicht nur mit Mißtrauen, sondern mit jenen Strafen perverser Grausamkeit, in die verletzte Bigotterie in der Geschichte schon so oft umgeschlagen ist: hilflose Härte, unter der auch die Prinzen zu leiden hatten, insbesondere Ferdinand-Fernando, der Erstgeborene. Der hochbegabte Jüngling interessierte sich für die Musik, deren frühe Blüte ja in Florenz und im nahen Mantua begonnen hatte, für die Bildhauerei und – für Pferde, und er war ein so schöner Mann geworden, daß Cosimo ihn nicht mehr in seiner Umgebung haben wollte, sondern ihn zu sauertöpfischen geistlichen Erziehern verbannte.

Da Margarete Luise sich nicht nur in den ersten Nächten der Ehe, sondern auch nachher noch konsequent von ihrem Gemahl fernhielt, ja ihm in erhaltenen schriftlichen Zeugnissen versicherte, sie würde ihn töten, sollte er sich ihr nähern, ist es wohl keine allzu kühne Hypothese, diesen ersten wohlgeratenen Sohn noch der glühenden Jugendliebe zuzuschreiben, die damals in Paris wie in Florenz die unglückliche Orléans-Prinzessin mit jenem lothringischen Prinzen verband. Er war damals so unbekannt und als landloser Prätendent bei Hofe so wenig angesehen wie vor ihm Prinz Eugen, und er machte eine diesem vergleichbare Karriere: Karl Leopold Nikolaus Sixtus von Lothringen, niemals in den Besitz seines Landes gelangt, wurde naturgemäß zu einem Gegner des Sonnenkönigs, der ihn depossediert hatte, wurde einer der tüchtigsten Feldherren des Kaisers und besiegte neben Sobieski im Jahr 1683 die Türken vor Wien. Sieben Jahre später starb er, hatte aber inzwischen Ludwig XIV. noch die Stadt Mainz entrissen. Im Frieden von Rijswijk 1697 erhielt sein Sohn das Land Lothringen. Ludwig XIV. sagte von Karl von Lothringen, er sei sein größter, klügster und vornehmster Gegner gewesen. Und da wir dies alles heute wissen und bedenken dürfen, ist die Eifersucht des Muttersöhnchens Cosimo mehr als berechtigt – aber auch die tiefe und unbesiegbare Abneigung der schönen Margarete Luise gegen die Staatsraison, die ihr statt des Lothringers dieses unattraktive Opfer kombinierter Erziehungsfehler aufgezwungen hatte und statt einer Stadt wie Paris das von seinem Renaissanceglanz weit entfernte Florenz in seiner Untergangsstimmung.

Für Florenz bedeuteten diese Entwicklungen den Verlust der letzten Chance. Ein glückliches, aktives Fürstenpaar hätte zwar die Zeiten nicht wenden, aber doch für das im wesentlichen stets neutrale Florenz so manchen Vorteil aus den unruhigen Zeitläuften gewinnen und sich damit beim Volk beliebt machen können. Cosimo III. aber, der keine Fürstin an der Seite hatte, war bald nicht nur unbeliebt, sondern verhaßt. Die gesamte italienische Novellistik auch des sechzehnten und siebzehnten Jahrhunderts ist zwar nicht gerade kirchenfeindlich, zeigt uns aber die Mönche und Priester als die Drohnen der Gesellschaft, die allen Genüssen des Lebens nachstreben und in ihrer Gesamtheit ein gut Teil des Volksvermögens dafür in Anspruch nehmen. Da es nicht sonderlich schwer war, einen ohnedies frommen und zudem beschränkten Menschen wie Cosimo zu beschwatzen, nahmen die frommen Stiftungen, die Geschenke an Klöster und Kirchen so überhand, daß die Großherzogin aus dem fernen Frankreich schriftlich protestierte und abermals nach ihren Juwelen verlangte, damit wenigstens diese persönliche Habe der gottwohlgefälligen Verschwendungssucht entrissen werde. Schließlich, als sich ein Bankrott des einst so reichen Florenz abzeichnete, griff der Papst ein und ordnete an, daß im ganzen Großherzogtum Toskana der so reich bedachte Klerus fortan Abgaben zu entrichten habe. Cosimo hätte von sich aus niemals den Mut zu solch einer Maßnahme gehabt.

Um den erbosten Klerus zu versöhnen, ordnete Cosimo die Verhüllung aller anstößigen Bilder und Statuen an und erließ strenge Vorschriften über häusliche Festivitäten und Zusammenkünfte. Als Sittenstrafe wurde die Kastration eingeführt, und verbotener Umgang mit Mädchen aus untadeligen Familien zog hohe Kerkerstrafen nach sich.

In dieser Atmosphäre des Muckertums und der Bigotterie vermochte Ferdinand, der schöne, wohlgeratene und vom Volk geliebte Erbprinz, nicht zu leben und wählte immer häufiger die nächstgelegene Fluchtmöglichkeit, nämlich Venedig.

Ferdinand, der nie Großherzog wurde, nie als Fernando III. den Mediceerthron zierte, war auf eine besondere Weise bisexuell: Er kombinierte schöne Venezianerinnen mit seiner durchaus auch geistig zu verstehenden Freundschaft zu dem hochbezahlten Kastraten Cecchino. Über diesen Sänger geriet er auch an die große Leidenschaft seines Lebens, das Musiktheater, und dieses blühte nach dem Tod von Monteverdi vor allem in Venedig. Selbst eine glühende Leidenschaft zu einer Frau, an der unglücklicherweise noch ein anderer Fürst interessiert war, beschäftigte Ferdinand nicht so wie der Plan, in Florenz ein Opernhaus zu errichten, und die Kämpfe um die Mittel für Bau und

Unterhalt eines solchen Instituts besserten das Verhältnis zu Cosimo III. keineswegs; an Cosimo scheiterte denn auch der Versuch, den älteren Scarlatti (1660–1725) nach Florenz zu verpflichten.

Wir besitzen einen Großteil der Korrespondenz, die darüber geführt wurde und die den Prinzen als Mann von Kenntnis, Kultur und Geschmack ausweist. (Hingegen hat sich von Scarlattis Opern nur etwa die Hälfte erhalten.)

Angesichts der immer unverhüllter zutage tretenden österreichischen Ansprüche auf die Toskana erlangte die Sicherung der Erbfolge über die Söhne Cosimos hinaus aktuelle, ja bedrohliche Bedeutung. Denn die militärischen Erfolge Wiens über die Türken hatten jene alte Idee des Kaisertums mit neuem Leben erfüllt, die an die Herrlichkeit der römisch-deutschen Kaiserherrschaft über Italien anknüpfen wollte: In ihr figurierte die Toskana als ein Reichslehen, das an das Reich zurückfiel, wenn keine männlichen Erben mehr da waren. Die Medici hatten also beinahe zugleich mit den Habsburgern das gleiche Nachwuchsproblem, und man hätte erwarten dürfen, daß Wien für Florenz mehr Verständnis gezeigt hätte: Das Kaiserhaus ließ sich auch tatsächlich beschwichtigen, als Cosimo III. das tat, was die Medici zu allen Zeiten als das einfachste Mittel zur Problembewältigung angesehen hatten – er schickte 150000 Dukaten in die kaiserliche Residenz an der Donau, was freilich nicht mehr war als eine Verschiebung der Entscheidungen. In der gewonnenen Zeitspanne sollten die Herren Söhne gefälligst für männliche Enkel des Großherzogs sorgen.

Ferdinand, der Zartbesaitete, empfand dies als Zumutung. Er hatte eine Umgebung gefunden, die ihm selbst Florenz erträglich machte – die ausgedehnte Medici-Villa von Pratolino, von einem Medici angelegt, der noch kein Großherzog, ja überhaupt kein Fürst gewesen war, sondern eben ein Medici und als solcher Herr von Florenz: Francesco I. (1541–87). Was den Ururenkel jenem Vorfahren annäherte, war die Seelenlage, denn Francesco war, als er die seltsam verspielte Hügelwildnis mit ihren Wasserspielen anlegen ließ, so heftig verliebt gewesen, wie es diesen klugen Kaufleuten nicht oft widerfuhr, und zwar, wir wissen es schon, in die Venezianerin Bianca Capello. Von amourösen Schatten umgeben, konnte Prinz Ferdinand hier (wo heute nur noch wenig an solchen Schönheitssinn erinnert) seinen Träumereien und Melodien nachhängen, während Cosimo III. Heiratspläne für seinen Ältesten schmiedete.

Wir besitzen aus dem leichtlebigen Florenz an der Wende zum achtzehnten Jahrhundert nicht so erschütternde Protestbriefe gegen Heiratsdiktate, wie sie etwa der spätere Friedrich II. an seinen harten Vater schrieb. Ferdinand fügte sich, die dynastischen Eheschließungen waren eben zu selbstverständlich, nur als man ihm eine pummelige Bajuwarin zudiktierte, die eben sechzehnjährige Violante aus dem noch recht ländlichen München, da war die Enttäuschung zunächst groß.

Violante Beatrice (1673–1731) verdiente die toskanischen Vorurteile jedoch weniger als andere deutsche Prinzessinnen jener Tage. Sie hatte zwar einen ziemlich denkfaulen Vater gehabt und früh verloren und war zu ihrem Unglück auch früh ihrer savoyardischen Mutter beraubt worden. Aber ihr Bruder Max Emanuel, als Kampfgefährte des Prinzen Eugen später zu Recht berühmt geworden, liebte die hübsche und muntere Schwester, hatte die hartnäckigen Verhandlungen mit Cosimo zu einem guten Ende gebracht und sogar die 300000 Taler aufgetrieben, die man im geschäftstüchtigen Florenz als Mitgift beansprucht hatte.

Bei klirrender Kälte war man über die Alpen gezogen, in Innsbruck hatte es einen großen Empfang für die Braut gegeben, da Fürst Kaunitz sich vor den eleganten Begleitern aus Florenz und Siena keine Blöße geben wollte, und als der Zug schließlich in Florenz eintraf, war sogar der Arno zugefroren, so fest, daß man auf ihm von einem Ufer zum anderen laufen konnte.

Violante hatte sich, wie die Fama behauptet, schon in das Bild ihres künftigen Gatten verliebt, und sie gefiel auch ihm, ja sie lebten in besserem Einvernehmen, als man vermutet hatte, denn Violante interessierte sich für alle Vorlieben des Prinzen, führte ihm den Schriftwechsel mit Künstlern und Sängern und steuerte ihre Meinung bei, wenn er das Abenteuer wagte, in Poggio a Caiano eine Berberzucht aufzuziehen, wenn er eine erste literarische Zeitschrift in Florenz begründete oder wenn er Gemälde für die Uffizien erwarb. Sie erlernte selbst den Umgang mit den Kastraten, den intellektuell oft recht anspruchslosen Stars der damaligen Musikszene, und es war für sie wie für Ferdinand ein großer Triumph, als in Pratolino eine Oper des Komponisten Jacopo Peri aufgeführt werden konnte, der seine Premieren sonst stets nach Venedig vergeben hatte.

Nach diesem glückhaften Ereignis zeigte sich jedoch die Geißel einer Krankheit, die in Ferdinand geschlummert hatte und durch eine syphilitische Infektion aus einem venezianischen Abenteuer erwacht war: Er erlitt einen schweren Anfall von Epilepsie.

Da Violante Beatrice schon in der ersten Zeit ihrer Ehe ebenfalls schwer erkrankt war – möglicherweise ein Scharlachfieber mit der Komplikation einer Gebärmutterentzündung, die sie unfruchtbar machte –, erscheint diese Ehe, die so hoffnungsvoll begonnen hatte, fortan und bis zu ihrem Ende durch Krankheiten verdüstert.

Violante pflegte ihren Gemahl aufopfernd und ist im Florenz des Barock, wo die Mätressenwirtschaft und die eheliche Untreue der Damen noch ebenso blühte wie in der Renaissance, eine durchaus singuläre Erscheinung. Gerettet hat dies ihren Ferdinand nicht. Er starb mit fünfzig Jahren, sein Vater überlebte ihn um zehn Jahre.

Die Hoffnungen, den Fortbestand der Familie zu sichern, lagen nun auf Gian Gastone (1671–1737), dem jüngeren Bruder des Verstorbenen, und er hätte als begabter, geistig interessierter und lebhafter Mann den Medici ihr Florenz und wohl auch die Toskana gewiß gerettet, wäre seine in Deutschland verheiratete

Schwester nicht auf die unglückselige Idee gekommen, auch für ihn eine reiche Heirat zu arrangieren. Als ob es in dieser Lage auf eine Mitgift angekommen wäre! Jede junge und gesunde Florentinerin hätte den Fortbestand des Hauses Medici sichern können, der verblendete Erwerbssinn von Vater und Tochter Medici erkor aber eine zumindest an Wäldern und Auen reiche Witwe für den lebenslustigen Prinzen, nämlich Anna Maria Franziska, die häßliche Tochter des Herzogs Julius Franz von Sachsen-Lauenburg. 1672 als eines von insgesamt elf Kindern geboren, zählte sie erst fünfundzwanzig Jahre, als sie den ein Jahr älteren Gian Gastone heiratete, hatte aber immerhin ihren ersten Gemahl Philipp Wilhelm, den Pfalzgrafen von Neuburg, nach nur zweieinhalb Ehejahren ins Grab gebracht, angeblich, weil er ihr unermüdliches Mundwerk nur dank mächtigen Alkoholkonsums ertragen zu können meinte. Sie weigerte sich strikt, dem zweiten Gatten in die freundlicheren Gegenden südlich der Alpen zu folgen. Auch hätte es Cosimo eigentlich zu denken geben müssen, daß sie aus ihrer ersten Ehe keine männlichen Nachkommen aufzuweisen hatte.

Gian Gastone versuchte das Menschenmögliche, wobei zu bedenken ist, daß eine Reise in die böhmischen Wälder vor dreihundert Jahren noch sehr langwierig, kostspielig und vor allem anstrengend war. Reichstadt, wo das baufällige Schloß der Lauenburgerin lag, zählte 1800 deutsche Einwohner und wird zu Beginn des neunzehnten Jahrhunderts, um ein paar toskanische Streubesitzungen vergrößert, als Herzogtum dem unglücklichen Sohn Napoleons I. mit Marie Louise zuerkannt werden. Damals aber war es eine Landschaft, auf die Gian Gastone ebensowenig vorbereitet war wie auf die redselige Witwe, kurz es war ein Desaster, das den Untergang der Medici besiegelte, als hätte tatsächlich der Herrgott, dem sie mit ihren vielen Sünden ja schlechte Untertanen gewesen waren, nun endlich genug von ihnen gehabt.

Warenkontrolle an Mautstellen

Der mit den Maßstäben der Vernunft nicht mehr zu messenden Heiratspolitik des alten Großherzogs entsprach auch seine gesamte Außenpolitik. Er verhielt sich so, als seien alle anderen Fürsten so fromm und passiv wie er, und kein Geringerer als der große Dichter Alessandro Manzoni hat im Rückblick auf das Florenz jener Tage gesagt, Cosimo habe es zu einem einzigen tönernen Krug zwischen lauter eisernen werden lassen. Die von seinen Vorfahren aufgebaute schlagkräftige Flotte vollbrachte zwar mit den ihr verbliebenen vier Galeeren noch zwei große Waffentaten in den Seeschlachten von Santa Maura und Prevesa gegen die Türken, das war aber auch alles. Im übrigen zahlte Cosimo III. nach allen Seiten und erhoffte die Rettung vom Himmel.

Die kam aber nicht, denn auch seine Hauptwidersacher, die Könige von Spanien und Frankreich und der Kaiser in Wien, waren gute Katholiken, nur eben nicht so friedfertig wie er. Selbst im Innern gärte es, denn ohne Galeeren gab es keinen Seehandel und ohne Ansehen im Ausland keinen Export. Die wachsende Arbeitslosigkeit in den Werkstätten in und um Florenz führte zu Unruhen, und aus Angst, wie so mancher Herrscher der Arnostadt vor ihm von einem Aufstand überrascht zu werden, plünderte Cosimo III. die Schätze in der Festung und vergab öffentliche Arbeiten, womit wenigstens die Arbeitslosen von der Straße verschwanden. Da er zugleich die hochdotierten Orden ermahnte, nicht nur an die Bäuche der Mönche, sondern auch an die Not der Arbeiterfamilien zu denken, wurde die Gefahr einer Revolte gebannt.

Glücklicher war nur das von Florenz eroberte Siena, denn dort herrschte klug und in mancher Hinsicht modern Francesco Maria de' Medici, Kardinal und Gouverneur. Er beschäftigte sich ernsthaft mit den Problemen der Landwirtschaft und der Entvölkerung und motivierte die Bauern durch eine Landreform, die praktisch mit einem Ende der Leibeigenschaft und des Großgrundbesitzes gleichzusetzen ist.

Eines freilich vermochte der intelligente und tüchtige Kirchenfürst dann doch nicht: Als auch die Ehe von Gian Gastone mit seiner Hinterwäldlerin kinderlos blieb, überredete Cosimo III. in seiner Untergangspolitik den Kardinal, dem geistlichen Stand zu entsagen und zu heiraten. Die Auserwählte war Eleonore Luisa Gonzaga, Prinzessin von Guastalla, sechsundzwanzig Jahre jünger als der Kardinal, ein Bild von einem jungen Weib, gesund und wohlgestaltet. Aber Francesco Maria, aller Prunkgewänder entkleidet, wurde im Augenblick der Wahrheit zum Schock ihres jungen Lebens. Sie erklärte, völlig außerstande zu sein, seine Annäherung zu dulden. Und da sie schließlich eine mächtige Familie hinter sich hatte, mußten sich die Medici wohl oder übel mit dieser Auskunft bescheiden: Gian Gastones Tod mußte somit das Ende der Mediceer-Herrschaft über Florenz mit sich bringen …

Als Gian Gastone, im Oktober 1723, nach dem Tod seines Vaters die volle Verantwortung übernehmen konnte, war er zweiundfünfzig Jahre alt und nach den Begriffen der Zeit ein alter Mann. Zwar darf man annehmen, daß seine exzentrische Mutter in ihrer Verbannung von Poggio a Caiano Gelegenheit gehabt hatte, ihn von einem gesunden Partner zu empfangen, dann aber führte Gian Gastone, ein verheirateter Prinz ohne Frau, doch das ausschweifende Leben der Florentiner jeunesse dorée, was bedeutete, daß er für sein hohes Amt nur noch ein minimales Kräftepotential mitbrachte. Umgeben von drei kostspieligen Witwen, hatte er auch mit dem höchst notwendigen Sparkurs ernsthafte Schwierigkeiten.

Die schöne Eleonora Gonzaga, Witwe nach dem Kardinal, der für sie auf den Purpur verzichtet hatte, stellte die Ansprüche, an die sie gewöhnt war. Violante Beatrice, Witwe nach Ferdinand de' Medici, hatte sich in jahrelanger aufopfernder Pflege eines Schwerkranken Verdienste erworben, die man nicht geringschätzen durfte, und die reiche Dame aus Sachsen-Lauenburg machte nun, da sie Großherzogin war, endlich Miene, nach Florenz zu kommen und dort hofzuhalten, was Gian Gastone nur durch kostspielige Gesandtschaften und Beschwichtigungen verhindern konnte.

Immerhin gelang es ihm, die drückendsten Steuern zu senken, die Privilegien der Kirche und der mächtigen Orden einzuschränken und dem Handel Erleichterungen zu schaffen, die es mit sich brachten, daß die Geschäftswelt rund um das Mittelmeer sich wieder für Florenz interessierte. Da die Prälaten und die Klöster inzwischen zähneknirschend mit Steuerzahlungen begonnen hatten und die sehr aufwendige Hofhaltung Cosimos III. wegfiel, vermochte Gian Gastone den Staatshaushalt auszugleichen. Mit Gebäuden und Vermögen aufgelassener Klöster schuf er ein Armenhaus, dessen Insassen allerdings gewisse Arbeiten verrichteten. Solche und ähnliche Initiativen brachten ihm in einem Jahrhundert, in dem Armen- und Krankenfürsorge noch sehr im Argen lagen, die Sympathien Klemens XII. ein, des Papstes aus dem reichen florentinischen Handelshaus der Corsini. Klemens war seit 1730 Papst, seit 1732 blind, aber trotz hohen Alters energisch und unerschrocken, hatte gleich zu Beginn seines Pontifikats Korruptionisten verhaften lassen und baute ein weltweites Missionswesen auf. Wer heute an ihn denkt, weiß wohl nur, daß Rom ihm die Fontana di Trevi verdankt; Gian Gastone aber deckte er so lange er konnte den Rücken, als Landsmann und als Kirchenfürst.

Auch an der Universität zog ein neuer Geist ein, weil eine Reihe weltlicher Lehrstühle, die Cosimo III. nicht in sein klerikales Weltbild gepaßt hatten, neu besetzt wurden – freilich nicht mit international bekannten Koryphäen, für die Florenz, Siena und Pisa nicht mehr anziehend genug waren, sondern mit den besten Köpfen aus der Arnostadt selbst.

Aus dem Palazzo Pitti wurden jene salbungsvollen Frömmler verbannt, die Cosimo III. über die wahre Verfassung von Stadt und Land so lange und so erfolgreich getäuscht hatten, aber was statt ihrer im Palast Einzug hielt, war nicht sehr viel besser. Gian Gastone hätte ernsthafte und energische Helfer gebraucht, umgab sich aber mit den unterhaltsamen Gefährten seiner Vergnügungen.

Als völlig chancenlos erwiesen sich die Versuche, der Familie Medici das Großherzogtum zu erhalten. Cosimo III. und seine Söhne hatten bei ihren Auslandsreisen durch die feinen florentinischen Manieren und durch ihre Bildung in Paris wie in London und Wien den besten Eindruck hinterlassen und viele Komplimente empfangen; aber die allgemeine Entwicklung sprach gegen sie, der Papst hatte an Autorität verloren, und Italien war zum Spielball der großen europäischen Mächte geworden. Im Oktober 1731, also sechs Jahre vor dem Tod Gian Gastones, landete schon eine kleine spanische Flotte in Livorno und setzte den Prinzen Carlos de Bourbon an Land, der wenig später seinen Einzug in Florenz hielt und sich als Thronerben feiern ließ, eine so grobe Taktlosigkeit, daß man ihr wirklich nur mit den Methoden Cosimos I. hätte begegnen können. Gian Gastone aber nahm den Infanten in den Palazzo Pitti auf, wo er ihn wenigstens unter den Augen hatte, und deponierte einen geheimen schriftlichen Protest beim Erzbischof von Pisa, in dem er die Pressionen vor allem Spaniens und Österreichs als unrechtmäßig verurteilte.

Im übrigen flüchtete er bei Tag immer häufiger in die Biblioteca Laurenziana, die sein sonst nicht sonderlich bildungsbeflissener Vater entscheidend gefördert hatte, und versuchte abends im Kreis der ruspanti nicht allzu intensiv an das nahe Ende zu denken. (Ruspo hieß im Volksmund die Zechine.) Während dieser Festeslärm im Palazzo Pitti verklungen ist, können wir in der Biblioteca Laurenziana noch die gesammelten Bemühungen mehrerer Medici-Generationen erkennen, und es waren nicht immer die herrschenden Herren, die hier Initiative entfalteten: die nachhaltigen Verdienste erwarben sich die Kardinäle der Familie wie etwa Giovanni de' Medici, der sechshundert wertvolle Handschriften, die Cosimo der Ältere einem Kloster geschenkt hatte, für die Bibliothek zurückkaufte, damit sie der Forschung zugänglich seien. Und wo gäbe es eine zweite Bibliothek, deren Lesepulte von einem Michelangelo entworfen wurden!

All dies ging nun beinahe überstürzt, ja in freiem Fall seinem Ende entgegen. Vergeblich waren die spätestens mit Cosimo I. deutlich gewordenen Bemühungen um ein florentinisch-toskanisches Selbstverständnis, das diesen jungen Staat auf altem Boden gegen das päpstliche Rom und die Seerepubliken identifizieren sollte. Es wirkte wie ein Hinweis der alten Götter, als 1553 ein Fabelwesen gefunden wurde, das wir heute Chimaira nennen und das die antike Mythologie mit der Gabe, Feuer zu schnauben ausstattet. Es bedurfte eines Helden vom Mut eines Bellerophon, Chimaira zu töten. Die etruskische Arbeit aus dem vierten vorchristlichen Jahrhundert befindet sich heute im Museo Archeologico von Florenz als bizarres Dokument etruskisch-toskanischer Entwicklungslinien an dem übermächtigen Rom vorbei. Für einen Augenblick schien es, als würden Kaufherren und Wollspinner, Fernhändler und Bankiers damit endlich neben die Päpste von Rom, die Dogen von Venedig und Genua, die bedeutende ambrosianische Tradition der Mailänder treten. Solche

Hoffnungen und Ansprüche gingen unter, als ein noch nicht sechzehnjähriger Infant von Spanien federnden Schrittes über die Kais von Livorno ging, die unter so großen Opfern von zwei Medici-Generationen errichtet worden waren. Im Rückblick stellte sich die bittere Erkenntnis ein, die Weltmächte jenes Jahrhunderts des Lichtes hätten die alten italienischen Kulturlandschaften mit der gleichen Selbstverständlichkeit und Arroganz untereinander aufgeteilt wie bei anderen Gelegenheiten Galizien, Wolhynien oder die Walachei und später dann Afrika, Hinterindien, die Antarktis …

Ein polnischer Prätendent, der als Schwiegervater von Frankreichs fünfzehntem Ludwig Österreich nicht genehm sein konnte, wurde mit Lothringen abgefunden, und die so vielfach herumgestoßenen und erst seit kurzem wieder in ihrer Heimat herrschenden Herzöge von Lothringen durften sich unter österreichischer Oberhoheit auf die Toskana freuen, sobald Gian Gastone das Zeitliche gesegnet haben würde.

Doch »regierte Gian Gastone nach dem Tode des Vaters noch vierzehn Jahre bis 1737 als Großherzog mit einer Apathie, die mit der zielbewußten und intelligenten Aktivität kontrastiert, die seine fromme Schwägerin Violante von Bayern in den Regierungsgeschäften entfaltete. Gian Gastone hingegen zog sich in den Palazzo Pitti zurück, wo er sich unter der Regie seines sich kräftig bereichernden Günstlings Giuliano Dami Orgien widmete, über die – allerdings von der nachfolgenden Dynastie Österreich-Lothringen aufgebauschte – Gerüchte zirkulierten. Bis auf sein Totenbett aber bewahrte Gian Gastone seine zynische und ironische Intelligenz: Seine letzten Worte sic transit gloria mundi … sind ein unvergleichlich zutreffendes Motto für die letzten Jahrzehnte einer der ruhmreichsten Dynastien Europas« (Leonida Pandimiglio).

Dieser Tod des letzten Medici erfolgte am 9. Juli 1737, aber das sonst so pietätvolle Haus Österreich hatte so lange nicht warten wollen. Schon seit den letzten Wochen des Jahres 1736 wurden intensive Verhandlungen zwischen den in Norditalien stehenden Truppen unter dem Feldmarschall Ludwig Andreas Graf von Khevenhüller-Frankenburg und den Spaniern geführt, für Österreich durch den Feldmarschalleutnant Freiherr von Wachtendonk, für Spanien durch einen Grafen Mariani. Die Hauptschwierigkeiten waren protokollarischer Natur, denn Kommandeur des spanischen Expeditionskorps war nicht der Infant (der später als Karl III. Flexibilität, Toleranz und Umsicht bewies), sondern ein Herzog aus dem uralten Haus Montemar, das seit Jahrhunderten das Recht hatte, in Gegenwart des Königs den Hut aufzubehalten. Es mußte vermieden werden, daß eine Art Übergabe an die Österreicher stattfand, die Spanier mußten sich also freiwillig und ohne Feinddruck vorher einschiffen. Andererseits aber wollte der siebzigjährige Herzog unbedingt noch den berühmten Karneval von Florenz miterleben, den man seinetwegen wiederum nicht auf Weihnachten vorverlegen konnte.

Es bedurfte einer persönlichen Intervention Kaiser Karls VI. in Madrid, um den lebenslustigen Granden zum Verzicht auf diesen letzten Karneval am Arno zu bewegen. Am 8. Januar 1737 wurden die österreichischen Truppen bei Pontremoli zusammengezogen und warteten diszipliniert, bis die Spanier sich am 10. Januar in Livorno eingeschifft hatten. Die Stadtväter von Florenz aber hatten die schwierige Frage zu lösen, wie mitten im Winter soviel Futter für die Kavalleriepferde des Freiherrn Carolus Franciscus von Wachtendonk beschafft werden könne. Es muß letztlich doch ohne größere Pferde-Hungersnöte abgegangen sein, denn schon am 24. Februar 1737 war Graf Khevenhüller in Wien Gegenstand vielfältiger Ehrungen; unter anderem ernannte man ihn für die unblutige Eroberung von Florenz zum Vizepräsidenten des Hofkriegsrates. Das alte Jülicher Geschlecht von Wachtendonk hingegen hatte unter der Sonne Italiens weniger Glück, es erlosch noch im selben Jahrhundert …

Erinnern wir uns noch jener Margarete Louise oder Margherita Luisa von Orléans, die ihre Verbannung nach Florenz zunächst nur ertragen hatte, weil ihr Geliebter Karl von Lothringen ihr bis an den Arno gefolgt war? Der junge Heros hatte das Land schnell wieder verlassen müssen, er hatte unter österreichischen Fahnen sehr viel Ruhm erworben und eine Habsburgerin geheiratet, und der junge Fürst, der nun die Nachfolge von Gian Gastone de' Medici antrat, war mit seinen neunundzwanzig Jahren nicht sehr viel älter als sein Großvater, der Romeo der unglücklichen Julia Margherita Luisa in jenen heimlichen Nächten von Poggio a Caiano.

Es gab noch weitere Parallelen, und ich verdanke ihre Kenntnis wie sehr viele Einzelheiten der nun folgenden Seiten dem Buch, das mein Bruder Georg im Jahr 1986 über diesen Franz Stephan von Lothringen (1708–65) geschrieben hat – den Umstand zum Beispiel, daß auch dieser Lothringer in dem Augenblick, da er sich in die reiche Stadt Florenz begab, eben sein angestammtes Land am Oberrhein verloren hatte und nur über sehr geringe Barmittel verfügte. Stanisław Leszczyński, von dem noch niemand wußte, wie sehr er sich um Lothringen verdient machen würde, hatte in der Abwicklung des unerhörten Tauschvorgangs Lothringen gegen Toskana seinen königlichen Schwiegersohn hinter sich und war darum zwischen Nancy und Rhein in der besseren Position. Aber gegen den Abtransport der persönlichen Habe des scheidenden Franz Stephan vermochte er doch nichts zu unternehmen, und dieser wiederum konnte es sich nicht leisten, auf nennenswerte Werte zu verzichten, denn ihn hatte die Hochzeit mit der Erzherzogin Maria Theresia alles in allem 389391 Gulden gekostet. Und wenn wir lesen, daß der größte Einzelposten in dieser horrenden Summe die 150000 Gulden für die Anfertigung eines dicht mit Juwelen besetzten

Miniaturporträts des Bräutigams gewesen war, so tritt Franz Stephan damit schon in die Fußstapfen der Medici, die für ihre Maler stets eine offene Hand gehabt hatten. Offene Hände machen leere Taschen, darum mußte der neue Großherzog Güter in seinem Herzogtum Teschen und in der Reichsgrafschaft Falkenstein (heute Rheinland-Pfalz) verpfänden, um die Monsterübersiedlung von all den Möbeln, Kunstgegenständen, Gemälden, Gobelins und der Garderobe aus den Schlössern zu Nancy, Lunéville, Malgrange und wie sie alle hießen zu bezahlen. Die Völker hatten es in diesen dynastischen Rücksichtslosigkeiten ja relativ einfach, sie durften ohnedies nicht mitreden, sie blieben, wo sie waren, und erhielten eben einen neuen Herrn. Die Herren aber besaßen viel zuviel, um beweglich zu sein, und die hochadelige und verdiente Beamtenschaft des Lothringers wäre mit einem so komplizierten Unternehmen wie dieser Übersiedlung heillos überfordert gewesen. Immer dann, wenn die hohen Herren mit einem Problem nicht fertig wurden, zog man in Frankreich, den Niederlanden und Deutschland die Juden heran, etwas, das in Florenz oder Venedig völlig überflüssig gewesen war, dort kamen die Dogen und Fürsten ja selbst aus dem Kaufmannsstand.

Franz Stephan fand seinen Generalimpresario und Übersiedlungsmarschall in dem elsässischen Juden Jacques Westermann. Der nutzte, was in Lothringen damals schon an Kanälen vorhanden war, ließ das gewaltige Übersiedlungsgut den Rhein abwärts reisen, auf Hochseeschiffe verladen und rund um Spanien und durch die Straße von Gibraltar nach Livorno bringen. Das Unternehmen verlief im ganzen erfolgreich, nur in einem Punkt scheiterte Jacques Westermann: Le Roi Stanislas, wie er bis heute in Nancy zärtlich genannt wird, aus Polen an den Umgang mit Juden gewöhnt, wußte ganz genau, daß es ein Unding sei, die Weinschätze aus den Kellern von Malgrange mit ins Weinland der Toskana zu transportieren, und drückte Westermann gnadenlos beim Feilschen um den Übernahmepreis.

In Florenz erwartete Franz Stephans Beauftragter, der Fürst Marcus von Beauvau-Craon (1679–1754) aus der alten Familie des Anjou, Grande von Spanien und nun auch noch Vizekönig der Toskana, die allerdings niemals ein Königreich gewesen war, seit dem 3. Juni 1737 den Tod Gian Gastones und muß wohl sehr genaue Informationen gehabt haben, denn schon sechs Tage später tat der letzte Großherzog aus der Familie Medici unter goldbestickten Decken, zwischen Bettvorhängen, die mit Perlen geschmückt waren, den letzten Atemzug. Franz Stephan aber nahm zu dieser Zeit gerade von seiner Habsburgerin Abschied (man weiß, daß er das Glück hatte, wirklich geliebt zu werden) und zog donauabwärts in den Krieg gegen die Türken. Die Toskana hatte also wieder einen kriegerischen Herrn, auch wenn an ihren Grenzen Frieden herrschte.

Aber im Jahr zuvor war eingetreten, woran in Wien schon niemand mehr geglaubt hatte: Der Prinz Eugen war gestorben, und ohne diesen großen Feldherrn waren die Herren, die unter ihm ganz tüchtig kommandiert hatten, den Tücken des serbischen Kriegsschauplatzes nicht gewachsen. Franz Stephan entschied, daß er von ihnen nichts lernen könne, kehrte nach Wien zurück und befahl aus der Ferne, für den toten Gian Gastone eines jener eher schaurigen als feierlichen Totengerüste aufzustellen, die pietätvoller castrum doloris genannt werden, ein Schloß der Schmerzen, dessen Platz natürlich San Lorenzo war, das Erbgrab der Medici.

Weniger einfach war es für Franz Stephan, seine neue Herrschaft selbst anzutreten. Erst nach einem neuerlichen Feldzug gegen die Türken konnten Franz Stephan und Maria Theresia von Kaiser Karl VI. Urlaub erbitten, um nach Florenz zu reisen. Das war im Winter von 1738 auf 1739, und da diese Reise bis in alle Einzelheiten bekannt ist – von der Quarantäne gegen die drohenden Seuchen, die Venedig verhängte, bis zu den verschneiten Pässen zwischen Bologna und Florenz –, darf man sagen, daß man auch im achtzehnten Jahrhundert noch so langwierig, umständlich und unbequem reiste wie dreihundert Jahre zuvor, als die Prälaten aus aller Welt sich zu dem großen Konzil nach Florenz begeben hatten. Zu einer denkwürdigen Rast kam es in dem (1797 aufgehobenen) Kloster San Michele ad Alges bei Monghidoro, am Fuß des Raticosapasses. Hier erwartete die erste Delegation aus Florenz die Ankömmlinge, Herren des Stadtsenats und Beauftragte von Anna Maria Ludovica, jener Schwester des verstorbenen Gian Gastone, die den unglücklichen Gedanken gehabt hatte, ihn mit der fülligen Witwe aus den böhmischen Wäldern zu verheiraten. Sie war nach dem Tod ihres Gatten, des Kurfürsten von Pfalz-Neuburg, nach Florenz zurückgekehrt, und Franz Stephan, Enkel und Sohn galanter halbfranzösischer Fürsten, hatte ihr die Regentschaft der Toskana angetragen. Das hatte die etwas schrullige alte Dame für den Ankömmling eingenommen, und so vollzog sich denn die Übernahme der Gewalten geradezu mit Grandezza.

Selbst der Abt jenes Bergklosters wollte sich von dieser barocken Höflichkeitsorgie nicht ausschließen, empfing Maria Theresia innerhalb der Klausur (wozu sie als Tochter des Kaisers das Recht hatte) und dehnte die Fürsorge der entzückten Mönche auch auf die vornehmsten Damen des habsburgischen Gefolges aus. In den kargen Hallen von San Michele wurden Kaffee und Kakao zum Frühstück serviert, man hörte dann noch die Messe, und schließlich konnte es – am 20. Januar 1739 – weitergehen, da der kundige Oberpostmeister der Toskana den guten Einfall gehabt hatte, mit dreihundert frischen Postpferden auszuhelfen. Auch der Passo della Futa wurde noch glücklich bezwungen, ehe der lange Zug ins Mugellotal hinab und nach Florenz gelangte.

Die nicht – wie in früheren Zeiten – hölzerne, sondern aus solidem Mauerwerk errichtete Triumphpforte für das hohe Paar existiert heute noch; damals allerdings war sie bei weitem noch nicht fertig, und in der Stadt der großen, geschickten und oft sehr schnellen Baumeister wurde nicht wenig über den lothringischen Architekten Godot gelästert, auf dessen Meisterwerk man vergeblich gewartet hatte. (Diesen schicksalsträchtigen Namen gibt ihm zumindest der Stadthistoriker Antonio Panella; bei Georg Schreiber heißt er Jadot und ist ein Baron de la Ville-Issey). Sicherlich aber hat Thieme-Becker recht, wenn er schreibt, er habe keinerlei architektonische Schulung erhalten. Schon 1736 hatte Godot-Jadot in Nancy einen Hymentempel errichtet, um die Verlobung Franz Stephans mit Maria Theresia zu feiern, damals war der Künstler erst sechsundzwanzig Jahre alt. Drei Jahre später setzte Franz Stephan den jungen Mann zum Oberaufseher aller Bauten in der Toskana ein, ein Affront für die Florentiner und Sienesen mit ihrer großen Tradition. Sie mußten jedoch nur wenige Jahre an ihm Anstoß nehmen, denn 1745 wurde Franz Stephan als Franz I. zum Kaiser gekrönt und nahm seinen Landsmann mit nach Wien. Dort wurde er als Hofbau-Inspektor »für den immer wieder geplanten, immer wieder fallengelassenen Ausbau der Wiener Hofburg tätig« (Thieme-Becker), ehe er »der in Österreich landesüblichen Sprachen nicht kundig und dadurch in seinem nützlichen Wirken gehemmt« nach Brüssel weiterzog. Sein schneller Aufstieg in Florenz wurde auch mit der Tatsache begründet, daß Franz Stephans Bevollmächtigter in der Toskana, der Fürst von Beauvau-Craon, an Godot-Jadot hoch verschuldet war, ihm die Baronie von Ville-Issey verpfändet und schließlich ganz überlassen hatte.

Um so korrekter ging es zwischen den höchsten Herrschaften zu, dem großherzoglichen Paar und der ersten Dame von Florenz, der älteren Schwester des nun toten Gian Gastone. Sie hieß Anna Maria und wurde als Witwe nach Johann Wilhelm von der Pfalz die Kurfürstin(-witwe) genannt. Als Franz Stephan sie am ersten der Ankunft folgenden Tag in ihrem Palazzo besuchte, überreichte sie ihm mit großer Gebärde den Familienschmuck der Medici – zweifellos eine symbolische Handlung, und Franz Stephan war denn auch Kavalier genug, der Fürstin zu versichern, daß all diese Geschmeide bei ihr in bester Hut seien. Im Grunde konnte er gar nicht anders handeln, denn die Medici waren ja nicht nur die Herren über Florenz, sondern vor allem erfolgreiche Kaufleute und Bankiers gewesen, so daß ihr Vermögen keineswegs als primär staatlich, dem Großherzogtum gehörend gelten mußte.

Nicht viel klarer war die Rechtslage hinsichtlich der Kunstwerke und Sammlungen, die sich in den Palästen und Landhäusern der Medici befanden, während die Kunstschätze der öffentlichen Gebäude ohne viel Federlesens als Besitz des Großherzogtums in die neue Ära übernommen wurden. Um den Vorgang optisch zu verbrämen, sparte Franz Stephan nicht an Ehrengaben für die Herren und Damen des alten Hofstaates und der florentinischen Verwaltung, aber auch die Herren und Damen der habsburgisch-lothringischen Suite. Beim Gang durch die Uffizien und bei der Besichtigung der großen mediceischen Bibliothek wurde Franz Stephan aber wohl klar, daß sich Jacques Westermann die Mühe, Bilder und Bücher aus Lunéville oder Nancy zu verpacken, wirklich hätte sparen können. Georg Schreiber berichtet, daß Franz Stephan angesichts dieser erdrückenden Fülle von Kunst und Kultur in die Menagerie flüchtete, die in den Boboli-Gärten untergebracht war und in einer berühmten Volière seltene Vögel, aber auch Raubtiere in Käfigen beherbergte.

Da sich in den letzten Jahren der Medici entscheidende Maßnahmen gegen die Lethargie Gian Gastones nicht mehr hatten durchsetzen lassen, lagen die ersten Verbesserungen auf der Hand, und Franz Stephan zauderte auch nicht: Der Zinsfuß wurde herabgesetzt, zu allen Zeiten eine populäre Maßnahme, und die durch die nun verminderten Einkünfte getroffenen Juden versöhnte der Lothringer durch Zusicherung über ihre Situation und die ihrer Vermögen. Das hatte sich so schnell herumgesprochen, daß Maria Theresia und ihr Gemahl bei ihrem Besuch in Livorno bereits von einem zweiten, diesmal aber fertiggestellten Triumphbogen erwartet wurden. Ihn hatten die in der toleranten Hafenstadt in großer Zahl ansässigen jüdischen Zuwanderer aus

Spanien errichtet, um diesem Zweig des Hauses Habsburg dafür zu danken, daß er das Unrecht gutmachen wollte, das ein anderes katholisches Herrscherhaus sehr zum Nachteil der spanischen Wirtschaft begangen hatte. Ähnliche Zusicherungen erhielten die etwa gleichzeitig nach Livorno gekommenen Mauren.

Unter den Schätzen, die man Franz Stephan in Florenz gezeigt hatte, waren auch einige prachtvolle Beutestücke, wie sie die kampftüchtigen Galeeren des pisanischen Ordens der Stephansritter nach Siegen gegen die Barbareskenschiffe oder beim Kapern türkischer Kauffahrer eingebracht hatten. Die toskanischen Galeeren im Hafen von Livorno waren allerdings inzwischen ebenfalls zu Schaustücken geworden, malerische Reminiszenzen an größere Zeiten und für Maria Theresia ebenso sehenswert wie das Meer selbst, das sie noch nie erblickt hatte. Man berichtete Franz Stephan von der bedeutenden Rolle, die Livorno als Begegnungsort zwischen der christlichen und der islamischen Seefahrt spiele: Nur hier war der Freikauf von Christensklaven möglich, nur hier konnten Gefangene von Piratenschiffen oder Türken gegen geraubte Christen ausgetauscht werden. Das seit Jahrhunderten funktionierende, beiden Teilen dienende Geschäft bot Franz Stephan Gelegenheit zu einem humanitären Akt, der sich allerdings wohl auch ohne ihn nach und nach ergeben hätte. Er besichtigte die Galeeren mit den Rudersklaven und veranlaßte einen Massenaustausch, der nur vernünftig war, weil Galeeren, die nicht mehr auslaufen, auch mit reduzierten Mannschaften auskommen.

Ungleich heikler waren die wirtschaftlichen Maßnahmen und die Erneuerung der Verwaltung, einmal, weil sich in Florenz immerhin starke und erfolgreiche Traditionen entwickelt hatten, zum anderen aber, weil während der Untätigkeit des letzten Großherzogs die private Bereicherung überhandgenommen hatte. Der Mann, den Franz Stephan als neuen Chef von Finanzen und Verwaltung einsetzte, war der neugebackene Graf von Richecourt. Es war, wie man in der Rückschau sagen muß, eine

Kanonikus von Santa Maria del Fiore auf dem Weg in seine Stammkneipe, die Osteria del Porco (nach Grazzini)

Entscheidung, bei der es an Fingerspitzengefühl gefehlt hatte. Man kann für einen Posten auch zu tüchtig sein, und wenn auch in Florenz sehr vieles zu harten Maßnahmen geradezu herausforderte, so wirtschaftete dieser neue Besen doch in einer alten Residenz mit einem selbstbewußten und darum verletzlichen Patriziat. Erst 1756 erreichten die Florentiner seine Abberufung.

Freilich darf man nicht verkennen, daß der Kampf, der von Richecourt verlangt wurde, außerordentlich schwer war, denn jede verantwortungsbewußte und in die Zukunft planende Staatsverwaltung hatte um die Mitte des achtzehnten Jahrhunderts einen übermächtigen Gegner: Die auf ihren mittelalterlichen Privilegien und Besitzständen verharrenden und sie mit allen Mitteln bis hin zur Anrufung des Papstes und der Inquisition verteidigende Kirche. Sie war unter Cosimo III. so reich und mächtig geworden, wie sie es unter den frommen, aber kaufmännisch denkenden früheren Medici nie gewesen war. Sie hatte durch Erbschaften, Stiftungen, Pressionen und Bestechungen praktisch die Hälfte des florentinischen Grundbesitzes in ihrer Gewalt, so daß sich jede Reform, die doch dem ganzen Staatswesen und dem ganzen Volk gelten sollte, mit der Hälfte der Machtmittel und Möglichkeiten begnügen mußte.

In gewissem Sinn stand jeder mutige Staatsmann eines katholischen Staates damals vor den gleichen Aufgaben wie Richecourt, nur waren sie alle ungleich bedeutender als er und hatten den Souverän an ihrer Seite. Der aus der Toskana stammende Marchese Bernardo Tanucci im Königreich Beider Sizilien, die Minister Aranda und Floridablanca in Spanien, der zur Legende gewordene Marques von Pombal (1699–1782) in Portugal, der Herzog von Choiseul und der Reform-Minister Turgot (1727–81) in Frankreich. Wie mächtig die beharrenden Kräfte, die mittelalterliche Reaktion noch waren, zeigt der bekannte Umstand, daß die mutige und mit einem gesunden Hausverstand begabte Maria Theresia den aus einer jüdischen Familie Mährens stammenden Reformer Sonnenfels oft heimlich empfangen mußte.

In diesem Zusammenhang gesehen, entsprach der Fortschritt in Florenz durchaus einer guten europäischen Mitte. Die im Prinzip sogar vom Papst genehmigte Besteuerung kirchlicher Güter und Geschäfte wurde unter dem harten Richecourt erstmals Wirklichkeit, aber die so gewonnenen Gelder kamen nicht alle der Toskana zugute, sondern flossen zum Teil nach Wien, wo die anhaltenden Feindseligkeiten an verschiedenen Fronten nicht nur sehr viel Geld kosteten, sondern sogar die Anforderung von Truppen aus der durch lange Friedenszeiten verwöhnten Toskana nach sich zogen: Mehr als dreitausend Landeskinder gingen der Toskana in den Schlachten, in der türkischen Gefangenschaft und durch Seuchen verloren.

Franz Stephan, bekanntlich der beste Geschäftsmann unter allen römischen Kaisern, wirkte auf seine Weise diesem Entzug an Geldern entgegen und legte seine hohe Apanage aus der großherzoglichen Würde zum größten Teil wiederum in der Toskana an, allerdings nicht in staatlichen Maßnahmen, sondern als gleichsam privater Investor und zur Vergrößerung seines eigenen Vermögens. In diesem Punkt war er zweifellos ein durchaus legitimer Nachfolger der Medici. Beraten von dem Wirtschaftswissenschaftler Sallustio Bandini, hatte Franz Stephan, so kurz er auch in Florenz weilte, entscheidende Maßnahmen zur Förderung des Handels mit Getreide, Wolle und Lederwaren getroffen und die schier unlösbare, von den Medici begonnene Aufgabe der großen Trockenlegungen in den Sumpfgebieten rund um Siena weiter vorangetrieben. Ja er hatte sogar deutsche Bauern aus Lothringen ins Land gerufen, die hier kultivieren sollten, und Richecourt empfing die Ankömmlinge mit der Drohung, daß das ihnen zugeteilte Land an andere vergeben werden würde, sollten sie mit dem Urbarmachen nicht vorankommen. Es war eine so gewaltige Aufgabe, daß ein durchschlagender Erfolg ebensowenig erzielt werden konnte wie Jahrzehnte vorher, als Cosimo III. die Flüchtlinge aus Kreta ansiedelte.

Dort, wo es nicht um Geld und Besitz ging, wich hingegen die Kirche ein wenig zurück; man war bereit, das preiszugeben, was nichts einbrachte, in der Öffentlichkeit aber das größte Aufsehen erregte – die inquisitorische Verfolgung fortschrittlicher Denker und Dichter. Der bekannteste von zahlreichen Konflikten zwischen der Inquisition und der habsburgisch-lothringischen Verwaltung zu Florenz ist der des Freimaurers Tommaso Crudeli (1703–45), und in ihm hat sich die neue weltliche Obrigkeit erfolgreich geschlagen.

Crudeli stammte aus dem oberen Arnotal, dem sogenannten Casentino, und arbeitete als Sprachlehrer in Florenz, verfaßte nebenher aber zum Teil ziemlich freie erotische Gedichte und politische Fabeln in der Art des La Fontaine, was im traditionell freisinnigen Florenz nicht so gefährlich war wie die Zusammenarbeit mit den Freimaurern. Sie hatten in der Arnostadt eine erste Loge gegründet, deren Oberhaupt nicht viel geschehen konnte, denn es war Charles Sackville, Earl of Middlesex und später Duke of Dorset (verewigt durch die seltene florentinische Denkmünze, die sein Profil zeigt). Der florentinische Arzt Pupiliani beichtete zu Ostern 1739, daß er Verbindung zu dieser Loge habe, und ihr Sekretär, eben Crudeli, wurde sofort verhaftet und im Gefängnis der Inquisition zu Santa Croce grausam gefoltert. Angesichts der langsamen Nachrichtenübermittlung vergingen verhängnisvolle Wochen, ehe Franz Stephan in Wien von der Angelegenheit erfuhr (vermutlich durch den deutschen Freimaurer Baron von Stosch, der aus Florenz ausgewiesen worden war) und zunächst die Verlegung Crudelis in ein staatliches Gefängnis und später seine Freilassung befehlen konnte. Crudeli überlebte die Martern allerdings nur um sechs Jahre.

Heute, da sein Werk überblickt werden kann, weiß man, daß in ihm eine der letzten großen Hoffnungen der florentinischen Poesie vernichtet wurde. Er schlug in seinen Idyllen einen neuartigen realistischen Ton an und sah auch die Erneuerung des italienischen Theaters voraus, indem er mit ersten Versuchen der traditionellen Commedia dell'arte seine Commedia regolare entgegensetzte. Siebzehn Jahre nach seinem Tod erschien seine bekannteste Gedichtsammlung: L'arte die piacere alle donne.

Ein gut Teil dieser Gedichte entstand im Gefängnis, und als sich die Kerkertore für Tommaso Crudeli öffneten, mußte der Ärmste froh sein, noch gehen und schreiben zu können, an die Kunst, Frauen zu verführen oder auch nur ihnen zu gefallen, worüber er so eifrig gedichtet hatte, durfte er nicht mehr denken. Der kleine Ort Poppi, wo Crudeli geboren worden war und starb, ist heute ein Pilgerziel für ein paar Eingeweihte und für jene Italiener, die ihre Gefängnispoeten auch dann schätzen, wenn es einmal nicht die Österreicher waren, die sie hinter Gitter gebracht hatten.

Franz Stephan bewies in diesem Eintreten für Crudeli Mut und Menschlichkeit zu einem Zeitpunkt, da er noch nicht einmal Mitregent und schon gar nicht Kaiser war, denn sich mit der Inquisition anzulegen war auch für große Herren keineswegs unbedenklich. Die Kirche hatte in Wien eine starke Position, aber daß der junge Dichter, der niemandem etwas zuleide getan hatte, so grausam gefoltert wurde, hatte wohl auch Maria Theresia, die sich ja schon früh mit dem Gedanken einer Strafrechtsreform trug, für den Fall eingenommen.

Philipp Baron von Stosch, bei dieser Gelegenheit ausgewiesen oder aus eigenem Antrieb vor der Inquisition geflohen, lebte seit 1731 als Vertreter britischer Interessen in Florenz und wurde in dieser Stadt, die britische und deutsche Sammler stets besonders angezogen hat, zu einer bekannten Erscheinung. Nach dem Machtspruch Franz Stephans im Crudeli-Prozeß durfte auch er nach Florenz zurückkehren, und heute füllen seine Sammlungen von alten Stichen, Landkarten und Graphik aller Art – in Wien aufbewahrt – nicht weniger als 324 Folianten, wozu noch Bronzen und Münzen kommen. Kein Geringerer als Winckelmann hat einen Katalog der Gemmensammlung des Barons angefertigt, worunter auch alte Stücke etrurischer Steinschneider waren (die Sammlung ging dann nach Neapel). Wichtige Bestände aus dem Nachlaß des 1757 verstorbenen Barons erwarb 1770 Friedrich II. Der spätere Eduard VII. begnügte sich mit der Sammlung von Abgüssen der vielen Münzen. Für die mythologische Forschung waren die Schätze, die Philipp von Stosch zusammengetragen hatte, so interessant, daß Adolf Heinrich Schlichtegroll sie in zwei Bänden noch einmal beschrieb und erläuterte (Dactyliotheca Stoschiana, Nürnberg 1797–1805). Mehr Nachruhm wird einem Sammler, der selbst ja so gut wie nichts publizierte, nur sehr selten zuteil. Die Sammelausgabe seiner Briefe war eine der ersten Arbeiten des Winckelmann-Biographen Carl Justi (Marburg 1872).

Es scheint, daß die durch die Intervention aus Wien zur Affäre gewordene Causa Crudeli Franz Stephan und seine Vertrauensmänner in Florenz zu grundsätzlichen Neuerungen auf dem Gebiet des Druckerei- und Verlagswesens veranlaßte. Die Sbirren der Inquisition hatten nämlich in der Bücherstadt Florenz erhebliche Bestände an ihnen nicht genehmen Druckschriften beschlagnahmt und dem Buchhandel damit zweierlei Schaden zugefügt: Die Bücher waren weg, und die Käufer waren so verunsichert, daß sich starke Umsatzrückgänge einstellten. Die Inquisition berief sich auf Listen indizierter Literatur aus Rom. Franz Stephan entzog den Florentiner Filialen der päpstlichen Zensurstellen jegliche Machtbefugnis: Sie konnten fortan zwar Ermahnungen an die Gläubigen herausgeben und vom Erwerb bestimmter Bücher abraten, Polizeiaktionen wie Beschlagnahmen waren jedoch verboten. Franz Stephans Sohn Leopold schaffte die kirchliche Zensur von in Florenz und anderen Städten der Toskana gedruckten Büchern und Schriften vollkommen ab.

Die Freimaurer führen seit diesen Vorgängen, die wohl mehr als Zwischenfälle waren, Franz Stephan mit nur geringen Vorbehalten als einen der Ihren. Er sei schon während seiner Englandreise vom Spätherbst 1731 durch Philipp Dormer Stanhope, Earl of Chesterfield, für die Bewegung interessiert worden; im Landhaus von Sir Robert Walpole, Erster Earl von Oxford, habe Franz Stephan den Meistergrad erhalten und auch Horace Walpole kennengelernt. Dieser war nicht viel jünger als Franz Stephan selbst und der bis heute berühmte Verfasser des Kultbuches Das Schloß von Otranto, Muster der Gothic novel und ein frühes Stück der schwarzen Romantik, das vor allem in der Übersetzung von August Wilhelm Schlegel auch in Deutschland viel gelesen wurde und Nachahmer fand.

Nach allem, was wir aus dem vergleichsweise kurzen Leben Franz Stephans über diesen Mann wissen, der bis heute im Schatten seiner temperamentvollen Frau und seines großen Staatskanzlers Kaunitz steht, ist es zu bedauern, daß er sich nicht damit zufriedengeben konnte, Großherzog der Toskana mit dem Sitz in Florenz zu sein. Er hätte angesichts seiner verblüffenden Begabung in Gelddingen, angesichts aber auch seines Interesses für neue Wirtschaftsformen gut auf einen Thron gepaßt, den vor ihm Fernhändler und Bankiers eingenommen hatten.

Dazu kam, daß die selbstbewußten Bewohner einer Stadt wie Florenz sich nicht gerne aus der Ferne regieren ließen und daß sie einen Fürsten in ihren Mauern zu haben gewohnt und berechtigt waren. Spätestens als Franz Stephan Kaiser wurde, erblickten sie in der Personalunion einen Verstoß gegen den Sinn der Verträge, die 1736/37 die lothringische Nachfolge in Florenz geregelt hatten. Der Zustand dieser Unzufriedenheit währte bis zum Verzicht Kaiser Josephs II. auf die für ihn zusätzliche Würde eines Großherzogs – erst damit wurde die Toskana wieder selbständig. Sie war nun von Mitgliedern der Familie Habsburg-Lothringen regiert, wurde aber nicht von Wien aus verwaltet wie eine ferne Kolonie. Das war für ein Großherzogtum solchen Zuschnitts und mit so bedeutenden Traditionen noch keine ideale Situation, bedeutete für Florenz aber (wie für die Lombardei und später Venedig) geordnete Verwaltung von korrekten und fähigen Fachleuten. Franz Stephan verstand es, auch im florentinischen Bürgertum Talente zu entdecken, die bis dahin im Schatten der Medici-Protegés eher unauffällig geblieben waren. Schneller als man es im allgemeinen für möglich hält, hatte nach dem Tod Gian Gastones eine Umschichtung begonnen, die nach der verwöhnten Geldaristokratie nun die eigentliche Intelligenz zum Vorschein kommen ließ, in ferner Nachfolge jener Galilei-Jünger, die ihre ersten Akademien und Institutionen nicht hatten am Leben erhalten können.

Nach Gesetzen von 1747 und 1751 kam zunächst Bewegung in die großen Latifundien und die herrschaftlichen Güter, weil eine Begrenzung der Fideikommiß-Ordnung die landwirtschaftlichen Vermögen in den Fluß des Wirtschaftslebens zurückkehren ließ. Zugleich hatte Franz Stephan die Rechtshoheit der Grundbesitzer – ob sie nun Geistliche oder Adelige waren – erheblich eingeschränkt, was einer Begrenzung der Leibeigenschaft gleichkam. Bis dahin waren ganze Dörfer der Willkür eines Erbherrn oder eines Abtes ausgeliefert gewesen. Die Aufhebung der Asylrechte, die mit diesen Privilegien verbunden gewesen waren, gestattete nun dem Staat überall, auch auf dem Besitz des hohen Adels, Verbrecher zu verfolgen und festzunehmen, ein Umstand, der die Toskana von so mancher Bande befreite, die sich der Protektion hoher Herren erfreut hatte, und dem Kirchenstaat einen weiteren Zustrom lichtscheuer Elemente bescherte.

Vier Jahre, von 1750 bis 1754, dauerte es, ehe Richecourt im Auftrag seines Herrn die Schließung aller Kerker der Inquisition in der Toskana durchgesetzt hatte. Zugleich wurden alle Nichtkatholiken der Kontrolle, den Vorschriften und den Repressalien der Inquisition entzogen.

Antonio Panella weist mit Recht darauf hin, daß man über diesen schwer erkämpften Maßnahmen einer fortschrittlichen Politik die vielen kleinen Neuerungen nicht vergessen sollte, die den Florentinern ihre – dank Wohlstand und Unterhaltungsbedürfnis stark angewachsene – Lethargie wieder austrieben und sie zu Arbeit und Ordnung ermunterten: Die Bevölkerung wurde gezählt, in ihrer Wirtschafts- und Steuerkraft erfaßt, ein Teil der Feiertage und Festivitäten gestrichen, verläßliche Adelsregister angefertigt, Schulen begründet und öffentliche Bibliotheken eingerichtet. Das war eine Fülle zunächst kaum sichtbarer, im ganzen aber ungemein fruchtbarer Initiativen und Neuregelungen, die Alvise Zorzi, Stadtarchivar von Venedig und angesehener Historiker, zu dem Diktum veranlaßte, Italien sei zu keiner Zeit besser verwaltet gewesen als unter der österreichischen Besetzung. Und da die Toskana sich ja, trotz der Beschränkungen in der Außenpolitik, zweifellos nicht in dem Sinn besetzt fühlen mußte wie etwa die Lombardei oder nach 1815 Venedig, begannen sich die Florentiner auf die neue Situation einzustellen und empfingen Franz Stephans Nachfolger schon mit ungekünstelter Sympathie …

Wenn es etwas gab, was die schicksalhafte Zufälligkeit der dynastischen Erbfolge beeinflussen konnte, so war dies die Erziehung des Prinzen und künftigen Herrschers. Daß sie ungeeignet sein und dadurch die Risiken in jenen Zufällen zum vollen Unglück ergänzen konnte, beweisen sehr viele Beispiele der europäischen Geschichte, weil man jahrhundertelang alte Militärs für die besten Pädagogen hielt und ihnen die zarten Pflanzen degenerierter Großfamilien viel zu früh anvertraute. Was dabei herauskam, hat die Geschichte an Georg III. von England oder Ludwig XIII. von Frankreich studieren können; wie eine starke Begabung solche Konstellation überwinden konnte, erfuhr die Welt durch Friedrich II.

Franz Stephan, der logisch denkende Pragmatiker, ging den Weg des geringsten Risikos und bestimmte für seinen dritten Sohn Pietro Leopoldo (1747–92), den Maria Theresia aus verschiedenen Gründen als einen Problemfall ansah, seine eigenen Erzieher aus seiner franko-lothringischen Jugend, zwei also nicht mehr junge Herren namens Jacques Sauboin und Jean Brasseur; sie wurden 1761, als Pietro Leopoldo gerade vierzehn Jahre alt geworden war, durch das Brüderpaar der Grafen Thurn abgelöst, denen für die diffizileren Gebiete des Staatsrechtes und der allgemein völkerrechtlichen Unterweisung Carl Anton Martini beigegeben war, ein vergleichsweise junger Universitätsprofessor, der aus Südtirol stammte. Alle drei waren – wenn auch ohne jegliche revolutionäre Ambition – überzeugte Aufklärer und empfanden Reformer wie Thomasius, der für die Abschaffung der Folter eintrat, aber auch Montesquieu und Rousseau als Vorbilder und Vordenker. Als sich nach dem Tod des Erzherzogs Karl, nur zwei Jahre älter als Pietro Leopoldo, Leben und Herrschaft in Florenz für ihren Schüler ankündigten, zog Martini auch die Schriften des antiklerikalen Polyhistors Ludovico Antonio Muratori (1672–1750) heran, der von Florenz bis Modena und Mailand von allen gebildeten Zirkeln verehrt wurde.

Der Übergang auf die Sekundogenitur, also auf den Thron des wichtigen Großherzogtums Toskana, bedingte für Pietro Leopoldo allerdings, daß er nun nicht die junge Beatrix von Modena heiraten durfte, sondern daß ihm die Staatsraison des Erzhauses die von Carl Graf Zinzendorf, Statthalter von Triest, als »recht häßlich« beschriebene Maria Ludovica aus dem spanischen Neapel zudiktierte. Ihr Vater hat als König Karl II. in Spanien ähnlich erfolgreich gearbeitet wie sein Schwiegersohn Pietro Leopoldo später in der Toskana.

Am 13. September 1765 zog das junge Herrscherpaar in Florenz ein, und das Stadtvolk säumte jubelnd die Straßen, obwohl der Ankunftstermin geheimgehalten worden war. Aber was war in Florenz jemals geheim geblieben, vor allem, wenn es – wie diesmal – einen so guten Grund zum Jubeln gab: die Schadenfreude über die bevorstehende Entmachtung des achtzigjährigen Marchese Botta-Adorno, der sich durch seine Sparsamkeit und Herrschsucht am Arno unbeliebt gemacht hatte und wegen seines genuesischen Italienisch von der allzeit wachen Straßenjugend von Florenz unbarmherzig verspottet wurde. In der Großherzogin Maria Ludovica hatten die Florentiner nun eine neue Zielscheibe ihres Spottes, nicht nur, weil sie zwei Jahre älter war als ihr jünglingshafter Gemahl, sondern auch, weil ihr neapolitanisches Italienisch in der Toskana als derb empfunden wurde.

Der scheidende Marchese Botta-Adorno, auch d'Adorno geschrieben, verdient einen kurzen Abgesang, schon weil er aus den Nachschlagewerken verschwunden ist, als sei sein langes Leben sogar für die Lexikographen ein zu heißes Eisen. Er ist einer der nicht sehr zahlreichen Genuesen, die in der Geschichte der Donaumonarchie eine Rolle gespielt haben, wurde 1688 aus einer der Dogenfamilien geboren und hatte es als junger Mensch erleben müssen, daß Genua seinen Vater aus seinen Mauern verbannte und in absentia zum Tode verurteilte. Da es bei solchen Affairen und Intrigen nie wirkliche Klarheit gibt, blieb der Marchese als treuer Sohn von der Unschuld seines Vaters ebenso überzeugt wie von der Niedertracht seiner Landsleute; das echte oder vermeintliche Unrecht nagte in ihm und machte ihn, wie wohlmeinende Beurteiler wie Wandruszka meinen, zu einem Pechvogel, nach anderen aber zu einem hemmungslosen Intriganten. Seine Kenntnis und Geistesgaben brachten es immerhin mit sich, daß er nach dem Regierungsantritt Maria Theresias zunächst an den Unterhandlungen mit Friedrich II. von Preußen beteiligt war, und da diese erfolglos blieben, zum österreichischen Botschafter in Petersburg ernannt wurde. Leider hielt er sein loses Mundwerk nicht im Zaum, machte sich am Zarenhof unbeliebt, wählte eine Geliebte aus der Opposition und wurde schließlich aus Rußland verbannt. (»Zwei Versuche des Altadels, an denen auch der österreichische Gesandte Botta d'Adorno beteiligt war, Iwan VI. auf den Thron zu bringen, wurden verhindert, die Verschwörer mit der Knute bestraft und nach Sibirien verbannt« – Memoiren Katharina II., Band 2, p. 354). Iwan VI., zu jenem Zeitpunkt erst einige Monate alt, erwies sich später als schwachsinnig oder wurde es im Kerker und wurde 1764 ermordet.

Botta d'Adorno sollte nicht ungestraft davonkommen; Petersburg verlangte seine Bestrafung, und sollte Rußland nicht mit fliegenden Fahnen ins preußische Lager übergehen, mußte Maria Theresia den Marchese inhaftieren, was in Graz geschah, also gleichsam im Verborgenen. 1746 aber, wenige Jahre nach den Petersburger Ereignissen, finden wir den nun nicht mehr ganz jungen Botta d'Adorno als Oberbefehlshaber in Italien: Er besiegt die vereinigten Spanier und Franzosen bei Rotofreddo und nimmt seine Vaterstadt Genua ein. Die Rache des Vertriebenen ist furchtbar, drei Millionen Dukaten sind eine Brandschatzung, die auch eine reiche Stadt an den Bettelstab bringen muß, aber als Botta in seiner Wut auch noch verlangt, die Stadtväter müßten sich in Wien Maria Theresia zu Füßen werfen, erließ die große Frau den Geschlagenen diese Demütigung. Die Millionen aber behielt sie gerne und setzte Botta künftig überall dort ein, wo es um Geld ging: als bevollmächtigten Minister in den österreichischen Niederlanden und 1757 zum Verwaltungs-Chef der toskanischen Regentschaft. Daß Bottas Härte in Genua einen erfolgreichen Aufstand der Genuesen zur Folge hatte, der die Österreicher am 5. Dezember 1746 unter hohen Verlusten aus Genua vertrieb, durfte man im friedlichen Florenz vergessen.

Aus der Korrespondenz Maria Theresias wissen wir immerhin, daß sie Botta d'Adorno keinesfalls an der Seite des sehr jungen Pietro Leopoldo sehen wollte; Bottas Nachfolger in der Toskana wurde der hochbegabte Graf Orsini-Rosenberg, den Maria Theresia sehr schätzte: »Wenn Rosenberg kommt, muß Botta abgereist sein oder doch wenigstens im Begriff sein, es zu tun« (Brief an den Grafen Anton Thurn 25.6.1766)

Pietro Leopoldo, ganze achtzehn Jahre alt, hatte sich einen der Grafen Thurn-Valsassina mitgebracht; der andere sollte folgen, sobald ihn Maria Theresia mit einer ihr blind ergebenen Hofdame (und künftigen Spionin) verheiratet haben würde. Bald aber war Pietro Leopoldo selbst weit genug zu erkennen, daß ihm Florenz starke Helfer und bedeutende Männer an die Seite zu stellen in der Lage war, eine ganze Gruppe von reformfreudig eingestellten Fachleuten wie Francesco Gianni, Angelo Tavanti und Pompeo Neri. Sie vertrugen sich im ganzen auch recht gut mit dem Grafen Orsini-Rosenberg, den Pietro Leopoldo auf die dringende Empfehlung des Staatskanzlers Kaunitz schon 1766 als spiritus rector und Schiedsrichter zwischen Thurn und Botta nach Florenz kommen ließ. Er nahm vor allem die Gedankengänge von Neri bereitwillig auf.

Wolfgang Franz Xaver Graf von Orsini-Rosenberg, 1790 in den Reichsfürstenstand erhoben, 1795 ohne Nachkommen verschieden, war bei seinem Eintreffen 1766 in Florenz dreiundvierzig Jahre alt und hatte wichtige Erfahrungen und Lehrzeiten hinter sich: An der österreichischen Gesandtschaft zu Kopenhagen hatte er die Mechanismen der Weltwirtschaft und des Weltverkehrs studieren können, in Mailand war er Schüler des Statthalters Ferdinand Bonaventura Graf von Harrach gewesen, von dem in der Lombardei noch jahrzehntelang nur Gutes berichtet wurde. Persönlich von einer selbst für einen Österreicher ungewöhnlichen Konzilianz, Diplomat von einnehmendem Wesen und untadeligen Manieren, war er genau das, was Florenz nach dem alten Haudegen Botta-Adorno brauchte, war aber wohl auch eine Versöhnungsgabe von Wien an den tief verletzten jungen Großherzog: Joseph II. hatte nämlich die Herausgabe jener stillen Geld-Rücklagen verlangt, die Franz Stephan, der bekanntermaßen sehr geschäftstüchtige Vater Josephs, in der Toskana nach und nach angelegt hatte; Joseph als Kaiser in die große Verantwortung berufen, fühlte sich berechtigt, mit diesen Summen die österreichische Staatsschuld zu verringern.

Adam Wandruszka hat in seiner monumentalen, in den vierzig Jahren seit ihrem Erscheinen noch immer unübertroffenen Biographie des Großherzogs und späteren Kaisers erstmals jene sensationellen Aufzeichnungen entschlüsselt, die Pietro Leopoldo (später: Leopold II.) während seines nicht ganz freiwilligen Aufenthaltes in Wien 1778/79 in einer Geheim-Kurzschrift niederlegte. Es waren Hunderte von Seiten, durch Dokumente ergänzt, in denen er aus der Nähe und im täglichen Umgang mit Mutter, Bruder und Ministern nicht nur den Zustand der Monarchie mit dem Scharfblick des erfahrenen Selbstherrschers schildert, sondern auch in seinen Charakteristiken all das loszuwerden versucht, was ihn die jahrzehntelange Bevormundung durch die Mutter und die Unterordnung unter den kaiserlichen Bruder an Harm und Selbstüberwindung kostete. War es schon für die in die Ferne verheirateten Töchter der Maria Theresia nicht leicht, die bis ins tägliche Detail gehenden mütterlichen Anweisungen und Rügen hinzunehmen, so mußte es einen erfolgreichen, fleißigen und genauen Landesvater wie Pietro Leopoldo tief verletzen, wenn ihm seine Mutter wegen einer Inkognito-Kurzreise zu einem Opernbesuch nach Lucca endlose Vorhaltungen machte, andere Habsburger als Beispiele vorhielt, weil sie ihr Ländchen nie verlassen hatten, und die Beschwerden über den Zwischenfall auch noch Ministern wie Orsini-Rosenberg zugänglich machte.

Am deutlichsten aber wird Pietro Leopoldo in den Ausführungen, die er dem älteren Bruder widmet, mit dem er ja beinahe vom ersten Augenblick seiner Herrschaft an Streit hatte und mit dem er durch die Konstruktion Karls V., die die Toskana zu einem kaiserlichen Lehen gemacht hatte, öfter konfrontiert wurde als mit Maria Theresia, der Herrscherin über die österreichischen Erblande. Pietro Leopoldo führt seitenlang Einzelheiten und Personen an, um die Fehler und das Fehlverhalten Josephs II. zu belegen, und wiederholt im Sechs-Seiten-Zitat aus der Wandruszka-Transkription immer wieder, wie kalt, despotisch, hartherzig und eitel Joseph sei. Selbst wenn man – wie Wandruszka – die Härte der Urteile dem Unbehagen des Großherzogs zuschreibt, der seinen Aufenthalt in Wien als aufgezwungen, überflüssig und auch viel zu lang ansah, so zeigen vor allem die Ausführungen über den Kaiser, daß diese beiden begabtesten Söhne der Maria Theresia praktisch ein Leben lang heillos zerfallen waren. Pietro Leopoldo, der in der Toskana einen überschaubaren Kleinstaat mit großen Möglichkeiten übernommen hatte und an das anknüpfen konnte, was sein Vater nur hier und nicht in den Erblanden hatte beginnen können, mochte die kaum lösbaren Schwierigkeiten des Vielvölkerstaates ungerecht beurteilt und den Intrigenpalast Wien besonders gehaßt haben; an der subjektiven Aufrichtigkeit dieser Aufzeichnungen ist aber nicht zu zweifeln. Wandruszka berichtet, wie sorgfältig sie der Großherzog nicht nur auf Hunderten von Blättern eigenhändig niedergeschrieben habe, sondern daß er auch selbst die Register angelegt und die Dokumente beigegeben hatte, die diesen unschätzbaren, bis heute aber nur sehr selten aus den Kartons des

Haus-, Hof- und Staatsarchives hervorgeholten Faktenfundus mit beachtlicher eigener Mühe voll erschließen. Wandruszka betont, daß der Großherzog seine private Kurzschrift flüssig beherrschte und somit wohl schon jahrelang für private Aufzeichnungen benutzte, als er die Wiener Niederschriften vornahm. Sie ist also nicht eine Geheimschrift, die zum Zweck der Notizen über die engsten Familienangehörigen und die Verhältnisse am Habsburgerhof erst ausgearbeitet wurde. Insofern ist auch die Vermutung abwegig, Pietro Leopoldo hätte »sicherlich angenommen, daß diese ›Relazione‹ niemals an die Öffentlichkeit gelangen würde« (Pesendorfer, der das niemals sogar sperrt).

Nach einer so deutlichen Distanzierung eines Erz- und Großherzogs von seiner Familie und seinem Kaiser ist nun auch klar, daß Pietro Leopoldo seinem älteren Bruder die Krise nie verziehen hat, in die eine brüske und harte und im übrigen durchaus umstrittene Geldforderung die Toskana in dem Augenblick gestürzt hatte, als Mißernten an Getreide und Oliven Zukäufe im Ausland nötig machten. Der bei nur einer Million Staatsbürgern aber eben umfangmäßig kleine Staatshaushalt hätte solch eine Notlage nur mit Hilfe der Reserven bewältigen können. Pietro Leopoldo mußte den Eindruck gewinnen, daß der eigene Bruder seine Bemühungen in der Toskana torpedieren wolle, noch ehe sie angelaufen waren, und es war ganz gewiß Rivalität und Sichbeweisen-Wollen, daß der junge Großherzog seinen kleinen Staat zu einem Musterländchen machte, zu dem damals bestverwalteten Land des ganzen alten Europa.

Vieles, nicht alles, hatte Franz Stephan, der Vater, schon angeordnet oder empfohlen, aber in Italien etwas aus der Ferne zu betreiben war stets schwierig. Pietro Leopoldo blieb am Ort, gruppierte verbindliche Österreicher und kundige Italiener um sich und hatte das bis heute kaum begreifliche Glück, daß die Päpste seiner Reformzeit, der dreizehnte und der vierzehnte Klemens, ungleich größere Probleme mit dem kaum noch irgendwo tolerierten Jesuitenorden hatten, als sie die kleine Toskana mit ihrer Reduktion der Klöster und der weltlichen Schulpolitik schaffen konnte. Von Deutschland und Frankreich abgesehen, war es vor allem das so verläßlich katholische Portugal, das unter seinem Überminister Pombal, dem Volkshelden des großen Erdbebens von 1755, einen scharf antijesuitischen Kurs steuerte. Der Marquis, der im Chaos des brennenden Lissabon Energie und Umsicht bewiesen hatte, war durch keine Intrige zu stürzen, da kam es auf ein paar Klöster mehr oder weniger in der Toskana nicht so sehr an.

Es wurden dann aber doch Hunderte von Klöstern, bei den Frauenklöstern sogar die Hälfte, die Pietro Leopoldo für seine Volksschulen brauchte, die ihm zu Ehren Leopoldinen genannt wurden. Die Befreiung des Getreideanbaus und -handels von obrigkeitlichem Dirigismus verlangte den kleinen und mittleren Grundbesitzern der Landreform gewisse Kenntnisse ab, das Lesen, Schreiben und Rechnen, die nun lebensnotwendig wurden. Die Aufhebung der Zunftorganisationen schuf ähnliche Bedingungen für die kleinen Handwerker und Krämer. Derlei konnte, wie jede generelle Umschichtung an der Basis, nur zum Teil gelingen. Der Adel hatte schon nach wenigen Jahren der neuen Ära Gelegenheit, bankrotte Mittelbetriebe wieder aufzukaufen, und Pietro Leopoldo hatte abermals Grund, die nach Wien und in die Rüstung gewanderten Millionen zurückzuwünschen, um seinen Bauern beispringen zu können.

War Pietro Leopoldo deprimiert, so widmete er sich naturwissenschaftlichen und technischen Studien, ganz ähnlich wie sein Vater. Die weltlichen Fächer an den Universitäten Pisa und Siena wurden ausgebaut und mit Lehrmitteln versehen, im florentinischen Ospedale di Santa Maria Nuova eine medizinische Fakultät installiert. Der Palazzo Torrigiani, in der näheren Umgebung der Boboli-Gärten, wurde aufgekauft und als naturgeschichtliches Museum eingerichtet (heute im Palazzo Castellani). Um den mediceischen Traditionen nicht untreu zu werden, nahm Pietro Leopoldo sich aber auch der alten Akademien an: Die Akademie der Schönen Künste erhielt einen großen Bau an der Piazza San Marco zugewiesen, in den sie mit ihren Beständen aus der Zeit Cosimos I. und zahlreichen Spenden an Gemälden und Skulpturen einziehen konnte, die Pietro Leopoldo ihr zugewandt hatte. Weniger aufwendig war die Wiederbelebung der Accademia della Crusca, die sich mit der Reinheit der Sprache beschäftigte, und des kleinen Zirkels der Apatisti (der Apathischen, die geistige Dinge über alles weltliche Getue stellten); sie wurden in den Schoß der Florentinischen Akademie geholt, wohl weil der Großherzog die Bemühungen der Herren auf diese Weise besser kontrollieren konnte. Aus ähnlichen Gründen wurden auch drei große Bibliotheken (Magliabecchi, Palatina und Strozzi) zusammengefaßt und ein Staatsarchiv angelegt, das etwa hunderttausend Dokumente und Urkunden zur florentinischen und toskanischen Geschichte und Verwaltung vereinte.

Neben diesen starken Akzenten, die in Florenz gesetzt wurden, bemühte sich Pietro Leopoldo jedoch auch um die toskanische Provinz. Weilte er im Sommer gern in Poggio Imperiale, dem heute weitgehend verfallenen großzügigen Landsitz der Medici, so suchte er mit seiner Familie im Hochwinter, im Dezember und Januar, meist Pisa auf, das ein milderes Klima hatte als die am Ausgang von Gebirgstälern liegende Stadt Florenz. Vor allem aber unternahm Pietro Leopoldo zum Ärger seiner Mutter – die ihn dann nicht erreichen konnte – viele und damals noch sehr zeitraubende Rundfahrten durch sein Großherzogtum, das ja mit Notstands- und Sumpfgebieten noch gewisse Problemzonen aufwies.

Als Landesvater ein zumindest in seinem Jahrhundert herausragender Glücksfall für die Untertanen, war Pietro Leopoldo als Mensch nicht frei von Widersprüchen. So beliebt er war und sosehr er dies auch wußte, so stimmen doch kundige Beobachter in der Feststellung überein, daß er außerordentlich mißtrauisch gewesen ist und von einer Art Informationsmanie besessen: Er wollte alles wissen, ließ sich immerzu berichten und fragte seine Besucher aus.

Gleichermaßen widerstrebend berichten Adam Wandruszka und Georg Schreiber über die Seitensprünge ihrer Helden Pietro Leopoldo respektive Franz Stephan (in Florenz Francesco III.). Während das Liebesleben des Kaisers für die florentinische Geschichte völlig unergiebig ist, hat Pietro Leopoldo seiner Hauptstadt die Ehre erwiesen, die wichtigste seiner Freundinnen, die einzige, von der wir sicher wissen, daß sie ihm ein Kind geboren hat, aus dem Volk seines kleinen Landes zu wählen – und nach allem, was wir von ihm wissen, müssen wir sagen, er hat sich diese Freuden auch wirklich verdient.

Denn die harte Raison des Erzhauses sprang mit den Söhnen und den Töchtern in dieser Hinsicht nicht eben sanft um, und wenn der Nachsatz »du glückliches Österreich aber heiratest« politisch-historisch auch vielfach zu belegen ist, so steht doch fest, daß die Zeche die zwangsverheirateten Erzherzöge und Erzherzoginnen bezahlten.

Die erste tiefere Neigung Pietro Leopoldos begann in Wien und setzte sich bei einem längeren Aufenthalt der Angebeteten in Pisa fort. Es handelte sich um die schöne und geistvolle Josepha Gräfin Erdödy, also eine ungarische Comtesse, die später den hochgebildeten, mit Kant und Adam Smith korrespondierenden Grafen Windisch-Graetz heiratete und mit ihm zur Suite der Marie Antoinette in Paris stieß. Ihrer schwachen Lungen wegen weilte sie wiederholt in Pisa, wo der Großherzog sich ihr wieder näherte, starb aber schon mit neunundzwanzig Jahren.

Längere Dauer war der Verbindung mit Lady Anne Cowper beschieden, einer Dame aus dem hochinteressanten Clan, der Politiker, Juristen und schließlich auch einen großen Dichter hervorgebracht hat. Sie lebte mit Lord William Cowper in Florenz, wo er 1789 starb. 1790 wurde sie ein zweites Mal Witwe, aber da mußte Pietro Leopoldo nach dem Tod Josephs II. schon den Thron in Wien einnehmen. Auf dieser Reise ohne Wiederkehr begleiteten ihn die schöne Livia Raimondi und der Sohn Luigi, den sie Pietro Leopoldo geboren hatte. Sie war bei einem der Theaterbesuche in Lucca dem Großherzog mehr durch ihre Schönheit und ihre Figur als durch ihre Sangeskünste aufgefallen, muß aber ein lieber, weicher und angenehmer Mensch gewesen sein, denn nur mit ihr führte Pietro Leopoldo so etwas wie einen zweiten Haushalt in einem hübschen Stadthaus an der Piazza San Marco, das man beinahe einen kleinen Palazzo nennen könnte. Und da der Großherzog auch in seinem Privatleben alles sehr genau nahm, besitzen wir ein Inventar aller Geschenke, die er ihr gemacht hat, ein Verzeichnis der Bücher, die sie las (es ist immerhin etwas eindrucksvoller als die Lektüre der Marie Antoinette) und eine Auflistung der Bilder, unter denen auch ein Sammelporträt der großherzoglichen Familie aufscheint.

Dies gibt Anlaß zu der Vermutung, daß zwischen der großherzoglichen Familie, zumindest den Töchtern, und jener sanften, nie in Erscheinung tretenden Mätresse ein gutes Verhältnis geherrscht habe, wenn sich auch der Umgang mit der Großherzogin selbst nicht beweisen läßt. Immerhin äußert Professor Wandruszka, der auf diesen Seiten seiner sonst so ernsthaften Arbeit eine beinahe zärtliche Ironie entwickelt, die Vermutung, daß »der Erziehungsfanatiker Leopold auch mit seiner Geliebten ein pädagogisches Experiment à la Pygmalion unternehmen, aus einem schönen, aber ungebildeten Mädchen aus dem Volke eine vera dama machen wollte« (II, 167).

Leider endete diese Beziehung auf eine im Hause Habsburg nicht ganz seltene Weise tragisch. Pietro Leopoldo, als Kaiser Leopold II., überlebte seinen Bruder Joseph ja nur um zwei Jahre, und als er 1792 in Wien starb, war die dorthin verpflanzte Geliebte mit ihrem Sohn schutzlos. Sie hatte eine präsentable Wohnung im Haus zum Goldenen Brunnen auf dem Kohlmarkt, einem Gebäude mit beachtlicher galanter Tradition, wurde wegen anderer Bindungen des Geliebten dort aber nicht glücklich und war eben drauf und dran, nach Florenz zurückzukehren, als

Leopold plötzlich starb. Da die Kaiserin-Witwe, die noch relativ junge Maria Ludovica, ihrem Gemahl nach nur zehn Wochen ins Grab nachfolgte, war Livia Raimondi Kaiser Franz II., Leopolds ältestem Sohn, ausgeliefert, dem »guten Kaiser Franz«, von dem wir inzwischen wissen, daß er ein Großmeister subtiler Herzlosigkeiten war. Livia Raimondi wurde nach Florenz abgeschoben (wohin dann auch regelmäßig Pensionszahlungen flossen), ihren kleinen Luigi, den Pietro Leopoldo so geliebt hatte, behielt man aber in Wien, ohne sich sonderlich um ihn zu kümmern. Er erhielt den phantasievollen Namen von Grün, wurde einer Pflegefamilie anvertraut, dann einer zweiten und einer dritten, das sicherste Mittel, ein Kind völlig zugrunde zu richten. Er starb in der spektakulären Position eines Hofkonzipisten noch nicht dreißig Jahre alt an Tuberkulose.

Trotz dieser im Alter offenbar häufigeren Beziehungen, zu denen sich in Wien noch eine Liaison mit einer böhmischen Gräfin unaussprechbaren Namens gesellte, bezeichneten die Geschwister Pietro Leopoldo als einen guten Vater, und seine Ehe galt vor allem auf dem Hintergrund jenes galanten Jahrhunderts als solide und ungetrübt. Man muß bedenken, daß ihm, dem schon innerhalb der Kaiserkinder zurückgesetzten, empfindsamen und verträumten Jüngling, ein besonders schweres Los bereitet wurde, war doch die Degeneration der spanischen Bourbonen damals längst offenbar und die ihm angetraute Infantin Maria Ludovica Epileptikerin, der damals noch kaum bekannten Erbkrankheit dieses Familienzweiges. Seit seiner Hochzeit im Mai 1765 lebte dieser hochintelligente und kunstsinnige Fürst mit einer Kranken, die man damals eher als eine Besessene denn eine Patientin ansah, was man sich vergegenwärtigen muß, wenn man sein Liebesleben beurteilen will. Die unglückliche Tochter König Karls III. von Spanien gab ihr Leiden, wie heute feststeht, an ihren dritten Sohn weiter, den Erzherzog Karl, geboren 1771 in Florenz, gestorben 1847 in Wien, unvergessen als der Sieger über Napoleon in der blutigen Schlacht von Aspern an zwei Maitagen des Jahres 1809. Karl beweist, daß die Epilepsie geistige Höchstleistungen nicht ausschließt, seine militärwissenschaftlichen und politischen Schriften werden mit denen von Clausewitz verglichen, und selbst die Gegner der Habsburger, die für ein einiges und freies Italien kämpfenden Carbonari, achteten den großen Feldherren und wandten sich wiederholt mit geheimen Delegationen an ihn. Dies zeigt eine vorsichtige Distanzierung seiner Haltung vom strengen Standpunkt des Kaisers Franz, die sich Karl wohl vor allem dank seines immensen Vermögens gestatten konnte. Das seltsame Widerspiel zu diesem Mann, den der Dichter Lenau den Schrecken der Heere genannt hat, war sein jüngerer Bruder Erzherzog Johann (1782–1859), wie Karl in Florenz geboren, aber in Graz, der Hauptstadt seiner geliebten Steiermark gestorben. Zehn Jahre vor ihrem Tod hatte die schon von vielen Kindbetten erschöpfte Kaiserin noch diesen Knaben geboren, der zum Lieblingsfürsten von Generationen werden sollte. Als Reichsverweser setzte das ganze damals noch auf Einigkeit hoffende Deutschland Vertrauen und Erwartungen in ihn, was heute vergessen ist. Seine unvergessene Liebesbeziehung und spätere Ehe mit der Postmeisterstochter Anna Plochl (1804–1885) beschäftigte das Erzhaus erheblich mehr als die bescheidene Signora Livia Raimondi.

FOLGENREICHE REFORMEN

In den achtziger Jahren des achtzehnten Jahrhunderts, als die Regierungszeit Pietro Leopoldos sich bereits ihrem Ende zuneigte, wurde Florenz noch einmal zu einem Zentrum des Fortschritts, und zwar auf einem besonders reformbedürftigen Gebiet – dem der Strafgesetzgebung und des Strafvollzugs. Es ist zugleich auch das Gebiet, auf dem Pietro Leopoldo seinen Bruder Joseph mit aller Deutlichkeit übertraf, und dies nicht nur, weil er in Florenz von hervorragenden Juristen umgeben war, sondern weil sein Strafgesetzbuch, die Leopoldina, in seinem ganzen Zuschnitt von jenem landesväterlichen Geist inspiriert und getragen war, der schließlich sogar die seit Jahrhunderten kritischen, aufmüpfigen und spottlustigen Patrizier der Arnostadt zu seinen überzeugten Verehrern machte.

Pietro Leopoldo legt in seiner Präambel zu dem neuen Gesetzeswerk dar, daß die Voraussetzungen für eine Weitertradierung des römischen Strafrechts und der harten mittelalterlichen Strafbestimmungen nicht mehr gegeben seien. Die öffentliche Ordnung und die Sicherheit hätten sich so weit gebessert, daß die Todesstrafe abgeschaffen werden könne und daß an die Stelle der meisten Leibesstrafen die zeitlich begrenzte Verwahrung des Schuldigen treten dürfe. Damit erteilte der Großherzog dem bis dahin das ganze Kaiserreich beherrschenden Gesetzeswerk eine Absage, der Constitutio Criminalis Carolina, auf abschreckende Weise verdeutscht als Halsgerichtsordnung Kaiser Karls V.

Natürlich war Pietro Leopoldo nicht der Schöpfer seines fortan als besonders klar, überzeugend menschlich und logisch geltenden Gesetzeswerkes, aber es hat bis hin zu den Diktaten Napoleons I. keine gesetzgeberische Initiative eines Fürsten gegeben, die in ganz Europa so einhellig gelobt wurde und so weitreichende Folgen hatte. Das verdankte der Großherzog nicht nur seinem Mut und seiner hohen Gesinnung, sondern der fortschrittlichen Juristenschule, die sich um den Marchese Cesare Bonesana Beccaria (1738–94) gebildet hatte, nachdem der erst Sechsundzwanzigjährige 1764 sein epochemachendes, in Sprache und Fakten mitreißendes Buch Dei delitti e delle pene (Von den Verbrechen und von den Strafen) vorsichtshalber im Fürstentum Monaco veröffentlicht hatte. Die Verbindung nach Florenz lief über Beccarias Freund, den Richter Dr. Cosimo Amidei, den Pietro Leopoldo aus seiner Arbeit in der Hauptstadt sehr schätzte und selbst dann hinzuzog, wenn es nicht um Strafrecht, sondern um Verfassungs- und Verwaltungsdinge ging. Amidei knüpfte an Beccarias Ausführungen über die Schuldhaft (Einkerkerung von Schuldnern bis zur Bezahlung ihrer Schulden durch Verwandte oder Freunde) an und behandelte in einem in Livorno und Florenz mehrfach aufgelegten Werk damit einen der damals häufigsten Haftgründe, der in allen Kreisen der Gesellschaft als besondere Härte empfunden wurde.

Da eine Geschichte von Florenz diesen gewaltigen, in seinen Auswirkungen das ganze Abendland betreffenden Komplex nicht behandeln kann, registrieren wir nur die Wirkungen innerhalb der Toskana. Die Abschaffung der Todesstrafe, das Verbot der Folterungen, die Reformierung der Schuldhaft-Androhung und die Streichung ganzer Bündel von Strafandrohungen (z.B. wegen Zauberei, Hexerei, Gotteslästerung) bewirkten im Verein mit der allgegenwärtigen Polizei des mißtrauischen Großherzogs einen Rückgang der schweren Verbrechen in seinem Herrschaftsbereich von etwa zweitausend auf schließlich dreihundert jährlich. Dieser Erfolg ist um so höher zu bewerten, als das Großherzogtum sehr gefährliche Grenzen hatte: die offene Küste, die sich schwer kontrollieren ließ, und die lange Grenze zum Kirchenstaat, in dem chaotische Verhältnisse herrschten, was die Sicherheit der Straßen und die Strafverfolgung betraf.

In den nur zwei Jahren, die Leopold II. in Wien zur Verfügung hatte, um das finanzielle Desaster zu mildern, das sein Bruder hinterlassen hatte, und um die Fehler der josephinischen Rechtsreform zu beheben, wurden Beccaria und andere italienische Fachleute als Helfer herangezogen. Das war in den Jahren 1791 und 1792 der Fall und beweist damit, daß Pietro Leopoldo praktisch während seiner gesamten Regierungszeit mit dem Marchese Beccaria und seinem Kreis in engster Verbindung blieb, was sich ja nicht nur auf das rein Juristische beschränkte, sondern auch den Denkprozeß der Loslösung vom Absolutismus mit einschloß. Daß Pietro Leopoldo als der erste konstitutionelle Monarch bezeichnet wurde, ist, wenn man seine Verfassung betrachtet, nicht richtig; macht man sich aber klar, wie stark jede seiner Reformen zu einer Revolution von oben beitrug, dann versteht man das Wort eines Zeitgenossen: In der Toskana wäre die Französische Revolution überflüssig gewesen, in Florenz brauchte man keine Bastille zu erstürmen.

Dazu stimmt, daß der Großherzog auf die Französische Revolution, bei deren Ausbruch er ja noch in Florenz weilte, zunächst mit Sympathie reagierte. Er hatte von seiner Schwester Marie Antoinette keine sonderlich hohe Meinung und war als Lothringer schon aus Familientradition gegen die Bourbonen eingestellt, die seinen Vater schließlich seines angestammten Herzogtums beraubt hatten. Als der aus Lucca stammende (1825 in Florenz gestorbene) Marchese Luccesini, preußischer Diplomat, Unterhändler und internationaler Geheimagent, an Pietro Leopoldo herantrat, um florentinische Gelder und toskanische Truppen gegen die Französische Revolution zu erhalten, bedeutete ihm der Großherzog kühl, daß die verkommene Oberschicht Frankreichs diese Korrektion durchaus verdient hätte.

Diese Äußerungen, seine bekannte Zurückhaltung bei allen Rettungsversuchen für Marie Antoinette und die notwendigerweise antiklerikale Rechtspolitik des aufgeklärten Monarchen und seiner intelligenten Berater schufen dem Großherzog in konservativen Kreisen ähnlich viele Gegner wie dem Marchese Beccaria. Darum galt es als ausgemacht, daß der plötzliche Tod des nunmehrigen Kaisers am 1. März 1792 auf Gift zurückzuführen sei, vor allem, da er in einem plötzlichen Brechreiz und nach tagelangen Schmerzen im Bauchbereich gestorben war. Die Italiener, die Kirche, die toskanische Opposition, das waren Kreise, die stets mit den kunstvoll gemischten Giften in Zusammenhang gebracht wurden, die zu den Zeiten der Medici, Strozzi und Borgia ja tatsächlich noch manchen Lebenslauf erheblich verkürzt hatten. Aber man konnte zu jener Zeit ja durchaus von den Leibärzten selbst, also ohne böse Absicht, ja im eifrigsten Bemühen zugrunde gerichtet werden. Es wäre Ludwig XIV. und Ludwig XV. um ein Haar so ergangen und dem in Wien lebenden Fürsten von Ligne ebenfalls, hätte er sich nicht mit zwei Pistolen im Bett liegend jeden Arztbesuch verbeten. Der durch eine schwere Erkältung geschwächte Kaiser wurde so lange durch Einläufe und Aderlässe weiter geschwächt, daß es besonders raffinierter Mordanschläge nicht mehr bedurfte.

Von allem, was dieser emsige und verantwortungsvolle Monarch in den knapp zwei Jahren seiner Regierungstätigkeit in Wien bewirkt hatte, lag ihm besonders am Herzen, die selbständige Sekundogenitur für die Toskana wiederherzustellen, sein Musterland nicht in dem schlecht und recht seinem letzten Jahrhundert zutreibenden Riesenreich der Habsburger aufgehen zu sehen, wie es Joseph II. ihm abgetrotzt hatte. Pietro Leopoldos Sohn Ferdinand (1769–1824) wurde Großherzog der Toskana, als sein Vater noch lebte und in Wien als Kaiser regierte, und erreichte in zwei Ehen eine ähnlich zahlreiche Nachkommenschaft wie sein Vater, womit die Linie Habsburg-Toskana gefestigt erschien.

Es gab mit Sicherheit keinen Herrscher, der von seinem Vorgänger so eingehend und so zutreffend über das Erbe und seine Probleme informiert wurde wie Ferdinand, denn Pietro Leopoldo hatte zwar vor seiner Abreise nach Wien sehr viele Aufzeichnungen, Unterlagen und Briefschaften verbrannt, aber eine Dokumentation von annähernd 1700 Seiten für den Sohn und Nachfolger zusammengestellt. Ähnlich prompt vollzog sich aber auch der Übergang der Sympathien des Volkes: Als Pietro Leopoldo zu einem kurzen Besuch noch einmal nach Florenz zurückkehrte, gaben ihm Maueranschläge zu verstehen, daß man gekränkt sei: Er habe die Stadt verlassen, habe nichts mehr mit der Toskana zu tun und wäre besser völlig weggeblieben.

Der gutaussehende, mit den feinen florentinischen Manieren vertraute Ferdinand folgte also auf dem Thron eines Modellstaates, und sein Vater hatte in einem wiederholt aufgelegten, in allen Staaten Europas verbreiteten Informationswerk dargelegt, wie solch ein Modellstaat aussehen müsse und wie weit sich das Großherzogtum diesem Ideal angenähert habe – ein bemerkenswertes Stück Selbstpropaganda für einen Herrscher, der zum Beispiel Joseph II. vorwarf, er tue das meiste nur, um zu gefallen und damit von ihm die Rede sei. Es gab aber ein unwägbares und risikoreiches Problem, das war nicht die Stadt Florenz selbst, wo nur gelegentlich gemurrt wurde, sondern ihr Welthafen Livorno, eine mediceische Gründung, die inzwischen auf ungeahnte Weise aufgeblüht war.

Von den Galeeren der Stephansritter so lange geschützt, wie die Barbareskenpiraterie noch eine ernste Gefahr bildete, durch die Lage an der Route Genua-Neapel begünstigt und von Pietro Leopoldo mit guten Hinterlandsstraßen ausgestattet, hatte Livorno sich zu einem ernsthaften Rivalen der alten Handelsrepublik Venedig entwickelt, die im äußersten Adriawinkel die deutlich schlechtere Verkehrsposition hatte.

Dazu kam ein schwer zu kalkulierendes Aktivitätspotential aufgrund der Tatsache, daß dieser auch im Religiösen tolerante Freihafen einer der Nutznießer der anachronistischen spanischen Inquisitionspolitik geworden war.

Neben einem Hochadel von maßloser Arroganz besaß Spanien eine mittlere Adelsschicht mit ausschließlich militärischen Interessen und Fähigkeiten und einen breiten, teilweise verarmten Kleinadel, der die Ämter und die Vorzimmer füllte. Die wirtschaftlich aktive Schicht waren die Juden gewesen und, nach der

Eroberung Spaniens durch den Islam, die in der Mischkultur entwickelten besonderen Handels- und Handwerkerschichten, die das Land mit emsigem und originellem wirtschaftlichem Wachstum ausgestattet hatten. Nicht nur die Juden, sondern auch alles, was den von ihren Siegen noch benebelten allerchristlichsten Königen als nicht ganz spanisch und erzkatholisch erschien, mußte nach 1492 in verschiedenen Austreibungswellen Spanien verlassen, das die wirtschaftliche Verödung des Mutterlandes nur durch die Importe aus den riesigen Kolonien kaschieren konnte. Die Balearen, die Hafenstädte am Mittelmeer, vor allem aber das freigeistige Livorno mit den unheiligen Mediceern als Herren hatten neben Nordafrika, Saloniki und Sarajevo die meisten Flüchtlinge aufgenommen. Vor allem in Livorno selbst, einer jungen Stadt ohne Patriziat und Tradition, war etwas entstanden, was sich später in Czernowitz, Odessa und Triest wiederholte: ein Schmelztiegel mit dauernden kleinen und größeren Eruptionen von Aktivität und Talenten, wobei Rückwirkungen auf das aristokratisch erstarrte Florenz nicht ausbleiben konnten.

Noch unter Gian Gastone war in Livorno das Magazzino Italiano gegründet worden, eine um Runduminformation bemühte Zeitschrift, an der schon der Name bemerkenswert ist, da er in gewissem Sinn ein einiges Italien vorwegnahm. Wie erwähnt, war dann Amideis explosives Reformprogramm in Livorno gedruckt worden. Höhepunkt dieser mutigen, allerdings durch den Großherzog unterstützten Initiativen war dann das Monsterunternehmen der Enzyklopädie. Dieses Basiswerk der europäischen Aufklärung, im wesentlichen von Diderot und d'Alembert in Paris verfaßt und großzügig von Katharina II. gefördert, wurde naturgemäß von der Kirche heftig bekämpft. Adam Wandruszka verdanken wir sehr aufschlußreiche Einzelheiten aus dem Vorgeplänkel des gigantischen Unternehmens: Seine Initiatoren und der Drucker Marco Coltellini hatten, als sie die Druckgenehmigung erbaten, Pietro Leopoldo versichert, die Enzyklopädie würde natürlich mit ausführlichen kirchlichen Kommentaren versehen und obendrein entschärft werden, worauf der Großherzog zur allgemeinen Überraschung vorschlug, doch den originalen und unverfälschten Text nachzudrucken, wie er in Paris und Amsterdam veröffentlicht worden war. Das freilich wagte Coltellini dann doch nicht: Der Großherzog war zwar nah, aber der Papst auch nicht fern.

Neben diesen freigeistigen Versuchungen gab es aber auch durchaus konkrete Gefahren. Sie drohten in diesem so kriegerischen Jahrhundert von den damals noch ziemlich unbedenklich agierenden Weltmächten. Man konnte das toskanische Kernland zwar nur auf Bergstraßen erreichen, deren Beschwerlichkeit wir schon kennen; dies hatte sich im Lauf der Jahrhunderte nicht verändert, und jeder Feldzug hier wäre nach wenigen Meilen an die Grenzen des ohnedies unverletzlichen Kirchenstaates gelangt. Aber Livorno lag offen da im Glanz seiner verlockenden Modernität, mit leistungsfähigen Molen, sauberen Hafenbecken, ausgedehnten Werften und beinahe futuristisch wirkenden Docks. Zudem hatte die junge Stadt eine der größten Judengemeinden Europas, was alle Beschaffungs- und Geldwechselvorgänge nicht nur beschleunigte, sondern oft auch erst möglich machte. Die Welt war darauf aufmerksam geworden, als Graf Alexei Orlow nach seinem Sieg vor dem ägäischen Hafen Krini seine Flotte vor Livorno paradieren ließ und im Winter 1770/71 dort Quartier nahm. Unter Teilnahme einiger britischer Schiffe hatte er die türkische Flotte im Juli 1770 in der engen Bucht von Krini gegenüber Chios durch einen nächtlichen Branderangriff vollständig vernichtet, die Insel aber aufgeben müssen, weil neuntausend Leichen die Luft verpesteten.

Für die christliche Seefahrt war dies der größte Erfolg seit dem Seesieg von Lepanto. Er hatte zudem aber bewiesen, daß einer gutgeführten Flotte in den vielen Auseinandersetzungen in Europa und den Kolonien größte Bedeutung zukommt. Ein so wichtiger Hafen wie Livorno war als Flottenstützpunkt so wertvoll, daß kaum eine der Seemächte seine Neutralität respektieren würde.

Es war also Livorno, das Florenz und die Toskana in die nun anhebenden Kriege Frankreichs gegen England und Österreich hineinzog, denn die Briten ließen sich in ihrer damals noch unverhüllten Rücksichtslosigkeit Positionen wie Portoferraio auf Elba oder Livorno nicht entgehen. Admiral Hood drohte Livorno zusammenzuschießen, wenn man seine Schiffe nicht einließe, und Ferdinand hatte keine andere Chance, als in Geheimverhandlungen mit dem revolutionären Frankreich darzulegen, daß er praktisch keine andere Möglichkeit gehabt habe.

Frankreich war zunächst ja auch ungefährlich, die großen Mächte brachten den Sansculotten eine Schlappe nach der anderen bei, ja Hood setzte sich auf französischem Boden in der wichtigen Hafenstadt Toulon fest – bis sich im Dezember 1793 durch einen blutjungen Artillerieoffizier das Blatt wendete und die vereinten britisch-spanischen Flotten Toulon aufgeben mußten. Dieser junge Offizier hieß Nabulione Buonaparte, rühmte sich, obwohl Korse, seiner toskanischen Herkunft und schien zunächst an Italien stärker interessiert zu sein als an den regnerischen Kriegsschauplätzen im Norden Frankreichs: Bald stand er nach einigen spektakulären Siegen, mit denen er Österreich das ganze Norditalien abgenommen hatte, an den Grenzen der Toskana.

Ferdinand III. hatte einen Freund und Berater in dem Marchese Federigo Ferdinando Manfredini aus Rovigo, der schon sein Erzieher gewesen war, der im Krieg gegen die Türkei militärische Erfahrungen gesammelt hatte und General geworden war, der aber nie hatte erreichen können, daß die alten Bergfestungen instand gesetzt, Straßensperren errichtet, die Armee aufgerüstet oder besser neu erschaffen wurde. Also kam der Tag, an dem General Bonaparte, wie er sich nun als französischer Heros nannte, im Palazzo Pitti empfangen wurde, und siehe da, der aus Wien und Lothringen, aus Nancy und Florenz zusammengebraute, ebenso legere wie kultivierte Umgangston an der großherzoglichen Tafel, vielleicht auch die Gleichaltrigkeit von Ferdinand und Napoleon, ließen eine jener Bindungen entstehen, an denen der große Korse sein Leben lang festhielt. Jedenfalls wurden sehr viel mächtigere Fürsten als Ferdinand von ihm schlechter behandelt, selbst Verbündete warteten jahrelang auf ein Zeichen von Sympathie oder vermißten die Höflichkeit. Ferdinand hatte mit seinem Charme mehr erreicht, als Manfredinis Aufrüstungen hätten bringen können. In der Toskana floß kein Blut, und wenn der Großherzog auch nicht immer bei seinen Florentinern bleiben konnte, Großherzog blieb er selbst in seiner Ersatzresidenz Würzburg, die Napoleon für ihn zum Großherzogtum erhob. 1814 bereitete ihm der stürmische Murat noch einigen Ärger, aber 1815 war wieder alles beim alten, ja die Toskana war aus dem Intermezzo Napoleon sogar mit einigen unbedeutenden Gebietszuwächsen hervorgegangen. Verloren war hingegen die Mediceische Venus, und auch die ganze herrliche Villa Medici zu Rom hatten die Franzosen zeitweise in Besitz gehabt und mit leeren Räumen hinterlassen. In den Uffizien hatten sich die Franzosen der Hilfe eines besonders kenntnisreichen Verräters versichert, des Malers Jean Baptiste Wicar (1762–1834), der zwar aus Lille stammte, aber seit 1785 mit Förderung durch Pietro Leopoldo und dessen Nachfolger ein vierbändiges Verzeichnis aller florentinischen Kunstschätze aufgenommen und herausgebracht hatte.

Vor diesem Mann etwas verbergen zu wollen war aussichtslos, Ferdinand hatte nur Raffaels Madonna del Granduca im Gepäck, als er eilends abreiste, alle anderen Schätze blieben zurück! Wicar bezeichnete für den Abtransport nach Frankreich unter vielen anderen Kunstwerken allein acht Gemälde von Raffael, fünf Arbeiten Tizians, dazu Gemälde von Rubens, Giorgione, Andrea del Sarto und anderen. »Insgesamt«, schreibt Paul Wescher in seinem heute noch sensationell wirkenden Buch über den Kunstraub unter Napoleon, »wurden 63 Bilder und 25 ...

eingelegte Mosaikplatten aus Florenz weggeführt, und die letzteren waren so hoch geschätzt, daß für ihre Rückerstattung im Jahr 1815 [der toskanische Legationsrat Baron] Karcher auf die heute so hoch bewerteten frühen italienischen Meister im Louvre verzichtete« (S. 82).

Der gigantische Kunstraub der Franzosen in ganz Europa, begonnen durch Napoleons Onkel, den Kardinal Fesch, und imitiert selbst von schlichten Generälen, hat eine historische Parallele nur in der Bildergier des Reichsmarschalls Göring; vieles kehrte nicht an den Ort zurück, von dem es geraubt worden war, anderes aber wurde durch den Abtransport vor der Vernichtung bewahrt. Denken wir an den abergläubischen Haß, der die mongolischen Eroberer von Bagdad alles Geschriebene in den Tigris werfen ließ, an das Bombardement von Straßburg 1870 durch die badische Division und die unermeßlichen Verluste an Kunstwerken im Zweiten Weltkrieg, dann muß man den Franzosen doch das Kompliment machen, daß sie mit diesen ewigen Werten wenigstens umzugehen verstanden.

Ein zweites Kuriosum schuf der Sieg der Alliierten dadurch, daß Napoleon auf die toskanische Insel Elba verbannt und diese ihm als souveränes Fürstentum zugesprochen wurde. Für seine Frau, die Erzherzogin Marie Louise, hatte er vergeblich die Toskana verlangt, was seine Anhänglichkeit an Florenz und seine schöne Umgebung beweist. Auf Elba nahm Napoleon sofort Kontakt mit dem nach Florenz zurückgekehrten Großherzog Ferdinand III. auf, der so lange Post des verbannten Kaisers zur Beförderung übernahm, bis ihm die Aktivitäten auf Elba verdächtig wurden: Wenige Tage später landete Napoleon – Ende Februar 1815 – nahe Antibes in Südfrankreich, aber die Hundert Tage blieben ohne Auswirkung auf die Toskana. Nicht einmal die kurzzeitige Regierung von Napoleons Schwester Elise (1777–1820) als Fürstin von Lucca und nie bestätigte Großherzogin der Toskana prägte sich Florenz ein, doch verstand es ihr Gemahl, der Korse Felice Pasquale Bacchiochi, sich außerordentlich zu bereichern. Großzügig, wie Kaiser Franz anfallsweise sein konnte, gewährte er dem Abenteurerpaar einen üppigen und ungestörten Lebensabend in Triest. Für Ferdinand III. fiel aus diesem Zwischenspiel immerhin Lucca ab, die alte Gegnerin von Florenz, die nun endgültig an die Toskana kam. Elba kehrte, von Napoleon mit besseren Straßen und einigen Neubauten versehen, wieder unter die großherzogliche Flagge zurück. Den Großen Adler der Ehrenlegion, den Napoleon Ferdinand verliehen hatte, durfte dieser behalten, er prangt neben dem habsburgischen Hausorden des Goldenen Vlieses auf Ferdinands Porträts.

Wenn es noch eines Beweises bedurft hätte, daß die Habsburger in der Toskana eine glücklichere Hand hatten als in ihren übrigen Ländern, dann lieferten ihn die Maßnahmen, die Ferdinand III. traf, als er nach der Niederlage Napoleons, die ja eine Niederlage der Französischen Revolution war, die Regierung in Florenz wieder übernahm. Erinnern wir uns, wie selbst fortschrittliche, hochintelligente Monarchen – etwa Karl II. von England – sich in solch einem Fall verhalten hatten, wie viele Todesurteile dieser kluge Stuart an den Beginn seiner Herrschaft gesetzt hatte, dann versteht man, daß die kundigen Beobachter in Ferdinand III. einen jener absoluten Monarchen begrüßten, die ihrem Volk mehr Wohltaten erwiesen als die extremste Demokratie.

Die Franzosen hatten die wenigen Klöster, die nach der Reform Pietro Leopoldos übriggeblieben waren, auch noch aufgelöst, so daß Ferdinand III. es leicht hatte, die Kirche zu versöhnen und für sich einzunehmen, indem er immerhin siebenundsiebzig Mönchs- und Nonnenklöster in der ganzen Toskana wiederherstellte, eine für die Gewohnheiten des Landes und seiner Bewohner angemessene Zahl. Selbst prominenten Kollaborateuren wurde vergeben, eine Hetze gegen angebliche oder tatsächliche Jakobiner wurde im Keim erstickt; selbst der Kunsträuber Wicar, der seltsamerweise in bestem Einvernehmen mit dem Papst in Rom lebte, Aufträge erhielt und von der Gesellschaft verwöhnt wurde, blieb unbehelligt: Man weiß von keinem Auslieferungsbegehren des Großherzogs an Pius VII., es hätte aber auch dank der Wiedereinsetzung des Marchese Consalvi als Kardinal-Staatssekretär gegen diesen scharfsinnigen Diplomaten kaum eine Chance gehabt.

Wie wohl sich alle Welt – Freunde, Neider und Feinde – in Florenz fühlten, geht daraus hervor, daß prominente Flüchtlinge jeder Couleur noch lange nach dem alles ordnenden Wiener Kongreß in der Stadt am Arno blieben, ehe sie in ihre Residenzen zu Neapel, Parma oder Modena zurückkehrten. Denn nicht überall waren die revolutionären Ideen aus Frankreich in so harmlosen Strohfeuern verpufft wie in Florenz, wo alle, auf die es ankam, sich mit ihrem Großherzog einig wußten.

Interessanter als diese Fürstlichkeiten sind für uns aber wohl unsere bedeutenden Landsleute, die sich etwa zugleich mit dem Regierungsantritt des Pietro Leopoldo in dichten Schwärmen nach Florenz aufmachten, was oft vergessen wird, weil die Deutsch-Römer soviel von sich reden machten. Vielleicht achtete man auf die Florenzpilger auch weniger, weil unser berühmtester Italienreisender die Arnostadt mit solch unangemessener Eile durchquerte, mit einem Diktum, das sich nur aus seiner Hast, nach Rom zu entkommen, erklären läßt – vielleicht aber wollte er auch nicht von einem Großherzog zum anderen reisen: »Hier tut sich eine ganz neue, mir unbekannte Welt auf, an der ich nicht verweilen will«, schreibt Goethe im Oktober 1786, erkennt aber bei aller Eile mit dem Blick des Wegebau-Ministers, daß er sich in einem gut verwalteten Land befindet: »Der Stadt sieht man den Reichtum an, der sie erbaut hat … eine Folge von glücklichen Regierungen … Überhaupt fällt es auf, wie in [der] Toscana gleich [sowohl] die öffentlichen Wercke als [da sind] Wege, Brücken ein schönes, grandioses Aussehen haben, das ist alles wie ein Puppenschranck … Hier fällt mir ein, daß ich die toscanischen Dogan-[Zoll-]Einrichtungen als schön und zweckmäßig loben muß, ob sie mich gleich [auch] incommodirt hat, und die andern, die mich nicht incommodirt haben, taugen nichts [!] … Es ist hier alles zugleich tüchtig und reinlich. Gebrauch und Nutzen mit Anmut sind beabsichtigt, überall läßt sich eine belebende Sorgfalt bemerken.« Ein Lob aus kundigem Munde, das Ferdinand III. freilich nie zu lesen bekam.

Aber selbst jene Schwarmgeister, die in ihrer Heimat mitunter unliebsames Aufsehen erregen wie Karl Philipp Moritz, erscheinen im Florenz der habsburgisch-lothringischen Großherzöge auf wunderbare Weise besänftigt und von der allgemeinen Verehrung für den Landesvater angesteckt, wenn sie durch die florentinischen Sammlungen gehen: »Die höfliche Geduld und die freundlichen Blicke der Aufseher sind gleichsam ein getreuer Abdruck von den Sitten des Hofes, der liebevoll und herablassend jedem Bürger zu dem innersten Heiligtum seines Wohnplatzes gerne den Zutritt läßt. Besonders höflich und zuvorkommend war ein junger Mann im Palast Pitti, der uns herumführte und die Gemälde zeigte. Jede Frage, die man an ihn tat, beantwortete er mit der größten Bereitwilligkeit und Freundlichkeit dem Geringsten wie den Vornehmen. Er machte uns aufmerksam auf die Tapeten in einem Zimmer, welche die Großherzogin [Marie Luise] mit eigner Hand gestickt hat; wobei die Äußerungen von Untertanenliebe in Blick und Miene der Anwesenden das angenehmste Schauspiel gewährten.«

Daraus, was den Deutschen auffällt, läßt sich ermessen, was sie zu Hause vermißt hatten und dank der heiligen Allianz auch noch eine ganze Weile vermissen mußten. Die augenfällige entente cordiale zwischen Fürst und Volk, ein besonderes Geheimnis auch jener habsburgischen Herrscher, die sie nicht verdienten, hatte in der Toskana eine ganz besondere Stimmung geschaffen, die selbst die Bonapartisten beeindruckte: »Ferdinand hat begriffen, daß er weder genug Soldaten noch genug Hofschranzen hat, um inmitten öffentlicher Abneigung zu leben: Also führt er das Leben eines braven Mannes, man kann ihn ohne Begleitung in den Straßen von Florenz antreffen ... Sollte der Himmel der Toscana diesen vernünftigen Mann erhalten, so bin ich sicher, daß seine Regierung die Toscaner gar nichts mehr kosten wird. Man lobt aber auch sehr seine Frau, eine sächsische Prinzessin, und deren Schwester« (Stendhal, Rome, Naples et Florence, 29.1.1817).

Der junge Dichter (1783–1842), der ein gut Teil seines Lebens in Italien verbrachte, kannte die Gesellschaft von Turin, Mailand und Bologna aus langen Aufenthalten. Die Toskaner und im besonderen die Florentiner empfand er als so kultivierte Gesprächspartner, daß sie den Pariser Salons nicht nachstünden, und er liebt besonders la pauvre noblesse florentine, wie sie sich allabendlich im Salon der Gräfin Albany einfindet. Sie war eine Gräfin Stolberg, hatte den so spektakulär bei Culloden gescheiterten Charles Stuart geheiratet und war, als Stendhal sie traf, als Witwe nach dem sein Unglück im italienischen Wein ersäufenden Prätendenten die Geliebte des Dichters Alfieri. Dazwischen aber studierte Stendhal genau und ausführlich Augen und Blick der Fischermädchen von Livorno, der jungen Bäuerinnen aus dem Arnotal, und vergleicht ihre Schönheit mit den Sibyllen des Baldassare Franceschini, genannt il Volterrano (1611–98) aus der Niccolini-Kapelle: Sie hatten Stendhal schon im September 1811 begeistert, und im Januar 1817 war er zu ihnen zurückgekehrt.

Kein Enthusiasmus aber vermag über die Unzulänglichkeiten der Herbergen hinwegzutäuschen. Florenz hat so viele und so berühmte, daß Alessandro Molinari Pradelli den Osterie e Locande di Firenze ein dickes Buch gewidmet hat (Rom 1982), eine sehr unterhaltsame Kulturgeschichte aus einem besonderen Blickwinkel. Die seinerzeit Betroffenen, die mit den Unzulänglichkeiten konfrontiert waren, trugen dies nicht immer mit der am Arno üblichen Toleranz: »Die hiesigen Gasthäuser sind denkbar scheußlich, und selbst die schlimmsten Prophezeiungen, die man mir betreffs italienischer Wirtschaften gemacht

hatte, fand ich noch überboten. Die Nacht ist noch schlimmer als der Tag. Kleine Schnaken, hundertfach vermaledeiter als die burgundischen, hatten sich vorgenommen, mich zum Verzagen zu bringen, und dank ihnen werde ich Florenz ohne jedes Bedauern verlassen … Immerhin bietet die Stadt in einer bestimmten Art mehr Sehenswürdigkeiten, als man andernorts findet, und hat sicherlich mehr geist- und verdienstvolle Menschen« (Charles de Brosses, Jurist aus Dijon und Altertumsforscher, 1739 an seine in Burgund zurückgebliebenen Freunde aus der Franche-Comté, deren Schicksal zwischen Kaiserreich und Nationalstaat mit dem der Toskana einiges gemein hatte. De Brosses trieb historische und archäologische Studien und wurde schließlich Präsident des Parlaments zu Dijon.)

Die deutschen Briefe aus dem Florenz der habsburgisch-lothringischen Großherzöge lassen erkennen, daß diese bereits vielbesuchte Stadt den deutschen Reisenden noch längst nicht so vertraut ist wie Venedig oder wie Rom. Ernst Moritz Arndt zum Beispiel schildert den Karneval von Florenz, die Corsi, mit einer Genauigkeit, als müsse er seinen Lesern ein Bild von den Gebräuchen eines exotischen Volksstammes geben, und schüttelt sich bei aller Sympathie doch bei dem Gedanken, inmitten dieser bunten Primitivität, dieser Mischung aus Aberglauben und überschäumender Daseinslust leben zu müssen. Dabei wurde ihm 1799 die Sensation zuteil, ein Automobil zu sehen, »eine ingeniöse Kutsche, die durch die künstliche Organisation der Federn und des Getriebes sich von selbst fortbewegte«.

Die großen Damen waren als Alleinreisende noch selten, man erinnert sich des Aufsehens, das die Königin Christine in ganz Italien hervorrief. Ungleich bescheidener trat Elisa von der Recke (1754–1833) auf, obwohl sie immerhin die Schwägerin des Herzogs Biron von Kurland war. Nach der tiefen Enttäuschung mit Cagliostro, den sie erst entlarvte, als er ihre Neigung nicht mehr erwiderte, reiste sie mit dem zeitweise sehr populären Urania-Tiedge, so benannt nach seinem endlosen Lehrgedicht. Sie haßte Napoleon, der seinerseits wiederum einen europaweiten Krieg gegen die Blaustrümpfe führte, und genoß den liberalen, aber wohlgeordneten toskanischen Staat mit seiner Hauptstadt, wo sie mildere Lüfte umfächelten als im heimatlichen Baltikum: »Durch eine paradiesische Gartenflur zogen wir in Florenz ein. Je näher wir der Stadt kamen, desto lebendiger, desto geschmückter war die Gegend. Olivenpflanzungen bergauf und bergab, und alle mit üppigem Rebenlaub durchflochten und durchgrünt! Auf den Hügeln herrliche Villen! … Ich möchte die Toscana das italienische Sachsen und Sachsen das deutsche Toscanien nennen« – ein Urteil, das freilich ziemlich allein dasteht, so wie auch die Nachwelt nicht zu begreifen vermochte, daß die blaublütige Dichterin den glatten Canova der Urgewalt Michelangelos vorzog. Als sie die Toskana verließ, begegneten ihre Wagen dem Wagenzug des Papstes Pius VI. auf der Reise zu Napoleon, der zum Unterschied von den deutschen Kaisern eine Reise nach Rom nicht für nötig hielt.

In seinen temperamentvollen Aufzeichnungen aus Florenz wirft Stendhal Ferdinand III. vor, daß er alljährlich viel Geld für höchst mittelmäßige Maler ausgebe, nur weil diese populär seien. Wir wollen nicht hoffen, daß er damit unsere Angelica Kauffmann meinte, die über ihren Schmerz, von Goethe in Italien zurückgelassen zu sein, nur durch außerordentlich emsige Tätigkeit hinwegkam. Pietro Leopoldo lebte noch, als sie die ersten Aufträge am großherzoglichen Hof erhielt; ihre bedeutenden Honorare legte sie allerdings zum Teil wieder in Gemälden an, wobei auffällt, daß auch sie Daniele da Volterra besonders liebte, dem Stendhal besondere Verehrung entgegenbrachte. Gemeinsam mit Tischbein (dessen Bild Goethe in der Campagna außerordentlich bekannt wurde) hatte sie ein Bild Volterras erworben, um es gewinnbringend weiterzuverkaufen, dann aber hatte die Liebe zu diesem vergleichsweise wenig bekannten Meister aus der Etruskerstadt gesiegt, und sie schrieb triumphierend an Goethe: »Und nun haben wir das Bild, welches man ein Meisterstück nennen kann, ganz unser, das lasse ich nicht von mir, so lange ich lebe. Es wird in dem großen Saal [ihrer römischen Villa] mit allem decorum aufgestellt werden … Das Gemälde bleibt in seinem Kasten, und es sollen nur die sehen, die sehen können … Lieber Freund, wann werden wir es wieder zusammen sehen? Ich lebe immer zwischen Furcht und Hoffnung … ich muß schweigen … Das Gemälde, so ich vor [für] die Galerie in Florenz gemacht habe, ist gütigst aufgenommen worden, der Großherzog hat mich mit einer ungeschickt großen Goldmedaillen beehret« (bei dem Bild handelt es sich um eine seither verschollene Grablegung). Goethe, der ja schon eine gewisse Erfahrung im Verlassen von liebenden Frauen hatte, war bemüht, den Briefwechsel auf unverdächtige Gegenstände zu beschränken, wobei ihm die Diskretion der mit einem viel älteren und toleranten Gatten behafteten Angelica Kauffmann entgegenkam (»denn ich habe schon zuviel gesagt«). Also erkundigte sich der Vielgeliebte nach den Arbeiten, die diese vielbeschäftigte Malerin übernommen habe, und sie berichtet tapfer von Bildern für eine Lady Harvey – ein Genremotiv orientalischen Charakters –, von einem Porträt des Kardinals Rezzonico im Auftrag des venezianischen Senators aus der gleichen angesehenen Familie, Salonarbeiten nach literarischen Motiven (Vergil, Shakespeare) und einem großen Gemälde, das die Zarin Katharina II. bei ihr bestellt hatte. Angelica Kauffmann war, nicht zuletzt wegen ihrer persönlichen Vorzüge, außerordentlich stark beschäftigt, so daß sie, um die hochmögende Kundschaft nicht durch ungerechte oder auch nur uneinheitliche Preise zu verärgern, feste Tarife angesetzt hatte, aufgrund der Formate, der Anzahl der dargestellten Personen usw. Das hatte vielleicht Stendhal zu seiner Anspielung auf die unkritische Erwerbslust Ferdinands III. und die Mittelmäßigkeit der im achtzehnten Jahrhundert in die berühmten alten Sammlungen aufgenommenen Gemälde veranlaßt. Die große Freundlichkeit, mit der man am florentinischen Hof Gästen aus dem Norden begegnete, auch wenn sie nicht von Adel und nicht reich waren, bestätigt uns ein Brief des Goethe-Freundes Carl Gustav Carus (1789–1869), Gynäkologe aus Dresden, nach einem Empfang bei Ferdinands Nachfolger Leopoldo II.: »Die Familie des Großherzogs hat uns mit vieler Freude aufgenommen. Ich speise täglich [!] einmal mit ihnen und finde sie für jede geistreiche Mitteilung auf äußerst anmutige Weise empfänglich. Die beiden Schwester-Großherzoginnen [d.h. die Witwe Ferdinands III. und ihre Schwester] sind namentlich mit größter Herzlichkeit um ihren Bruder, den [sächsischen] Prinzen geschäftig …« (Brief aus dem Jahr 1828 an den Übersetzer Johann Gottlob Regis aus Leipzig.)

Zu diesem Zeitpunkt ruhte Ferdinand III. schon vier Jahre an der Seite seiner Vorgänger aus dem Hause Medici. Es entspricht seinem Charakter und seiner Volksnähe, daß er diese Ruhestätte im Herzen seiner Residenz den staubigen Abgründen der Kapuzinergruft vorgezogen hat, war er doch – nach den napoleonischen Eingriffen in die Erbfolge – einer der ganz wenigen Monarchen, die mit dem Willen des Volkes ihre Throne wiedereinnahmen. Es ist Antonio Panella, also ein italienischer Historiker, der diesen Unterschied zwischen der Restauration in Florenz und der Thronrückkehr allenthalben in Europa betont: »Die meisten der Initiativen, Institutionen und Reformen Ferdinands III. waren im wesentlichen Verbesserungen und Zurücknahmen, wie sie die Fehler der Verwaltung während seiner Abwesenheit begangen hatten … Dies erklärt es auch, daß sein Land sich allen Versuchen und Einflüsterungen widersetzte, die in der Toskana eine Revolution einleiten wollten.« An dem größten Unglück, das sein Land während seiner Regierungszeit traf, an einer drei Jahre grassierenden Sumpffieberepidemie und ihren 26000 Opfern, war Ferdinand III. unschuldig: Die ausgedehnten Trockenlegungs- und Sanierungsmaßnahmen in den Sumpfgebieten seines Landes waren mit den technischen Möglichkeiten jener Zeit nicht wirklich zu bewältigen.

Je öfter wir von den unregierbaren Italienern lesen, desto seltsamer erscheint uns die Stadt Florenz. Unter den Männern, die sie am besten regiert und verwaltet haben, waren bodenständige Großkapitalisten, eingewanderte Fürsten und schließlich aufgestiegene Intellektuelle. Florenz hatte gute Zeiten unter absolutistischer Herrschaft, unter konstitutionell gesinnten Monarchen und unter kommunistischen Bürgermeistern, so daß man zu dem Schluß verleitet wird, es sei niemals das System gewesen, auf das es ankam, sondern der Mensch, den die Florentiner als ihr Oberhaupt anerkannten.

Als in ganz Italien nach dem Abzug der französischen Truppen das schweflige Rüchlein ihrer revolutionären Hinterlassenschaft in dem einen oder anderen Kohlenmeiler weiterglühte, als Carbonari und andere eher auftrumpfende als geheime Gesellschaften die Halbinsel in Unruhe versetzten, ergab es sich in der Arnostadt, daß einige jener zugleich post- und prärevolutionären Fäden auch durch Florenz gesponnen worden waren. Es kam zu einem Prozeß, und da in Florenz zum Unterschied von anderen europäischen Hauptstädten längst nicht mehr gefoltert wurde, waren alle Angeklagten in ihrer Dankbarkeit außerordentlich aussagefreudig. Als der Gerichtsvorsitzende dann endlich die Summe ihrer revolutionären Aktivitäten zog, lächelte er ein mildes Salvator-Rosa-Lächeln und stellte fest, alles, was die wildblickenden Herren gemeinsam angezettelt hätten, sei für den Fürsten und seine Familie so völlig ungefährlich und für den Bestand des Staates so unerheblich gewesen, daß es wohl am klügsten sei, die Anklage fallenzulassen. So kam es, daß Florenz nicht einmal ein paar Märtyrer auf den Weg nach Brünn brachte, wo sie dann im gefürchteten Spielberg womöglich mehr Anteilnahme der Welt genossen hätten, als Österreich lieb sein konnte. Inzwischen hatte nämlich der Turiner Dichter Silvio Pellico, nach einigen Jahren in dem gefürchteten Gefängnis begnadigt, mit seinem Buch Le mie prigioni sehr viel mehr Schaden angerichtet, als er als Carbonaro hätte stiften können, und weder Ferdinand III. noch Leopold II. hatten auch nur das geringste Interesse, aus der kleinen florentinischen Dichterschar einen zweiten Silvio Pellico zu produzieren.

Ungleich günstiger war es, die allgemeine Trauer über das Hinscheiden eines väterlichen Monarchen in Sympathien für seinen Nachfolger umzumünzen, der erst siebenundzwanzig Jahre alt auf den Thron gelangte und jeglicher Hilfe bedurfte. Die stärkste Stütze hatte Leopoldo II. freilich noch sein Vater gewährt, indem er den klugen und vorsichtigen Vittorio Fossombroni zum Premierminister bestellte. Dieser hatte zwar gewisse, mit größter Höflichkeit ausgetragene Meinungsverschiedenheiten mit dem inzwischen allmächtig gewordenen Staatskanzler Metternich, spielte aber geschickt gelegentlich die spanische Karte, um sich Freiraum gegen Wien zu verschaffen.

Dank dieser inneren Stabilität, von der Stadt, Volk und Großherzogtum den Nutzen hatten, verglommen die revolutionären Feuerbrände im unruhigen Italien selbst dann an den Grenzen der Toskana, wenn große Namen eine Rolle spielten. So hatten in Rom zwei Neffen des inzwischen auf Sankt Helena verstorbenen großen Korsen eine Revolte angezettelt und in der ganzen Romagna für so viel Aufregung gesorgt, daß ihnen sogar ein erst zehnjähriger Vetter in die Verbannung folgen mußte. Der Clan Bonaparte war eben noch immer gefürchtet. In Florenz aber lebte seit 1828, unbehelligt ein Buch nach dem anderen schreibend, Napoleons I. Bruder Louis (1778–1846), der immerhin König von Holland gewesen war und darüber natürlich ebenfalls geschrieben hatte. Niemand krümmte ihm ein Haar, seine Bücher, was immer in ihnen stand, wurden in Florenz oder Livorno gedruckt, und als die Revoluzzer aus der Romagna, noch nicht viel über zwanzig Jahre alt, in die väterliche Villa flüchteten, hatte Großherzog Leopold dagegen nichts einzuwenden. Der jüngste Sohn dieses wohlhabenden Immigranten und fruchtbaren Schriftstellers hieß Charles-Louis Napoléon Bonaparte (1808–1873) und hatte gemeinsam mit Ciro Menotti versucht, Herzog Franz IV. von Modena zum König von Italien zu machen und das Land gleichsam von oben her zu einigen. Die Bonaparte-Jünglinge kamen ungeschoren davon, Menotti allerdings wurde gehenkt, da der Herzog von Modena nicht Mut genug hatte, sich für diesen ungebärdigen Patrioten einzusetzen. Charles-Louis Napoléon aber blieb der Idee treu und vollendete als Napoleon III., was die Italiener aus eigener Kraft ja doch nicht geschafft hätten.

Schwierig wurde die Lage für Fossombroni und damit auch für Leopold II. erst, als in Wien Kaiser Franz starb, nunmehr nur noch Kaiser von Österreich und als solcher der erste seines Namens und in seinem Altersstarrsinn das einzige Bollwerk gegen Metternich. Ferdinand I., der neue Kaiser, war einer jener Monarchen, denen die Nachschlagewerke Menschenfreundlichkeit und Herzensgüte, sonst aber auch nichts bescheinigen, von ihm war Hilfe für die toskanische Selbständigkeit nicht zu erhoffen. Einen zweiten Gegner hatte Leopold in dem hochintelligenten und kämpferischen Papst Gregor XVI., der so konservativ war, daß er Eisenbahnen im Kirchenstaat verbot und sich auch allen italienischen Einigungsbestrebungen widersetzte. Er ließ Leopold geschmackvollerweise durch den großherzoglichen Beichtvater wissen, daß der Papst sich nicht scheuen werde, den Großherzog zu exkommunizieren, sollten die dem Kirchenbesitz abträglichen Gesetze von Großvater Pietro Leopoldo nicht zurückgenommen werden. Da er aber die österreichischen Interventionstruppen nicht entbehren konnte, ohne die nicht nur die Carbonari ihm manch schwere Stunde bereitet hätten, kam es dann aber doch nicht zum großen Konflikt zwischen Rom und Florenz. Leopold II. war in beiden Fällen, gegen die Wiener Einmischungsversuche in rechtlichen Dingen und gegen den Druck des Papstes, fest geblieben.

In einem Chianti-Keller

Aber auch die tüchtigsten Minister müssen eines Tages sterben, und als 1844 Vittorio Fossombroni die Augen schloß, begannen für den bis dahin so gut geführten Großherzog schwere Zeiten, Umwälzungen, in denen auch Größere als er Fehler begingen und unter die Räder kamen.

Die im zersplitterten Italien schwer zu überblickenden Aktivitäten der Geheimbünde und der sich offenbarenden Erneuerer reichten vom philosophischen Pamphlet, das die Italiener über alle Völker stellte (Vincenzo Gioberti), bis zur Guerillaaktion, von der breit angelegten Schaffung einer Aufbruchsstimmung in Zeitungen und Zeitschriften – etwa der in Florenz erscheinenden Antologia – bis zu der Stoßkraft der Mazzini-Bewegung, die sogar eine italienische Nationalkirche ohne päpstliche Hausmacht propagierte. All diese Aktivitäten waren dort am intensivsten, wo die Obrigkeit sich völlig uneinsichtig gezeigt hatte, und verliefen gleichsam am Rand des öffentlichen Lebens in toleranten Staatswesen wie der Toskana. Als Gregor XVI. die Inquisition wiedereinführte (1831!), die unter seinem Vorgänger von dem klugen und weitblickenden Kardinalstaatssekretär Consalvi zur Untätigkeit verdammt gewesen war, und als der Kirchenstaat wie Neapel sich gegen die neuen Kräfte durch besonders harte Maßnahmen zusammenschlossen, da wurden sie auch als die ersten Ziele der gewaltsamen Umsturz- und Einigungsbewegung ausersehen. Diese mußte freilich vom Norden her operieren, denn Ferrante II., König beider Sizilien, hatte eine imposante Militärmacht aufgebaut und eine mit zahllosen Spitzeln arbeitende Unterdrückungsmaschinerie geschaffen, der nach und nach 22000 Oppositionelle ins Netz gingen. Untreue Minister ließ der energische Monarch unter seinen Augen Zwangsarbeit verrichten, und als eine ganze Stadt wie Messina von ihm abfiel, ließ er sie von seiner Flotte beschießen, was ihm den Spitznamen re bomba eintrug.

Es ist für die Stimmung in Florenz, wo freisinnige Zeitschriften und Zirkel jahrelang unbehelligt existierten, sehr bezeichnend, daß selbst der glühende Mazzini sich hier keineswegs martialisch, sondern von der romantischen Seite zeigte: Die junge und schöne Witwe eines Kampfgefährten, sie hieß Giuditta Sidoli, hatte in Marseille den früh berühmten Giuseppe Mazzini kennengelernt, war als seine Geliebte natürlich auf Schritt und Tritt überwacht worden und hatte sich vor all diesen Drangsalen bezeichnenderweise nicht nach Genf oder Brüssel oder Ajaccio geflüchtet, sondern in die Residenz des toleranten Leopoldo II., nach Florenz. Hier genoß sie die Protektion von Gino Marchese Capponi aus einer der ältesten florentinischen Familien, eines bedeutenden Gelehrten, der zeitweise auch hohe Ämter bekleidete und zu einem der namhaftesten Mitarbeiter Cavours wurde. Die Idylle, die dem großen Historiker ebenso zu gönnen war wie der offenbar gebildeten und intelligenten jungen Frau endete bald dank der Redseligkeit, von der Mazzini ebensowenig frei war wie viele andere Revolutionäre: Nach guter alter Medici-Tradition wurden seine Briefe an die schöne Giuditta aufgefangen und in den Kanzleien des Großherzogs studiert, und da sie außer Liebesschwüren auch vertrauliche Mitteilungen über revolutionäre Umtriebe enthielten, wurde die Freundin großer Männer schließlich des Landes verwiesen. Mazzini bewahrte der Toskana gleichwohl seine Anhänglichkeit: Sein letzter Wohnsitz war Pisa, wo er im März 1872 starb. Offenbar hatte er nicht vergessen, daß nach dem Verbot des Indicatore Genovese, einer kaum verhüllt revolutionären Zeitschrift, die Stadt Livorno, der Welthafen Leopoldos II., ihm die Möglichkeit geboten hatte, dort den Indicatore Livornese erscheinen zu lassen. Obwohl nicht wenige Irrtümer der italienischen Einigungsbewegung und einige blutige Niederlagen auf seine Anregungen und Pläne zurückgehen, erhebt sich sein Denkmal heute auf der Piazza Mazzini zu Pisa, während sich Florenz mit dem Viale Giuseppe Mazzini begnügt, der zu den Sportanlagen im Osten der Stadt führt.

Eine zweite der eher dürftigen Verbindungen zwischen der Toskana und der italienischen Erneuerungsbewegung schafft der große Erzähler Alessandro Manzoni, dessen Volksbuch Die Verlobten unendlich viel zur Entstehung eines italienischen Gemeinschaftsbewußtseins beitrug. Er war ein Enkel des Marchese Cesare Beccaria, dessen Reform des Strafvollzugs durch Pietro Leopoldo, den habsburgisch-lothringischen Großherzog der Toskana, in die Tat umgesetzt wurde.

Sprach auch alles dafür, daß Florenz als eine Insel der Seligen in der großen Umwälzung wegen ihrer Schönheit und Traditionen geschützt bleiben müsse, so kann doch bekanntlich auch der friedlichste Fürst nicht in Ruhe weiterregieren, wenn an seinen Grenzen mit soviel Geschrei Geschichte gemacht wird. In der Zwangslage, sich dem Königreich Sardinien oder völlig dem Militärstaat Österreich zuzuwenden, blieb Leopoldo sehr zum Ärger seines inzwischen in Wien regierenden Neffen Franz Joseph I. unentschlossen. Die entscheidenden Fehler machte darum nicht der unschlüssige Lothringer in Florenz, sondern der temperamentvolle junge Kaiser zuerst bei Magenta, als ein unfähiger Generalfeldmarschall namens Gyulai den sicheren österreichischen Sieg aus den Händen gab, und bei Solferino, wo Franz Joseph selbst für eine der blutigsten Niederlagen der österreichischen Geschichte sorgte, indem er nicht dem begabten Benedek, sondern dem Niemand Heß den Oberbefehl an seiner Seite einräumte.

In Florenz hatte man allerdings diese Entwicklungen auf den Schlachtfeldern gar nicht abgewartet, sondern am 27. April 1859 die unblutigste aller florentinischen Revolutionen durchgeführt und Leopoldo mit seiner Familie vertrieben. Der weitgereiste Karl Alexander Anselm Freiherr von Hügel (1796–1870) aus Regensburg hatte gerade seine lesenswerten Bücher über Kaschmir, das Becken von Kabul und den Hindukusch veröffentlicht und erschien dem Wiener Hof dadurch als Gesandter in Florenz legitimiert (1850–59). Er nahm das abrupte Ende dieser Sinekure dem Großherzog so übel, daß er ihm in einem Hundert-Seiten-Bericht an den Kaiser die ganze Schuld am Verlust der Toskana zuschrieb, völlig vergessend, daß es damals auch sehr entschlossenen und rücksichtslosen Herrschern wie etwa dem re bomba nichts half, an das Militär zu appellieren: Die Soldaten hätten in Florenz unbedingt zu ihrem Großherzog gehalten, den das ganze Volk liebte, aber die Offiziere hatten längst insgeheim mit der Revolution und mit Sardinien-Piemont paktiert.

Dem noch nicht siebenjährigen Prinzen Johann sagte der Hoffriseur: »Hören Sie, Hoheit, das Volk meutert und lärmt.« »Derselbe Josef«, fährt Johann in seinen Erinnerungen fort, »sagte auch, daß nur die Offiziere demoralisiert wären. Wenn man sie weggeschickt hätte, hätte man sich auf die Truppe verlassen können. Hierauf ging ich zum Papa und sagte ihm, daß das Volk in Aufruhr sei und was man da tun solle. Da kamen die Minister und die Militärs. Hernach befahl er [der Großherzog] mir, mit den [andern] Kindern in die Festung zu gehen, denn dort könne man Widerstand leisten … Ich ging zuerst zu Nando [so

Feiner Tuchladen

hieß Ferdinand IV. auch noch als Erwachsener in seinem Wiener Exil] … Graf Sforza trug meine Juwelen in einer Blechschachtel unter dem Arm.«

Es war, wie sollte es anders sein, mehr Ischl als Florenz, mehr Operette als große Befreiungsoper. Vierspännig, in einer Reihe von Staatskarossen, verließ der Großherzog mit seiner Familie die Arnostadt, während Frauen aus dem Volk ihm händeküssend nachweinten und ihm rieten, doch den ganzen Klüngel, die Offiziere und die Intelligenzia, zum Teufel zu schicken. Man durchquerte die Gegenden, die wenige Wochen später die Entscheidungsschlachten sehen sollten, und mußte sich in Wien sagen lassen, daß man zu früh aufgegeben habe. Wer schließlich aber zu früh aufgab, war Franz Joseph I., den die 22000 Toten von Solferino um seine Fassung gebracht hatten. Der junge Monarch hatte keinen Radetzky mehr an der Seite; tief enttäuscht macht er sich nicht klar, daß Österreich die besseren Nachschubwege nach Norditalien hatte als Frankreich und bei einem längeren Feldzug in Vorteil geraten mußte.

Nun, es war die Stunde der Abenteurer, des nach fehlgeschlagenen Versuchen in Italien und in Straßburg endlich an die Macht gelangten dritten Napoleon, der Mazzini, Garibaldi und anderer Marionetten des großen Cavour.

Florenz und die Toskana hatten unter dem Haus Habsburg-Lothringen nicht mehr jenen schwindelerregenden Glanz entfaltet, der das Florenz des Hauses Medici für die ganze Welt zum Begriff gemacht hatte, aber es war keine schlechte Zeit gewesen, und Florenz leuchtete auch ohne seine Fürsten weiter.

Da sich zunächst niemand vorstellen konnte, daß die Päpste Rom aufgeben würden, sah Florenz einer glanzvollen Zukunft als Hauptstadt eines vereinigten Italien entgegen, in dem die Enklave Rom zu allerheiligstem Inseldasein verurteilt sein werde. Die Arnostadt hatte in diesem Jahrhundert schon so manches Mal die Residenz abgegeben, neben dem großherzoglichen Mittelpunkt der Toskana war Florenz 1801 die Hauptstadt des Königreiches Etrurien von Napoleons Gnaden geworden, 1808–14 war Florenz gar eine französische Stadt und Chef-Lieu du Département Arno, eine Groteske, die freilich nur ein paar Jahre dauerte. Aber auch die Herrlichkeit als Residenz des Königs Viktor Emanuel von Italien währte nur kurze Zeit: Im Februar 1865 erst hielt der vorsichtige Monarch seinen Einzug in Florenz, und schon 1871 war der Traum wieder ausgeträumt, denn Napoleon III. war es eben noch vor dem Desaster auf dem Schlachtfeld von Sedan gelungen, die französische Garnison aus Rom abzuziehen, wonach dann der Weg für die Helden der Einigungsbewegung frei war: Am 20. September 1870 marschierten die Sansculotten des jungen Königreichs in Rom ein, weswegen man heute in Italien auf so viele Straßen mit dem Schild »XX settembre« trifft. Der bedeutende Papst Pius IX., Schöpfer des Dogmas von der Unbefleckten Empfängnis Mariä und von der Unfehlbarkeit des Papstes ex cathedra, betrachtete sich bis zu seinem Tod als Gefangener im Vatikan, den er nicht mehr verließ.

Florenz aber ging es ein wenig wie Bonn: Man hatte, als sei der Palazzo Pitti nicht groß genug, großzügige Bauten für die neue Rolle geschaffen, aber auch kostspielige Verschönerungsmaßnahmen in Angriff genommen, als könne das alte Florenz durch soviel Neues tatsächlicher schöner werden. An dem für Florenz schwarzen Tag des Garantiegesetzes für den Papst – es war der 13. Mai 1871 – hatte die Stadt am Arno, aus der sich die herbeigeströmten Hauptstadtsüchtigen schnell entfernten, hundertzwanzig Millionen Goldmark damaliger Währung Schulden und steckte damit in der tiefsten Finanzkrise ihrer Geschichte – nur daß es nun die Medici-Millionen in der Festung Belvedere nicht mehr gab. Die Juwelen waren sukzessive nach Wien gewandert, die letzte Blechschachtel, wie wir gelesen haben, wurde im Karlsbader Exil der vertriebenen Großherzoge gehütet, und ein Entschuldungsvirtuose wie Franz Stephan von Lothringen stand auch nicht zu Gebote. Schließlich hatte die Regierung des Königreichs, der ja in den gut verwalteten einst österreichischen Provinzen des neuen Staates erhebliche Geldmittel in die Hände gefallen waren, ein Einsehen und übernahm nach zähem Feilschen neunundvierzig Millionen der großen Schuldenlast auf den Staat. (Michael Seidlmayers Geschichte Italiens weist mit genauen Zahlen nach, daß Piemont-Sardinien sechsmal so hoch verschuldet war – auf die Bevölkerungszahl bezogen – als die österreichisch verwaltete Lombardei, und immerhin noch dreimal so hoch wie die Toskana der habsburgisch-lothringischen Großherzöge. »Unverhältnismäßig hohe Steuerlasten, die auch die armen Volksmassen stark in Mitleidenschaft zogen und deren freudige Einordnung in den neuen Staat bedrohten, waren … nicht zu vermeiden« a.a.O., S. 421).

Die schlimmste bauliche Folge des Einigungstaumels stellte sich allerdings erst ein, als Rom längst als Residenz und Metropole des neuen Königreichs Italien feststand: Die Schaffung jenes Platzes, der heute undankbarerweise Piazza della Republica heißt. Für ihn wurde – etwa gleichzeitig mit der Zerstörung des

Prager Ghettos – auch das florentinische Judenviertel geschleift und, noch betrüblicher, auch der Alte Markt (Mercato Vecchio). Immerhin bewahrte man die Loggia del Pesce, die Fischhalle, die Giorgio Vasari geschaffen hatte, indem man sie an einem anderen Platz neu aufbaute, an der kleinen, weit vom Fluß entfernten Piazza dei Ciompi, so daß die Fischhalle nun am Platz der Wollkämmer liegt. Nebenbei kam bei diesen großen Wühlereien im alten Zentrum von Florenz nicht nur so manche Säule aus römischer Zeit zum Vorschein, sondern unter der antiken Pflasterung auch ein frühgeschichtliches Gräberfeld aus voretruskischer Zeit. Es weist auf eine zumindest vorübergehende Besiedlung des Raumes Florenz schon um 1000 vor Christus hin.

Aber dieser Platz, der in jede italienische Großstadt besser gepaßt hätte als nach Florenz, schloß nur eine Entwicklung ab; die Italianisierung der toskanischen Hauptstadt, die nicht gelingen konnte, weil Mailand, Florenz, Venedig und Rom ebenso starke Individualitäten sind wie Palermo oder Genua oder Verona. Burckhardt hat es noch ganz stark empfunden, diese reizvolle Vielfalt, diese Unvereinbarkeit der alten Stadtstaaten mit einem neuen Staat, der heute, noch nicht einmal hundertundvierzig Jahre nach seiner turbulenten Gründung, den so vielfältig wirksamen Gegensatz zwischen Nord und Süd noch nicht überwunden hat.

FLORENZ – EIN MYTHOS?

Italienreisen sind bis heute vor allem Städtereisen geblieben. Das hat seinen Grund in der unabänderlichen Tatsache, daß sich in früh gefestigten Nationalstaaten wie Frankreich, Spanien oder England städtische Individualität kaum noch entwickeln konnte, während die spät zusammengeschlossenen italienischen Territorien die Entwicklung und Bewahrung urbaner Selbständigkeit mit Eigencharakter begünstigten. Neben Paris hat es nur der provenzalische Hafen Marseille zu echter Eigenständigkeit gebracht, sehen wir von den geraubten Fremdstädten Straßburg und Nizza ab; in Spanien bedurfte es des ganzen stolzen Widerstandes der Katalonier, um Barcelona neben Madrid Profil zu geben, und in England, das schon im neunten Jahrhundert seinen größten König hatte, blieb London so dominant und ohne Rivalen wie das alte Londinium.

Italien hingegen, Kulturbringer Europas keineswegs nur zur Römerzeit, hatte glanzvolle Epochen trotz Zersplitterung und Fremdherrschaft, und spätestens seit Malaparte wissen wir, daß es die besondere Begabung der Italiener war, aus Situationen, die andere Völker in die Verzweiflung getrieben hätten, zäh und verstohlen Nutzen zu ziehen. In welchem anderen europäischen Land wären Städte-Persönlichkeiten wie Mailand, Venedig, Padua, Bologna, Florenz, Rom, Neapel und Palermo nebeneinander auch nur vorstellbar? Sie hatten ihre großen Familien, deren jede ein Buch, ja eine Bibliothek mit Schicksalen, Taten und Leistungen füllen würde, und weil sie Städte waren und nicht Staaten, gedieh diese ummauerte Eigenart durch die Jahrhunderte zur buntesten Blüte.

Der Reisende, der nach Italien kam, hatte von den Gestaden der nördlichen Seen bis zu den Hafenorten Siziliens den rational nicht belegbaren Eindruck, daß fortan jeder Tag besonders erfüllt und farbig sein werde, und daß sein Leben, so lange er in diesem Land weilte, reicher sein werde als anderswo und mit unerwarteten Erlebnissen garniert. Obwohl man diese Erfahrungen zweifellos nicht nur in Florenz machen konnte, obwohl sich große und blühende Kolonien von Residenten aus anderen Ländern in San Remo und Venedig, in Rom, Neapel und Messina, ja beinahe in jeder größeren Stadt der italienischen Halbinsel bildeten, bald anwuchsen, dann wieder schrumpften, obwohl also Italien jedem Temperament und jeglicher Erwartung etwas zu bieten verstand, hat sich die Stadt am Arno eine besondere Clientèle beglückter Neubürger zu sichern gewußt, die sich von den stets Fremde bleibenden Palastmietern in Venedig, den solipsistischen Künstlergruppen in Rom und den geschäftigen Zuwanderern nach Mailand grundsätzlich und vorteilhaft abhebt.

Der Reiz von Städten ist unwägbar, man kann auf die Enge der Innsbrucker Lage schwören oder auf das sich weitende Stromtal bei Wien, und auch die erfahrensten und klügsten Reisenden vermögen oft nicht zu ergründen, warum sie Florenz durcheilen, in Rom verweilen und endlich im provinziellen Weimar ihre Tage beschließen. Es gilt also, nach objektiven Kriterien für die Filterungen zu suchen, die Florenz, als Residenz wohlhabender Kaufleute verschont von debilen Monarchen, zur Stadt der anspruchsvollen Besucher, zum Schauplatz nicht alltäglicher Dichtungen, zu einem Hort der Renaissance machte, an dem die Geister sich geschieden haben, ob es nun um Anatole France ging oder um einen anderen Nobelpreisträger, nämlich Thomas Mann. Wir haben seine Bemühungen um Savonarola schon kurz gestreift, als von dem großen Bußprediger der Arnostadt die Rede war. Thomas Mann weilte im April 1898, also noch als junger Mann, in Florenz, und im Frühjahr 1901 abermals, als er sich für den gewaltigen Stoff seines Dramas Fiorenza entschieden hatte. Es muß eine schwere Geburt gewesen sein, es bedurfte einiger Jahre, ehe der Senatorensohn aus Lübeck die Manen der Medici hinreichend in sich aufgenommen hatte, und als 1905/06 die Gemeinde des erfolgreichen Romanschriftstellers den Text des Bühnenstücks Fiorenza kennenlernte, war die Enttäuschung der Freunde und die Schadenfreude der Neider gleich groß. Der glühende Apostel allein hatte in Thomas Manns Werk ein wenig Farbe und Brio behalten, für alle übrigen Gestalten galt, was Richard von Schaukal (1874–1942) in grausamer Ausführlichkeit im Berliner Tageblatt dargelegt hatte: „Eine frostige Kälte strömt von dem Werk aus. Nur der Autor ist am Worte, aber die Geliebte, Fiorenza, will sich dem Wortreichen nicht ergeben ... Die Kultur, die in historischen Individuen sich auftut, die Zeit, die hier leben, atmen, gehen, stürzen, Schatten werfen soll: das alles ist im besten Falle mitgeteilt, aufgezählt." Die zweckdienliche Lobgemeinschaft, die Mann und Schaukal bis dahin verbunden hatte, war mit lautem Knall geplatzt. Thomas Mann findet – wir können es seit kurzem im Band 27 der Thomas-Mann-Studien nachlesen –, der Wiener Kritiker auf Berliner Boden habe sich „der einfachsten Verpflichtungen, die Ihnen aus meiner Güte erwachsen, in der liederlichsten Weise entschlagen ... Ich erkläre unser Verhältnis für dringend ruhebedürftig und schlage vor, daß wir einander vorläufig vergessen" (Brief vom 14. Oktober 1905).

Thomas Mann hat nicht, wie Schaukal es für wünschenswert hielt, später ‚seine kleine Leiche selbst begraben'. Wie Eltern oft dem einen behinderten Kind inmitten einer wohlgeratenen Schar die innigste Liebe entgegenbringen, verzieh Thomas Mann bis an sein Lebensende keine abwertende Kritik an diesem papierenen Werk mit den auf Stelzen daherkommenden Dialogen, und auch die sehr bekanntgewordenen tödlich-persönlichen Formulierungen eines Alfred Kerr haben nicht die Vermutung bewirkt, daß hier schiefgegangen sei, was schiefgehen konnte: „Der Verfasser", schreibt Kerr 1913, „ist ein feines, etwas dünnes Seelchen, dessen Wurzel ihre stille Wohnung im Sitzfleisch hat. Was zu ersitzen war, hat er hier ersessen." Die Frau, die das Liebeswerben Savonarolas zurückwies und ihn damit in Raserei und Chaos stürzte, heißt Fiora und wird von Thomas Mann zum

Symbol für die ganze Stadt Florenz erhoben, um die Lorenzo der Prächtige und Savonarola, der Verbitterte, in langen Reden ringen, Philologenarbeit, wie Kerr meint, Versuch einer Annäherung eines deutschen Pater Patriae an die Renaissance, wie man aus dem Scheitern schließen muß.

Die Franzosen, denen Florenz so manche Perfidie zu verzeihen hatte, gingen mit der schönen Fiora-Fiorenza kundiger um und setzten ihre schönen Seiten ins Licht, die Tugenden, die Gesellschaft, den Glanz der Säle, Treppen und Gärten. Um all dies in sich aufzunehmen, verbrachte Anatole France emsige Wochen einer Studienreise in Florenz, ja er widmete seine erste Italienreise überhaupt dem Schauplatz des mondänen Schlüsselromans Le Lys rouge (Die rote Lilie, 1894), zu dem ihn seine wohlhabende Geliebte Leontine Lippmann animiert hatte, Gemahlin des Boulevardautors Arman de Caillavet: Sie wollte ihren Salon aus all den Vorurteilen gegen ihr Judentum oder das der Païva herausheben und ins sonnige Italien transponieren, in eine Atmosphäre, wo Dreyfus ebenso unbekannt war wie die Rothschilds, weil am Arno eben die Medici das Geld hatten. Darum übersiedelten Bonapartisten, skandalös junger Empire-Adel, echte Gräfinnen und pseudonyme Literaten in die Toskana, woran ein Portrait des verkommenen Genies Paul Verlaine (im Roman heißt er Choulette) bemerkenswert ist. France, sonst kein Freund der Engländer, hat in seiner Studienzeit am Arno die eindrucksvolle Präsenz der Briten in diesem unvergleichlichen Landstrich nicht nur registriert, sondern auch literarisch dargestellt; eine Vivian Bell, mit ihrem wirklichen Namen Mary Robinson, spielt eine große Rolle und lenkt unsere Aufmerksamkeit auf die Poetenkolonie um Henry Crabb Robinson und Wordsworth. Auch Swinburne hielt sich wiederholt und lange in Florenz auf, eine Briten-Invasion, die sich nicht zuletzt aus dem leistungsfähigen und oft angelaufenen Hafen Livorno erklärt, dem die Briten, eben weil sie ihn so sehr schätzten, einen absurden eigenen Namen gegeben hatten, auf den man nie kommen würde (Leghorn).

Für ein seefahrendes Volk wie die Engländer wurde Leghorn zur dritten der stark frequentierten Einfallspforten in den Kontinent. Die erste und älteste war Königsberg, wo sich schon zu Zeiten des großen Immanuel Kant die Kaufleute von der Insel niedergelassen hatten und fruchtbare Verbindungen mit dem ansässigen Patriziat aufnahmen. Die zweite Anlegestelle für die Fähren aus dem Vereinigten Königreich war das malerische Roscoff in der Bretagne. Von hier aus, wo einst Maria Stuart an Land gegangen war, wo Littré, Dumas père, Tristan Corbière und die wunderschöne Liane de Pougy ihre Villen hatten, stürmten die Briten das Paris der Belle Epoque. Beinahe gleichzeitig, für wache und vermögende Talente wohl auch ein wenig früher, öffnete sich die Toskana in Livorno/Leghorn für einen ‚Strom von Engländern und Amerikanern', wie George Eliot (1819–1880) sich ausdrückt, trotz ihres männlichen Pseudonyms eine Frau. Sie war zu jenen Zeiten vielleicht nicht die berühmteste, mit Sicherheit aber die höchstbezahlte Schriftstellerin von der Insel, die durch ihr Vermögen, ihre Sprachkenntnisse und private Mißhelligkeiten zu Hause zu einem Reise-Leben veranlaßt worden war.

Im Mai 1861, als George Eliot zum erstenmal für einen längeren Aufenthalt in Florenz eintrifft, gibt es in der Stadt bereits eine englische Kirche, vier englische Ärzte, einen Schneider von der Insel und eine kleine Kolonie namhafter Autoren wie Elizabeth Barret-Browning (Verfasserin und Übersetzerin berühmter Sonette, die allerdings in eben diesem Jahr starb), dazu die Trollope-Brüder und Walter Savage Landor, der nicht weniger als siebzehn Jahre am Arno zubrachte.

Vor Reisebekanntschaften, „etwas zu stark amerikanisch durchsetzt, um tatsächlich wünschenswert zu sein", flüchten George Eliot und ihr Lebensgefährte Lewes in die Historie. „Heute morgen, als ich über Savonarola las, kam mir die Idee, daß sein Leben und seine Zeit einen feinen Stoff für einen historischen Roman abgeben könnten." Der verführerische Irrtum infiziert auch den Verleger: „The new Novel was bought by Smith Elder for the stupendous price of 10000 Pounds – in 1862 that sum was a fortune“ (Michael Stapleton). Der Roman erhielt den Titel Romola und wird von George Eliots Biographin Elsemarie Maletzke als die grandioseste Fehlentscheidung bezeichnet, die von diesen beiden sonst so erfolgreichen Menschen jemals getroffen wurde. Es erging George Eliot, wie es vierzig Jahre später Thomas Mann ergehen wird. „Es war ihr nicht gegeben, den Geist der Renaissance zu exhumieren“, schreibt Frau Maletzke nicht sehr pietätvoll, und schildert uns dann George Eliot auf dem Weg, alle Fehler vorzumachen, die Thomas Mann auch begehen wird, Fehler, zu denen die dichte historische Atmosphäre der Arnostadt unwiderstehlich verleitet: „Im Bemühen, das Leben so authentisch wie möglich zu schildern, spachtelte sie Lokalkolorit mit der Maurerkelle auf … Sie hatte ihre Leute nie gehört, sondern alte toskanische Sprichwörterbücher zu Rate gezogen. Auf diese Weise erfährt der Leser aus dem Mund erstaunlich gebildeter und entsetzlich weitschweifiger Friseure und Altwarenhändler die politische Situation und das Anliegen des feurigen Visionärs Girolamo Savonarola: die Reinigung der Kirche und des Staates. Dabei überließ Eliot kein Detail dem Ungefähr. Jede Straßenecke, jede Säule, jede Henne auf dem Teller … trägt ihre historische Bezeichnung … Nach den ersten acht Kapiteln ächzt der Leser unter der Bildungsfracht, die so schwer erworben nun auch vor ihm ausgepackt wird … der Leser, inzwischen gründlich bekannt mit dieser fundamentalistischen Schreckensfigur, verläßt den Duomo.“

Aber ist es wirklich der Fundamentalismus, der zwei so bekannte und erfolgreiche Romanschriftsteller, eine Frau und einen Mann, in den Bannkreis Savonarolas hereingezwungen hat? War es bei Eliot nicht die ekstatische Askese, die für eine berühmte und reiche, aber in einem lebenslangen Konkubinat lebende Frau zur Versuchung wurde? Und wollte Thomas Mann nicht vielleicht, durch die erfundene Liebesgeschichte und erstorbene Romanze zwischen Fiora und dem Sittenprediger, diesen aus den Jünglingsscharen befreien, die ihn abgöttisch verehrten, für ihn plünderten, raubten und mordeten?

Die Stadt, die so viele Leidenschaften weckt, weil sie unvergleichlich ist und ein höheres Leben, die Möglichkeit zu einer überhöhten Existenz suggeriert, steht hinter solcher Entrücktheit auch in der bedeutendsten der vier Florentiner Novellen von Isolde Kurz (1853–1944): Ein Künstler hat einem Heiligen Sebastian die Gesichtszüge seines Halbbruders, eines Kardinals gegeben, und eine junge Adelige, beinahe noch ein Kind, verliebt sich sündhaft in das Heiligenbild! Sünde, Mord, Selbstmord sind die Folge, und Savonarola, der den Bildersturm in Florenz entfacht hat, verlangt die Vernichtung des unheilbringenden Kunstwerks.

Isolde Kurz, durch langjährige Studien und auch essayistische Arbeiten mit Florenz verbunden, kommt von dem magischen Gegensatz zwischen der Inkarnation weiblicher Sinnlichkeit in Florenz und dem unbarmherzigen männlichen Widerpart Savonarola nicht los. Den alten, aus berühmten Bildern bekannten Gegensatz der himmlischen und der irdischen Liebe konkretisiert Isolde Kurz 1908 in der Versdichtung Die Kinder der Lilith. An die Stelle von Savonarola tritt der Mann schlechthin, bei Isolde Kurz logisch Adam genannt, Eva und Lilith aber verkörpern „Alles, wozu er Lust, wovor er Angst hat ... Adam erscheint erschöpft ... über Liliths Ansprüche und über ihr Anspornen zu schöpferischem Tun ... So nützt der Teufel die Gunst der Stunde und stellt ihm mit Eva eine Gefährtin, eine Frau zur Seite: Eva verkörpert jene klischeehaft-traditionelle Form von Weiblichkeit, die zur Gänze Abbild des Mannes ist“ (Andrea Bramberger in ihrer Salzburger Habilitationsschrift). In der Nahsicht der Isolde Kurz überwiegen in der dionysischen florentinischen Renaissance die zerstörerischen Kräfte, denen weder die asketische Reinheit des Mannes noch die hexenhaft dumpfe Fleischlichkeit des Weibes auf die Dauer gewachsen sind. „Im Text der Isolde Kurz verkörpert Lilith das Medium ewiger Sehnsucht Adams als Stellvertreter für alle Männer" (Bramberger).

Vierzig Jahre vorher schrieb der britische Italien-Enthusiast Swinburne über das reizvolle Fabelwesen, das nach der jüdischen Sage ja schon vor Adam und Eva durch das Paradies huschte: „Sie hat keine bösen Sehnsüchte und keine bösen Impulse, und sie hat keine guten. Sie ist gleichgültig, gleichmütig, magnetisch; sie verzaubert und zieht die Seelen der Männer unerbittlich in den Abgrund". Florenz, Inbild der Sünde und der ewigen, nicht verwelkenden Jugend, erscheint bei Dichtern und Dichterinnen als die immerwährende Versuchung: „In diesem großen Tempel, aus dem die Götter geflohen sind, haben alle meine Idole tönerne Füße" (Albert Camus).

Nicht nur die sanften Gemüter der Dichter des einen oder des anderen Geschlechts fanden über Livorno und Pisa oder auch über Bologna und Siena den Weg in das strahlende Herz der Toskana. Der ferne Glanz lockte und verlockte bis hin zu den Septentriones der Römer, Europas mitternächtlichen Gefilden. Russische Flotten kreuzten vor Livorno und die Schiffe schienen gar nicht mehr auslaufen zu wollen, obwohl das fürchterliche Erdbeben von 1741 Livorno auf erschreckende Weise heimgesucht hatte; Lord Nelson vergaß vor den toskanischen Küsten, daß vor Neapel die schönste Frau des damaligen Europa auf ihn wartete, und der Vizehofmarschall Friedrich Leopold Graf zu Stolberg-Stolberg empfing hier die ersten gefährlichen Anregungen zu seinem spektakulären Übertritt in den Schoß der römisch-katholischen Kirche. Die Toskana im allgemeinen und Florenz im besonderen verwandelten, banden, ließen nicht mehr los, wie man es auch von anderen paradiesischen Gegenden der Erde behauptet, von Gauguins Archipelago oder von Peking, wo so manches Ehepaar zur Hochzeitsreise hinfuhr und vierzig Jahre später als Inhaber eines kleinen Antiquitätenladens glücklich starb, ohne die Heimat wiedergesehen zu haben.

Es sind nicht wenige, bei denen die florentinischen Wirkungen in ähnlicher Weise auftraten, und die Welt hat nur dann davon Kenntnis genommen, wenn es schöpferische Naturen waren oder bedeutende Familien. Daß Doris und Arnold Maurer in ihrem literarischen Führer durch Italien so verborgene Existenzen wie den Lyriker Schiebelhuth ausfindig machten, der als Hauslehrer in Florenz weilte, ehe er, der Lyriker, durch seine Übersetzung von Thomas Wolfes Schau heimwärts, Engel! in ganz Deutschland berühmt wurde, das erweist den beiden alle Ehre, auch daß sie Karl Wolfskehl anführen, der 1924/25 die Söhne der Baronin Münchhausen unterrichtete und danach noch mehrfach Florenz als Wohnstätte wählte, zuletzt 1934–38 und nicht mehr freiwillig. Dies trifft auch für Walter Hasenclever zu und für Carlo Levi, der 1943/44 hier im Verborgenen lebte.

Schon diese wenigen Beispiele – die ja nicht Gegenstand eines geschichtlichen Überblicks sein können – machen uns klar, daß Ankunft, Aufenthalt, Abreise und Nacherleben höchst unterschiedlich waren. Es kamen große Herren an wie Fürst Alexei Orlow mit seinen Kriegsschiffen; es machten Päpste Rast in Livorno, die sich aus Avignon zurück nach Rom begeben wollten, und es suchten den Frieden der Gärten und Hügel der Arnostadt namhafte und namenlose Rastlose aus der Alten und aus der Neuen Welt.

Der dreiundzwanzigjährige Rilke kam im April 1898 nach Florenz und fand in einer Pension am Lungarno das, was man heute ein Penthouse nennen würde, eine jener ausgebauten Mansarden, wie sie auch die Sehnsucht vieler Paris-Reisender und die raren Glücksfälle über der römischen Piazza Navona sind. „Florenz erschließt sich nicht wie Venedig dem Vorübergehenden … Hast du aber einmal das Vertrauen dieser Paläste errungen, so erzählen sie dir gern und gütig die Sage ihres Daseins in der herrlichen rhythmischen Sprache ihrer Höfe." Städte, in denen alle dasselbe suchen, begünstigen die unerwartete Begegnung; sie kann günstig, fördernd, zukunftsträchtig sein wie die Begegnung mit Heinrich Vogeler aus Worpswede, und sie kann Rilke das ganze Erlebnis Florenz verleiden wie der Sermon, den Stefan George in den Boboli-Gärten dem jungen Poeten hielt.

Rilke hatte es, wir wissen es inzwischen, nun einmal mit den Palästen und den Schlössern; die Wolfskehls visierten weniger hoch. Hanna Wolfskehl schrieb, nach den ersten schweren Jahren der Emigration aus Florenz an Albert Verwey (1865–1937), den Dichter und treuen Freund: „Meine größten Freude hier sind die Villen, das heißt jene Podere, die einen Landsitz darstellen, mehr oder weniger mächtig und prächtig, immer aber schön. Schön bis zum außer sich geraten … Vielleicht lassen Sie sich … auf der Bibliothek ein Buch leihen, ein Bilderbuch, sehr teuer Villa's of Toscany and Florence."

Die reichen Kaufherren hatten sie erfunden, diese einzigartige Mischung aus Landhaus, Landsitz und römischer Villa, auf Hügeln, zwischen Pinien und sehr viel Ginster. Selbst dem scharfzüngigen Machiavelli war solch ein Wunder zuteil geworden, und er hatte gewußt, was man tun muß, um es sich zu erhalten; in späteren Jahrhunderten, als man Florenz quer durch die Hügel auf dem Schienenstrang aufsuchen konnte, gab es diese einzigartigen Villen noch immer. Die schönste, meint Hanna Wolfskehl, sei die von Martha Licht, einer jüdischen Malerin aus dem Schwabinger Bekanntenkreis der Wolfskehl, die bald nachdem Hanna Wolfskehl ihre Villa bewundert hatte auf abenteuerliche Weise aus dem spät, dann aber doch antisemitisch agierenden Italien flüchten mußte.

Es hatte auch friedlichere Zeiten für diese herrlichen Besitzungen gegeben, die Jahre, die Walter Savage Landor in seiner Villa bei Fiesole zubringen durfte, oder La Pietra, die Villa der Actons auf einem Hügel, zu dessen Füßen sich ganz Florenz ausbreitet, wo Harold Acton 1904 zur Welt kommen und 1994 in Frieden sterben durfte. Mit ihm aber scheint dies alles nun doch einem Ende zuzustreben. Dem langjährigen Premierminister der neapolitanischen Bourbonen, dem ersten berühmten Acton, war mit John Emerich, dem ersten Baron Acton (1834–1902), der erste Historiker in der Reihe dieser bedeutenden Florenz-Enthusiasten gefolgt, mit Standardwerken über die Freiheit in der Antike und die Freiheit in christlichen Zeiten. Erst Sir Harold Acton wandte sich den besonderen Themen des Ortes zu, als er nach dem Krieg nach La Pietra zurückkehrte und seinen Memoiren eines Ästheten die bis heute unübertroffene Geschichte der Bourbonen von Neapel folgen ließ. „Mit zunehmendem Alter“, schreibt Gina Thomas in ihrem Nachruf auf ihn, „wurde Acton zu einer Art florentinischer Ikone und la Pietra eine Pilgerstätte. Dort wurden Staatsmänner und Prinzen mit der gleichen Gastlichkeit aufgenommen wie Studenten seines ehemaligen Colleges in Oxford“. Schon in seinem Elternhaus mit den zum Teil bizarren Kunsturteilen des großen Berenson und den Absonderlichkeiten der Sitwells konfrontiert, ging er früh, aber endgültig in die Unsterblichkeit ein, weil Evelyn Waugh um ihn herum sein Wiedersehen mit Brideshead schrieb. Nach seinem erfolgreichen Buch über Gian Gastone, den letzten regierenden Medici, hatte Acton offensichtlich von Florenz, ja vom ganzen alten Europa genug und ging für sieben Jahre ins noch ältere China; dort oder aber nach seiner Rückkehr soll er gesagt haben, die Florentiner seien die Chinesen Europas, und die mediceische Emsigkeit läßt diese Boutade nicht allzu absurd erscheinen.

Walter Savage Landor (1775–1864) hatte unter seinen Vorfahren keinen Premierminister, aber die Warwickshire-Familie war seit alters begütert und dem in Ipsley-Court als Sohn eines Arztes geborenen jungen Mann stand ein durchaus angenehmes Leben bevor, wäre er nicht wegen seines unbezähmbaren Temperaments von allen Schulen geflogen und auch als Mann ein so unleidlicher Nachbar gewesen, daß es ihn bald in England nicht mehr litt. Als die Spanier sich gegen Napoleon I. erhoben, brachte er eine kleine Schar von Freiwilligen zusammen, die an der Seite der verschiedenen Expeditionskorps kämpfte, bis ihm die intellektuelle und moralische Verkommenheit der spanischen Bourbonen klar wurde und er diesen Einsatz abbrach. Ohne Schulen hochgebildet, hatte Landor sich inzwischen zum besten Lateiner der Insel entwickelt, schrieb mit größter Leichtigkeit englisch und lateinisch Gedichte und kleine Prosa, verließ aber die von ihm erworbene Llanthoney Abbey, um mit seiner schönen französischen Frau in deren Heimat zu leben. Auf Tours folgten drei Jahre Como und schließlich, mit Unterbrechungen, insgesamt zwanzig Jahre Florenz oder genau genommen Fiesole, denn Landor fühlte sich zeitweise von zuviel Kunst erdrückt (Nature I loved and next to nature art/I warmed both hands before the fire of life). Während man Sir Harold Acton nachsagte, er habe sein Leben lang niemals vor einem Gast sein Haus betreten, war Landor ein recht renitenter Zeitgenosse. Die Scheidung von seiner schönen Französin verlief so turbulent, daß er es vorzog, danach Florenz zu verlassen, und in England wurde er wegen Beleidigung einer Dame (!) zu einer Geldstrafe von 1000 Pfund verurteilt, die er zwar leicht hätte zahlen können, die ihm aber so ungerecht erschien, daß er lieber das Land verließ und nach Florenz zurückkehrte. Der Ungebärdige hatte aber auch treue Freunde, sogar aus dem Umkreis seiner von ihm so brüskierten Frau, die aus der Künstler- und Gelehrtenfamilie Thuillier stammte. So blieb etwa Napoleon III. Walter Savage Landor ein Leben lang gewogen und Robert Browning und Elizabeth Barrett-Browning liebten und verehrten ihn.

Landors Werk überlebt im wesentlichen in Anthologien, haben doch einzelne seiner Gedichte einen unverwelklichen Charme. Seine Tragödien sind ebenso vergessen wie das Werk, das er 1860, also wenige Jahre vor seinem Tod, in italienischer Sprache Savonarola gewidmet hat. Die Gedichte, mit denen er sich an Elizabeth Barrett-Browning gewendet hatte, wurden vermutlich aus Gründen der Diskretion erst 1917, also ein halbes Jahrhundert nach seinem Tod gedruckt. Zu diesem Zeitpunkt sprach man bereits von einem anderen Landor weit mehr als von ihm: Von seinem in Florenz 1865 geborenen Enkel Henry, der seine dürftigen geographischen und ethnologischen Reise-Ergebnisse in so blumiger Prosa niedergeschrieben hatte, daß bis heute nicht klar ist, was er erlebte und was er erfand. Die kuriose

Mischung war aber so unterhaltsam, daß die aus damals noch umstrittenen ostasiatischen und vorderasiatischen Gebieten berichtenden Bücher im Lande Kiplings außerordentlichen Erfolg hatten. Vielleicht war es aber auch die Wunderstadt Florenz auf ihren Hügeln und am Fluß Arno, die viele, die sich ihren engen alten Straßen und malerischen Brücken anvertrauten, mit Fernweh und geheimen Ängsten erfüllte. Walter Savage Landor bekennt, daß ihn Schatten aus dem Totenreich geängstigt hätten, daß er tausende Verse verbrannte, und Isolde Kurz stand Ur-Ängste aus, als sie in einer einsamen Villa mit ihrer Mutter das Erdbeben vom 18. Mai 1895 erlebte; sie war überzeugt, daß Florenz mit seiner ganzen Schönheit untergegangen wäre wie einst Lissabon oder Messina, hätte das Beben länger als jene furchtbaren vier Sekunden gedauert. Man konnte aber auch, entsprechende Phantasie vorausgesetzt, seinen eigenen Tod in den Gassen der Altstadt imaginieren, bloß weil man das Hotel nicht zu finden vermochte wie einst Marc Twain. Dennoch, trotz eines Fremdenfriedhofs wie dem auf dem Piazzale Donatello, verkehrumbraust und verwahrlost, gehört das bedrohte Florenz zu den Städten, die wahre Völkerwanderungen auslösten wie Wien und Paris in alten Tagen, San Francisco und Sankt Petersburg heute. Wellen von Reisenden machten sich an den Arno auf, kaum daß die Eisenbahn die Alpenpässe und jene des Appennin bezwungen hatte. Das Buch über die Fremden in Florenz existiert ansatzweise dank der emsigen Umsicht von Eka Gräfin Merveldt und dank der schon erwähnten Maurers.

Leicht haben sie es nicht, denn Florenz bleibt ja nicht stehen, man müßte die Stadt und ihre kulturellen Brennpunkte gleichsam dauernd filmen, wie es heute bei Bankschaltern und auf Bahnhöfen üblich ist. Da gibt es ehrwürdige alte Festungen wie die Fortezza da Basso (die untere Festung), 1534/35 von Antonio da Sangallo für Alessandro de'i Medici erbaut und in unseren Tagen, also ein Halbjahrtausend später, zu einem riesigen Tagungszentrum für ein europäisches Gipfeltreffen umgebaut, mit

Renovierungen auf 7000 Quadratmetern, Rolltreppen und Offizierswohnungen. Ungleich harmloser mutet es an, wenn zwei Herren aus der Bierdynastie Reininghaus an einem Platz, der damals nach Vittorio Emmanuele II. hieß, ein Kaffeehaus eröffnen in der Hoffnung, die deutsche Kolonie von Florenz bald zu den Stammkunden zählen zu können. Aber der Ort war unvorsichtig gewählt, er war zu offensiv und zu wenig exklusiv, und bald versammelte sich dort die intellektuelle Elite der italienischen Opposition, soweit von solchen Bewegungen in der glücklichen Provinz die Rede sein konnte. Nach gelegentlich auftretenden Revoluzzern in roten Jacken wurde das Café bald Giubbe Rosse genannt, und von den Deutschen, die sich vordem dort getroffen hatten, blieb eigentlich nur Theodor Däubler übrig, der als Triestiner zweisprachig aufgewachsen war wie der ebenso dieses Kaffeehaus frequentierende Italo Svevo und Curzio Malaparte. (Er hieß, ob er wollte oder nicht, eigentlich Kurt Erich Suckert). Däubler (1876–1934) war mit Saint-John Perse und Alfred Mombert einer der letzten großen Hymniker der modernen Lyrik, und seine schöpferische Unruhe, sein Leben bald in Paris, durch Jahre in Florenz und dann wieder auf Wanderschaft zog so manchen sonst sehr exklusiven Schriftsteller in seinen Bann und in das Rotjacken-Kaffee: André Gide zum Beispiel und aus dem fernen Wales Dylan Thomas, von dem man weiß, daß er große Städte haßte und der dann doch 1953, noch keine vierzig Jahre alt, in New York starb.

All diese äußerlich und innerlich gefährdeten Menschen schienen aus irgendeinem Grund anzunehmen, daß Florenz nicht untergehen könne, so wie nach der Eroberung Roms durch die Goten am Himmel eine neue göttliche Metropole erschien. Sie bescherte der Christenheit und der Weltkultur den Dauertrost, daß die Germanen gegen ROMA AETERNA, gegen Ewigkeitswerte keine Chance hätten, sie seien eben i goti, die Barbaren, gut genug für Schauergeschichten wie the gothic novel, das Schloß von Otranto, aber im Grunde machtlos. Florenz überlebte

Savonarola, die Habsburger und Mussolini, es überlebte sogar kommunistische Bürgermeister und Sintfluten, wie sie eigentlich nur auf Sodom oder Gomorrha zuströmen dürften.

Bausünden, geheimer und offener Verfall, Arno-Hochfluten und Erdbeben verschworen sich oft gegen das ewige Florenz, aber der Mythos der Stadt, der die Adepten, Jünger und Verehrer aus der ganzen Welt angezogen hatte und weiter anzieht, hauchte einer stummen, ohne Absprachen zustandegekommenen Rettungsaktion Leben ein. Die Nichtmehr-Hauptstadt, das entthronte, um seine Metropolenhoffnungen betrogene Florenz ohne Fürsten und ohne Armee, wurde wiederholt zum Schauplatz geheimer und bald auch spektakulärer Rettungsaktionen. Man konnte in Litauen geboren sein wie der jüdische Kunsthistoriker Berenson, der bei Settignano nahe Florenz lebte und es riskierte, eine Peggy Guggenheim zu brüskieren: Florenz jedoch wurde seine große Liebe. Man konnte aus Stuttgart kommen wie Isolde Kurz, die ebenso alt wurde und ein paar Kilometer von Berensons Villa I Tatti ihre erste Hitler-Huldigung verfaßte – sie alle vereinten ihre Bemühungen um Florenz in Kunstgeschichten, historischen Darstellungen, Novellen und Gedichten, und Florenz dankte ihnen diese jahrzehntelange Treue, indem es ihr Leben nicht nur verschönte und beruhigte, sondern auf geheimnisvolle Weise auch verlängerte. Es ist ein internationaler Chor, in dem nur die sonst omnipräsenten Österreicher fehlen; sie schmollen wie der Baron von Hügel, schließlich hat man ihnen Florenz weggenommen. Selbst seinen Gregorovius hat Florenz gefunden, und wie der große Historiker der Stadt Rom hat sich auch Robert Davidsohn nicht nennenswert über die großen Zeiten der Renaissance hinausbewegt. Gemeinsam ist beiden auch jene sympathische Bescheidenheit, wie sie an großen Gelehrten nicht selten ist, sonst aber bei Reisenden aus unseren Breiten oft vermißt wird: »Als man in unseren Tagen«, schreibt Davidsohn 1896, »den mittleren Stadttheil niederbrach, um Luft und Licht zu schaffen, wo Enge und Düster herrschten, gab der Boden einen anderthalb Jahrtausend lang treulich behüteten ›dem Genius der Kolonie Florenz‹ geweihten Votivstein heraus. Dem Unbekannten, der vor achtzehnhundert Jahren frommen Sinnes jenen Marmor aufrichten ließ, tritt der Fremde zur Seite. Dem Genius von Florenz ist dieses Buch gewidmet.«

Auch in den intelligentesten Führern durch die Stadt Florenz lesen wir, die Verschonung der Stadt vor größeren Zerstörungen sei eine besondere Gunst des Schicksals – als ob die Schonung kultureller Zentren solchen Ranges nicht eine Selbstverständlichkeit und simple Menschenpflicht wäre. Italien hat zwar 1915 und 1944 Verachtung herausgefordert, als es sich aus seinen Bündnissen hinwegstahl, aber es hat nie jenen blinden Haß erzeugt, wie er hinter den Bombenteppichen auf Dresden stand, als jene Untat längst keinen Einfluß mehr auf das Kriegsgeschehen haben konnte, oder wie wir ihn in der Zerstörung des Altstadtkerns von Dubrovnik erleben, wo die Traditionen des alten Ragusa ausgelöscht werden sollten. Darum hatten die stärksten und bedauerlichsten Veränderungen im Stadtbild von Florenz die wohlmeinenden Stadtväter selbst in durchaus friedlichen Zeiten vorgenommen, und der große Robert Davidsohn bescheinigt ihnen mit schmerzlicher Ironie, daß dabei wenigstens das eine oder andere Bruchstück aus römischen Zeiten zum Vorschein kam.

So bedauerlich und überflüssig wie dieser Gewaltakt, der zwischen Domplatz und der Piazza degli Strozzi nur einige wenige Gebäude verschonte, so sinnlos war es auch, im August 1944, als man den nur eine Wasserader führenden Arno wie in hundert Furten durchschreiten konnte, die schönen alten und ehrwürdigen Brücken zu sprengen und nicht nur sie, sondern die Brückenkopf-Viertel mit ihrer uralten Verbauung, um Schußfeld für ein paar Stunden zu haben, nach denen dann ja doch alles vorüber und Florenz von den Deutschen aufgegeben war.

Die große Heimsuchung aber kam wieder in Friedenszeiten, hundert Jahre nach der Erhebung Roms zur Hauptstadt und nach der Dethronisierung von Florenz, ganz so, als habe der Fluß mit einiger Verspätung diese Schmach rächen wollen. Das Hochwasser vom 4. November 1966 ist uns so nahe, daß einen fröstelt, wenn man heute die Arnokais entlanggeht und Läden, Kirchentüren und Seitengassen noch immer praktisch ungeschützt hart an dem unberechenbaren und ungebärdigen Fluß liegen sieht. Und man versteht bis heute nicht, daß eine Stadt, in der jede Generation mindestens eine große Überschwemmung erlebt hatte, in der die steinernen Brücken immer wieder hinweggespült worden waren, als wären sie auf Pontons hastig errichtet worden, daß also diese Stadt ihre kostbarsten Kunstschätze nicht in den sicheren Stockwerken der Uffizien und der flußfernen Palazzi unterbrachte, sondern in mönchisch-getreulichem Gottvertrauen in Räumlichkeiten, die sich an jenem 4. November binnen weniger Stunden mit tobendem Wasser und dickem Schlamm füllen mußten.

Der drohende Verlust des Kruzifixes von Cimabue hat weltweite Anteilnahme ausgelöst und bewiesen, welchen Stellenwert die Stadt Florenz im Bewußtsein der Menschheit einnimmt: irgendwo in einer rühmlichen Mitte zwischen dem Korso von Dubrovnik, um den sich niemand kümmerte, und den Ölfeldern von Kuweit, für die das angekratzte Portemonnaie der westlichen Welt sogleich 500000 Soldaten in Bewegung setzte. Immerhin: die Gelehrten eilten herbei, stapften durch den Schlamm von Santa Croce, sammelten Farbpartikelchen und setzten die ganze Kunst der modernen Restauratoren ein, ahnungsvoll entwickelt für ein Jahrhundert, in dem mehr Kunstwerke zugrunde gingen als in allen Kriegen vorher.

»Alle Florentiner schienen bei der Überschwemmung Farinata degli Uberti zu sein, bis zur Hüfte nicht im Feuer, sondern im Schlamm steckend. Es war, als hätten sie für diese sumpfige, übelriechende Hölle nichts als Verachtung übrig«, schrieb damals Bürgermeister Piero Bargellini. »Auf einem Militärlastwagen wurde der tödlich verletzte Christus des Cimabue weggebracht, und die Männer, auch die stolzesten und ungläubigsten, hielten inne im Kampf gegen den Schlamm und entblößten schweigend das Haupt.« Und als man wieder hoffen durfte, fand der Dichter Carlo Bertocchi das schöne Bild von der emsigen Nadelarbeit für die feinen und geheimen Künste der Restauratoren: »Hier ist die Nadel eines ganzen Tages. Es spornt das Leben seine Kinder in heiterer Beharrlichkeit an, und ein helles kaltes Blau spricht vom Erscheinen der Sonne. Der Schlamm auf den Straßen vertrocknet, und der Arno in seinem Bett zaubert Dir zwischen Trümmern am Ufer die alte Idylle herbei. Das Leben erwacht in bleiernem Schweigen, wird zum gewohnten, alten, mit Geduld gezeichneten.«

Geduld der großen Künstler und Ungestüm der großen Männer von den Fernkaufleuten über die Diktatoren zu den aufgeklärten Fürsten haben am Arno ein Stadt-Lebewesen entstehen lassen, dessen Seele die Kunst ist und damit unsterblich. Der große Mahner aber war stets der Arno; seine Wasser kamen unversehens aus den Bergen, als wollten sie an die Natur erinnern, die stets das letzte Wort hat, die Natur als Erde, die bebt, die Natur als Wasser, das aufschwillt, und die Natur in der Luft, die auch über dem Mugello- und dem Arnotal und bis hin zum Meer schon besser und reiner war, als sie heute ist, da die Fabriken zwischen Livorno und Prato ihre Gifte in den Himmel über Florenz steigen lassen.

EXKURS: DIE BRÜCKEN DER STADT FLORENZ

Der Arno umfloß vor zweitausend Jahren noch viele kleine Inseln. Die größte von ihnen lag achthundert Meter arnoabwärts vom ältesten Stadtzentrum und schützte den Flußhafen. Die hier bis in die Neuzeit funktionierende Fährverbindung, der Ponticello San Fridiani, mag damals installiert worden sein und zunächst auch genügt haben.

An dieser wichtigen Stelle, nahe dem Hafen und der Fähre, erhob sich der Geschlechterturm der Uberti, eines mächtigen Clans, der die blutigen Stadt-Schlachten von 1177/78 auslöste, mit Bränden, Zerstörungen und langem Blutvergießen, das der Arno schließlich zornig mit der großen Herbstflut von 1178 hinwegschwemmte. Dabei wurde die erste Brücke von Florenz, im Herzen der ältesten Verbauung über den Arno geführt, bis auf zwei Pfeiler weggerissen. Sie war eine der Vorgängerbrücken des uns vertrauten Ponte Vecchio und aller Wahrscheinlichkeit nach die Römerbrücke aus kaiserlichen Zeiten der Stadt Florentia. (Aus karolingischer Zeit wird zwar die Existenz einer Brücke, nicht aber ihre Erbauung erwähnt.)

So lange wie diese erste Brücke – an die zwölfhundert Jahre – lebte keine der florentinischen Brücken mehr, und eben, weil die Städter sich an den soliden Steinbau aus heidnischen Zeiten sosehr gewöhnt hatten, bewirkte die November-Überschwemmung mit ihrer Zerstörungswut eine tiefe Verunsicherung der durch ihre kriegerischen Stadtgeschlechter ohnedies schwer geprüften Stadt. Mit der Brücke war nämlich ein Wahrzeichen von Florenz in die Wogen gestürzt, eine Reiterstatue, die im Volksglauben als eine Darstellung des römischen Kriegsgottes Mars weiterlebt, aber seit den eingehenden Überlegungen des großen Florenz-Historikers Robert Davidsohn wohl eher auf den Ostgotenkönig Theodahat (534–36) zu beziehen ist. Da die herausragende Tat seiner kurzen Regierungszeit die Ermordung seiner

Base Amalasuntha im Badesaal ihres Witwensitzes im Bolsena-See war, trauerten die Florentiner also der Statue eines Basenmörders nach und gaben sich erst zufrieden, als wenigstens ihre Trümmer wieder aus dem Flußbett geborgen und einigermaßen zusammengesetzt am anderen, dem rechten Flußufer wieder aufgestellt werden konnten.

Florenz war bis ins fünfzehnte Jahrhundert, als die Familie Medici eindeutig die Oberhand gewann, in einer für uns unvorstellbaren Weise von Parteikämpfen zerrissen, wobei den Unterlegenen stets ihre Geschlechtertürme (die schlanken, hohen Stadtfestungen, wie man sie heute noch in San Gimignano antrifft) zerstört, die Wortführer hingerichtet, weniger wichtige Familienmitglieder verbannt wurden. Die beiden Brückenköpfe, vor allem aber jener am rechten, dem Zentrum nahe gelegenen Flußufer hatten darum besondere strategische Bedeutung; hier massierten sich düster-mächtige Stadtfestungen, aus denen erst sehr viel später jene leuchtenden Palazzi wurden, die wir an Florenz sosehr lieben.

Die steinerne Römerbrücke mußte zunächst durch eine behelfsmäßige Holzbrücke ersetzt werden. Eile war geboten, weil es ja nicht nur um den innerstädtischen Verkehr, sondern auch um die Landstraßen nach Süden ging, die Überlandverbindung von Bologna nach Siena und die am Südufer des Arno verlaufende Straße zum damaligen Hafen, dem später verlandeten Pisa. Der Wiederaufbau war nur möglich, wenn die Arbeiter durch Bewaffnete geschützt wurden, weil die Uberti naturgemäß für ihr Fährmonopol vom Ponticello di San Fridiani Ertragseinbußen fürchteten, sobald wieder eine Brücke bestand und benutzt werden konnte. Die Florentiner waren durch den brückenlosen Zustand, durch die Gewalt der Überschwemmung, die sich ja in jedem Herbst wiederholen konnte, so verzweifelt, daß im Rat der Stadt Stimmen laut wurden, die für eine Verlegung der Stadt plädierten, für einen Neuaufbau an anderer, sicherer Stelle. Nach den Verwüstungen durch den Arno und die Stadtbrände im

Gefolge des Bürgerkrieges war dies eine begreifliche Überlegung, andererseits aber offensichtlich der Tiefpunkt in der Geschichte dieser schönen Stadt.

Zwischen dem Südtor in der Stadtmauer von Florenz und dem Arno-Ufer, also in einem Gebiet, das durch Feinde und Fluten gleichermaßen gefährdet war, hatten sich Handwerker und kleine Gewerbetreibende angesiedelt, vielleicht auch mancher hier seßhaft gewordene Fahrende, der sich innerhalb der Mauern einer so streng regierten Stadt nicht wohlgefühlt hätte. Im Jahr 1038 wurden hier schon 22 Häuser gezählt, und als die hölzerne Brücke durch eine steinerne ersetzt wurde, die auf vier festen Pfeilern ruhte, kroch diese Besiedlung auf die Brücke hinauf, so schmal diese war: Buden und Büdchen verengten eine Fahrbahn von nicht ganz zehn Metern, heute sind es zwanzig. Auf dem Buckel der Brücke erhob sich, eher Sandstein-Zombie als wirkliches Monument, der zusammengesetzte König Theodohat, als habe er nach seiner Untat keine Ruhe mehr gefunden. Noch erkannte man, daß das Pferd aus dem Galopp zu einem Sprung ansetzte, aber im Sattel erhob sich ein grausiger Torso mit einem zerbrochenen Schild.

So sah die Figur noch Dante, der sie einmal im dreizehnten Gesang des Inferno und zweimal im Paradiso anspricht, wobei anklingt, daß dieses Wahrzeichen sehr viel mit Glück und Unglück der Stadt zu tun habe. Jugendliche, die der Ungestalt mit Steinwürfen den Garaus machen wollten, wurden schwer bestraft – und dies, obwohl niemand mehr genau wußte, wen der Unhold eigentlich darstellen sollte. In den Dokumenten der Zeit erscheint er nur als Pyramide bezeichnet, was man als eine sehr dezente Anspielung auf die verlorengegangene noble Gestik ansehen darf.

Der heute zwischen Betonwänden dahinfließende Arno bot damals, vor sieben- oder achthundert Jahren, einen sehr malerischen Anblick. Beide Ufer waren von Schiffsmühlen gesäumt, die bunt und in unterschiedlicher Bauart eine abenteuerliche Kulisse bildeten, bei Hochwasser aber den Abfluß der Wassermassen verhinderten und damit zur Gefahr wurden. An der Einmündung des Flüßchens Mugnone war durch Sandaufschüttung eine Insel entstanden, die von den Florentinern scherzhaft Sardegna, also Sardinien genannt wurde. Auf ihr entstanden Walk-Betriebe und nach 1277 feste Kornmühlen, die vor allem bei Belagerungen wichtig wurden: Im Fluß schwer angreifbar, versorgten sie die Stadt auch in schweren Zeiten. Der heute so berühmte Lungarno, die Uferstraße mit den vielen kleinen und großen Antiquitätenläden, entstand zwischen 1246 und 1283, als zu dem ehrwürdigen Ponte Vecchio der Ponte Rubaconte hinzugekommen war und die Carraia- und die Delle-Grazie-Brücke. Das kürzeste Leben hatte von ihnen allen der Ponte alla Carraia; er ging schon im Jahr 1304 wieder zugrunde, und keineswegs durch den Arno, sondern lediglich wegen der Schaulust der Florentiner: Beim alljährlichen Calendimaggio-Fest trieben geschmückte Kähne den Arno herab, auf denen bestimmte Themen auch aus Dantes Göttlicher Komödie dargestellt wurden. Im Jahr 1304 war der Zulauf der Neugierigen besonders groß, denn das Fest wurde von einem sehr populären Maler, genannt Buffalmacco, inszeniert, einem kauzigen Genie, über dessen Späße man in der ganzen Toskana lachte. Als eben der Kahn herantrieb, auf dem er schaurige Höllenmotive farbig aufgetürmt hatte, brachen die Bohlen unter der Überzahl der Menschen; Dutzende, vielleicht Hunderte stürzten ins Wasser, die Brücke war nur noch ein Gerippe. Buffalmacco entging dem Desaster, weil er eben etwas geholt hatte und nicht auf der Brücke stand, aber die vielen Toten auf dem Höhepunkt seines Festes verfolgten ihn noch jahrelang und motivierten ihn zu seinem bedeutendsten Werk, den erst in unserem Jahrhundert wiederentdeckten Fresken in der Badia-Kirche an der Via del Proconsolo. Sie wiesen ihn als einen der bedeutendsten Zeitgenossen des Giotto und kühnen Vorläufer des Mantegna aus.

Buffalmacco, der um 1340 starb, erlebte auch noch die gewaltige Arno-Hochflut von 1333 mit. Sie ist die erste, von der wir genauere Kunde haben, und riß alle Brücken mit sich fort, die im Jahrhundert zuvor in der aufblühenden Stadt gebaut worden waren. Das Hochwasser aus den Bergen erreichte am 4. November die Stadt und brach in die Böschung unter der Stadtmauer eine Bresche von fünfzig Metern Länge, so daß die Franziskanermönche aus dem Kloster, das sich an die Mauer lehnte, in ihren Nachtgewändern flüchten mußten. Das Wasser bahnte sich einen Weg in die Innenstadt und stand im Palast des Bürgermeisters drei Meter hoch – eine chaotische, finstere Novembernacht, in der die Florentiner um ihr Leben rannten, weil der Arno in allen Gassen schneller war als sie. Die Unglücksbrücke alla Carraia, eben wieder aufgebaut, wurde von den Wassermassen ausgehoben und gegen eine Kirche geworfen, und vor dem Ponte Vecchio stauten sich Bäume, Strünke und Tierleichen so lange auf, bis er mit allen Handwerkerbuden dem ungeheuren Druck nachgab und ebenfalls fortgerissen wurde.

Die Gewalt des Wassers hatte auch vor der Pyramide nicht haltgemacht, vor dem rätselhaften Sandstein-Torso, den die Florentiner nur für eine Statue des Kriegsgottes Mars hielten. Er stürzte jetzt endgültig in die Fluten, und man scheint sich um seine Auffindung nicht mehr sehr bemüht zu haben, obwohl es eine Reihe düsterer Weissagungen gab, die das Schicksal der Stadt mit diesem Brückengott in Verbindung brachten. Selbst die Wiederherstellung der Brücke dauerte, schließlich hatte man inzwischen ja einige weniger auffällige und schnell neu errichtete Brücken, so daß der Ponte Vecchio nicht weniger als 26 Jahre auf seine Wiedererstehung warten mußte.

Als die Florentiner ihn 1359 wieder begehen durften, fanden sie ein stark verändertes Bauwerk, mehr Festung als Brücke, mit Zinnen für Bogenschützen und fensterlos-abweisenden Außenmauern, in deren Schutz sich die Buden duckten. Sie waren Eigentum der Stadt und wurden vermietet, was mehr einbrachte als das inmitten der alten, schmalen Brücke betriebene Miniaturhotel für Ehrengäste der Stadt. Hier war am 17. April 1305 die strahlend schöne Beatrix von Neapel abgestiegen, vor der Vermählung mit dem Herzog Azzo VIII. von Este, einem verbrauchten Lüstling, der sie ihrem königlichen Vater – wie Dante sagt – für viel Geld abgekauft hatte, der aber die Freuden dieses ungleichen Ehestandes nur noch zweieinhalb Jahre genießen konnte.

Nach dem Neubau von 1359 blieben die Läden als gute Einnahmequelle bis zum Ende des fünfzehnten Jahrhunderts im Besitz der Stadt; als ein Staatsbankrott der Republik drohte, wurden sie dann allerdings einzeln an die Meistbietenden verkauft und blieben von der Obrigkeit unbehelligt, bis die Habsburger nur noch die feinsten Gewerbe auf dieser berühmten Brücke zuließen.

Die dichte Verbauung von Brücken, malerisch, aber der Sicherheit und der Hygiene nicht gerade zuträglich, war damals allgemein üblich; nicht nur der breite Pont Neuf in Paris trug Wohnhäuser mit mehreren Etagen, die Brücken von Florenz waren alle, wenn auch vorwiegend mit Läden besetzt, und auf der Rubaconte-Brücke (heute alle Grazie, stromaufwärts vom Ponte Vecchio) hatte gar ein verdienter Veteran sein mietfreies Häuschen: Er hatte für Florenz gegen den Kaiser spioniert – es war Heinrich VII. und man schrieb das Jahr 1312 – und man hatte ihm zur Strafe einen Fuß abgehackt. Zwanzig Jahre lang blickte er von der Brücke aus seinem winzigen Häuschen über den Arno, bis dieser 1333 der Brücke und ihm selbst den Garaus machte.

Unter den Architekten, die sich ein Vierteljahrhundert lang um einen neuen Ponte Vecchio bemüht hatten, scheint Taddeo Gaddi den Sieg davongetragen zu haben: „Die damaligen Befehlshaber der Stadt, welche dieser Not (d.h. der brückenlosen Zeit) ein Ende machen wollten, gaben, da Giotto nach Mailand gegangen war, (seinem Schüler) Taddeo Gaddi den Auftrag, ein Modell und eine Zeichnung zum Ponte Vecchio zu machen, und verlangten von ihm, er solle diese Brücke so fest und schön wieder aufführen, wie nur möglich. Demnach scheute er weder Kosten noch Mühe und erbaute sie mit mächtigen Stützen und herrlichen Bogen von lauter Steinen, die mit dem Meißel im Quadrat bearbeitet worden waren, wodurch die Brücke stark genug wurde, zweiundzwanzig Buden auf jeder Seite, also 44 im Ganzen zu tragen …

Die Länge der Bogen von einer Seite der Brücke zur anderen beträgt 32 Ellen, die Straße in der Mitte hat sechzehn Ellen, die Buden nehmen auf jeder Seite acht Ellen ein, und dieses Werk, welches damals 60000 Gulden kostete, erwarb Taddeo damals großen Ruhm. Weit mehr aber noch wird er heutigen Tages deshalb gepriesen, weil die Brücke außer vielen anderen Überschwemmungen, die sie aushielt, auch der vom 13. September 1557 widerstanden hat." (Giorgio Vasari)

Damit kostete die Wiederherstellung des Ponte Vecchio dreimal soviel wie jene der Santa-Trinità-Brücke: Für sie hatte man 20000 Goldgulden aufgewendet, und 1558 (oder, wenn Vasari recht hat, 1557) wurde sie schon wieder ein Raub der Fluten. Mit einer Goldgulden-Umrechnung in heutige Währungen ist jeder Historiker überfordert, weil Löhne und Kaufkraft allzu unterschiedlich waren, darum nur soviel: 1800 Goldgulden galten damals als eine sehr üppige Mitgift.

Daß der Ponte Vecchio am 15. September 1558 alle herantreibenden Holztrümmer weitgehend unbeschadet überstand, lag zum Teil daran, daß der Ponte Rubaconte – so benannt nach einem verdienten Bürgermeister – die Wut der Fluten gebrochen und schon einiges an Treibgut aufgefangen hatte. Daß er wie ein Wehr gewirkt hatte, geht daraus hervor, daß das Wasser und aufgestaute Stämme zu beiden Seiten der Rubacontebrücke in die Stadt einbrachen und die Häuser an den Brückenköpfen völlig wegrissen. Sie erhoben sich dort, wo heute am Nordufer der Palazzo Alberti und am Südufer der Palazzi Torrigiani stehen.

Der ganze Ablauf aber zeigt, was damals von einem Künstler erwartet wurde, selbst wenn er, wie Taddeo Gaddi, in erster Linie Maler war. Bis heute brechen Brücken mitunter schon wenige Wochen nach der Eröffnung zusammen, andere müssen nach wenigen Jahren gesperrt und überholt werden. Taddeo hatte weder die modernen Caisson-Techniken des Brückenbaus zur Verfügung, er konnte den Arno nicht ableiten lassen, um im trockenen Flußbett zu arbeiten, und die Berechnungen von Wasserdruck, Strömungsgeschwindigkeit und ähnlichem gelten bis heute als besonders schwierig, wenn es sich um ein so launisches Gewässer wie den Arno handelt.

Die Brücke, die 1558 ebenso wie die Carraia-Brücke weggerissen wurde, war Santa Trinità zwischen der nach ihr benannten Piazza im Norden und der kleinen Piazza Frescobaldi im Süden. Sie ist heute der Lieblingspunkt für Hobbyfotografen, die den Ponte Vecchio auf den Film bannen wollen, und wird darum in ihrer graziösen Schönheit nur von den Florentinern so beachtet, wie sie es verdient, ob sie nun – wie man in der Stadt hören kann – die schönste Brücke der Welt ist oder sich diesen Ruhm mit Golden Gate, der Tower-Bridge und dem Pont Alexandre II. teilen muß.

Die Florentiner liebten schon die uns unbekannte Vorgängerbrücke, vor allem wegen der großartigen Bauleistung Taddeo Gaddis auch in diesem Fall, sie war nämlich 1346/47 binnen eines Jahres aufgeführt worden. Seinen heutigen Ruhm aber verdankt das Bauwerk dem Zusammenwirken von mindestens fünf Künstlern: Michelangelo, von dem vermutlich der erste Entwurf stammt, dem eigentlichen Baumeister Ammanati und den Bildhauern, denen die Brückenfiguren der vier Jahreszeiten zugeschrieben werden – worüber allerdings bis heute keine Einigkeit herrscht. Georg Sobotka läßt in seinem Thieme-Becker-Artikel Sommer und Herbst als Arbeiten des Giovanni Battista Caccini (1556–1613) gelten, Klaus Zimmermann verteilt in seinem kenntnisreichen Reiseführer aber anders: Sommer Pietro Francavilla, Winter Taddeo Landini, die beiden anderen Jahreszeiten Caccini, was vor allem für den reizenden Mädchenkopf der Frühlings-Statue (Primavera) besondere Bedeutung gewann, als die Brücke 1944 gesprengt wurde und man viele Jahre hindurch nach dem Kopf der Primavera-Statue im Flußbett suchte. Dank einer ausgesetzten Belohnung ließen die Florentiner von der Suche nicht ab, und als das frühlingshafte Mädchenantlitz 1961 im Arno gefunden wurde, schien es jenen, die das Bildwerk schon vorher gekannt hatten, als sei das Lächeln nun geheimnisvollwissend wie jenes der Unbekannten aus der Seine.

Caccini war, als die Brücke weggerissen wurde, erst zwei Jahre alt, und als er im Jahr 1608 zur Feier einer Fürstenhochzeit in Florenz seine Brückenfiguren schuf, nur noch wenige Jahre von seinem Tod entfernt. Am 19. Oktober 1608, also mitten im hochwassergefährdeten toskanischen Herbst, feierte Florenz die Vermählung von Cosimo II. aus dem Hause Medici (seit 1609 dann Großherzog der Toskana) mit Marie Magdalena, der neunzehnjährigen Tochter des Erzherzogs Karl von Österreich. Bartolomeo Ammanati war zu diesem Zeitpunkt schon sechzehn Jahre tot, in Florenz als Schöpfer des Neptun-Brunnens aber unvergessen. Er muß ein besonders tüchtiger Könner in jenen Mischgebieten aus Architektur und Bildhauerei gewesen sein, die man im bauwütigen Florenz beherrschen mußte.

Ammanati ist kaum weniger interessant als seine schöne Brücke. Als Bildhauer heute eher mißachtet, triumphiert vor unseren Augen bis heute der Architekt im Arkadenhof des Palazzo Pitti und im Palazzo Ruspoli am Corso in Rom. Ammanati war mit der Dichterin Laura Battiferri aus Urbino verheiratet und ließ sich im hohen Alter von den klugen Jesuiten der Arnostadt überzeugen, daß er sein bedeutendes Talent ausschließlich der Kirche hätte widmen sollen, statt so viele heidnische Götter und Göttinnen nackt in Gärten, auf Plätze und in Nischen zu stellen. Zur Sühne solcher Sünden hinterließ er sein beträchtliches Vermögen dem Jesuitenorden, allerdings erst nachdem er sich selbst eine prächtige Grabkapelle erbaut hatte.

Der Autorität dieses berühmten Baumeisters und Architekten ist es wohl zu danken, daß die neu erstandene Brücke mit ihrem frommen Namen keine Häuser mehr tragen mußte: So malerisch diese notwendigerweise uneinheitlich und bald auch verwahrlost wirkenden Zufallsbauten sich auch ausnehmen mögen, wir können uns die sublime Eleganz des Ponte Santa Trinità heute nicht mehr mit solchen Verunzierungen vorstellen. Für die Florentiner freilich bedeutete es zunächst einen Verlust, daß ein auf der alten Brücke prangendes Oratorium des Erzengels Michael nicht mit der Brücke wiedererstanden war.

Um die Brücke, die nach dem vergessenen Bürgermeister Rubaconte hieß, kümmerte sich hingegen niemand, und das bis herauf ins neunzehnte Jahrhundert. Sie beraubte den Ponte Vecchio seiner bizarren Einzigartigkeit dadurch, daß sie ebenfalls Häuser trug und keineswegs nur solche von Goldschmieden und Juwelieren. Auf dem ersten Pfeiler, vom rechten Ufer aus gezählt, erhob sich eine kleine Kirche der Madonna delle Grazie (daher der heutige Name der Brücke), von jung und alt häufig aufgesucht, weil man hier mit der größten Aussicht auf Erfolg Hilfe in Liebesnöten erflehen konnte. Das kleine Gotteshaus war zu keiner Zeit so überfüllt wie im Festjahr 1305: Im Gefolge des Herzogs Robert von Kalabrien, eines Bruders der Braut, war nämlich ein katalanischer Ritter nach Florenz gekommen, Diego de la Ratta, Graf von Caserta. Ihn auf dem Pferd zu sehen, an der Spitze einer kleinen Elitetruppe, das hatte die Herzen so vieler Florentinerinnen gebrochen, daß noch Giovanni di Boccaccio in seinem Decamerone, in der dritten Novelle des Sechsten Tages, davon berichtet.

Derlei legt uns die Vermutung nahe, daß die Brücken über den Arno, die romantischen Orte über dem nachts so sanft schimmernden Fluß, in der amourösen Chronik der Arnostadt eine besondere Rolle gespielt haben mögen, und tatsächlich ist der Liebeshändel, die sich in ihrem Umkreis vollzogen, kein Ende: Boccaccio, Straparola, Sacchetti und andere lose Mäuler der Renaissance wissen eine Menge davon zu erzählen.

ZEITTAFEL

Um 1000 v. Chr.:	Erste Siedlungsspuren an den Ufern des Arno im Raum von Florenz.
Um 500 v. Chr.:	Fischer und Flößer auf dem Boden des heutigen Florenz abhängig von der Etruskerstadt Fiesole.
217 v. Chr.:	Hannibal und das punische Heer lagern am unteren Arno und brechen aus dem Raum Fiesole/Florenz zum Trasimenischen See auf.
188/185 v. Chr.:	Eine Römerstraße überschreitet in der Arnofurt bei Florenz diesen Fluß; später folgen Stadtanlage und Brückenbau.
180–120 v. Chr.:	Römische Straßenbauten nach Arezzo, Bologna, Lucca und Pisa machen Florenz zu einem Verkehrsknotenpunkt.
82 v. Chr.	Zerstörung der Stadt durch Sulla.
59 v. Chr.	Neubegründung der Kolonie Florenz durch Cäsar.
40 v.–um 200 n. Chr.:	Florenz blüht als römische Kolonialstadt im etruskischen Gebiet auf, erhält eine Stadtmauer von 1800 Metern Länge und hat eine Fläche von ca. zwanzig Hektar. Dank der Lage an der Via Cassia wird die Einwohnerzahl der Stadt um 200 n. Chr. auf mindestens zehntausend geschätzt.
200–400 n. Chr.:	Die Stadt wächst mit Amphitheater, Flußhafen und Thermen über den Mauerring hinaus. Erste Christen wandern aus dem Orient zu. Seit etwa 320 Bischofssitz.
393	Der hl. Ambrosius aus Mailand weiht die erste Kathedrale (San Lorenzo) und inthronisiert Bischof Zenobius.
406	Der römische Feldherr Stilicho, ein Vandale, siegt

über die germanischen Wanderscharen des Radagaisus (bei Fiesole).

786 Karl der Große in Florenz.

787–825 Erste Schulen in Florenz, das in Richtung der Arnoufer beträchtlich wächst.

950–1100 Erste Blüte des christlichen Florenz, Baubeginn am Baptisterium unter Bischof Gerhard (gest. 1061 als Papst Nikolaus II.).

1115–38 Erste festere Strukturen einer Gemeindeverfassung, städtische Aristokratie grundherrlicher Familien und Patriziat wohlhabender Händler.

1123–25 Krieg gegen Fiesole und Zerstörung der Hügelstadt.

1193 Gherardo Caponsacchi erster Podestà (Bürgermeister) von Florenz. Die Einwohnerzahl liegt nun bei etwa vierzigtausend, damals gleichauf mit Wien.

1197 Ein Abkommen der Stadt mit den Feudalherren der Region schließt die Entwicklung zur Selbständigkeit ab, die mit Privilegien der Kaiser Friedrich Barbarossa, Heinrich IV. und Heinrich VI. stetig gewachsen war.

1215 Ermordung des Ritters Buondelmonte, Zerfall der Stadt in einander blutig befehdende Patriziergruppen, die Guelfen (die zum Papst halten) und Ghibellinen (auf der Seite des Kaisers).

Mitte des 13. Jhs.: Bildung von Zünften (arti), unter denen die Fernhändler mit Wolle und Tuchen tonangebend sind. Kurzzeitig beherrscht Friedrich von Antiochien, ein illegitimer Sohn Kaiser Friedrichs II., die Stadt Florenz.

1265–1321 Lebenszeit Dantes (1302 aus politischen Gründen verbannt, seither in verschiedenen politisch-diplomatischen Verwendungen in Nord- und Mittelitalien; stirbt nach einer Venedigreise in Ravenna).

1336 Älteste datierte Handschrift der (Divina) Commedia des Dante.

1348/49 Die große Pest von Florenz. Giovanni Boccaccio (1313–75) schreibt seinen großen Novellenkranz Il Decamerone.

1378 Aufstand der Ciompi (Wollkämmer und -wäscher) ohne Dauerwirkung auf das soziale Gefüge.

Trecento/Quattrocento (1300–1500):
Außerordentliche Blüte von bildendenden Künsten und Literatur in Florenz mit bedeutendsten Malern (Fra Angelico, Botticelli, Ghirlandaio, Giotto, Masaccio, Buffalmacco u.a.) und Schriftstellern (Compagni, Petrarca, Villani). Dazu kommen vielbeschäftigte Bildhauer und Architekten (Brunelleschi, Donatello, Arnolfo di Cambio u.a.).

1421 Nach Eroberungen (das nahe Prato, ferner San Gimignano, Volterra, Arezzo und andere Städte) erwirbt Florenz käuflich den Seehafen Pisa (später verlandet), dazu Cortona und schließlich Livorno. Mit Giovanni Bizzi de' Medici (Vater von Cosimo Pater Patriae) erster Medici an der Macht.

1434–64 Cosimo Medici, genannt Vater des Vaterlandes (Pater Patriae), legt den Grundstein zu der mit kurzen Unterbrechungen dreihundert Jahre währenden Herrschaft der Familie Medici über Florenz und die Toskana.

1478 Die Pazzi-Verschwörung. Lorenzo il Magnifico (der Prächtige) wird verwundet, sein Bruder Giuliano de' Medici ermordet. Zahlreiche Todesurteile und zusätzliche Lynchjustiz gegen die Verschwörer.

1492 Tod von Lorenzo de' Medici, unter dessen Herrschaft über Florenz die Kunst in Kirchen, Kapellen und Palazzi triumphiert. Auch die Gegner der Medici setzen mäzenatische Aktivitäten und bauen ihre Paläste (1489 Baubeginn am Palazzo Strozzi).

1498 Der Bußprediger Girolamo Savonarola wird nach sechsjähriger Herrschaft über Florenz wegen seiner Kritik an Papst und Kirche öffentlich verbrannt.

1513–21 Giovanni de' Medici als Leo X., der erste Papst aus der Kaufherren- und Bankiersfamilie.

1519–74 Lebenszeit Cosimos I., der auf Alessandro folgt. Er entstammt jener Nebenlinie der Medici, die der jüngere Bruder von Cosimo Pater Patriae begründet hat, und ist Sohn des großen Condottiere Giovanni de' Medici dalle Bande Nere.

1525 Ein reichgewordener Bäcker ermöglicht die Aufführung von Machiavellis Clizia, einer Komödie mit Gesang, in der seine schöne Geliebte Barbara Barbera eine Nymphe spielt.

1527 Eroberung und Plünderung Roms durch kaiserliche Truppen (Deutsche und Spanier). Während der Belagerung des Medici-Papstes Klemens VII. in der Engelsburg Sturz der Medici in Florenz, die jedoch nach drei Jahren wieder an der Macht sind.

1532 Alessandro de' Medici, unehelicher Sohn des Papstes mit einer afrikanischen Sklavin, erster Herzog von Florenz und der Toskana (1537 ermordet).

1534 Nach Arbeiten in Florenz (David, Mediceer-Grä-

	ber) geht Michelangelo Buonarroti (1475–1564) nach Rom.
1553–55	Florenz und kaiserliche Truppen erobern das von Monluc und einem Strozzi verteidigte Siena.
1557	Größte Arnoüberschwemmung seit 1333.
1569	Cosimo I. vom Papst zum Großherzog erhoben.
Bis um 1600:	Nachblüte der Kunst in Florenz, vor allem durch Giambologna, Vasari und Buontalenti. Belvedere-Festung, Ponte della Trinità (Ammanati), Ausbau der Uffizien (Vasari).
1587	Francesco I., Großherzog der Toskana aus dem Hause Medici, und seine zweite Gemahlin (Bianca Capello aus Venedig) sterben kurz nacheinander eines nicht völlig geklärten Todes. Fernando I., bis dahin Kardinal, folgt auf dem Thron nach.
1590–1620	Lebenszeit Cosimos II., Großherzog ab 1609, vermählt mit Maria Magdalena, Erzherzogin von Österreich.
1598	Aufführung der Pastorale Dafne von Jacopo Peri und Jacopo Corsi am Hof der Medici. Das größtenteils verlorene Werk gilt als die erste Oper.
1642–1723	Lebenszeit Cosimos III. Seine Bigotterie ruiniert den Staat; mit seiner katastrophalen Ehe mit Margarete Luise von Orléans beginnt das Erlöschen des Hauses Medici.
1671–1737	Lebenszeit von Gian Gastone, dem letzten Großherzog aus der Familie Medici. Noch zu seinen Lebzeiten Auseinandersetzungen zwischen den spanischen Bourbonen und den Habsburgern über das toskanische Erbe.
1737–65	Franz Stephan von Lothringen (als Kaiser Franz I.) regiert von Wien aus Florenz und die Toskana

und leitet eine große Sanierung und die Entmachtung der Inquisition ein.

1747–92 Pietro Leopoldo (später als Kaiser Leopold II.), der beliebte Reformer, schafft ein neues, milderes Strafrecht und macht die Toskana zu einem europäischen Musterstaat.

1769–1824 Lebenszeit Fernandos III. Herrscht – mit Unterbrechungen durch die Neuordnungen Napoleons I. – im ganzen glücklich und erfreut sich auch der Sympathie des großen Korsen.

1844 Größte Arnoüberschwemmung seit 1740.

1853 Robert Davidsohn in Danzig geboren. Der Verfasser einer berühmten, bis in die Renaissance heraufreichenden Geschichte von Florenz stirbt 1937 in seiner Wahlheimat Florenz.

1860 Florenz und die Toskana votieren für den Anschluß an das entstehende Königreich Italien. Der letzte habsburgisch-lothringische Großherzog verläßt ungefährdet Florenz.

1864 Der Dichter Walter Savage Landor stirbt auf seinem Landsitz bei Fiesole.

1865–71 Florenz provisorische Hauptstadt Italiens, was zu ruinösen Großbauten und einigen bedauerlichen Zerstörungen im Zentrum des alten Florenz führt.

1898 In den folgenden zwölf Jahren lebt der italienische Dichter Gabriele d’Annunzio (1863–1938) mit kurzen Unterbrechungen in Florenz.

1933 Dr. Franz Leppmann, Essayist und erster Biograph von Thomas Mann, emigriert mit seinem Sohn nach Florenz. Wolfgang Leppmann (1922–2002) der spätere Biograph von Winckelmann, Rilke und Gerhart Hauptmann, besucht in Florenz die Schule, was seine lebenslange Affinität zu Italien begründet.

1944	Auf ihrem Rückzug nach Norden sprengen deutsche Truppen die meisten Arnobrücken von Florenz.
1966	Die große November-Überschwemmung beschädigt u.a. das berühmte Kruzifix von Cimabue. Es wird unter Anteilnahme von internationalen Fachleuten restauriert.
1993	Eine Autobombe vor dem Westflügel der Uffizien tötet sechs Menschen, zerstört die Glasdächer der berühmten Galerie und verursacht Schäden an Gemälden von Bartolomeo Manfredi und Sebastiano del Piombo. In der Kirche Santo Stefano al Ponte wird Giottos Madonna di San Giorgio della Corte von Glassplittern durchlöchert.
1994	Abschluß der Restaurierungsarbeiten an den Fresken von Vasari und Zuccari in der Kuppel des Doms.
1994	Sir Harold Acton stirbt beinahe neunzigjährig auf seinem Landsitz La Pietra bei Florenz.
1994	Renovierung des Domes von Florenz mit Freilegung der Fresken in der Kuppel, sowohl jener von Vasari als auch der späteren von Federico Zuccari.
2002	Nicolai Rubinstein, Historiker der florentinischen Frührenaissance, stirbt 91-jährig in einer Londoner Klinik.
2003	Am 11. Mai wird La Saliera, das berühmte vergoldete Salzgefäß des florentinischen Bildhauers Benvenuto Cellini, aus einem Wiener Museum entwendet.

LITERATURVERZEICHNIS

Angesichts der Überfülle der Florenz-Literatur beschränkt sich diese Auswahl auf häufiger zitierte Werke und Autoren, zu denen der Publikationsort im Text nicht vollständig angegeben wurde.

ARTEMIS-Lexikon des Mittelalters. München und Zürich, seit 1977. Im Artikel »Florenz« (Cardini/Rüegg/Luzzatti) die neuesten Literaturangaben

BISTICCI Vespasiano da: Lebensbeschreibung berühmter Männer des Quattrocento. Jena 1914 (mit einem Anhang über berühmte Frauen)

BRAMBERGER Andrea: Die Kindfrau. Lust, Provokation, Spiel. München 2000

BRAUDEL F./ROMANO R.: Navires et Marchandises à l'Entrée du Port de Livourne (1547–1611) Paris 1951

BRION Marcel: Die Medici. Eine Florentiner Familie. 9. Auflage. München 1991

BROCKMEIER Peter (Hrsg. u. Mitarbeit) Boccaccios Decameron. Reihe »Wege der Forschung«. Darmstadt 1974

CAFFIERO Marina s. Reinhardt

DAVIDSOHN Robert: Geschichte von Florenz, ursprünglich 1896–1927, hier: Reprint Osnabrück 1969 ff.

FRIEDLÄNDER Ludwig: Darstellungen aus der Sittengeschichte Roms. 9. von Wissowa besorgte und vermehrte Ausgabe, 3 Bde. Leipzig 1919

GERCHOW Jan s. Reinhardt

GRASSHOFF Annelies (Hrsg.): Katharina II. Memoiren, 2 Bde. Leipzig 1986

HURTUBISE Pierre s. Reinhardt

KENT Francis William s. Reinhardt

KERN Edith s. Brockmeier

LARIVAILLE Paul: La Vie quotidienne en Italie au Temps de Machiavel. Paris 1979

MALETZKE Elsemarie: George Eliot. Eine Biographie. Leipzig 1973/Frankfurt am Main 1997

MAURER Doris u. Arnold (Hrsg.): Literarischer Führer durch Italien. Frankfurt 1988

MERVELDT Eka Gräfin (Hrsg.): Reise-Textbuch Florenz. Ein literarischer Begleiter. München 1989

MONTORIOLA Karl Markgraf von (Hrsg.): Briefe des Mediceerkreises. Berlin 1926

MORAVIA Alberto s. Brockmeier

PADOAN Giorgio s. Brockmeier

PANDIMIGLIO Leonida s. Reinhardt

PANELLA Antonio: Histoire de Florence. Paris 1959

PESENDORFER Franz: Die Habsburger in der Toscana. Wien 1988

POLIAKOV Léon: Les Banchieri juifs et le Saint Siège. Paris 1965

PRADELLI Alessandro Molinari: Osterie e Locande di Firenze, Rom 1982

REHBERG Andreas s. Reinhardt

REINHARDT Volker (Hrsg. u. Mitarbeit): Die großen Familien Italiens. Stuttgart 1992

RENOUARD Yves: Les Hommes d'Affaires italiens du Moyen-Age. Paris 1968

REUMONT Alfred von: Lorenzo de' Medici. 2. vielfach veränderte Auflage, Leipzig 1883

Geschichte Toscanas. Erster Teil 1530–1737. Gotha 1876

SANCTIS Francisco de s. Brockmeier

SCHREIBER Georg: Franz I. Stephan. Graz 1986

SCHREIBER Hermann: Auf Römerstraßen durch Europa. München 1985

Geschichte der Päpste. Düsseldorf 1985

SILVANO Giovanni s. Reinhardt

STADLER-GINAL-HEIM: Vollständiges Heiligenlexikon in 5 Bdn. Augsburg 1858, Reprint Hildesheim/New York 1975

STRACHEY Lytton: Eminent Victorians. London 1988
VASARI Giorgio: Leben der ausgezeichnetsten Maler, Bildhauer und Baumeister von Cimabue bis zum Jahr 1567. (Reprint nach der ersten deutschen Gesamtausgabe Stuttgart und Tübingen 1832 ff.) Worms 1983
VAUSSARD Maurice: La Vie quotidienne en Italie au XVIIIe siècle. Paris 1959
WOLFRAM Herwig: Das Reich und die Germanen. Berlin o. J. (1990)
WUNDRAM Manfred: Kunstführer Florenz. Stuttgart 1993
YOUNG George Frederic: Die Medici. Coburg 1946
ZIMMERMANNS Klaus: Florenz. 6. Auflage Köln 1990

Die Autoren Luzatti, Silvano, Tabacco, Vismara und Wirth sind Beiträger des Artemis-Lexikons (s. o.)

PERSONENREGISTER